LAS MUJERES DE LOS DICTADORES

LAS MUJERES DE LOS DICTADORES

Diane Ducret

Posfacio de Eduardo Soto-Trillo

AGUILAR

AGUILAR ®

Título original: *Femmes de dictateur*
© Les éditions PERRIN, 2011
© De la traducción: Núria Petit Fontseré, 2011
© Del posfacio, Eduardo Soto-Trillo, 2011

© De esta edición:
   2012, Santillana Ediciones Generales, S. A. de C. V.
   Av. Río Mixcoac 274, Col Acacias,
   C. P. 03240, México, D. F.

Diseño de cubierta: Bailarinas cuyos disfraces son caricaturas de Hitler,
Mussolini e Hirohito. Fotografía de George Karger, diciembre de 1942
© George Karger / Pix Inc. / Time Life Pictures / Getty Images

Cuadernillo central de fotos (nota): la editorial ha hecho todo lo posible por
contactar con los propietarios de la foto de Christine Garnier y António de
Oliveira Salazar situada en el cuadernillo central de imágenes. Cualquier
información al respecto será bienvenida.

Primera edición: junio de 2012

ISBN: 978-607-11-1955-1

Impreso en México

PRISA EDICIONES

«Inconstante te amaba; imagínate fiel.
Y hasta en este momento en que tu boca cruel
Viene sin inmutarse a anunciarme la muerte,
Ingrato, no estoy segura aún de no quererte».

JEAN RACINE, *Andrómaca*, acto IV, escena V

Índice

Introducción
Cartas de amor a un dictador

FÜHRER ADORADO

«El Estado sucumbe precisamente porque usted deja que sucumban las mujeres. Querido Hitler, las mujeres esperan un futuro mejor[1]...», Emmy Hoffmann, Dresde, 1932.

Como un aviso, una desconocida abre el baile de la correspondencia privada de Adolf Hitler en la cancillería del Reich. Las alemanas esperan un futuro mejor y exigen de Hitler que se lo construya. ¿Se dejará dar lecciones el intrépido jefe de filas del partido nazi por una provinciana? Las elecciones que lo llevarán al poder se celebrarán al año siguiente. Hitler habrá sabido escuchar e incluir a las mujeres en su programa. Para los alemanes es el nuevo canciller del Reich. Para las alemanas es el Hombre providencial, el Superhombre.

A partir de entonces las cartas que llegan a la cancillería privada no responden, ni mucho menos, al protocolo habitual. Cada día fluyen las felicitaciones, los consejos bien intencionados y las declaraciones de amor apasionadas. Son muchos los hombres de todas las profesiones que escriben a Hitler, pero las mujeres son las que nos ofrecen las correspondencias más íntimas. No se dirigen al jefe del Estado ni al ideólogo, sino al Hitler hombre, del cual a cambio esperan sentimientos.

«Mi Führer bien amado,
Cada día me veo obligada a pensar en usted, cada hora y cada minuto. ¡Cuánto me gustaría ir a Berlín a verlo! ¿Tengo derecho

a hacerlo? Pase lo que pase, mi vida le pertenece. Me gustaría saber lo que todo esto significa. Ya no puedo trabajar, pues pienso sin cesar en usted. No puedo amar a otras personas más que a usted. Esperemos que mi deseo se realice. Escríbame, por favor, si puedo ir».

Es difícil imaginar al dictador del bigotito en la piel de un *sex symbol*. Y sobre todo es perturbador. Sin embargo, Adolf Hitler recibió más cartas de fans que Mick Jagger y los Beatles juntos [2]. El aflujo constante de cartas a la cancillería privada del Reich corresponde a su curva de popularidad. En 1925 se ocupaba de los textos un solo archivero. Desde enero hasta abril de 1933 recibió más de tres mil. Al final del año son cinco mil en total. En 1934 llegaron al menos doce mil cartas y en 1941 más de diez mil. En la cancillería se organizan. Las cartas se almacenan en el «Archivo A» creado a este efecto, donde se guardan las «garabateadas por mujeres». Entre esos miles de cartas, entre 1935 y 1938, ni una sola de crítica o reproche. La admiración es uniforme.

La consigna que tienen los funcionarios encargados del correo es clara: a las enamoradas y devotas de Hitler no se les responde. A menos que el remitente anuncie su intención de ir próximamente a Berlín para besar en persona a su Führer adorado. El director de la cancillería privada pasa entonces el nombre de la fan a las autoridades policiales. Una respuesta lacónica pone fin a toda esperanza de idilio:

«Señora, Señor,
Por la presente acuso recibo de su carta dirigida al Führer y le comunico que éste, por principio, no se implicará en ningún asunto privado.
Un saludo alemán, Albert Bormann».

Estos miles de cartas de mujeres desinhibidas incomodan mucho al líder nazi: las declaraciones de amor abstractas lo paralizan. Como estratega, sin embargo, reconoce la importancia de esta correspondencia proveniente del pueblo. Es su «barómetro de la opinión pública». También se mantiene siempre informado del contenido de las miles de cartas recibidas. Rudolf Hess, encargado de la correspondencia hasta 1931, y luego Albert Bormann le preparan resúmenes para facilitarle la lectura.

La correspondencia privada de Hitler, archivada en Moscú, ofrece así un espejo de las *seducidas* por el nacionalsocialismo hasta en sus carnes. Revela una característica desconocida de los sistemas dictatoriales: su poder se basa tanto en la coerción como en el potencial de seducción del dictador. El vínculo entre Hitler y su pueblo también está hecho de deseo. El argumento puede resultar chocante, pero es simplemente humano.

La señora Klose, por ejemplo, desea participar en la expansión del mito de Hitler. En 1933 le dedica un poema con la esperanza de poderlo difundir en la prensa:

«Aclamamos a Hitler,
Que nos da la paz y la esperanza,
¡Oh, tú! ¡Salvador nuestro!
¡Soportas las cargas y los reproches sin olvidar tu meta!
¡Viva Adolf Hitler!
Heil Hitler, grita el mundo entero.
Ilustre y amado héroe, tu lealtad es nuestra.
Alabémosle todos en coro, alcemos los brazos y gritemos juntos "Heil Hitler"».

He aquí la inesperada respuesta que recibe:

«¡Apreciada señora Klose! El Führer le transmite un agradecimiento cordial por su carta. Desgraciadamente no podemos autorizar la reproducción de este poema, ya que el Führer rechaza, por principio, toda forma de glorificación de su persona».

El invierno siguiente la señora Von Heyden, de Plötz, le envía un gran paquete de miel con unas recomendaciones para su salud, explicándole cómo debe calentarse cuidadosamente el néctar para que no sea demasiado líquido y no pierda así su «delicado aroma».

«Mi Führer, me he sentido muy honrada al saber que había usted recibido mi miel... Y me gustaría enviarle más de vez en cuando a fin de participar un poco en sus desayunos... Qué placer que este producto natural de nuestra tierra de Pomerania contribuya a sostener su enorme gasto de energía física y mental. Con admiración cordialmente,
Señora von Heyden-Plötz».

Para algunas de sus admiradoras sería inconcebible y eminentemente dañino que tanta energía sólo sirviera para la política. Son muchas las que tienen otras sugerencias que hacerle. Hartmannsdorf, 23 de abril de 1935:

«¡Querido Führer Adolf Hitler!
A una mujer de Sajonia le gustaría mucho tener un hijo suyo. Es sin duda un fuerte deseo un tanto particular, y la sola idea de que puede no tener hijos me obsesiona. Éste es pues el deseo que quería expresarle en esta carta.
Una carta es una cuestión de paciencia. Uno puede leerla y dejarla a un lado. Uno puede dejar que resuene en su interior, como una bella melodía. También puede recibirla como carta y seguirla.
Mis deseos se mezclan con mis temores. La carta podría no llegarle a usted. Podría no tener tiempo para un hijo. Podría sentirse demasiado viejo para un hijo y haber renunciado ya a esa idea como imposible. A pesar de todo un hijo suyo debería nacer. Es mi deseo más ferviente, que aspiro a cumplir con toda la fuerza de mi corazón.
Friedel S».

El 21 de abril de 1938 tres mujeres de Ludwigsfelde, al sur de Berlín, manifiestan por escrito su emoción después de haberlo visto de lejos:

«Mi Führer,
El azar nos condujo a la estación de Ludwigsfelde el día del plebiscito. Al acercarse el tren de las 13.20 horas vimos en la locomotora a un camarada del partido de uniforme. Eso nos hizo sospechar que nuestro Führer iba en ese tren. Y no nos equivocamos. Tres mujeres radiantes de felicidad pudieron ver a su Führer, tan alegremente elegido, y recibieron como recompensa un saludo amistoso con la mano. Por la presente, esas tres mujeres felicísimas le dan las gracias a su Führer de todo corazón y solicitan un autógrafo para cada una en recuerdo de ese instante tan maravilloso e inolvidable. Sieg und Heil!
¡Gracias a nuestro Führer bienamado!
Martha Imse, Anna Loppien, Elisabeth Pässler».

A finales de la década de 1930 la admiración por Hitler está en su apogeo. Las proyecciones románticas ya no tienen límites:

«... considera lo que un Sagitario puede hacer con un Tauro. ¡La hembra eterna lo ha atraído! ¡Entonces exulta, oh, corazón mío, y déjate abrazar por las estrellas! Y dime, una vez más, oh, muchacha, muchacha mía, cuánto te quiero. ¿Cómo me amas? Tú eres las flores del campo. ¡Oh, las margaritas [3]!».

«¿Por qué ser tan tímido y actuar por vías secretas? No puedo adivinar tus pensamientos. Ayer estuve hasta las 11.30 horas en el local de la sociedad de tiro de la ciudad, pero desgraciadamente no te vi. Buscas una mujer, yo busco un hombre. Ya podríamos estar viviendo juntos desde hace dos años, si tú no actuaras tan secretamente».

«No espero una respuesta de usted desde hace solo dos años, aproximadamente, sino que espero desde hace siete u ocho años».

Alejandría, Egipto, 21 de noviembre de 1938:

«Señor Hitler,
No sé cómo empezar esta carta. Fueron muchos, muchos, los años de dificultades, angustias y preocupaciones morales, de desconocimiento de mí misma, de búsqueda de algo nuevo... Pero todo eso terminó en un instante cuando comprendí que lo tenía en usted, señor Hitler. Sé que usted tiene una personalidad grande y poderosa, y que yo soy una simple mujer insignificante que vive en un país lejano, del cual probablemente no regresará jamás, pero usted tiene que escucharme. Es grande la felicidad cuando por fin encuentras el objetivo de tu vida, cuando un rayo de luz atraviesa las nubes y todo se ilumina. Es lo que a mí me está ocurriendo... Todo ha quedado iluminado por un amor tan grande, el amor por mi Führer, mi dueño, que a veces quisiera morir con su foto frente a mí para no ver nunca más nada que no fuera usted. No escribo al jefe y canciller de un gran Reich, escribo simplemente al hombre al que amo y al que seguiré hasta el fin de mis días...
Suya hasta la muerte, Baronesa Elsa Hagen von Kilvein».

Precisemos que ninguna de esas mujeres conoce en persona al Führer.

Berlín, 10 de septiembre de 1939:

«Querido y delicioso Adolf,
Debo escribirte porque estoy muy sola. En casa los dos chicos han salido a dar una vuelta, Lenchen está en casa de su amigo y yo

15

estoy sentada con mi labor. Zurzo, por ejemplo, los calcetines y hago la colada. Quería bajar, pero llueve, y tengo tantas cosas que hacer; siempre trabajando, verdad, querido. [...] Siempre miro fotos tuyas y me las pongo delante, antes de besarlas. Sí, sí, amor mío, querido mío, mi buen Adolf, el amor es verdadero como el oro. [...] Y luego, ahora ya, querido, supongo que has recibido mi paquete con el pastel, y que te ha gustado. Lo que te envío es realmente por puro amor. Ahora terminará esta carta. Mi amor, mi adorado, mi buen Adolf, te saluda y besa varios miles de veces tu querida y buena Miele».

Hay admiradoras con prisas por acabar y atrapar al Führer en sus redes que le transmiten ni más ni menos que contratos de matrimonio:

«Por el presente certificado firmado de su puño y letra, la señorita Anne Marie R. le toma a usted oficialmente por esposo».

Quién sabe si esperaban realmente recibir a vuelta de correo el certificado con la firma de su querido Adolf...

Dagmar Dassel, por su parte, no recibió jamás ninguna respuesta de Hitler, pero siguió enviándole numerosas cartas entusiastas y prolijas, 250 páginas en total. El primer envío el 25 de febrero de 1940, con ocasión del vigésimo aniversario de la fundación del partido nazi. La veneración extrema va aumentando hasta la carta del 11 de mayo de 1941:

«Mi Führer, hoy puedo afirmar que mi voto de lealtad y amor absoluto, mis ideas y mis sentimientos sólo le pertenecen a usted, mi Führer, mi hombre tan amado, el más noble, el más grandioso, el más maravilloso, único y genial, enviado de Dios, sólo a usted, mi Führer, sólo a su misión y a su redención pacíficas, sólo a usted, hijo elegido, ungido, coronado y amado de Dios, celeste mensajero de paz, ejecutor de la voluntad divina en la tierra, su pueblo y su Reich pangermánico, y su magnífico ejército de héroes, sólo para usted, mi Führer, primer soldado y jefe supremo de este soberbio ejército, el general y estratega más genial y más grandioso de todos los tiempos, el jefe de Estado más genial, el alemán más grande, sólo por usted, mi Führer, el héroe más augusto, el gran vencedor de hoy y de siempre, sólo por usted, mi Führer, el hombre más puro, el más sublime, trabajo con todo mi corazón, por su amor jubiloso y el de nuestro pueblo y del Reich pangermánico... mi alma se regocija por siempre. Mi Führer, Señora Dagmar Dassel».

Berlín, 17 de julio de 1941:

«¡Querido Adi!
Seguramente sientes un poco de nostalgia de mí. Te quiero enviar otra foto como símbolo de mi amor. Te adjunto una pequeña foto mía. Aquí parezco una Madonna en el cielo. A veces estoy muy triste. El 23 del VII me voy a mi país natal. Tú ya has estado en Karlsbad... Desde allí pensaré en ti más a menudo.
Fervientes besos para ti, mi taimado.
Ritschi».

Algunas parecen abandonarse a su pluma y descargar el corazón de sus preocupaciones a medida que van redactando una misiva dirigida al líder de Alemania. Bad Kreuznach, 30 de septiembre de 1941:

«Mi bienamado,
Mi fiel amor, nuestro gran Führer y general genial «Saludo a la Victoria», «Saludo a la Victoria», «Saludo a la Victoria». La mayor operación de exterminio de la historia está llegando a su fin con la victoria más brillante. «Saludo a la Victoria», nuestro grande y genial Führer y general, mi querido Führer y fiel amor. Deja que hoy te estreche contra mi corazón y sobre todo te agradezca todo tu trabajo, tu aplicación y tu pensamiento. Sólo puedo rezar por mi amado y suplicar al Señor por ti, amor mío, y por la bendición de tu gran obra. Todos tus esfuerzos y tus desvelos son sólo para nosotros y para nuestra grande y bella patria. [...]
¿Tú también piensas mucho en tu Jose? ¿Sí? ¿Sí? Guárdame bien, mi fiel amor, yo te soy eternamente fiel y buena y no te preocupes por mí. Hoy hemos dado de nuevo un buen paseo a caballo y en coche hasta Spreitel. Es una bonita casa forestal en el bosque. Durante el trayecto hemos cantado todos bellas canciones, aún quedaba una plaza libre en el coche y me habría gustado que mi amor nos hubiera acompañado. Pero alegrémonos por la guerra. ¿Sí? ¿Sí? Querido. Te doy las gracias también por todo lo que es amor y fidelidad, por todo lo que es bello. Tú eres tan adorable y bueno conmigo. Esto me hace rica y feliz, mi gran, mi fiel amor. Me da tanta pena con frecuencia que tú, amado mío, tengas tanto trabajo, pero después de la guerra,

todo irá mejor para ti también, amor mío. [...] Ahora debemos terminar este ratito de conversación, mi amor. De nuevo te lo he contado todo, deja que te estreche muy fuerte contra mi corazón y acepta los saludos más sinceros y cordiales, mi fiel amor, Adolf Hitler.

Jose, tu niña».

U. Grombach, 29 de marzo de 1943:

«¡Querido señor ministro del imperio!

... Mi marido se ha convertido para mí en un extraño simplemente porque llevo en mi corazón al Mejor. Él quería irse de vacaciones el 20 de marzo, pero lo ha aplazado, hasta cuándo no lo sé, pero era y sigue siendo mi idea, si no viene, es que la cosa ya no funciona, cuanto más tiempo pasa, menos armonía hay entre mi marido y yo. Aunque no lo conociera a usted, sería lo mismo. Desde el primer momento en que oí hablar de Adolf Hitler fue el pistoletazo de una nueva fe, de la fuerza, el poder y el amor. Es el modelo en mi vida hasta que mis ojos se cierren para siempre, quiero pues pelearme y luchar por él hasta el final... Me gustaría insistir en primer lugar en lo que le dije anoche a la jardinera. Me resultó muy penoso que me preguntara qué pienso de la situación de la guerra. Le respondí solamente que con nuestros U-Boote tenía que acabar bien y que un día América sería vencida.

[...] Siento ya tanto por ti, y entre nosotros dos el amor ya está profundamente arraigado. Me das continuamente a entender tantas cosas que conozco cada signo. Te ruego que en adelante, por lo que más quieras, ya no tengas dudas. Solo quiero ser tuya. [...] Tengo siempre en mi corazón el deseo sagrado de que nuestro buen Führer, nuestro salvador, goce siempre de buena salud y que lo conservemos aún mucho tiempo, pues sin él no somos nada.

Con abnegación y fidelidad, te saludo con "Heil Hitler".

Señora Rosa M».

Berlín, 6 de marzo de 1944:

«¡Querido señor canciller del imperio!

Como usted no ha tenido interés ni amor por mí y mi escritura no lo ha conquistado, mi confianza en usted ya no puede aumentar. Escríbame a pesar de todo las razones, por favor. ¿Y por qué no tiene confianza en mí? Sin eso nuestra relación verdaderamente no tiene objeto. Un hombre que ama a una mujer joven también hace progresos y todo transcurre bien. Con usted por desgracia no, usted es para mí un misterio. Sería mejor para nosotros que pudiéramos hablar de viva voz. Pero aún no me ha escrito usted nunca, ni me ha dicho que vaya a verlo. Debo suponer, pues, que no soy la feliz elegida.

Ahora voy a concluir y le dejo con mis tiernos saludos.

Anna N".

EL INCONSCIENTE, ESTADIO SUPREMO DE LA SEDUCCIÓN

La seducción que Hitler ejerce sobre las mujeres es extremadamente fuerte. Le escriben, se comprometen con él y con su causa, comparten su visión de la nación alemana. Pero ¿hay algún estadio más alto de la seducción, de la subyugación sexual, que llegar al inconsciente? Alemania era pionera en materia de psicoanálisis, y por eso nos ofrece un material precioso, que nos revela el vínculo íntimo de Hitler con la psique femenina: los sueños contados por pacientes a su psicoterapeuta [4]:

«Sueño muy a menudo con Hitler o Göring. Me quiere y yo no le digo "soy una mujer honrada", sino "no soy nazi", y todavía le gusto más».

Una empleada doméstica de 33 años:

«Estoy en el cine, muy grande, muy oscuro. Tengo miedo, en realidad no tengo derecho a estar allí, sólo los camaradas del partido tienen derecho a ir al cine. Luego llega Hitler y aún tengo más miedo. Pero no sólo me autoriza a quedarme, sino que se sienta a mi lado y me pasa el brazo alrededor de los hombros».

Un ama de casa:

«Al volver de la compra veo que van a bailar en la calle —como en Francia para celebrar la Toma de la Bastilla— porque es día de fiesta para conmemorar el incendio del Reichstag. En todas partes hay hogueras. Se han delimitado unos cuadrados con cuerdas y las parejas entran pasando por debajo de las cuerdas como los boxeadores... Eso me parece muy feo. Entonces alguien me coge por detrás con sus manos poderosas y me arrastra hasta la pista pasando por debajo de una cuerda. Cuando empezamos a bailar reconozco a Hitler y me parece que todo es muy bonito».

Otra ama de casa:

«Hay unas mesas largas preparadas en el Kurfürstendamm, y una multitud vestida de color pardo. Por curiosidad me siento, pero separada, en el extremo de una mesa que está libre y un poco apartada. Entonces aparece Hitler, muy cómodo con su frac, con unos paquetes muy grandes de octavillas que distribuye deprisa y sin darle importancia; tira un paquete al final de cada mesa, y los que están sentados alrededor se los reparten enseguida. Parece que a mí no me da nada. De repente, al contrario de lo que hasta entonces hacía, Hitler pone el paquete delicadamente delante de mí. Luego con una mano me tiende una octavilla mientras con la otra me acaricia, desde el cabello hasta la espalda».

Con una mano Hitler reparte propaganda, con la otra acaricia.

POR EL AMOR DEL DUCE

El Duce es para las mujeres un dios que hay que adorar, un soberano; el hombre ideal. Condesas, campesinas, monjas o putas le escriben para pedirle mil cosas y para contarle sus deseos más nimios. Es padre, consejero, director espiritual, el que velará por su honor. Recibe así entre treinta mil y cuarenta mil cartas al mes, que se conservan en el archivo de Estado del *Eur*, en la secretaría particular del Duce. Algunas en páginas arrancadas de miserables cuadernos, otras en tarjetas preciosas hechas a mano.

Un vínculo muy fuerte une a las italianas con su Duce. Y contrariamente a Hitler, Mussolini entra en el juego. Las engaña, les responde, intenta satisfacer sus deseos. Algunas de esas admiradoras entusiastas y francas fueron gratificadas con una rápida efusión que las hizo llegar al Palazzo Venezia, donde pudieron conocer más íntimamente al Duce.

Sólo de ellas acepta reproches formulados contra su política o sus manejos, reproches que ellas firman con su nombre. Si hubieran sido hombres, ¿no las habrían detenido al instante? Mussolini acepta de las mujeres lo que no aceptaría de los hombres; recibe su amor, sus testimonios de deseo y su odio, y se presta a ello. Las cartas dirigidas al Duce son una verdadera *Carte du tendre* * de los sentimientos femeninos.

La alegría

Módena, 6 de julio de 1929 [5]:

«Excelencia,
Me hallo toda cohibida y temblorosa de escribirle. Pero, pensando en sus palabras, tener valor y no retroceder jamás, heme aquí decidida a escribirle con la fe de que esta miserable nota sea leída por usted. Al escribir tengo fe y me ilusiono con que leerá esto, y me siento realmente muy feliz... Espero que un día, cuando esté cansado y necesite dos horas de reposo, tenga a bien concederme diez minutos de audiencia. Si eso ocurriera, sería la mujer más feliz del mundo... Le estaría agradecida si tuviera la amabilidad de avisarme unos días antes, a fin de poder organizarme para el viaje. Confiada, llena de esperanzas en el corazón, de parte de su devota más sumisa,
Adele R».

Florencia, 8 de mayo de 1936:

«Duce, en este día de comunión, jornada particularmente solemne para mí, mi pensamiento se vuelve hacia usted, a quien siempre he considerado como mi segundo padre. Hubiera querido en este momento solemne en que he recibido a Jesús que fueran sus manos benditas las que me lo dieran. ¡Me he imaginado que era usted! Yo, tan joven, con tantos defectos... Tan egoísta: ¡poder recibirlo al mismo tiempo que a Jesús! ¡Entrar en mi lengua, ponerse sobre mi seno, reposar contra mi pobre corazón! ¡Qué bueno sería!
Margherita V».

---

* La *Carte du tendre* (Mapa del amor) es el mapa de un país imaginario y alegórico donde figuran las distintas etapas del sentimiento amoroso que Madeleine de Scudéry hizo famoso en el siglo XVII. (N. de la T.)

21

Ferrara, sábado 2 de junio de 1934:

«Duce,

Una persona que posee numerosos escritos autógrafos me ha pedido, dada mi larga experiencia en este campo, que procediese a un análisis grafológico... Y me he pronunciado así:

El movimiento a la derecha, la escritura extravertida son el testimonio de lo que es audacia, ardor y fuerza de carácter. En la escritura, a la gran inteligencia y humanidad se unen —y es la primera vez en tantos años que puede atestiguarlo— los signos del valor físico (con el movimiento a la derecha, que significa voluntad de desencadenar sobre el mundo la propia fuerza), del valor psíquico (la dilatación de las formas y los movimientos centrífugos de las letras finales) y del valor moral (líneas regulares y rasgos decididos sobre la t, siempre largos).

Imagine mi emoción, oh, Duce, cuando me revelaron que el breve escrito que había examinado procedía de su mano. Debo confesarle que el instinto femenino había tenido la intuición, secretamente en el fondo de mí misma, de que un solo Ser sería capaz de trazar semejantes letras: ¡el Duce! Se lo suplico, envíele a una humilde mujer otra única línea autógrafa. ¡Para que me dé el coraje y la fe intrépida en su obra!

Un saludo fascista,

Agostina B».

La devoción

Roma, 29 de julio de 1923:

«Excelencia Mussolini,

Hoy es su cumpleaños. Cuando mi papá aún vivía, cada año por su cumpleaños le escribía una bonita carta para que la encontrara escondida debajo de la taza o de la servilleta. Hoy mi papá ya no está, mi mamá se ha ido y la abuela me dice con frecuencia, en los momentos de desánimo, que usted es nuestro padre, el ángel y el tutor de nuestra inmensa y hermosa familia que es Italia: por eso le deseo un feliz cumpleaños. Me gustaría que encontrara esta carta como mi padre la encontraba en la mesa; entonces me miraba, sonreía y, al leerla, los ojos se le enrojecían, se levantaba y me daba un beso. No sé cuándo leerá usted la mía, pero si pudiera responder a mi ruego y enviarme una foto sería como si papá aún me sonriera. Con fotos de usted, recortadas de los periódicos, he llenado ya todo un álbum. Pero una foto dedicada por usted llenará un vacío dejado hace tres años en nuestra casa. Ersilia R».

Reggio Emilia, 14 de febrero de 1935:

«Duce de Italia
Admiración, fe sin límites en usted desde el fatídico 1919, la visión clara, la luz de la Italia del mañana, me inspiran a mí, una mujer joven, para escribirle. Hoy que su sueño titánico y divino se ha hecho realidad, me permito enviarle en homenaje un Lirica Dux de mi composición; aunque no estoy a la altura del tema, sí tengo un corazón ardiente, un corazón agradecido de una italiana que ve en usted a un ser sobrenatural enviado por Dios a la tierra para el bien de la humanidad. Con todos mis respetos. Wera B. M. Via don Giuseppe Andreoli 2, Reggio Emilia.
DUX
A caballo, poderoso: erguido y arrogante,
El rostro viril, de romano antiguo,
Esculpido en bronce, los ojos radiantes
Grandes, imperiosos, los de un jefe,
La frente luminosa, alta, de un genio,
La boca y la mandíbula voluntariosas: ¡il Duce!»

Comentario de Mussolini: «¡Me parece admirable!».

Venegono Superiore, 13 de enero de 1940:

«Duce,
Siendo una joven fascista quisiera tener, si es posible, el honor de una sola palabra de usted en este día tan importante que se avecina. Excelencia, quizá pido demasiado, pero ¡espero tanto que responda positivamente! Tengo 20 años y me caso el próximo 3 de febrero. Habría querido ir a Roma para al menos poder verlo antes, pero como no puedo le envío mis caramelos y quisiera al menos una palabra de usted que me dé valor para iniciar mi nueva vida, una vida que quiero sea digna de una mujer fascista... Tenga la amabilidad de satisfacer a una de sus hijas lejanas que, no pudiendo

ir a verlo, se conforma con una línea de su mano, con una palabra. R. Severina».

Nota de puño y letra del Duce: «Ha enviado una caja de caramelos de metal blanco. Pero no hay caramelos dentro, la caja parece vacía».

La desesperación

Falconara, 9 de agosto de 1942:

«Duce, me encuentro en una situación muy triste y me dirijo, pues, a su inmensa bondad, considerándolo como mi ángel de la guarda.

Diversas vicisitudes de mi familia me han privado de la máquina de coser que me permitía ganarme la vida, de manera que para seguir ganándome el pan he tenido que ponerme a trabajar en una fábrica de mantequilla. Pero cada vez que tengo que ir me dan ganas de llorar pensando que no puedo ejercer mi oficio, que es mi pasión.

... Soy una muchacha del pueblo, ¡y usted hace tanto bien al pueblo, nos ama tanto! La petición es enorme, y sólo una enorme necesidad me da el valor de formularla: regáleme una máquina de coser y bendeciré más aún, si es que es posible, su nombre. Suya afectísima, Jole A., Palazzo Ferrovieri, Falconara».

Nota de Mussolini: «Pedir informaciones para una máquina de coser». Le hace entregar en propia mano por el prefecto de Ancona una máquina de coser de tipo Necchi.

Acquacalda (Lucca):

«Excelencia,
Soy la mujer fascista G. Maria Paolina di Oliveiro, residente en S. Cassiano en Vico, obrera en Acquacalda, donde trabajo desde hace casi veinte años y he observado siempre una buena conducta. Hace diecinueve años me prometí con el fascista P. Angelo, también residente en Vico, el cual al cabo de dos años se alistó en el ejército de los carabineros reales, donde se halla todavía.

Repitió varias veces su petición de matrimonio para poder unirnos al cabo de diecinueve años de noviazgo, pero se la siguen rechazando. Hoy ya no nos es posible alcanzar la meta de nuestra vida si no es merced a un acto de gran clemencia. Los superiores de mi prometido no quieren dejarnos casar. [...] ¡Perdone mi vehemencia! Puede comprender el dolor infinito que me oprime el corazón. ¡Llevo diecinueve años esperando poder fundar una familia! [...] Pero tengo 35 años y, si espero para casarme, mi marido se jubilará y ¡yo tendré que renunciar a la dicha de ser madre! Con un simple acto de clemencia y de humanidad usted puede concederme un título de gracia...

G. Maria Paolina».

Nota de la secretaria: «Adjunto un certificado de buena conducta».

Roma, 1935:

«A su excelencia el jefe del gobierno,

No he tenido el valor ni el tiempo de tirarme bajo las ruedas de su automóvil esta mañana en Piazza Venezia, en el momento en que el coche entraba en el célebre palacio homónimo.

Excelencia, soy maestra sustituta con un niño huérfano de padre, y dos hermanos militares en África, sin salario desde junio, nos quitan la casa. ¿Adónde iré? ¿Qué hacer? M. Ilmenia».

Los celos

Siena, 14 de diciembre de 1925:

«Duce, lo vi ayer durante su tumultuosa visita a nuestra antigua ciudad. Nuestras miradas se cruzaron: le hablé de mi admiración, mi devoción, y le revelé mis sentimientos. Yo, en el pecho, tengo un verdadero corazón que late, y no una especie de esponja blanda como esas filas de mujeres jóvenes que lo recibieron en la plaza, poniendo casi la vida de usted en peligro. Llegar a romper los cristales de su coche para tocarlo: tontas asesinas, ¡cómo las detesto!

Hasta que usted llegó a la ciudad yo era la mujer más desdichada del mundo. Mal casada con un hombre frío como una soga alrededor del cuello, temía no conocer el amor en toda mi vida. Hoy sé que lo amo a usted. En los periódicos leo que levita más que vive: lo da todo por Italia, no come, no bebe, no duerme. Pues bien, yo también levito: desde que lo he visto, yo tampoco como, ni bebo, ni duermo. Ayer corrí mucho para no perderlo de vista.

Ansiosa, me sentía desfallecer y, al mismo tiempo, antes de perder pie, supe que le había impresionado en lo más profundo de su corazón: la expresión cariñosa con la cual me miró me lo dijo.

Aquí, en la tierra de Siena, hay una flor que espera ser cortada. No deje que se marchite, pues si se acerca descubrirá un jardín a la vez apasionado, abnegado y discreto.

Michela C».

La astucia

Pisa, 14 de noviembre de 1927:

«Honorable Duce,
Como no conozco la dirección del pequeño Romano, le envío a usted directamente un humilde regalo para su hijo, W. Con toda mi estima, Florina D».

Si Mussolini no siempre aprecia los tejos que le lanzan estas mujeres, en cambio sí se fija mucho en los regalos. Comentario de Mussolini a la secretaria: «¿Ha llegado?».

Perseverante, usando el regalo como caballo de Troya, el 10 de enero siguiente, cuidando de cambiar de iniciales, Florina hace llegar una nueva petición a Mussolini, más ofensiva:

«Duce, me gustaría mucho conocerlo y sería un gran honor. ¿Cuándo puede recibirme? ¡Viva Mussolini! Suya afectísima. Florina de F».

La cólera

Trento, 15 de junio de 1940:

«En su discurso del 16/05 dijo que en política "no debe haber sentimientos. En política lo único que cuenta es el interés". Pues bien, debe saber que el pueblo italiano nunca se ha dejado guiar por el vil interés. El pueblo italiano lucha por el honor. Duce, la declaración de guerra a Francia es una acción indigna. Un hombre de honor no mata a un herido. Pasará usted a la historia cubierto de infamia...

Lina Romani».

La sabiduría

Rapallo, 3 de octubre de 1934:

«Duce, acaba de llegarme su telegrama de felicitación por mis 100 años, y disfruto de la lectura sin ni siquiera tener que llevar gafas, puesto que Dios ha puesto su mano protectora sobre mi vida, haciendo que transcurra fácilmente entre las dificultades siempre superadas con valor y alegría de corazón...

Cada una de sus jornadas será más llevadera si, antes de acostarse, toma usted un vaso de ratafía de uva blanca, como yo tengo costumbre de hacer desde hace ochenta años. [...] Como la ratafía es mejor cuanto más envejece, le envío como homenaje un centenar de botellas celosamente conservadas por mí que, si no tienen mi edad, poco les falta, pues las preparé con mi marido el día en que Roma se convirtió en capital [...]

En un frasco de buen zumo de uva debe dejar macerar durante diez días canela, clavos de olor y cilantro. Luego se agita bien el frasco cada día, así las sustancias se mezclan y maceran perfectamente. Al décimo día se compra un hermoso racimo de uva blanca, madura, con granos grandes y se les quita las pepitas en una cacerola a fuego lento: se mezcla continuamente con cuidado de no aplastar los granos, pronto acaban por explotar ellos solos. Es el momento de pasarlos por el colador chino y, después de recoger el zumo, se deja enfriar.

Para medio litro de infusión se añade medio litro de zumo al frasco, donde esperan las sustancias bañadas en el líquido alcohólico. Así la ratafía está casi lista, pero no del todo. Al cabo de un mes se filtra y luego se añade azúcar. Cuanto más larga sea la espera, más refinado será el sabor. Y cada vaso hace ganar un día a quien lo bebe. Así pues ¡le deseo que también usted alcance los 100 años!

Suya afectísima, Carmen G».

¿Cómo explicar semejante capital de seducción sobre unas mujeres educadas e independientes como son las europeas a principios del siglo XX? Sin duda, el dictador sabe hacerse corderito y enseñar la patita blanca. Da la imagen de un orador poderoso y cortés, a la vez sólido y con una estética esmerada. Es inimaginable para Adolf como para Benito salir despeinado o mal afeitado. Pero sería un insulto a la inteligencia de las mujeres reducir su comportamiento político a la aprobación de un hermoso peinado.

Porque en el camino hacia la conquista del poder los dictadores comprendieron enseguida que no avanzarían si no conquistaban a las mujeres para la causa, si no las unían a su destino. Y para conquistar el poder y mantenerse en él todos ellos se apoyarán en las mujeres. Mujeres de vida alegre o grandes burguesas intelectuales, simple revolcón o amor apasionado, lo cierto es que están siempre presentes en la vida de los dictadores. Las violentan o las adulan, pero se dirigen a ellas de forma sistemática.

Se llaman Magda, Clara, Nadia, Elena... Unas veces esposas, otras compañeras, musas o admiradoras, tienen en común haber mandado mucho, oficialmente en nada; pero a veces incluso llegaron a gobernar a través de su Pigmalión, al que muchas acompañaron hasta en la muerte.

Ellos son crueles, violentos, tiránicos, infieles. Y sin embargo ellas los aman. Engañadas con numerosas rivales, sacrificadas a la devoradora pasión de la política, espiadas, criticadas, encerradas, ellas resisten. Porque se sienten fascinadas. Porque ellos las necesitan.

Me he propuesto, pues, la extravagante idea de desentrañar los lazos oscuros y poderosos que unen a esas parejas. Entre drama individual y dialéctica del poder, descubrimos a unos hombres que han perdido todo control sobre sí mismos, más esclavos de sus pulsiones que de la diplomacia. La obsesión por seducir les ha dado muchísimo poder sobre las mujeres, pero ha carcomido el resto. Es el cazador cazado. Probablemente sólo se adquiere todo el poder sobre los demás renunciando a todo el poder sobre uno mismo.

I

Benito Mussolini, la Duce Vità

> «Desdichado el hombre de una sola idea,
> especialmente si es una mujer».
>
> MARGHERITA SARFATTI

UN REVOLUCIONARIO CON UNOS ÓRGANOS IRRESISTIBLES

Alerta en Riccione

Riccione, la perla del Adriático, se ve agitada cada verano por una sorprendente exhibición ritual: una ola de admiradoras se precipita hacia la playa, corriendo detrás de un hombre al que quieren admirar sin uniforme. Benito Mussolini se prepara para el baño. Esa nube de mujeres de todas las edades, sin preocuparse por los vestidos que no han tenido tiempo de quitarse, lo siguen hasta el agua. No son sólo italianas las que han venido a contemplar al Duce luciendo su bañador. Según Quinto Navarra, uno de sus criados [6], las más fanáticas son las alemanas, las yugoslavas y las húngaras, que no se privan de expresar en voz alta sus opiniones sobre las «formas atléticas del Duce». Aquel año se había rumoreado que estaba enfermo. Mussolini saliendo de las aguas decide entonces exhibirse y, ante los ojos como platos de aquellas mujeres, empieza a ejecutar una serie de ejercicios ecuestres. Cierra el espectáculo irguiéndose sobre los estribos y grita: «Y ahora, ¡vayan por ahí a decir que estoy enfermo!». El pueblo no podía dudar de la vitalidad de su jefe ni las mujeres de su virilidad.

Riccione, en la Romaña natal del Duce, es el lugar privilegiado de sus baños estivales y de su propaganda balnearia. La novedosa forma de hacer política inaugurada por Mussolini pone en valor la fuerza y el vigor de la «nueva élite» que debe regenerar el país. Mussolini, que no escatima sus apariciones, sabe que su musculatura y la impresión de poderío que transmite su figura dan al pueblo la sensación de estar liderado por un héroe, por un superhombre. Sabe que el más evidente de sus argumentos políticos es su cuerpo.

En 1933 el canciller de Austria Engelbert Dollfuss busca una protección contra la amenaza nazi. Viene a Riccione a pedir el apoyo de Mussolini. El encuentro oficial de los dos hombres, en presencia de la prensa, se produce en la playa: Dollfuss, muy bajo de estatura, aparece con camisa y corbata mientras que Mussolini, según su costumbre, luce su torso desnudo. En un momento en que Austria está a punto de ser anexionada por la Alemania de Hitler las negociaciones avanzan en aquel ambiente desacomplejado. La maniobra es hábil; el efecto, inmediato. Dollfuss está deslumbrado por el *Corpus Mussolinii*: «Para ser un Mussolini, un luchador que debe gobernar y durar, hay que estar hecho como el Duce. [...] Miren su pecho y su cuello; observen la cabeza girada hacia el hombre que tiene a su izquierda y encontrarán un parecido perfecto con los antiguos romanos, tal y como nos los muestran los bustos de mármol [7]».

Buscar defectos a Mussolini es un poco como buscárselos al *Moisés* de Miguel Ángel. La diplomacia como la política no escapan a la ley esencial del Duce: impresionar y seducir.

Sus partidarios admiran esa mandíbula «magníficamente napoleónica» que inspira juicios contundentes: un hombre como él sólo puede estar destinado a vencer o a morir [8]. En las filas fascistas se diserta hasta el infinito sobre los rasgos varoniles del líder.

Después de la mandíbula sus labios son objeto de todas las atenciones. Unos labios «prominentes, desdeñosos, que hacen una mueca arrogante y agresiva delante de todo lo que es lento, pedante, tiquismiquis y lloricón», nos dice Filippo Marinetti, artista futurista y miembro fundador del partido.

¡Qué no se habrá glosado de sus ojos! Dicen que sus ojos taladran al interlocutor, se habla de su mirada encendida, de «sus pupilas clarísimas tan rápidas como las del lobo». Según la opinión general, es imposible resistir su encanto.

Se han interpretado y diseccionado todos los detalles de su rostro, incluso los más anodinos: Mussolini camina «hacia la cima con todo el orgullo de su carácter impreso en el arco acusado de las cejas [9]».

Las primeras víctimas de esos órganos irresistibles son las mujeres. Cuando Benito se dirige a ellas, «sienten sus debilidades convertirse en fuerza [10]», observan los colaboradores más próximos de Benito. Es más, al observador le basta mirarlas atentamente para descubrir en ellas la influencia de un magnetismo que les hace hacer cualquier cosa. «¿Cuántos de nosotros no han visto a varias caer de rodillas a su paso?».

Ninguna, en efecto, sale indemne del imponente Palazzo Venezia donde reina el Duce. La gran actriz Cécile Sorel, una *pensionnaire* sulfurosa de la Comédie Française, está representando en Roma *El misántropo*, de Molière. La muy pomposa sala del Mapamundi y su dueño son por aquel entonces paso obligado del *grand tour* de Roma para las mujeres famosas. La entrevista a solas está prevista para las cinco de la tarde. Dejemos que sea ella quien nos cuente el episodio: «El Duce me esperaba. En la inmensa sala casi sagrada no veo al principio sino sus ojos. Brillan y arden con un fuego interior que revela una voluntad indomable, la certeza absoluta del triunfo».

El encanto actúa instantáneamente, por su simple presencia. Veamos luego si es un hábil seductor: «Apenas había empezado a hablarme, a escucharme, cuando ya me apasionaba el estudio de sus facciones. Inmóvil, concentrado, misterioso, observa y no desvela nada de él. Pero, si su visitante o sus ideas le interesan, sus pensamientos esculpen enseguida su rostro y lo ves, alternativamente, grave, irónico o trágico casi sin transición. Es mil hombres a la vez, y dentro de él hay mil hombres a los que no le resulta fácil dominar, sólo se libera de ellos tras un gesto desdeñoso de la boca y un ejercicio de voluntad que acaba en una carcajada».

El juego es parecido al de un actor, cuya movilidad facial hace más evidente la sobriedad de los gestos. La entrevista dura una hora larga. Mussolini promete ir a verla actuar en el teatro aquella misma noche. En un último rapto de espíritu crítico la actriz lo interroga sobre lo que motiva el fervor de los italianos por el nuevo caudillo. «Saben que los miro... Saben que amo a mi patria. Sólo se gobierna mediante el amor», responde él con un discurso bien ensayado. Al cruzar la verja del palacio Cécile Sorel sólo tiene una idea en la cabeza: la sonrisa de Mussolini es la cosa más fascinante del mundo.

Las más engreídas aristócratas europeas salen impresionadas de la sala del Mapamundi. La princesa Paula de Sajona-Holstein, tras haber sido recibida al menos dos veces por el Duce, no escatima los elogios: «¡Es bueno! ¡El ogro, el tirano, es bueno! Un hombre que sonríe así tiene que ser bueno... Sentía cómo sus ojos me seguían en la oscuridad mientras me alejaba llevándome la dulzura profunda de esa mirada secretamente encerrada en mi corazón».

Las intelectuales también sucumben. Ellen Forest, una literata holandesa, escribe de manera más que sugestiva que Mussolini «es como una copa de cristal llena de un vino embriagador». La metáfora es atrevida, lo bastante como para prolongarla: «No quisiéramos perder ni una gota y tampoco quisiéramos, por temor a verterlo, degustarlo todo de una sola vez. Quisiéramos saborear como un gourmet este vino, esta amistad, con todas sus facultades, en el momento en que nada perturbe nuestra unción».

Punto culminante de todas estas alabanzas femeninas, la escritora Margarita Fazzini se atreve a la comparación suprema: Napoleón. Mussolini ha heredado algunas cualidades del gran corso, su voluntad indomable, sus expresiones. El presidente, como el primer cónsul, es el gran encantador de la multitud y del eterno femenino, «que siempre se siente atraído por la fuerza, cuando ésta es seductora, al menos en los hombres. La multitud también es femenina y, como una mujer, reconoce al hombre, al hombre de verdad [11]».

La escritora presiente algo que Mussolini ha comprendido desde sus inicios, y que convertirá en un principio político. Dirigiéndose no a un pueblo sino a una multitud, debe mostrarse tan seguro de sí mismo y tan atrevido como lo sería con una mujer: «La multitud, como las mujeres, está hecha para ser violada», escribe Mussolini.

Por eso desarrollará una sexualidad omnipresente, a la que alimenta como un verdadero bulímico. Sus inicios amorosos como los políticos están marcados por ese deseo incontrolable que lo impulsa a tomar posesión del otro. Conoció su primer fracaso sentimental a comienzos de la década de 1900 con una joven llamada Vittorina, la hermana de un compañero del colegio. Él le enviaba unas cartas llenas de entusiasmo juvenil acompañadas de encantadores ramos de violetas. El asalto acabó en desbandada cuando Benito conoció su bautismo de fuego. Después de esperar al objeto de sus ansias delante de la salida del trabajo ni siquiera logró articular el piropo más trivial, y se batió en retirada de forma lamentable. Decide entonces que nunca más ninguna mujer le hará sufrir ese tipo de humillación.

Una de las primeras víctimas de su método de seducción aún muy expeditivo es la desdichada Virginia B. Estamos en 1901, en su pueblo natal de Dovia, él tiene 17 años. Se cruza con esa joven vecina que ha despertado en él una de sus primeras pasiones. La fortaleza no le parece inexpugnable. Un día en que el pueblo está desierto prueba suerte. La continuación nos la cuenta él mismo: «La agarré por la escalera. La tumbé en un rincón, detrás de una puerta, y la hice mía. Ella se levantó lloriqueando humillada, y me insultó entre lágrimas. Decía que le había robado su honra. No lo niego. Pero ¿de qué honra estamos hablando[12]?».

Cabe decir que la primera relación que hizo de Mussolini un hombre había dejado poco espacio a la alteridad del deseo de su compañera. La pérdida de la virginidad fue venal. Tuvo lugar en Forlì, el año anterior, en el barrio de las prostitutas, adonde lo llevó uno de sus compañeros, Benedetto Celli. El compañero lo llevó a una casa infame donde la tarifa vigente entonces era de cincuenta céntimos. Lo que obtuvo por ese dinero fue la posesión temporal del cuerpo de una mujer de cierta edad: «Me sentó en sus rodillas y empezó a excitarme con besos y caricias. Era una mujer de pelo entrecano más bien gorda y con las carnes flojas». Benito abandona el prostíbulo con la cabeza gacha, trastabillando como un borracho. «Tenía la impresión de haber cometido un delito», recuerda. Fue su primera incursión, no muy gloriosa por cierto.

Casanova de la legua

Benito tiene entonces 18 años y sólo sueña con abandonar su región natal. Nacido el 29 de julio de 1883 en Dovia di Predappio, en el corazón de la Romaña socialista, es hijo del herrero. Es un gallito de pueblo que frecuenta los cafés y los bailes populares, donde intenta sus primeras aproximaciones al sexo débil. Al terminar el bachillerato elemental escoge la misma vía que su madre, muerta unos años antes: entra en la escuela normal para hacerse maestro. En febrero de 1902 ocupa su primer destino en un pueblo cercano. Por aquel entonces es un chico tenebroso, le gusta vestirse de negro, raras veces abandona su sombrero de ala ancha y su capa. Se da cuenta de que esa apariencia austera no deja indiferente, en especial a las mujeres.

Es la época de las borracheras diarias que a veces lo colocan en situaciones chuscas. Traba amistad con los otros socialistas del pueblo y se lo ve con frecuencia en su compañía, tendido en la plaza de la iglesia, de madrugada, durmiendo la mona. También se entrega a su pasión de infancia por el boxeo y adopta un comportamiento provocador y violento en los bailes que suelen celebrarse los fines de semana. Nunca asiste, por cierto, sin su puño americano.

Las costumbres del joven maestro causan escándalo en el pueblo. En un baile se fija en Giulia F. y la seduce; ella tiene unos 20 años pero ya es madre de familia y su marido está lejos cumpliendo el servicio militar. Según sus palabras, «simpatizaron» y eso dio lugar a una correspondencia. La relación debía mantenerse en secreto, y su primera cita fue clandestina. Mussolini lo recuerda como algo delicioso: «Julia me esperaba en la puerta. Llevaba una blusa rosa que destacaba en la penumbra. Subimos la escalera y durante dos horas fue mía. Volví a casa ebrio de amor y voluptuosidad».

Esa voluptuosidad no dejará de tener consecuencias para la infiel Giulia. El marido traicionado, que se entera del asunto al mismo tiempo que el resto del pueblo, escribe a sus padres desde la guarnición en la que está sirviendo pidiéndoles que echen del domicilio a su esposa. Giulia alquila entonces una habitación, donde puede dar rienda suelta a su pasión por Benito: «Entonces fuimos más libres. Iba a verla todas las noches. Ella me esperaba en la puerta. Fueron unos meses encantadores». Mussolini goza particularmente del dominio total que ejerce sobre aquella mujer, con la que descubre el poder irracional de su seducción.

En efecto, tras abandonar a su marido por él y al encontrarse sola con un hijo a su cargo, Giulia le obedece sin condiciones, y durante aquellos meses Benito hace con ella lo que quiere. Lo que no dice es que a menudo se pelean. Un día él la hiere con su cuchillo. Otro día, cuando ella le desobedece y se va sola al baile, la agrede en la calle y le muerde un brazo.

Para Mussolini el corazón de una mujer es un objeto del cual debe disponer totalmente. Los brazos de la bella Giulia no son suficientes para contener a ese hombre.

Las amantes judías del fascismo

En marzo de 1904 Angelica Balabanoff pronuncia en Lausana un discurso con ocasión del trigésimo tercer aniversario de la Comuna de París. El acto está organizado por el Partido Socialista Italiano y tiene como público a los numerosos obreros que han elegido la Confederación Helvética para huir de la miseria del campo italiano a principios de siglo.

Aquella revolucionaria de 36 años, nacida en una familia de la gran aristocracia ucraniana, ha estudiado en la Universidad Libre de Bruselas. Es una intelectual de altos vuelos, que se siente cómoda en varias lenguas y frecuenta a personalidades de la flor y nata del comunismo mundial. La mujer que toma la palabra delante de aquellos obreros es una mujer liberada, una morena atractiva, un estandarte del pensamiento feminista de principios de siglo. Se siente incomodada por un hombre del público, cuya presencia se impone a los sentidos. Aunque un tal Vladimir Ilich Ulianov también asiste al mitin, el que llama su atención es otro, un joven que no ha visto nunca antes. Su expresión exaltada, su atuendo desaliñado y sobre todo el olor que desprende lo distinguen claramente de los demás obreros. «Era la primera vez que veía a un ser humano con un aspecto tan deplorable[13]» . No habiendo encontrado trabajo, Mussolini vive entonces efectivamente como un vagabundo. Duerme bajo un puente. La curiosidad la lleva a informarse sobre aquel hombre misterioso. «Parece que era maestro de escuela, pero dicen que bebía mucho, que estaba terriblemente enfermo y que no paraba de meterse en problemas». Una primera impresión lamentable, agravada por las primeras palabras que intercambiaron. «Dice que es socialista, pero no parece saber gran cosa del socialismo».

Huyendo de la modesta carrera de maestro que se abría ante él, y poco atraído por la perspectiva del servicio militar, Mussolini decidió exiliarse en 1902. Entonces consideró diversos destinos, en especial Francia, Estados Unidos, e incluso Madagascar, pero finalmente eligió Suiza, más próxima, mucho más rica, y donde podría integrarse en la comunidad italiana, que era numerosa. Llegó allí sin nada, dominando mal todavía el francés, y ocupó pequeños empleos como albañil, peón, dependiente en un comercio de vinos y luego en una carnicería. Mal alimentado por esos trabajos intermitentes, se incorpora a los sindicatos de trabajadores inmigrantes donde sus dotes oratorias llaman la atención.

Cada vez está más solicitado en las conferencias y las reuniones sindicales en toda la Confederación. Muy pronto se convierte en secretario del movimiento y publica artículos en el órgano del partido, *L'avvenire del Lavoratore*, todo ello sin saber casi nada de teoría social. Pero demuestra tener un tono incisivo. Define Suiza como «una república de comerciantes de salchichas gobernada por una chusma protestante».

Estos primeros éxitos fueron según el propio Mussolini de una importancia capital. Más tarde confesará a unos periodistas: «Tal vez fue el único periodo de mi vida en que no me sentí solo». Quizá la presencia de Angelica tenga algo que ver. Ella se rindió enseguida al encanto de aquel militante quince años más joven que ella. Todos los testimonios, empezando por los de ellos mismos, coinciden en describir su gran complicidad intelectual y el papel de formadora que Angelica ejerció: «Quizá porque sabía en qué medio había vivido yo y en parte también porque yo era una mujer con la cual no tenía ninguna necesidad de "demostrar" que valía tanto o incluso más que los demás, no me parecía que le irritaran mis consejos o mis reproches, ni siquiera cuando se negaba a seguirlos. Conmigo no trataba de disimular su debilidad. [...] Durante todo el tiempo que duró nuestra colaboración, le mantuve constantemente mi amistad, porque sabía que yo era la única persona con la cual podía ser él mismo, la única con la cual no tenía que esforzarse en fingir».

Angelica supo descubrir la debilidad íntima de Benito, que será la fuerza de Mussolini: «Necesitaba a alguien que dependiese de él, pero su vanidad no habría soportado nunca lo contrario». Ella, que es una mujer con experiencia, sabrá maniobrar teniendo en cuenta esa necesidad de exclusividad afectiva de Mussolini con una mujer, pero sin abandonar jamás ni un ápice de su independencia. Por primera vez en su vida, él encuentra una mujer que no se resume en un objeto de deseo. Por primera vez también, alguien que lo domina intelectualmente. Ese alguien es una mujer, y él es el primer sorprendido. Quizá no vuelva a hablar nunca más de una compañera en términos tan elogiosos: «Lo repito, debo a Angelica mucho más de lo que ella cree. Poseía la sabiduría política. Era fiel a las ideas por las cuales luchaba. Para defenderlas había abandonado su casa lujosa y su familia de tradición burguesa. Su generosidad no conocía límites, al igual que su amistad y su intimidad. Si el socialismo pudiera admitir una liturgia, unos ritos religiosos, santa Angelica del Socialismo debería tener un puesto de primer orden en un empíreo político que tiene a Marx como creador de la tierra y del cielo. Si no la hubiera conocido en Suiza, seguiría siendo un pequeño activista de partido, un revolucionario dominguero[14]».

Los favores de Angelica a Mussolini son en efecto los de una *pietà* desinteresada. Lo salva, según ella, de «la histeria, la miseria y la desesperación» al abrirle las vías del socialismo. La verdad tal vez sea más prosaica: Mussolini se confiesa poco atraído por esa «pigmaliona» de físico demasiado rudo. «Si me encontrara en un desierto y la única mujer presente fuera Angelica, preferiría hacerle la corte a una mona», le dirá más tarde a su esposa. ¿Fue esta falta de deseo lo que hizo que Mussolini mantuviera una relación de casi diez años con ella?

Angelica no sólo deja su huella en la inteligencia de Benito. También transforma su estilo. En la década de 1910, en efecto, la forma de vestir de Benito mejora, lleva cuello duro y canotier. Al volver a Italia tras dos años y medio de un exilio suizo formativo se incorpora finalmente durante un año a un regimiento de *bersaglieri*. Las enseñanzas de Angelica han dado fruto: su destino ahora es ser periodista.

Tras inundar todas las publicaciones socialistas con sus crónicas y sus notas obtiene por fin en 1912 un puesto de responsabilidad: se convierte en jefe de redacción del *Avanti!*, el diario del Partido Socialista Italiano. Pero, comparado con la nueva *intelligentsia* milanesa, el antiguo albañil es un paleto. Su estilo, aunque eficaz, todavía deja mucho que desear. ¿Acaso Mussolini duda de sí mismo en el momento de darse a conocer a escala nacional? Lo cierto es que una de sus condiciones para aceptar el cargo es que Angelica ocupe el de redactora jefe adjunta. Necesita sentirse apoyado y respaldado por la presencia de su maestra. La mujer que le enseñó pacientemente en Lausana los primeros rudimentos de la escritura periodística lo ayudó a elegir sus lecturas y a consolidar su pensamiento, se reúne con él en Milán. Juntos están al frente del diario socialista más leído de Italia.

En sus páginas él se convierte en el profeta del socialismo. El estilo es acusador. Benito no pierde ocasión de fustigar los crímenes del poder, y en sus artículos asoman ya los temas radicales del fascismo: los conceptos mal digeridos de Nietzsche o de Bergson asociados a un darwinismo social primario desembocan en una crítica constante de la masa «borreguil y femenil».

Si el reconocimiento de Mussolini como periodista es casi inmediato, como orador tarda más en despegar. Su intervención en el congreso de Milán de 1910 provoca hilaridad. Encuentran que tiene una voz de barítono afeminado. En el escenario está solo, no tiene a su lado a Angelica para canalizar su energía desbordante.

Cuando aparece en la tribuna, su discurso es desaliñado, como su corbata negra que lleva ladeada. Una barba de tres días ensombrece su rostro rematado por un cráneo prematuramente calvo, y su imagen no da mucha credibilidad a lo que dice. Tiene algo de espantapájaros y a la vez de adalid de la justicia social. «¡Es un loco!», murmura el público.

Sus camaradas tal vez ven en él a un loco, un calvo y un espantapájaros; las mujeres perciben una realidad muy diferente. Aprecian su estilo rebelde y provocador. Su forma de dirigirse a la multitud lanzando acusaciones exageradas y presentándose como justiciero indefectible atrae a las amazonas de principios de siglo. En Milán, por primera vez, dos mujeres asisten a su discurso vestidas con pantalones, lo cual causa escándalo.

Los encantos de Oriente

Durante un discurso en marzo de 1913 la muy original Leda Rafanelli es víctima, también ella, de los irresistibles órganos mussolinianos. Publica un artículo describiéndolo como «el socialista de los tiempos heroicos... todavía siente, todavía cree, con un impulso lleno de virilidad y de fuerza». Su conclusión es igualmente sobria: «Es un hombre».

Mussolini manda que le envíen una nota de agradecimiento, a la cual ella responde con una invitación. Él no se opone, ya que el encuentro permanecerá en secreto. Benito llega a casa de aquella mujer de la cual aún no sabe nada con un atuendo muy elegante: levita, botines y sombrero hongo. Su anfitriona, que es un personaje sensual «de aspecto provocativo, con unos labios gruesos y unas formas voluptuosas», es bastante marginal en aquella Italia de antes de la guerra. Convertida al islam, ha adoptado el modo de vida oriental y lleva un turbante, pulseras de plata anchas y pesados aretes. Su casa, también orientalizante, se compone exclusivamente de muebles y objetos traídos de Egipto. Para acabar de rematar el ambiente todo huele a perfume y a inciensos exóticos, y en el centro de la sala hay un brasero que mantiene caliente un oloroso café a la turca. Benito se siente mareado, no encuentra las palabras y debe despedirse sin haber podido intentar ninguna aproximación.

Se excusa por carta al cabo de unos días, arguyendo su timidez y su «extremada sensibilidad a los perfumes de Oriente». Tal vez revivió en aquellos momentos las difíciles misas de los domingos de su infancia, en que el incienso litúrgico lo mareaba hasta el punto de desmayarse en varias ocasiones. Sabe encontrar las palabras justas: «Pasé tres horas deliciosas. Los dos amamos la soledad. Usted la busca en África; yo, entre la multitud de una ciudad tumultuosa. Pero el objetivo es el mismo. Cuando quiera hacer un paréntesis, iré a verla. Leeremos a Nietzsche y el Corán».

La joven acepta y no le tiene en cuenta aquel primer fallo. Vuelven a verse varias veces a solas, y Mussolini no logra vencer la resistencia de su presa. Para intentar domarla se lanza a una gran empresa de seducción y adquiere un traje completo de beduino. Lleva albornoz, tarbuch y collar de ámbar. Le miente por supuesto respecto a su estado civil, pretendiendo no estar casado, e interpreta el papel del Don Juan de corazón de piedra que no ha encontrado todavía a la mujer perfecta: «Todo hombre, ve usted, que siente dentro de él la fuerza de emprender una vida difícil, fuera de lo común, necesita una musa que lo consuele. ¿Me comprende?». El embaucador sabe halagar el ego femenino. Dice que busca una musa, no sólo una amante. «Quisiera que ella me comprendiera hasta el fondo del alma, quisiera poder confesarme con ella y también que me estimulara, me aconsejara, me desaprobara si cometo errores, ¿me comprende?».

Pero Leda ha oído otras cantinelas parecidas. No cree en la musa, el argumento no da en el blanco. Repitiendo de nuevo que es libre como el aire, Mussolini se pavonea: «Hay dos mujeres que están locamente enamoradas de mí», le dice en tono confidencial. Él no las ama. «La una es más bien fea, pero tiene un alma generosa y noble. La otra es bella, pero tiene un carácter astuto y ávido: incluso es avara. Es normal, ya que es judía».

La primera es la fiel Angelica. La segunda es la responsable de la sección artística del *Avanti!* La conoció cuando entró en el periódico. Su belleza y su inteligencia la convirtieron muy pronto en indispensable.

«La bella avara, tan taimada como sincera es la primera, es la escritora Margherita Sarfatti». «¿La mujer del abogado?», pregunta. «Sí, me persigue con su amor, pero yo nunca podré amarla. Su mezquindad me repugna. Es rica y vive en un gran palacio en el Corso Venezia». «¿Entonces no ve usted en ella a la musa con la que sueña?». «No, jamás dejaré que entre en mi vida».

Mutis de la rebelde y demasiado incensada Leda. Ésta es la descripción que de su vida amorosa hace Benito en 1913. La verdad, como el lector sin duda ha adivinado, es muy distinta. ¿Quién es esa otra enamorada de Mussolini, la mujer del abogado?

La bella veneciana

Volvamos unos años atrás y situémonos en Venecia en 1905. Como intelectual rusa, Angelica Balabanoff es invitada a presentar un retrato de la pobreza de su pueblo, de la cual se habla mucho en Europa desde el fracaso de la revolución aquel mismo año. Entre el público, una joven veneciana de 25 años, Margherita, se ha sentido atraída y siente curiosidad por la oradora venida del Este, por aquella profetisa cuyas ideas feministas conoce bien. «Vi entonces a aquella mujer, aquel error de la tipografía celeste en la cual se imprimen los caracteres cirílicos, transfigurarse mediante la inteligencia y la palabra[15]». Margherita es abducida por sus ojos húmedos y brillantes, que se agrandan hasta el punto de devorar su lastimosa cara gris.

Encuentro inaugural entre Angelica y Margherita, dos mujeres que cambiarán el destino de Benito al convertir al impetuoso maestro romañolo en un líder político consolidado. Margherita se siente fascinada por la facilidad y la convicción que emanan de Angelica, y al mismo tiempo horrorizada por su físico descuidado. Una brizna de celos femeninos acaba de definir el encuentro. «Su voz estridente y quebrada, calentándose con extrañas entonaciones guturales, te desollaba hasta el fondo de las vísceras con la fuerza de persuasión de los místicos y las histéricas». La enemistad de los primeros instantes no puede ocultar los puntos que tienen en común ambas mujeres: las dos son judías, salidas de la alta burguesía, educadas aristocráticamente y las dos han roto con su entorno, sus códigos y sus valores políticos. Margherita ha abandonado desde hace unos años la política moderada y liberal de los comerciantes venecianos, seducida por las ideas radicales y generosas que propugnan los «socialistas», esos nuevos *sans culottes*.

Angelica habla en su discurso de la madre Rusia, la «Santa Rusia» que a la sazón sufre y espera apasionadamente un futuro mejor. Se derrumba, agotada, en su silla, toda pálida y deshecha en lágrimas. «Alrededor de la mesa llorábamos todos, conmovidos y pálidos también», anota Margherita.

La viva impresión que dejó aquella jornada en Venecia fue demasiado fuerte como para no tener consecuencias. Angelica, tras defender a los trabajadores inmigrantes italianos en Suiza, se instala en Milán, donde es elegida rápidamente para el comité de dirección del Partido Socialista Italiano. Tiene ocasión de mantener allí sus peleas con Margherita.

En 1912 una tercera amazona, otra figura del feminismo incipiente, Anna Kuliscioff, les da ocasión de reunirse alrededor de su compromiso común. Fundan las tres *La Difesa delle Lavoratrici* («la defensa de las trabajadoras»), una revista destinada a despertar en las italianas la conciencia política. Margherita se encarga de una gran parte de la financiación con su propio dinero.

La pequeña revista reúne, por tanto, a tres de las mujeres más influyentes del Partido Socialista Italiano. Todas convergen en un punto, su admiración por un joven líder de provincias: un tumultuoso tribuno de acento pronunciado y gestos impulsivos. Y así fue como Mussolini se encontró al frente del *Avanti!* Su personalidad de acero, su sentido de la frase justa, su infatigable verbosidad y sus ojos hipnotizantes convencieron a las tres mujeres, que persuadieron a los dirigentes del PSI, y Mussolini fue nombrado jefe de redacción del periódico. La impresión y la verdadera seducción que ejerció sobre ellas no dejan de tener su importancia. Formado por Angelica, que lo ayuda en su nuevo cargo, y con el estribo sostenido por tres intelectuales femeninas, Benito va subiendo escalones.

Entre las tres amazonas, sin embargo, el entendimiento no es precisamente cordial. Los comités de redacción se convierten muy pronto en trifulcas. Margherita esperaba legítimamente colocar sus artículos en las columnas de la revista, y somete varios de ellos a sus adjuntas. Pero la participación financiera no les asegura ningún trato de privilegio a aquellas jóvenes idealistas e intransigentes. Los artículos sobre el voto de las mujeres son simple y llanamente rechazados. En vista de su insistencia Margherita es incluso expulsada de la redacción por Anna Kuliscioff: «Delante de toda la redacción estupefacta me hizo una escena malvada y mezquina, de zarina con knut contra el mujik insubordinado. Me fui estrechando contra mi corazón los pedazos de un ideal roto».

Tras su expulsión de la revista feminista Margherita no cejará hasta expulsar a Angelica del lugar que ocupaba en el corazón y la mente de Benito. Porque más allá de los rasgos que las unen, las dos militantes tienen unos caracteres diametralmente opuestos. Los aires de monje franciscano itinerante de Angelica no le gustan nada a la refinada Madonna de Venecia. Adivina en la otra una inteligencia fulminante, pero «pequeña y deforme». Angelica es un elixir curioso a sus ojos: «Habiendo abrazado a Marx y al marxismo como una religión fetichista y monomaniaca, difundía el verbo del maestro en numerosas lenguas, con ese ardor comunicativo que es propio de la fe irracional y que es contagioso como la escarlatina. Me la imagino muy bien, en las procesiones de la Edad Media, o bien en la cueva de Lourdes, manejando el látigo para engendrar el milagro[16]...».

El pequeño grupo se deshace. La rivalidad ideológica se ha convertido en una rivalidad amorosa. Bien decidida a publicar sus artículos, Margherita llama a la puerta del nuevo jefe de redacción del *Avanti!* a finales del año 1912. La voluptuosa rubia de ojos color esmeralda se ha preparado para el encuentro, envuelta en un largo abrigo negro acampanado con un distinguido cuello de armiño y un tocado de pieles. Al llegar al periódico, que también financia, se dirige directamente al despacho de Mussolini. Llama y entra sin esperar respuesta; lo encuentra en plena revisión de pruebas. Al levantar la mirada y descubrir a aquella criatura desconocida Mussolini se precipita a ofrecerle una silla y a rogarle que se siente. Ella quiere que le ofrezcan colaborar con regularidad en la sección cultural. La conversación superará todo lo que la veneciana de las pieles tenía previsto. Primero, suelta su acostumbrada perorata destinada a defender el lugar de las artes en un periódico de combate: «El arte actual, que es la expresión de la modernidad, puede ser un excelente vector de la acción política...». Mussolini no cae en la trampa y enseguida la interrumpe: «El arte no es un tema socialista. En cuanto a los artículos políticos, en el periódico que dirijo los escribo yo mismo».

Desde las primeras jugadas ella ha perdido la mano. Intenta febrilmente la comparación con otra publicación socialista, *La Voce*, que dedica un amplio espacio a la actualidad cultural. Una vez más la respuesta es breve y seca: «Sólo leo los artículos políticos y de filosofía». Margherita siente que ha perdido pie. Se deja arrastrar a una conversación que deriva ahora hacia los grandes intelectuales que han influido en el joven Benito, como Georges Sorel o Friedrich Nietzsche. Finalmente, mirando a la cara a aquella dama de la alta sociedad que ha irrumpido en su despacho, Mussolini le lanza una fórmula mágica que ha estado madurando durante mucho tiempo: «Yo soy un hombre que busca».

La conversación se orienta muy pronto hacia el papel de las mujeres y el uso que el hombre puede hacer de ellas. A Margherita le cuesta describir la intensidad de aquel intercambio, el peso que tomaron entonces las palabras y el estremecimiento profundo que agitó su alma. También ella queda sencillamente fascinada por aquellos grandes ojos amarillos y luminosos que giran rápidamente en sus órbitas, por «su boca decidida que tenía algo de cruel, por sus citas nietzscheanas y su aire enérgico».

La frase apenas oculta la tensión erótica que se instala desde el primer momento entre aquellos dos seres. Margherita, que no está acostumbrada a no tener la última palabra, termina la conversación con una sentencia enigmática: «El pudor de las mujeres hermosas se refuerza con la conciencia de su belleza física». Él le propone escribir algunos artículos, «gratis», se entiende. «Yo no escribo gratis, quiero treinta liras por artículo[17]», le contesta ella sin parpadear.

Apenas unos días después de la entrevista en las oficinas del *Avanti!* Margherita asiste a un concierto. Nota como una presencia, alguien la está desnudando con la mirada: «Dos grandes ojos ardientes me quemaban y me taladraban, antes incluso de haber comprendido que eran los de Mussolini». La pasión por Benito ha empezado a consumirla. Los dos militantes serán pronto amantes, y empieza una relación intelectual privilegiada. Durante sus interminables entrevistas a solas ella se desloma corrigiendo su estilo, haciéndolo menos brutal, refinando su retórica y su cultura. La veneciana ya no está relegada a la sección cultural, ahora codirige el periódico, al frente de la redacción y velando por la cohesión ideológica de los contenidos.

Está todos los días a su lado para elaborar y difundir la primera versión de la doctrina fascista. Sus relaciones íntimas, sin embargo, son intermitentes. Margherita se ausenta a menudo y pasa largas temporadas en el extranjero donde mantiene sus redes mundanas.

En París reside en la avenida Kléber y frecuenta la vanguardia de los intelectuales. En el Salón de los Independientes se encuentra con Duchamp, Léger, Delaunay. Alternando con esa fauna del París artístico, frecuenta un mundo de fiestas exuberantes y modas atrevidas, rayando en la provocación. El espectáculo que da en el Théâtre des Champs-Elysées mezcla la danza con la pintura, la música, el canto, la poesía y el cine. Luego sale del brazo de la escritora y bailarina Valentine de Saint-Point con la cual forma una pareja sáfica, la una vestida de hombre con un sombrero de copa y un terno, la otra con una toga griega. Al lado de este ambiente finisecular decadente visita en la rue de la Sorbonne a Charles Péguy, de quien había financiado una publicación anterior en su modesta tienda de los *Cahiers de la Quinzaine*.

Margherita deja así solo a Benito con su pasión por el estupro. Él tiene muchas amantes y ve cómo su prole aumenta. En 1913 una militante judía rusa que conoció en Trento, Fernanda Oss, trae al mundo a Benito Rebel, que él se negará a reconocer pese a las demandas incesantes de la pobre madre. Impermeable a toda emoción en lo que a ella se refiere, no hará el menor gesto cuando el niño de 2 años caiga gravemente enfermo. Al enterarse de que este hijo ilegítimo finalmente ha muerto su corazón de piedra no se ve afectado. Al contrario, le dirá a Margherita que este desenlace ha sido para él «un gran alivio».

Deja a las fascistas en Venecia

Poco importan las extravagancias de Benito; para Margherita él es ese hombre de acción integral, el que sabrá hacer triunfar esas ideas socialistas de vanguardia. Ella cree en su futuro político y él la necesita para realizarlo.

Con gran perjuicio para Anna Kuliscioff, las ideas de la pareja Mussolini-Sarfatti triunfan: «Estos llamamientos, dice, son los de un irresponsable y un loco. Ese Mussolino (escribe en alusión a un bandolero siciliano del siglo XIX) es un chiflado peligroso. ¡Y pensar que toda esa locura está ahora al frente del partido! Es una pesadilla». El divorcio con los otrora aliados ya se ha consumado. No se hará oficial hasta el momento de la declaración de guerra.

En otoño de 1914 Italia se interroga. ¿Debe comprometerse al lado de Alemania y de Austria-Hungría? ¿O debe acercarse a Francia y a Inglaterra para recuperar las últimas tierras italianas bajo control austriaco? En mayo de 1915 Italia se inclina finalmente por la alianza latina y declara la guerra a Austria. Benito deja de ser periodista y se convierte en soldado. Se alista en septiembre de 1915 en el frente alpino, donde el ejército italiano intenta defender los puertos frente a los austriacos. El soldado Mussolini sigue en el ejército durante dos años, pero sólo pasará un mes en el frente y unos días nada más en las trincheras. Durante esas misiones lucha valerosamente, ferozmente incluso. Y se las ingeniará para que todo el mundo se entere, cuidando de fabricar su propia leyenda. En febrero de 1917, durante un ejercicio de artillería, el obús que coloca en su Bettica explota y mata a cinco hombres que están bajo su responsabilidad y lo hiere a él de gravedad. Las esquirlas se alojan en distintas partes de su cuerpo. Sufre varias operaciones, incluso se ve amenazado por la gangrena. Para salvar la pierna se raspan los tejidos infectados, dejando prácticamente el hueso al descubierto. La operación lo sume en un estado catatónico que dura varias semanas. Margherita está a su cabecera.

Al salir del hospital en agosto del mismo año reanudan su relación con algunas interrupciones. Mussolini el impúdico contará más tarde a una de sus amantes un episodio edificante. Una noche de 1918 en Milán, con una niebla tan densa que no se veía nada, acompaña a Margherita a un taxi. «¿No has pensado nunca que yo podía amarte? Porque sabrás que yo te amo», le confiesa ella.

A estas palabras Benito responde con actos: «Subimos al taxi. [...] Después, sucedió aquella noche algo terrible en la habitación del hotel. No pude hacerle nada, pensé que era la postura, cambié varias veces. Nada, imposible. Era sin duda alguna el olor de su carne[18]».

Los dos amantes pasan ahora la mayor parte del tiempo juntos, en el periódico y en los lugares de moda de Milán. Ella necesita más que nunca la atención y el cariño de un hombre. Es 1918 un año difícil para Margherita, el año de las separaciones. Angelica, la amiga de los primeros amores socialistas, abandona Italia para reunirse con otro hombre, otro líder carismático, Lenin. Margherita se toma la defección como una traición. «No tenía sentido del humor, nos dice, ni sensibilidad para la belleza —por suerte para ella—, de lo contrario se habría tirado a un pozo aunque tenía muy poca familiaridad con el agua». Imposible, no obstante, olvidar a aquella camarada con la que compartió tantas cosas. Margherita

se sigue burlando, con la tenacidad de la que sólo un rencor femenino es capaz, evocando su figura informe, su pecho flácido, sus
faldas arrastradas por el polvo y sus cabellos grasientos «que aloja-
ban a todos los insectos de la creación». No dejará de recordar,
como máximo argumento, su «plana fealdad kalmuka».

Pero además en enero de 1918 Margherita perdió a su hijo en
las trincheras. Se enteró de la noticia al recibir uno de sus mecho-
nes pelirrojos, enviado por un compañero de armas. Las palabras
de consuelo afluyeron de todas partes. Gabriele D'Annunzio, el
héroe de la aviación italiana y futuro rival de Mussolini al frente
del movimiento fascista, le envió una nota: «Ignoraba esta muerte
sublime. Al dirigirme a los jóvenes reclutas, allá arriba, ¿acaso no
me dirigía a él también? ¿Acaso no me oía? ¿Por qué no llegué
a conocerlo? Sin duda lo habría reconocido entre mil. No quiero
consolar. Yo mismo no me consuelo jamás. Pero ¿no está presente
ahora, con una presencia continua, más viva que cuando tus dedos
atusaban sus hermosos cabellos?».

Margherita conocía a D'Annunzio desde hacía unos diez años
y formaba parte de sus admiradoras. El patriota y poeta había sabido impresionarla con sus proezas tanto en el aire como en las
trincheras. Cuando después de la guerra está en la cima de su
popularidad, ella decide hacer de mediadora entre el rudo Benito y el caballeroso Gabriele. El encuentro tiene lugar en junio
de 1919. Los celos nacen instantáneamente entre esos dos pen-
sadores de la revolución nacional que se está cociendo. Además a
Benito no le ha gustado nada que D'Annunzio haya propuesto
a Margherita volar con él en el primer vuelo regular entre Roma
y Tokio. Ella se muere de ganas de acompañarlo en tanto que
Benito se muere de impaciencia porque él no ha pasado todavía
de las primeras lecciones como piloto. A la lucha por la suprema-
cía política se añaden, pues, motivos más personales. El proyecto
finalmente se va al agua.

D'Annunzio tiene otras ocupaciones. El 11 de septiembre,
en efecto, toma el control de la ciudad de Fiume a la cabeza de
varias compañías de ex combatientes. El Tratado de Versalles que
pone fin a la Primera Guerra Mundial no ha devuelto a la madre
patria esa ciudad poblada de italianos. Mussolini, al que esta iniciativa ha tomado desprevenido, no puede hacer otra cosa más
que respaldar a su rival. En su periódico promete recoger fondos
para él, así como ir a verlo enseguida. Se embarca para Venecia

con Margherita, so pretexto de ir clandestinamente a Fiume la rebelde, proclamada ciudad Estado.

Una vez en la ciudad de Margherita, la pareja, que todavía está en la primera fase de su pasión, se deja atrapar por las múltiples diversiones que ofrece la ciudad de los dogos. Sabiéndose vigilados por la policía, se pasan el tiempo despistando a los agentes del gobierno por las callejuelas y los pequeños canales que Margherita conoce al dedillo. Mussolini aprecia mucho este juego del ratón y el gato con una compañera temeraria y retrasa su viaje en barco a Fiume. Cuando le proponen una plaza en un barco de guerra, y luego en un hidroavión, las rechaza pretextando ora el mal tiempo, ora otros peligros. Lo único que quiere en ese momento es prolongar aquella estancia transformada en verdadero viaje de novios y hasta se niega a ir en coche a reunirse con D'Annunzio. El objetivo ahora es otro; se trata únicamente de divertirse antes de la campaña legislativa que ya se anuncia.

La hormiga, que ha vociferado todo el verano, es ridiculizada en las urnas en esas elecciones legislativas de noviembre de 1919. Mussolini recibe su primera bofetada política. Se hunde en uno de sus estados depresivos agudos. Presenta a Margherita las extrañas reconversiones que está proyectando: «Ante todo puedo ser albañil, ¡soy un muy buen albañil! [...] O puedo dar la vuelta al mundo con mi violín: ¡qué magnífico oficio el de músico ambulante! [...] ¡heme aquí actor y autor! Mi drama en tres actos, la "Lámpara sin luz" ya está listo, no me queda sino escribirlo».

Estas elucubraciones de hombre desorientado caen en el oído de la enérgica Margherita. En los meses siguientes se aplicará a levantar la moral de Benito llevándolo por toda Italia y preparando las grandes líneas de la revolución que el movimiento fascista requiere. Lo lleva a Nápoles a orillas del mar, luego de nuevo unos días a Venecia, a los anticuarios del gueto, al teatro Goldoni o a disfrutar del lujoso hotel Danieli.

El año 1920 empieza para Mussolini con un nuevo objetivo y una moral de acero: tomar el poder gracias al movimiento de los ex combatientes agrupados en el seno de los Arditi y los Fasci. A su lado, Margherita es la verdadera artífice de la ideología que necesita.

Porque su querida «Vela», lejos de conformarse con ofrecerle un apoyo moral, tiene un auténtico plan para propulsar a Benito al primer plano de la escena política. Lo primero que tienen que hacer es multiplicar las voces que divulguen su credo. Fundan, por tanto, además del diario *Il Popolo d'Italia* a finales de 1914, la revista política *Gerarchia* (jerarquía) cuya dirección asume Margherita. Ella es la que elige los colaboradores entre sus conocidos y concede una gran importancia a las cuestiones culturales. Reúne a muchos artistas futuristas, como Mario Sironi. El fascismo debe ser un partido de vanguardia en todos los sentidos de la palabra.

Pero hacen falta medios financieros para alimentar la máquina fascista que se pone en marcha bajo su dirección. Por eso que no quede, ella prestará un millón de libras al Partido Nacional Fascista.

Queriendo recuperar su apuesta y viendo que ha llegado el momento propicio que tal vez no se vuelva a presentar, Margherita empuja a Benito a forzar el destino y a organizar la marcha sobre Roma. Mussolini no quiere un poder ganado con sangre. Para que su éxito sea total quiere ser legítimo y que le confíen las riendas del país por la vía legal. El gobierno acaba de caer, pero el rey no se decide a confiar el poder al Duce del fascismo. Margherita, lo mismo que sus hombres, lo incita entonces a mantener la presión, organizando demostraciones de fuerza de sus «fascios» en las grandes ciudades. Cuando él duda a la hora de lanzar sus legiones sobre la capital, ella lo convence con una frase inspirada en la emperatriz bizantina Teodora: «*Marchar o morir*, pero estoy segura de que marcharás».

Cuando se entera de que la insurrección fascista ha comenzado, Benito lo que quiere sobre todo es marcharse al extranjero. La noche del 26 de octubre, cuando sus tropas llegan a las puertas de Roma, los dos amantes están en el teatro del Verme. Durante la representación una llamada telefónica lo avisa de que la operación ha empezado. Anonadado, Benito se levanta y abandona el palco declarando: «Ya está, adiós». Margherita lo sigue. Él le confiesa su miedo de llegar al poder por un levantamiento, la abraza con fuerza y le murmura al oído: «Vámonos al Soldo, y pasemos unos días en Suiza hasta que veamos cómo evoluciona todo». La rubia le lanza una mirada asesina. Ni hablar de huir ahora. Refugiarse en el extranjero mientras otros luchan por él lo cubriría de vergüenza. No sabiendo qué responder a su enérgica amante, Benito vuelve a su palco en silencio. Reanimado por la mirada de aquella mujer que ve en él al caudillo de Italia, escribe un editorial para la primera página de su periódico reclamando los plenos poderes. El 29 de octubre de 1922 recibe por telegrama el anuncio de su nombramiento a la presidencia.

Margherita tuvo la intuición del momento propicio y supo persuadirlo a dar la cara pese a sus dudas y su melancolía, que dejaban entonces el campo libre al muy amado D'Annunzio. El rival queda descartado. Pero ella acaba de precipitar los acontecimientos que la alejarán de Benito. Sus nuevas funciones lo reclaman en Roma sin tardanza. Se irá aquella misma tarde en el último tren de las ocho. Después del desfile en las calles de Milán la pareja se reúne en la limusina de Margherita, que lo acompaña a la estación. Mientras fuera una nutrida multitud ha venido a aclamarlo, los dos amantes se separan con una emoción contenida. La época de la complicidad cotidiana ya es historia.

Mussolini Roma

Los primeros tiempos de su vida en Roma son de una actividad frenética. Durante casi dos meses está totalmente absorbido por su trabajo. Sólo las fiestas de Año Nuevo le dan ocasión de volver a Milán y a los brazos de Margherita. Apenas llega a la ciudad, su chofer privado recibe la orden de llevarlo a casa de la veneciana: «El Duce, a una hora bastante avanzada, me ordenó acompañarlo al Corso Venezia: me detuve delante de un portal que él me indicó. Se bajó sin pedirme que lo esperara. Me quedé haciendo conjeturas sobre lo que podía interesarle de aquella casa, porque ya durante el día me había mandado parar en aquella dirección [...], cuando vi aparecer a la criada que había bajado a conocerme. [...] Me anunció sin rodeos que las visitas de este tipo serían muchas y que la verdadera casa de Mussolini era aquella... la de la señora S. Por último me anunció que al día siguiente iríamos a una villa en el lago de Como. Y efectivamente al día siguiente Mussolini se pasó la mañana en la prefectura y por la tarde, conduciendo él mismo el coche, nos dirigimos hacia el lago de Como, a una modesta villa propiedad de la señora S. [...] Allí estuvimos dos días. [...] La criada me contó varios episodios de la vida de los dos amantes, diciéndome que el marido de la señora S. salía de la casa cada vez que Mussolini entraba. También quiso ponerme al corriente de lo que ocurría en la alcoba de los dos amantes, de cosas que no puedo transcribir, dignas de un lupanar[19]».

Testigo valiosísimo de la vida sentimental de su jefe, Ercole Borrato, chofer de Mussolini desde 1922 hasta 1943, estima, a juzgar por sus desplazamientos, que éste ha llegado al poder con un pueblo entero al que gobernar sin duda, pero sobre todo con una gran cantidad de mujeres a las que amar y satisfacer. «Para él, nos revela en su diario íntimo, el primer deseo que tenía que realizar, apenas salía de un ministerio, era encontrarse con una de sus amantes y cumplir con su deber extraprofesional».

Las escapadas relámpago de Benito a Milán no bastan sin embargo para satisfacer a Margherita, que echa de menos al Duce. Además sabe que Benito no puede contener sus arranques de vitalidad y que sin duda tiene otras aventuras. Para ella el riesgo es perder el lugar destacado que ocupa en el corazón del nuevo jefe de Italia.

Una mujer sobre todo, Romilda Ruspi, despierta sus celos. Sabe que es su amante en Roma. Margherita cuenta con unos días de vacaciones a solas en la costa, concretamente en Castel Porziano en una villa cedida por el rey, para apartarlo de esa furcia. Se bañan y toman juntos el sol, y así retoman una complicidad amorosa que el tiempo de las responsabilidades había hecho desaparecer. Con todo, las amantes se introducen hasta en ese retiro para robar la tranquilidad a Margherita. El chofer de Mussolini cuenta: «Un día en que el Duce estaba ocupado con la R. me avisaron por teléfono de que la S. estaba en el portal y se dirigía hacia la playa. [...] Decidí resolver la situación como mejor supe, saliendo a su encuentro para hacerla regresar. Intenté hacerle comprender que era imposible ver al Duce, que éste estaba reunido con un funcionario de Asuntos Exteriores que había venido por un asunto urgentísimo. Enseguida vi que no me creía [...]. Me pidió el nombre del visitante y tuve que mentirle por segunda vez, pretendiendo no conocerlo. Ella me preguntó finalmente si no era la señorita R. Y ante mi respuesta negativa, en un rapto de ira, hizo dar media vuelta al coche y se fue maldiciéndome».

Las sospechas de Margherita son fundadas. Sus peores inquietudes tomarán forma muy pronto ante sus ojos: «Tomé a otras mujeres delante de sus narices. Por ejemplo, Ester Lombardo, o también Tessa. Sí, las tomé allí mismo, sin más. Y ella estaba presente. Me vio en acción, y se contentó con tirar un puñado de guijarros contra el balcón[20]», cuenta Mussolini, a quien la anécdota divierte.

Margherita prepara una contraofensiva a estos engaños demasiado descarados. En marzo de 1923 hace que Mussolini, que hasta entonces residía en el Gran Hotel, vaya a vivir al Palacio Tittoni, en Via Rasella. La habitación de Mussolini, como el resto de la casa, es relativamente lúgubre, tapizada de rojo y negro. La casa ya estaba amueblada. Junto a la cama del antiguo socialista anticlerical hay incluso un reclinatorio y una pequeña vitrina llena de medallas piadosas. La maniobra es hábil: Margherita le pone como ama de llaves a la estricta y enérgica Cesira Carocci, que estuvo un tiempo al servicio de D'Annunzio. Margherita escoge personalmente a esta persona de confianza, que tiene la función de rechazar los asaltos de todas las demás pretendientas. Cuando Benito, a pesar de todo, se lleva mujeres a la cama, ella es inmediatamente informada por ese auténtico topo doméstico.

Margherita reina en aquellos años sobre la vida privada del nuevo amo de Roma. Aparece cada vez más como la concubina oficial. Rachele, la mujer de Benito, sigue viviendo en Milán. Cesare Sarfatti ha muerto en mayo de 1924, y ya nada se opone a su vida en común. Su estatus casi oficial y conocido de todo el mundo le permite gozar de todos los honores. Cuando entra en un teatro o en un museo, la multitud se levanta para aclamar a la favorita. La reina Elena la ha nombrado dama de compañía y se vanagloria de ser su amiga. Es invitada regularmente al palacio real del Quirinal, donde asiste a todas las ceremonias oficiales.

Mussolini necesitaba que alguien pusiera orden en su vida privada. Su existencia en Roma es un rompecabezas cotidiano y está abrumado por su carga de trabajo de presidente del Consejo. Cada día tiene que enfrentarse a sus adversarios, que tienen derecho a voz y voto en ese gobierno que él no ha escogido y en el cual los fascistas están en minoría. Además ha asumido los ministerios del Interior y de Asuntos Exteriores, pues quiere así decir que él es la verdadera locomotora dentro y fuera del país. No es aún la dictadura, ni mucho menos. Sin embargo, el secuestro en pleno día y el asesinato cruel del jefe de la oposición Giacomo Matteotti escandalizan a la población aquel año de 1924. Ha tenido que ser forzosamente ese Mussolini, ese romañolo irascible de vida disoluta. El caso lo perjudica, se ve aislado y abandonado por sus apoyos tanto moderados como extremistas, que ya no ven claro su juego, y tiene que dimitir o imponerse por la fuerza. Entonces recurre a Margherita. La conversación ese día es solemne:

—¿Cómo estás?

—¿Cómo quieres que esté, querida Vela?

—¿Alguna novedad?

—Nada. Ahora ya ninguna acción me sorprende. Ni la más absurda, ni la más infame. Lo que me entristece sobre todo es que no sé qué piensan mis amigos enemigos. ¡Los que me han traicionado!

—Verás como todo se arregla; pero te aconsejo que mantengas la calma, que no te dejes llevar por los nervios. No dejes que te saquen de quicio.

—No es una cuestión de nervios; no odio a nadie, no tengo ningún rencor. Por desgracia el destino ha jugado su carta a favor de mis enemigos y en el caso prácticamente seguro de que pierda la partida ¡no tendré ni siquiera la posibilidad de una revancha!

—Pero tú has demostrado que eras un jugador hábil, y sabes bien que muchas partidas que parecen perdidas al principio al final acaban ganándose, aunque sea en la última mano[21].

La apuesta es arriesgada. Y lo que está en juego es importante: se trata de recuperar el poder arrebatándoselo a la oposición. Mussolini, hasta entonces presidente del Consejo de ministros, se transforma en Duce del fascismo en enero de 1925. Durante todo el año se dedica a consolidar su poder personal imponiendo nuevas leyes a su imagen. Pero ¿cómo percibirá la población este endurecimiento del dominio mussoliniano sobre el país? El nuevo edificio político necesita una propaganda que esté a la altura de la ambición del nuevo Duce.

Margherita es quien asume el papel de directora de comunicación para Benito. Debe hacer que un pueblo que no aprecia especialmente a ese hombre lo ame. Debe crear un mito, el del supermacho. Mussolini es el jugador hábil; Margherita, la fina estratega. La revolución nacional está en marcha. Él es el hombre que trabaja quince horas diarias, dotado de un poder de concentración y una fuerza física fuera de lo común, velando sin cesar sobre los destinos de Italia. Un hombre que sólo se realiza dedicándose en cuerpo y alma a su país. Al menos eso es lo que Margherita ha decidido poner en escena. Ella redacta con esta intención una biografía detallada de la vida y milagros de Benito Mussolini, narrando con pelos y señales todas las proezas de su hombre, que bajo su pluma se convierte en un ídolo. Benito había intentado, unos años antes, escribir él mismo su autobiografía, aprovechando una estancia en la cárcel. El resultado fue poco convincente, y se dio cuenta así de que a los 28 años uno tiene poco que contar sobre sí mismo.

Margherita utiliza unos procedimientos innovadores. El libro contiene primero muchas imágenes que muestran a Benito en diversas situaciones: se le ve joven, con uniforme fascista, o como domador con su leona, o montando a caballo y saludando a la multitud. Pero la verdad es que Benito no sabe mantenerse sobre el caballo pese a los esfuerzos diarios de su maestro de equitación; en cuanto a su leona, después de haber vivido un tiempo en su apartamento, lo recibía generalmente enseñándole las garras. Margherita ha comprendido un punto esencial: más allá de las dotes de orador, Benito tiene un cuerpo, una presencia física magnética. Por tanto, hay que mostrarlo, continuamente, en todas partes, en todas las posturas. También se muestran aspectos poco convencionales de un jefe político, abriendo la vía de lo íntimo: Margherita no se priva de describir las pequeñas debilidades de su amante, haciendo que el personaje sea conmovedor por su humanidad, por sus cóleras homéricas o sus momentos de desánimo.

La primera edición se publica no en italiano sino en inglés, en Londres. Porque Margherita ha decidido que primero es el mundo entero el que debe amar a Mussolini. Su plan de comunicación es eficaz. El libro es un enorme éxito de ventas, pronto hay una veintena de traducciones que van desde el turco hasta el japonés.

Margherita será víctima del éxito de su idea: ha logrado dar de Benito, el ex presidiario y eterno mujeriego, una imagen regenerada, la de un hombre providencial de costumbres intachables. En ese retrato impecable la presencia de una amante oficial es una mancha.

Las cosas han cambiado. Ella ya no puede ser la favorita de su Duce. El tiempo del concubinato a ciencia y paciencia de todo el mundo se ha terminado. Margherita, no obstante, no está dispuesta a renunciar a Benito. Tendrán que ser más prudentes y las visitas, más espaciadas. Se presentan algunos problemas logísticos: «La residencia del Duce en la calle Rasella no se prestaba demasiado a recibir visitas discretamente. Entonces la S. propuso al Duce que se mudara a Villa Torlonia», nos revela Ercole, el chofer.

Ella se encarga personalmente de discutir las condiciones con el propietario, el príncipe Torlonia. Fijan un alquiler simbólico de cincuenta céntimos al mes. Margherita, que por fin le ha dado una residencia decente a Benito, decide a su vez instalarse definitivamente en Roma, esperando que esa nueva proximidad geográfica recree la intimidad de los años pasados y evitando el desgaste de su relación que la política y sin duda cierto cansancio imponen.

Ella se instala en la Via Nomentana. Manda traer de Milán todo lo que no tenía en su modesto pisito romano: sus cuadros, su colección de libros raros, todos sus objetos artísticos, así como su lujoso mobiliario. Está a dos pasos de la Villa Torlonia creyendo que podrá disfrutar de su parque, con sus establos y su picadero, sus bosquecillos, sus pajareras, sus lagos con cisnes y patos, sus campos de tenis.

Durante los primeros tiempos después de instalarse en Roma Margherita cree haber recuperado a Benito: «A veces, por la noche, Mussolini iba a buscar a la S. a su casa y se iban a cenar juntos a la Casina Valadier o a pasear en coche por las calles de Roma».

Pero esa configuración idílica no dura. Mussolini hace modificar con rapidez su residencia y se reserva para su exclusivo uso personal el cuerpo principal del edificio. Se muestra distante. Nunca han estado tan cerca geográficamente y, sin embargo, ahora la distancia entre ellos es inconmensurable.

En junio de 1934 el Duce vuelve de Venecia, donde se ha reunido con Hitler. Ella regresa de Estados Unidos, donde ha tenido una entrevista con Roosevelt. Hasta entonces cada vez que ella volvía de un viaje él mostraba una gran curiosidad. «Mussolini era para mí el público más atento, el más deseoso de escucharme [...]. Además podía estar segura de volver a encontrar al cabo de poco, en uno de sus discursos o sus escritos, algunas de mis observaciones, realzadas y brillando como diamantes», dice.

Esta vez se ha producido un cambio y él empieza a no escuchar a nadie más que a sí mismo y sus intuiciones. Impaciente por relatar a Benito su conversación en la Casa Blanca, ella encuentra a un hombre sordo y mudo: «Esperé, pero no me hizo ninguna pregunta. Entonces me lancé. Pero fue inútil. El trabajo de Hitler ya estaba haciendo su efecto. Él, que había sabido juzgarlo muy fríamente, ahora era el primero en dejarse contaminar. Mussolini no me escuchaba. Pero apenas había dicho unas palabras cuando tomó su sombrero y su cartera como dispuesto a retirarse». Haciendo como que no se da cuenta de esta impaciencia, ella trata de retenerlo: «¿No quiere usted oír nada a propósito de América? [...] Roosevelt está al corriente de muchas cosas sobre Italia, y me ha dicho, para que se lo transmita a usted, una cosa importante sobre su gran plan de recuperación económica. Propone que...» Sus palabras lo aburren, la interrumpe bruscamente echando balones fuera: «Sí... sí, muy bien, pero es tarde. Tengo que irme. Y además no me interesa. América no tiene ninguna importancia militarmente hablando. ¡Ni su ejército ni su flota valen un pepino!» Ella no reconoce al hombre que ama. «Me eché, destrozada, en el sofá de mi despacho y lloré amargamente. [...] había cambiado tanto, había caído tan bajo, estaba horrorizada[22]».

La política, que los había reunido, ahora los separará totalmente. La atracción recíproca alimentada durante todos esos años casi le había hecho olvidar a Margherita que, antes de ser fascista, era judía. Ajeno al antisemitismo hasta la década de 1930, Mussolini se deja conquistar finalmente por la moda llegada de Alemania y Francia, que estigmatiza a esos enemigos del interior. Benito corta por lo sano sin ningún miramiento: «He tomado medidas para librarme de ella. He hecho que la despidan de *Il Popolo d'Italia* y de la dirección de *Gerarchia* con la indemnización que establece la ley, por supuesto», confía en 1938 a un colaborador unos días antes de adoptar las primeras medidas de persecución contra los judíos. Tras la creación del Comité de la Demografía y de la Raza los judíos naturalizados desde 1919 son privados de la nacionalidad y expulsados. Al cabo de unos meses los judíos italianos de pura cepa serán excluidos de la enseñanza, de las academias, de los cargos públicos, y no podrán poseer bienes inmobiliarios. Ella es expulsada por el hombre al que ama y al que ha educado intelectual y socialmente, excluida de los periódicos que han fundado juntos, del fruto de su relación. Es expropiada de su historia común, ya nada le pertenece.

Abandonar Italia. He aquí lo que le queda a Margherita, que ha perdido toda influencia sobre Benito y pronto se verá amenazada por las leyes antisemitas. Pero ella no puede irse sin darle una tumba decente al segundo hombre de su vida, a su hijo, enterrado en Stoccareddo en una fosa común. Margherita quiere para el héroe un monumento grandioso, que domine los montes alpinos. La tumba se presenta como un bloque de piedra maciza cortado en dos por una escalera, en lo alto de la cual figura una estela conmemorativa a la memoria de la hazaña en la que Roberto Sarfatti perdió la vida con sólo 17 años. Debe llevar a cabo esta misión antes de hacer cruz y raya con Benito y con Italia. El rey está presente el día de la exhumación del cuerpo de Roberto, como señal de apoyo silencioso a Margherita, que con este gesto se ha convertido en opositora. Una vez demostrada la pureza de sus sentimientos patrióticos puede tomar el camino del exilio tras este último gesto de desafío al fascismo y a su jefe. Se irá a Uruguay, y luego a Argentina, para olvidarlo.

Quedan sin embargo los centenares de cartas que intercambiaron como testimonio de su relación. Al cabo de diez años Margherita dice definitivamente adiós a Mussolini vendiéndoselas a un cirujano estético, cuidando antes de dejar una marca de carmín en el sobre que las contenía. La fotografía aparece en los periódicos. Una mujer hojea el periodicucho con unos celos ya gastados. Es la esposa de Mussolini. Porque Benito es y siempre ha sido un marido y un padre de familia.

LA MUJER Y LA GALLINA, UNA FÁBULA MUSSOLINIANA

Una larga noche de noviazgo

«Se lo advierto, Rachele todavía es menor de edad. ¡Si no la deja tranquila, presentaré una denuncia y usted irá a la cárcel!». «Está bien[23]».

Otoño de 1909 en Romaña. Benito sale de la habitación fingiendo que cede. La viuda Guidi cree que ha doblegado al pretendiente obstinado de su hija. Aquella vecina de la casa del padre de Benito había tenido que levantarse en plena noche para resolver el incidente: Benito había sorprendido a Rachele en el baile con otro hombre y había armado una bronca. La joven de 16 años sirve en el bar del padre de Mussolini desde hace algún tiempo. Todo el mundo quiere que le sirva la rubita. Benito no lo consiente.

Su patrón, Alessandro Mussolini, le ha propuesto ir a escuchar a su hijo, que da un mitin. «Lo escucharemos y luego te llevaré al baile», le ha dicho. Rachele, que conoce a Benito desde que eran niños, sabe que él detesta que vaya a oírle hablar en público; «No consigo hablar cuando sé que estás ahí», se ha justificado. ¡Y que además vaya al baile! Pero tenía demasiadas ganas. Durante todo el discurso se cuida muy bien de que Benito no la vea. Rachele está orgullosa y galvanizada por aquella muchedumbre que corea el nombre del muchacho que la corteja en secreto. Después de los discursos viene la música y ella deja que un joven la saque a bailar un vals. Catástrofe: «Apenas habíamos dado unos pasos cuando me topé cara a cara con Benito. Me fulminó con la mirada». Y con un gesto de rabia la arrancó de los brazos de su pareja, la tomó en los suyos y la hizo dar vueltas, de una forma endiablada, «con una mirada asesina».

Benito no es un hombre que se conforme con eso. La provocación de Rachele ha desencadenado su pasión esa noche. Debe resolver el asunto de una vez por todas. Hace varios meses que corteja a la joven campesina que con su presencia ilumina la posada de su padre. Ya no aguanta más verla sonreír así a los clientes ofreciendo a sus miradas «sus senos magníficos». Él la vio primero. Después de unas vagas promesas de matrimonio y de una negativa igualmente vaga ya no se le escapará más, está decidido. Desde hace varias semanas ha cambiado de método, pasando de las sesiones de persuasión por el encanto y la dulzura a las amenazas del tipo: «Si no me quieres, me tiro debajo de un tranvía», o mejor aún: «Si me rechazas, te tiro conmigo debajo de un tranvía». El fin de la velada se anunciaba, pues, bastante movido.

Benito arrastra fuera a la que considera su prometida y para un coche. Durante el camino de vuelta no le dirige la palabra. «Yo estaba toda encogida en mi rincón y él no dejaba de pellizcarme el brazo».

Cuando llegan a la fonda, empieza el gran número: Benito reprocha a los padres que hayan dejado que su hija fuera al baile. No quiere escuchar ninguna explicación. Ante esa obstinación tan brutal como incomprensible la viuda Guidi ha levantado la voz y lo ha advertido. Todos se han quedado sorprendidos de ver que Benito se resignaba con tanta facilidad. Y es que no lo conocían.

El enamorado furioso vuelve al cabo de unos instantes empuñando un revólver. Si ha salido de la habitación, ha sido para ir a buscar el arma de su padre, con la cual ahora los amenaza: «Pues yo también se lo advierto. Ve este revólver, señora Guidi, contiene seis balas. Si Rachele continúa rechazándome, habrá una bala para ella y cinco para mí. ¡Escoja usted!».

Así es como funciona el método Mussolini: forzar al destino como a las mujeres sin descartar los medios más brutales. En dos minutos todo queda zanjado: la indecisa acepta prometerse. Parece incluso encantada con el cariz que han tomado los acontecimientos: «Creo que desde que tenía diez años estaba enamorada de él. Sólo necesitaba un empujoncito para superar mis dudas».

¿Un empujoncito, que tu pretendiente apunte con un arma a tu familia? ¿Debemos verlo como una metáfora? ¿Rachele nos dice toda la verdad acerca de lo que la decidió realmente a casarse con Benito? Veamos la versión inédita que el interesado confesó a una de sus amantes casi veinte años más tarde: «Aquella chica estaba en casa: estaba en flor, sana, con unos pechos magníficos, guapa. Campesina pero guapa. Yo le iba detrás, la cortejaba, me gustaba. Y un día la eché sobre un sofá y la desvirgué... con mi violencia habitual. Las cosas siguieron así durante un tiempo hasta que un día me dijo: "Benito, estoy embarazada". "Bueno, pues nos casaremos[24]"».

La viuda Guidi así de repente, delante del revólver, no pudo decir que no. Al día siguiente, habiendo recuperado el sentido, «exilia» a Rachele a casa de su hermana Pina, que vive en un pueblo a unos diez kilómetros. El intento de alejarla todavía refuerza más la determinación de Benito. Cada día recorre en bicicleta la distancia que lo separa de su prometida. Como tiene que ser, se toman de la mano e intercambian algunos besos, pero Rachele ya se da cuenta de que algo no funciona: «Estábamos lejos de esos enamorados que se miran a los ojos durante horas, o que retozan en la hierba, como vi hacerlo a unos el otro día no lejos de mi casa».

Benito está frustrado. Decide poner fin a aquella farsa familiar. Los kilómetros en bicicleta no le permiten satisfacer sus ardores. Una tarde de enero de 1910 llega anormalmente pronto y le dice a la hermana de su novia, como sin darle importancia, que ha encontrado un piso para los dos. «Quiero que venga a vivir conmigo y que sea la madre de mis hijos». Y luego añade sin pizca de romanticismo: «Dile que se dé prisa porque tengo otras cosas que hacer...».

Pina se deshace en llanto. Rachele recoge cuatro cosas y sigue a su hombre, que no se ha movido de sitio. Un par de zapatos que ya tienen tres años, dos pañuelos, una camisa, un delantal y siete perras gordas*, así fue como empezaron a vivir juntos.

Benito dirá más tarde que si sedujo a Rachele fue sólo porque habían tratado de impedírselo, y que «cuanto más quieren impedirte una cosa, más insistes». Los novios calculan lo que tienen: nada. Deciden ir al hotel y de camino encontrar algún dinero. ¡Pronto se cruzarán con alguien a quien pedírselo prestado! Así, ella desaliñada y sin sombrero, y él con un abrigo corto de color claro, caminan hacia Forlì. Allí encuentran a un buen samaritano que les da posada. Fue la primera noche en que durmieron juntos. En fin,

---

*Nombre coloquial para la moneda española de 10 centavos de peseta.

dormir, lo que se dice dormir... «En un determinado momento, debían de ser las tres, mi mujer me dijo: "Benito, ¿no tienes la impresión de que hay algo raro en esta cama?". "Enciende la luz", le digo. Miramos y hay unas chinches así de grandes. Ella gritaba persiguiendo las chinches, yo en mi lado no las tenía, pero no podía dormir por los gritos».

El percance de los parásitos acabó de decidir a la pareja a irse a vivir juntos. Pero un militante socialista comprometido no iba a plegarse a las convenciones burguesas, y en particular a la del matrimonio. Su pareja será una unión libre, sin bendición ni contrato.

El primer encuentro ya había dado el tono a su relación: carnal y brutal. Rosa Maltoni, Rachele, a los 11 años era una alumna revoltosa en la clase de la madre de Benito. Cuando la maestra estuvo enferma, fue su hijo Benito, de 18 años, a sustituirla. La niña estaba haciendo no sé qué tontería y no vio venir el golpe propinado con la regla sobre los dedos. «Dividida entre las lágrimas y la rabia, me llevé la mano a la boca pero mi atención quedó prendida de dos ojos negros inmensos, profundos, de los cuales emanaba una voluntad tal que, sin comprender lo que el maestro me decía, me calmé al instante». Más tarde Rachele encontró un epíteto para aquellos ojos: eran «fosforescentes».

Durante siete años la alumna fue incapaz de olvidar a aquel maestro del cual ya no tenía noticias. En 1908, cuando trabajaba en una granja cerca de Forli, una gitana le hizo una predicción sibilina: «Conocerás los mayores honores, serás igual que una reina. Luego todo se derrumbará bajo tus pies y te abrumarán los duelos». La gitana le puso una piedrecita en la mano y añadió: «Guárdala, pero dame un saco de harina». Rachele, transportada, cedió sin reflexionar, y fue severamente castigada por sus amos, a los que el precio de semejante presagio les pareció excesivo. Apenas unos días más tarde, al salir de la iglesia, alguien entre el gentío la llamó: era Benito, el joven maestro. Llevaba bigote y una barbita, un traje negro raído, una capa y un sombrero también negro muy encasquetado: «Vi sobre todo sus ojos, todavía más grandes, con el mismo resplandor». Para el orador que sería más tarde, la entrada en materia no fue precisamente original: «Hola, Chiletta, has crecido. Ahora eres toda una señorita».

Este reencuentro embarazoso marcó el principio de su relación. Los dos jóvenes empezaron a tratarse. Y así es como un día de primavera de 1908, Benito le propuso a Rachele que fuera a trabajar a la posada de su padre. Ella le contestó lacónicamente. «Ya veré». Al día siguiente se presenta en la posada de Alessandro Mussolini, y éste la contrata.

La víspera de la partida de Benito para Trento, en febrero de 1909, corre el vino y los violines lloran en la taberna familiar. Benito le hace una extraña promesa a la joven: «Mañana me voy, pero cuando vuelva serás mi mujer. Espérame». Creyendo que es una broma, ella le responde: «¿Y si no volvieras?». Él replica, muy serio: «Verás como volveré». No era un proyecto, una hipótesis, una sugerencia, sino una decisión que él tomó por los dos. En su mente todo estaba decidido. Pero ¡pide a una chica de 16 años que espere! «Tú di lo que quieras, pensé, por ahora te vas, ¡luego ya veremos!». Y en cuanto puso la cabeza en la almohada Rachele se olvidó de aquellos proyectos matrimoniales.

Hasta el día de la petición formal de matrimonio empuñando un revólver al año siguiente. Una vez que se fueron a vivir juntos ella comprendió con qué animal tendría que tratar a partir de ahora cada día. Su novio está siempre metido en reuniones clandestinas donde los carabineros cargan a menudo con el sable desenvainado. Ella teme que algún día acabe descalabrado: «Eso creí una noche. Lo había esperado hasta el alba. Estaba llorando con la cabeza entre las manos, segura de que se hallaba en la cárcel o en la morgue». Entonces la joven oye un estrépito en la escalera. Abre la puerta temblando y descubre el espectáculo: dos desconocidos sostienen a Benito, lívido, con la mirada ida. «No se preocupe, señora, no es nada. Ha hablado mucho esta noche, y sin darse cuenta ha bebido una cantidad increíble de café y de coñac», le explican.

Tras un breve alivio mezclado de consternación Rachele debe enfrentarse con un loco furioso. «Se puso a romperlo todo, gritando como un poseso». Todo queda hecho añicos: los muebles, la escasa vajilla... y hasta el espejo. Alarmada, ella despierta a una vecina y las dos llaman a un médico. Éste las ayuda a atarlo a la cama y, poco a poco, se va calmando. Cuando se le pasó la borrachera, Mussolini no podía creer que aquella destrucción fuera obra suya.

Avergonzado, aguanta la bronca de su novia: «Métete una cosa en la cabeza. No aceptaré jamás tener a un alcohólico por marido. Ya tuve una tía que bebía cuando era niña, y ya sufrí bastante. Sé que tienes grandes cualidades y hasta estoy dispuesta a perdonarte los asuntos de mujeres, pero si vuelves a venir así una sola vez te juro que te mato». Benito no tiene el monopolio de las amenazas. La enérgica campesina supo evitar el destino de la Gervaise de Émile Zola. Aparte de alguna ocasión mundana en que tuvo que mojar los labios en una copa de vino, Benito no volvió a beber nunca más. Aquella noche nació la legendaria sobriedad del Duce.

Los comienzos de la vida en común fueron, pues, inverosímiles. Rechazados por sus familias y sin un céntimo, se supone que una pasión amorosa mantenía estrechamente unidos a esos dos seres. Pero, según Benito, la realidad era muy distinta: «Con ella casi nunca hubo amor. Sólo alguna cosa de tipo físico, porque era una chica guapa, carnosa, con un buen cuerpo y, como se dice, una real hembra. Fue algo sensual, nada más. Jamás hubo comprensión ni comunicación».

Para Benito sólo se trata, pues, de una atracción física, una pasión que habría podido consumirse rápidamente con el tiempo. Sobre todo porque Mussolini tiene muchas aventuras. Rachele ya no recibe ninguna ternura. Él empieza su ascenso de periodista con una compañera a su lado que cierra los ojos ante sus ausencias repetidas y sus canas al aire. Algunas amantes le complican mucho más la vida.

La cautiva de Benito

Como Ida Dalser, aquella austriaca que conoció en Trento. Tras una breve relación en 1909 ella abre en Milán un instituto de masajes con el nombre de «Salón oriental de higiene y belleza de la señorita Ida». Cuando la guerra ya ha empezado y Mussolini se halla metido en el torbellino intervencionista, descubre un amor puro y desinteresado, una verdadera idolatría por parte de una mujer dispuesta a todo en aras de la felicidad de su amante. Las paredes de su apartamento de la Via Foscolo están cubiertas de fotos de «Ben»; lo acompaña a veces en sus desplazamientos y en una ocasión se echó sobre él para protegerlo del puñal de un militante socialista que lo acusaba de haber traicionado su antigua causa. Durante un mitin no encontró otra manera de acallar los mugidos de un militante hostil que propinarle un par de guantazos bien sonoros. Pero el drama la llevó mucho más lejos. Cuando Mussolini fundó *Il Popolo d'Italia*, su necesidad de capital era acuciante. Ida, cegada hasta el punto de empeñar sus joyas, malvendió su salón de belleza, dejó su piso y alquiló una habitación pequeña por semanas. Como contrapartida, «Ben» le prometió que pronto iría a vivir con ella. Entonces ella se enteró de que el puesto ya estaba ocupado. Decidió no verlo más y olvidar a aquel pico de oro. «Te ruego encarecidamente que no precipites las cosas, todavía serás bella, feliz, adorable. Ya sabes cómo son las cosas. ¿Por qué ese desánimo? ¿Por qué esa desesperanza?», le escribe él. Y debió de respaldar sus palabras con actos. Le encontró un pisito y le hacía llegar «un poco de metralla» con sus cartas. Mussolini vivió, pues, casi una doble vida antes de que el ejército lo reclamara. Mientras luchaba en los Alpes, nació un niño, Benito Albino. Cuando Mussolini fue hospitalizado por un ataque de tifus, Ida fue a verlo y le presentó al bebé pidiéndole que lo reconociera y recordándole algo que sin duda había olvidado: su promesa de casarse con ella al volver de la guerra. Las dos vidas se volvían imposibles de conciliar y Benito tuvo que escoger. Casarse con la fan austriaca o apartarse de ella y casarse finalmente con Rachele. Mussolini pidió consejo a una tercera amante... Margherita Sarfatti, a la que había conocido en 1912 y que era su colaboradora.

Ésta lo animó a escoger a la fiel campesina de su pueblo a la que consideraba «ignorante y grosera» y a la que en modo alguno podía ver como una rival.

En el hospital militar de Treviglio se celebró oficialmente el 16 de diciembre de 1915 la boda civil entre Rachele Guidi y Benito Mussolini. Histérica, Ida llevó el asunto a los tribunales. Exigió del padre de Benito Albino que reconociera a su vástago, cosa que éste hizo ante un notario milanés unos meses más tarde. El furor de Ida era inextinguible. Empezó a hacerse pasar por la Sra. Mussolini ante las autoridades, lo cual le permitió cobrar una mísera pensión del ayuntamiento de Milán. Desmovilizado, Benito tuvo que sufrir de nuevo las embestidas de la mujer burlada. Un nuevo proceso lo condenó a pasarle una pensión mensual de doscientas liras. Se sorprendió al oírle una tarde desde la ventana de su despacho en el periódico. Ida estaba allí, con su bebé en brazos, insultándolo sin parar. Irritado, Mussolini escogió, como era habitual en él, el método brutal. Salió al balcón con una pistola en la mano y la amenazó. Fue de inmediato reducido por sus colaboradores. Llevaron a Ida a la comisaría, donde trataron de quitarle las ganas de reincidir mediante un largo y penoso interrogatorio. Ella seguía sin soltar su presa, y Mussolini no consiguió disuadirla. Hasta que accedió al poder. Entonces se las arregló para obtener de un médico complaciente un diagnóstico de demencia, y la encerraron en un manicomio en Venecia. Jamás recuperó la libertad, y murió como cautiva de Benito en 1937 tras haber escrito el nombre de su ex amante por todas las paredes. El niño fue internado en una institución y se aceleró su adopción para privarlo lo antes posible de su ilustre apellido. Enviado a China durante la guerra, sobrevivió a los combates para ir a parar también él a un asilo, donde murió en 1942.

Rachele ha ganado la batalla: posee, oficialmente, el corazón de Benito. Sin embargo, una vez que se ha librado de Ida, todavía queda Margherita Sarfatti. Rachele debe enfrentarse a los rumores más nauseabundos lanzados por la aristócrata veneciana. Seguramente despechada cuando se quedó viuda por no concretar su larga relación con Benito, Margherita atacó a Rachele. Puso pérfidamente en duda la sinceridad del afecto recíproco del marido y la esposa afirmando que Rachele no era más que la hermanastra del Duce. Para apoyar el infundio afirmaba que le había oído decir a Mussolini: «Los lazos de sangre refuerzan los del matrimonio».

No son en todo caso los de la paternidad los que estrechan la relación matrimonial entre Rachele y Benito. Ella vive en Milán, sola con sus hijos, mientras él frecuenta las calles y los palacios de Roma. Hace ya muchos años que Benito no se acuerda de ella más que para las ceremonias oficiales y para su imagen de buen padre de familia que la propaganda difunde. Muy pronto ella ya no es más que una hembra para él.

En cuanto nace su tercer hijo, en 1918, sus relaciones empiezan a agriarse. Frustrado por no haber asistido al parto anterior, él advierte a su mujer antes de irse aquella mañana y la amenaza con la mirada: «Espero que no aproveches mi ausencia para traer el niño al mundo. Ya estoy harto de ser el último en enterarme del nacimiento de mis hijos». Cuando vuelve aquella tarde a los locales de *Il Popolo d'Italia*, el administrador lo recibe con una gran sonrisa. Es un niño, Rachele se encuentra bien. Pero debe soportar la ira del futuro caudillo: Benito toma un taxi, sube corriendo las escaleras y antes incluso de mirar al bebé le dice severamente: «Te dije que me esperaras, ¿por qué no lo has hecho?».

Las cosas irán de mal en peor. Al cabo de diez años, en 1929, cuando nace su último hijo, los esposos juegan a un extraño juego de humillación mutua, a ver quién reirá al último. Rachele quiere que Benito esté ausente, demostrar que se desinteresa de su embarazo. «Le dije que el parto estaba previsto para más tarde de la fecha real». Así, sin el ginecólogo ni la comadrona, Rachele pare sola y luego llama a Benito a Roma:

—Ya ha nacido —le dice tranquilamente.

—¿Quién?

—La niña.

—¿Qué niña?

—La nuestra. Ahora búscale un nombre.

Un diálogo lleno de ternura y emoción... Rachele, que creía haberle hecho una faena a su marido, recibió la respuesta al día siguiente. «Abrí los periódicos y me enteré de que había traído al mundo a una pequeña Anna Maria. Benito se me había adelantado a su vez, pero me dio una alegría: Anna Maria era el nombre de pila de mi madre...».

Esta última muestra de consideración no debe engañarnos. Su desinterés por ella es total. Rachele lo sabe: «Las conquistas femeninas de mi marido eran mi problema. Reconozco que hubo tres que me hicieron daño: Ida Dalser, Margherita Sarfatti y Clara Petacci». Ya conocemos el destino de las dos primeras. Benito Mussolini llega al poder llevando una doble vida, por un lado con Rachele Guidi, su esposa, y por otro con Margherita Sarfatti, la bella intelectual veneciana. Muy pronto una tercera mujer vendrá a complicar este frágil equilibrio.

La hija del mar

El 24 de abril de 1932 Benito se sienta al volante de su Alfa Romeo descapotable en Roma y parte en dirección al mar. Cuando va llegando a Ostia lo adelanta un Lancia Imperia matriculado en El Vaticano. Pertenece a la familia Petacci. A bordo van Claretta y su novio, Ricardo Federicci, la pequeña Myriam y su madre. Mussolini va camuflado con sus grandes gafas de sol y una cazadora deportiva, pero la joven de 20 años lo reconoce. «¡Es el Duce!», exclama, saludándolo efusivamente con su sombrero. Ordena al chofer que siga al coche del Duce. Entonces se inicia una carrera. Mussolini al final se detiene en el cruce de Ostia; aquella chica tan excitada lo intriga. Clara baja aunque le tiemblan las piernas. «Perdóneme, Duce, soy Clara Petacci. Y éste es mi novio...». Se sonroja. Él la estudia en silencio, la ausculta. La naturaleza ha sido generosa con la muchacha:

preciosas curvas, tez clara, ojos melancólicos y sobre todo un pecho opulento. Su sencillo vestido blanco y ligero, acompañado por un ancho sombrero de paja florentino, le da un aspecto angelical.

Él finge indiferencia y repite mirándola a los ojos: «Clara Petacci... ¿eh?». Ella prosigue: «Duce, le envié unos poemas hace algún tiempo». Y él, con una voz de repente más segura: «Poemas... ¿eh? Creo que los recuerdo. Había mucha alma en sus versos, muchos sentimientos[25]». Le miente. Luego se disculpa: debe continuar, lo están esperando. «Duce, ha sido una gran alegría verlo...». Cuando ya se están despidiendo, su vestido se engancha a una rama. Él la ayuda a desengancharlo. La atracción es inmediata. Ella tiene 20 años; él, 49, pero ella con su mirada lo ha rejuvenecido. Aquella chica es especial.

Por la noche, en la mesa de los Petacci, Claretta no encuentra otro tema de conversación: «¡Qué hombre! ¡Qué ojos! Una suerte así ocurre pocas veces en la vida...». Desde hace varios años duerme con la foto de Benito debajo de la almohada.

Al día siguiente, mientras ella pinta una marina dedicada a su Duce, los archiveros del Palazzo Venezia están haciendo lo que les han pedido. A modo de poesía encuentran un paquete de cartas ampulosas e inflamadas. En una de las cartas, leída al azar, Mussolini había escrito: «Pero ¿quién es esa loca?». Con todo, la atracción de aquel día fue más fuerte: el 26 por la tarde Benito llama por teléfono a la casa familiar de los Petacci.

—¿Está la señorita? —pregunta.

—¿Qué señorita? —responde Myriam, de 9 años.

—La señorita Clara.

—¿De parte de quién?

—Dígale que soy el señor de Ostia.

Cuando ella se pone al teléfono, Benito simplemente le dice «Palazzo Venezia. A las 19 horas». Una invitación que suena como una orden.

El día del nacimiento de Clara Petacci, el 28 de febrero de 1912, el socialista revolucionario Benito Mussolini, de 29 años, estaba detenido en la cárcel de Forli. Ella nace en una familia burguesa y respetable del barrio del Lungotevere, en Roma. El padre es el médico personal de Pío XI en El Vaticano, lo cual les da un estatus muy privilegiado en esa época de principios de siglo. Hipocondriaca, Clara teme las enfermedades y el dolor físico tanto como el Duce. Es bulímica de chocolate, que constituye casi su único alimento para desesperación de su madre. Es una estudiante poco aplicada y sin voluntad, lo que le gusta es la música, el violín y el piano, que halagan su carácter vaporoso. Adora a Leopardi y a Chopin. Desde muy pequeña decora las tartas que hace su madre con la palabra «Dux» escrita encima.

Son casi las 19 horas del 29 de abril de 1932. Clara, con el corazón en un puño, se acerca al Palazzo Venezia. Él la espera en la sala del Mapamundi con mil preguntas en la cabeza acerca de su pasión por la pintura, la literatura y la música; por su parte, le confiesa solemnemente un gran amor por Petrarca y Leopardi. Abajo, la mamá se muerde las uñas en el coche. El encuentro es platónico, como muchos que vendrán después. Durante varios meses estas entrevistas son la ocasión de confidencias íntimas. «¿Sientes la primavera? Yo la siento muy fuerte en esta ciudad donde, a pesar de todo, vivo solo y sin un amigo», se lamenta él. También le habla del paso inexorable del tiempo, de su padre difunto. La llama *Piccola*, «pequeña», o «nena», la trata con delicadeza y respeto, un hecho sin precedentes para ese Don Juan.

Se instaura entre ellos una especie de liturgia, dentro de un juego de seducción inequívoco: todos los días, ella le envía notas inflamadas.

22 de febrero de 1933: «He soñado con usted, y por mis miembros adormecidos ha pasado un soplo de vida y de belleza. Me habla usted en sueños y su voz tiene la dulzura de una melodía; su sonrisa, la caricia cálida del sol... perdóneme si pienso en usted... y lo deseo».

Ella le promete que esperará su llamada todos los días en casa, entre las 17 y las 18 horas. Mussolini se lo toma literalmente:

—Ah, ¿está usted ahí? ¡Bien! La he telefoneado para ver si realmente esperaba siempre entre las 17 y las 18, como me había dicho.

—Ya ve usted que estoy aquí, y que siempre estoy entre las 17 y las 18 horas. ¿Por qué no me ha creído?

—No hay que creer a nadie. Nunca se sabe.

—¡Es usted malo!

—¡Ah!... Bueno, creo que esta semana podemos vernos.

Al día siguiente ella se reúne con él en el Palazzo Venezia. Después de varias frases anodinas a modo de saludo Benito le pregunta:

—¿Cómo está tu prometido?

—Eso depende de su Excelencia.

—¿De mí? ¡No! Ya sabes que es imposible.

Benito continúa llamando todos los días a la casa de los Petacci. Niega, sin embargo, cualquier implicación sentimental con la muchacha.

—¿Por qué has venido? Es absurdo. Es usted ridícula.

—Pero... usted me había prometido que sería esta semana. Y luego, nada. ¿Por qué? Es una tortura, sabe usted.

—Pero ¿a qué vienes? Yo soy viejo, y tú eres una niña.

—¿Y si estuviera casada?

—Entonces sería distinto.

—¡Pues cáseme! —le lanza ella pensando que él se rebelará contra esa pérdida. Pero el Duce acepta.

—¡Ahora lloras! ¿Por qué lloras? Eres muy rara. ¿Por qué lloras? ¿Qué te pasa, me quieres o qué? ¿Qué ves en mí? Dime, ¿qué ves en mí? Yo no lo sé. Estás loca, o a lo mejor eres estúpida. [...] Si yo fuera joven, si fuera libre. [...] Al contrario, soy un esclavo.

Clara se casa, pues, con su prometido, Ricardo Federicci el 27 de junio de 1934 en la iglesia de San Marco, justo delante del Palazzo Venezia. Mussolini no está, pero la novia no piensa en otra cosa. Él tampoco ha olvidado a la joven de la playa. La boda es lujosa, pero la luna de miel, amarga. Clara y Ricardo no se entienden. Tras la separación, apenas dos años más tarde, Benito convoca a la madre de Clara al palacio en octubre de 1936. La recibe vestido con el uniforme de cabo de la milicia para hacerle una petición formal: «Señora, ¿me permite amar a su hija?». Desde su primera petición a la madre de Rachele ha aprendido a tratar a las suegras.

Sin embargo, no había esperado el consentimiento materno para entablar relaciones más íntimas con la joven. Algunos meses antes, el 6 de mayo de 1936, Benito no sólo conquistó Etiopía, también hizo de Clara su amante.

El amour fou

La hipocondriaca Claretta empieza el día así: «¡Mamá! ¿Qué me pongo[26]?». Como de costumbre, todavía está en la cama, desayuna, se maquilla cuidadosamente en un cuarto de baño elegante, no escatima ni el colorete ni el rimel, se pinta las uñas y se desordena sabiamente el pelo. Ya está lista para la primera de las doce llamadas diarias del Duce, fuma su primer cigarrillo y se tiende en el sofá a esperar. Ha mandado que le instalen junto al sofá un pequeño teléfono rosa con un hilo larguísimo, reservado a las comunicaciones con «él». «Su vida ha sido una larga espera», dirá su madre. Entre ellos nace una fuerte intimidad psicológica y física. Mussolini ha puesto a su disposición en el Palazzo Venezia el apartamento Cybo, con la habitación del Zodiaco, cuyo techo abovedado está pintado del color del cielo y decorado con los símbolos en oro de las doce constelaciones.

Clara lo espera allí, puntual, a las tres de la tarde. Llega a bordo de un sidecar rojo que los guardias llaman «la motocicleta del amor». Aquí deja sus dibujos, sus discos, sus espejos. Ha trasladado su pequeño universo estrecho a la alcoba de Benito. Él siempre acaba llegando, hacia las siete o las ocho, a veces a las nueve. Está hambriento de ella y se unen intensamente hasta que cae la noche. «Mi consuelo consistía en poder deshacer las arrugas de preocupación de su frente». Pero el placer es breve; Benito no tiene tiempo. Debe volver a la Villa Torlonia, donde lo espera Rachele.

A las diez ella ya está en casa, cena rápidamente, pone al día su diario y espera la última llamada.

A comienzos de 1937 la agenda amorosa del Duce, gestionada por Clara, está cargadísima. Para el mes de enero el horario es limitado: «20: has venido a las tres y me has querido contigo... Hemos estado juntos mañana y tarde. 22: sólo por la mañana. A las dos te has ido a Roma. 23, noche: te he visto en la ópera. Estabas guapo, amor mío. 24: he ido a tu casa, hemos hecho el amor. [...] 27: hacemos el amor por primera vez en mi casa. Jamás olvidaré tu emoción. Me dices que estás emocionado como un muchacho».

Sin embargo, desde el principio de la relación, Clara presiente que no es la única y que tendrá muchos problemas con las otras cortesanas del Duce.

Su esposa ha venido a Roma a reunirse con él y poner freno a su vida de soltero. Las relaciones, ya bastante laxas a finales de 1920, ahora son glaciales. Parece que Rachele lo ha engañado. Eso es lo que Benito confía a Clara: «Por supuesto lo ha negado todo. Yo la he perdonado por los niños, para no hacer un escándalo. He querido creerla. Pero desde entonces la he detestado, como la detesto en este momento. Los años del 23 al 27 mi mujer no los puede mirar sin sonrojo, ni sin sentir asco de sí misma. Nada más hablar de ello, me despierta la úlcera». ¡Qué extraña confesión hace a su amante! «Mi mujer nunca me ha considerado un gran hombre, nunca ha participado en mi vida. Se ha desinteresado completamente de mí. Sí, me ha traicionado, es inútil mentir. Todo el mundo lo sabía. No invitas a un hombre a dormir en tu casa si no hay una razón para ello».

El hombre en cuestión, Corrado Valori, servía entonces como administrador y ayo de los niños. Mussolini cree tener la prueba de la traición: «Te cuento uno de los episodios. En Navidad estábamos sentados a la mesa. Toda la familia, estaba también mi hermana Edwige. No sé cómo, en un momento dado, uno de los niños pronuncia el nombre de ese señor, Corrado Valori. [...] Mi mujer se pone colorada, tan colorada que resulta embarazoso para todo el mundo».

El chofer de Mussolini, Ercole Borrato, nos confirma las sospechas de ese marido ofendido. Muy pronto se da cuenta de que en aquella casa ni siquiera la compañera legítima de Mussolini es muy fiel a las relaciones conyugales, y así le devuelve evidentemente la pelota a su marido: «Tuve la prueba un día en que salimos de improviso de Roma en coche y llegamos a la Villa Carpena —la casa de Mussolini cerca de Milán— hacia medianoche. Yo no había comprendido el motivo de aquella salida intempestiva, pero tuve la respuesta al día siguiente por una de las criadas, que estaba bien informada. Me confió que pocos minutos antes de nuestra llegada una llamada telefónica misteriosa avisó a Donna Rachele de que su marido se dirigía hacia la villa, lo cual le dio tiempo a un tal V. para escapar y evitar un encuentro desagradable». El amante agravó su caso, ya que se descubrió que al desaparecer él también había desaparecido la escopeta de caza del Duce. Este último la buscó con desesperación por todas partes sin sospechar que Donna Rachele se la había dado deliberadamente a su querido amigo.

De aquella pasión de los sentidos, que era lo que lo unía a Rachele, sólo quedaba ahora odio y repugnancia física. Llevando la confidencia hasta la perversión, da todos los detalles a Clara: «He estado con mi mujer hasta las nueve menos cuarto. Y te diré que sentía un vago deseo de ella. Pero al acercarme la encontré... ¿a que no lo adivinas?... en la bañera, y entonces todo se esfumó. ¡Nada de nada! Se acabó. Se me pasaron las ganas».

A pesar de todo Mussolini parece sufrir por la disolución de esos lazos y el desinterés de Rachele. Querría ser el único en amarla mal y se queja nuevamente de ello con la compasiva Clara: «Permanece indiferente incluso mientras la poseo, sabes, siete u ocho veces al año. Creo que ya no siente nada conmigo, o casi. Se ha apagado todo deseo sexual, al menos conmigo. Me recuerda aquella pareja que, mientras él la poseía, ella leía el *Vogue*. Ella se sentaba en un sillón, y mientras él estaba de rodillas, leía una revista. Una cosa asquerosa. Salvo que mi mujer no sabe leer».

De repente, un relámpago de lucidez, muy pronto reprimido: «Claro que me he portado muy mal con ella. Pero tengo circunstancias atenuantes. En el fondo, un hombre como yo, con tantas ocasiones... ¿Cómo seguir una línea recta? Todos los hombres engañan a su mujer, hasta los hijos de los barberos. Todos sin una justificación. Yo, al menos, una justificación sí la tengo».

Sin embargo, el año 1937 es para Clara y Benito una temporada de amor idílico que dura hasta el verano. Clara confía minuciosamente cada uno de sus hechos a su diario íntimo: «Vamos a comer. De vez en cuando me acaricia, me besa, luego se levanta y grita: "Amo a Clara." Luego más fuerte: "Yo amo a Clara. ¿Me oyes, amor mío? Te amo. [...] No me dirás que te gustaría hacer el amor una vez por semana, como los buenos burgueses, cuando yo te he acostumbrado, y estoy acostumbrado, a relaciones más frecuentes. Espero que no quieras cambiar el ritmo de las cosas". Hablamos otro poco y acabamos haciendo el amor con desenfreno. Damos un pequeño paseo antes de que él se vaya, y a las 16.20 horas se marcha después de que yo, como de costumbre, lo haya ayudado a vestirse». Mussolini la llama cada dos horas hasta que se acuesta.

Le confiesa: «Tú eres la última página de mi corazón, eres el broche de oro de mi carrera amorosa». Ella le arranca algunas concesiones: hacerle tomar té, que él detesta, y hacerle poner flores en la mesa, cosa que detesta aun más. Cambios insignificantes de su entorno para él, pero que para ella, a la que él llama «mi bella primavera», son la marca concreta del terreno que va ganando.

Los diálogos entre los dos tortolitos a veces son dignos de las películas de Roger Vadim. Él le pregunta: «¿Te gusta mi cuerpo? Me han dicho que era uno de los más hermosos de Italia». «¿Quién te lo ha dicho?», le pregunta ella. Él contesta: «Un hombre en la playa me dijo: "Mussolini, tienes el torso más perfecto de la playa", y yo le respondí "No, de Italia". Pero mis piernas torcidas estropean el conjunto. Esa c... de Margherita decía que eran feas».

En medio de tantas mujeres de un momento ha encontrado a una mujer especial, que le sirve a la vez de consuelo y de confidente. Clara nos da los únicos testimonios de ternura que se conocen de Mussolini: «Me mira, luego pone la boca en mi cuello, la cabeza en mi hombro y cierra los ojos».

La ternura, sí. Pero ¡la fidelidad, no! Le dice:

—Acabarás amándome aún más, estarás loca por mí, tanto que cuando vivamos juntos estaré tan seguro de ti y de tu amor que te engañaré.

—No, no me traicionarás, dime que no lo harás.

—Es cierto, no vale la pena. Y tú no me traicionarás jamás, ¿no es cierto? No sé cuántas mujeres me han amado de verdad. Ahora, con la distancia, veo que amor, lo que se dice amor, no he recibido de ninguna.

Clara es una mujer que sabe acallar su propio egoísmo para captar su necesidad de ternura. Ha sabido ver lo que Benito oculta mejor, su soledad. «Era un hombre profundamente solo, sin amigos, aburrido de sus cortesanas. Yo intenté mirar en su interior, buscando todo lo que la vida le había negado siempre... Vi en él una soledad desesperada, la amargura terrible de vivir rodeado de muros opacos[27]».

Cuando Mussolini está en el apogeo de su popularidad y su poder, Clara tiene la impresión de compartir la intimidad de un gigante. Estamos en octubre de 1937, en el momento del aniversario de la marcha sobre Roma. Clara encuentra a Benito galvanizado por la presencia de la plebe que se agolpa delante del palacio, más seguro de sí mismo que nunca. Le enseña una foto tomada por un americano:

—Mira. ¡Qué mandíbula tan fuerte, tan decidida! Comprendo que una mujer pueda enamorarse de un hombre así, que pueda dormir con una foto mía debajo de la almohada, como haces tú. No es vanidad si digo que es realmente guapo. Mira esta nariz, esta boca. Dime, ¿puede una mujer enamorarse de un hombre así?

Clara dice lo que se espera de ella:

—Yo te amo.

—No, no hablo de ti, digo una mujer.

—Yo te amo y creo que ellas podrían amarte.

—Escóndete en un rincón, voy a asomarme a la ventana.

Llama a Quinto Navarra, su mayordomo, para que abra la ventana. Los gritos se vuelven frenéticos, delirantes. Vuelan los sombreros y los pañuelos, las caras se iluminan. Cuando regresa al interior de la habitación, se ha calmado. Clara tiembla. El fervor de la muchedumbre la estremece, le da vértigo. Jamás había toma-

71

do conciencia de estar con el hombre más poderoso de Italia, tal vez de Europa: «Ven a mi pecho poderoso, estréchate contra tu gigante, mi pequeño y gran amor. [...] Soy tu águila, que te cubre con su gran ala y te protege».

Pero las declaraciones y las palabras no le bastan para demostrar su amor. Para Benito la prueba del amor está en otra parte: «Pero ¿piensas en mí todo el tiempo? ¿A cada hora, a cada instante? ¿También cuando haces pipí?». Mussolini parece ver una relación dialéctica entre el amor y la orina: «Fuera de la política, me tienen que guiar en todo y para todo. Necesito una mujer que me diga "ahora come, cúbrete, bebe esto, ve a hacer pipí". Porque, si no, aguanto la pipí hasta dos o tres horas, y me olvido de ir». El Duce del fascismo necesita que lo acompañen precisamente allí adonde no puede ir nadie en su lugar: «No hago sino pensar en ti. Por ejemplo, si por la noche me despierto y bajo a hacer pipí, y a veces estoy tan cansado que la hago en el suelo, pienso: "Si ella estuviera aquí y lo hiciera conmigo, ¿no sería bonito?"».

Para Clara la verdadera prueba de amor sería la fidelidad. Mussolini la avisó desde el principio de sus costumbres volubles: «¿Que cuántas he tenido? Los primeros tiempos de Roma fueron un desfile continuo de mujeres en el hotel. Me tiraba cuatro al día». El 12 de mayo de 1938, cuando Clara llega al palacio, encuentra un cinturón femenino de color marrón. Sin comentarios, ni gritos, ni preguntas, se contenta con mirarlo fijamente a los ojos. Benito trata de justificarse mintiendo: «No sé qué puede ser. Alguien debe de haberlo puesto aquí adrede». Ante la insistencia de aquella mirada que no vacila cambia de táctica. «Si no hubieras sufrido tanto por mí, no habría logrado ser solamente tuyo. La idea de pertenecer a una sola mujer era inconcebible. Incluso hubo una época en que tenía catorce amantes, y las poseía una tras otra. [...] Eso te da una idea de mi sexualidad. No amaba a ninguna, sólo las tomaba por placer. Si no hubieras sido tan tenaz y no hubieras soportado tanto, quizá aún tendrías tu turno como antes, aunque te amara».

Su amor incondicional ha sabido doblegar al viejo león. Clara tiene todo lo que quiere. La felicidad y el amor exclusivo del Duce parecen próximos. Pero los fantasmas de Benito la alcanzan. «Soy doble, le dijo un día, y el número dos es malo». Celoso y posesivo, la somete a interrogatorios, pero no le arranca más que lágrimas. Su amor es ante todo una violencia, para vivirlo y para sufrirlo. «Te amo con locura... y quisiera devastarte, hacerte daño, ser brutal contigo. ¿Por qué mi amor se manifiesta con esta violencia? Siento una necesidad de aplastarte, de hacerte pedazos, un impulso violento. Soy un animal salvaje».

«Tienes pequeñas garras de león», lo tranquiliza ella. «Piensa en mí, en tu león, en tu lobo», insiste él, halagado por ser el rey de los animales, además del de los hombres. Una tarde, justo después de hacer el amor, se permite glorificar la potencia con la cual acaba de honrarla: «El toro es un animal terrible. Hay que presenciar el espectáculo de su coito para hacerse una idea de la naturaleza... Se acerca a la vaca, le salta encima con sus patas delanteras y le mete un aparato casi tan largo como un brazo. En pocos segundos todo ha terminado. [...] Vuelve a bajar enseguida, abatido como si lo hubiesen golpeado».

Celoso y destructor, Mussolini es sobre todo un mentiroso profesional. Entre su mujer Rachele, su favorita Clara y algunas asiduas ocasionales, Mussolini debe redoblar su ingenio para conciliar sus vidas privadas paralelas. Es un jugar al escondite continuo por las calles de Roma para evitar que sus mujeres coincidan y se tiren de los pelos.

Desde hace algún tiempo Rachele lleva una campaña de represalias en la Casa Mussolini. «Hace cinco años yo tenía una línea privada en casa. Un día estaba llamando tranquilamente cuando sentí que una mano se posaba sobre mi hombro, y mi mujer me dijo: "Deja de telefonear a esa p... de Sarfatti. A esta hora tendrá ganas de dormir." [...] Y así fue como me quitó el teléfono privado».

Una vez que la Sarfatti estuvo fuera de juego, Rachele empezó a vigilar las llamadas nocturnas a la Petacci. «Anoche, creía que estaba en la cama, y estaba a punto de llamarte cuando llegó de improviso a mi habitación. Llevaba una bata rosa, y a mí, por suerte, no se me veía ninguna intención, estaba leyendo los periódicos. [...] Me levanté, me puse la bata y conseguí que se fuera. Oí mucho ruido de agua en el cuarto de baño. "¿Qué haces, te bañas?", le pregunté. "No, no puedo, tengo la...". "Ah, de acuerdo. Ciao, ciao." Esperé a que se acostara y te llamé. Tenía un miedo horrible. Si se hubiera dado cuenta, me habría quitado otra vez el teléfono».

Las escenas son a veces inverosímiles, de vodevil. En otra ocasión su chofer es el testigo privilegiado de una de ellas: «Un día en que el Duce estaba con la famosa Claretta llegó el chofer de una alta personalidad, la princesa de S., que deseaba ser recibida por Mussolini y me rogó que la anunciara. Mussolini la recibió de inmediato e hizo que Clara y todas sus pertenencias se ocultaran en la ducha. La entrevista duró casi dos horas y ya se pueden imaginar en qué estado se hallaba Claretta cuando salió de su escondite, expuesta a pleno sol durante todo aquel tiempo. Estaba bañada en sudor. [...] La princesa volvió a visitar al Duce con frecuencia y yo comprendí que aquellas visitas tenían un carácter íntimo. Llegaba con un abrigo, que se quitaba inmediatamente para quedarse en bañador».

Pero la verdadera enemiga íntima de Clara es aquella de la que no desconfía, su propia hermana, aún menor de edad. Confiesa sus dudas en su diario íntimo: «Mimi esta allí, él se detiene para hablarle y la mira con un aire diferente, de macho, como nunca antes. Estoy un poco perpleja. Al reanudar el paseo tiene un extraño comportamiento, como de un hombre que cree agradar y obtener lo que desea. Su sonrisa se vuelve maliciosa. Luego, sospechando que he comprendido, se pone a galopar, saltando pequeños fosos».

Las inquietudes de Clara son fundadas. El chofer se ha fijado en el juego que se trae el Duce: «Las noches en que Clara se sentía indispuesta era Myriam quien alegraba las horas nocturnas de Mussolini. Y, como me contaba la propietaria del hotel, salía por la mañana antes del alba, sustituyendo así a su hermana».

El crepúsculo de una relación

Septiembre de 1938 marca el otoño de aquellos dos años de pasión a cada instante. Hasta entonces ciega y sorda a toda consideración política, Clara se ve confrontada con un cambio íntimo de su amante: su mudanza respecto a los judíos. Muy impresionado por Hitler, Mussolini desarrolla las leyes antijudías. «Con la Sarfatti [...] incluso la segunda vez, no lo logré. No podía a causa del olor, el olor repugnante que llevan encima. [...] Se aprovechan de nosotros, nos detestan, no tienen patria ni Dios. Hoy son polacos, mañana turcos o franceses. Están donde les da la gana y te extorsionan. Es una raza maldita. [...] No les haré ningún daño, pero deben vivir separados de nosotros, como extranjeros».

Apenas un mes más tarde, sin embargo, el tono ha cambiado. «¡Ah! ¡Esos judíos! Los destruiré a todos. [...] Son auténticos cerdos... los mataré a todos, a todos», confía a Clara. Ella, oponiéndose por primera y única vez en su vida al Duce: «Sería el mayor

74

error, la mancha más negra sobre ti». La radicalización de ese odio contra los judíos no es un acto aislado. En un mes toda la personalidad de Benito se ha ensombrecido.

El viejo león ya no está en la flor de la edad. Intenta exorcizar el tiempo que pasa sin lograrlo: «Tú eres joven y me dejarás [...]. Envejezco, tú seguirás siendo joven y dirás "en el fondo, le he dado mi juventud". Te convertirás en la amante de un muchacho apuesto y con mucho pelo. Y le dirás: "Lo siento, cariño, tengo que ir a ver al viejo. Es pesado, ya lo sé, ahora es a ti a quien amo". Y vendrás a verme, pero te daré asco».

Por la noche, es el inconsciente lo que agita a Benito. Tiene pesadillas en las que sueña que lo matan. «Alguien me disparaba. Dos tiros, bang, bang. Uno en la cabeza y otro en la espalda. Y caí de bruces sobre el coche. Noté de veras los disparos. ¿Qué crees que quiere decir?».

La ausencia de sueño de aquel hombre, que era un sibarita y sabía gozar de la vida, empieza a afectar seriamente a sus nervios. Las escenas se vuelven terribles, y casi cotidianas: «¿Por qué estás de morros, eh? No voy con nadie más. Es cierto, si quisiera lo haría, pero no quiero». Se exalta, da golpes contra una silla, da patadas a los periódicos. Clara asiste decepcionada a ese desgarro interior: «Intento inútilmente calmarlo, pero es una furia desencadenada y sin freno. Me da miedo, lloro». Ella vuelve a su casa. A las nueve de la noche Benito la llama para continuar la escena. «¿Qué quieres de mí? No podemos seguir así, esto ya no es amor, es veneno. Estoy cansado. Te advierto que la próxima vez que estalle así ya no entrarás más en el palacio. Sí, admito que tú no has dicho nada malo. Pero a partir de las ocho de la tarde tengo los nervios de punta, deshechos, y no debes hacer nada que no sea sonreír. [...] Debes ser más dulce, más afectuosa, más acogedora. Ya no puedo vivir más de esta manera».

Cuando el año 1938 está llegando a su fin, «Ben» cae en una depresión profunda. «Me siento oprimido por una tristeza infinita. Es como si ya estuviera muerto», le dice. Se ha vuelto hermético a todo. Y dentro de ese abismo la única que todavía lo conmueve es Clara. Ella es la única que tiene acceso a aquella afectividad enterrada. Ella también envejece, tal vez prematuramente. «Estoy contento de que tú también tengas canas, eso me incita a amarte todavía más», le dice él.

Una tarde en que están juntos dan por la radio *La Bohème*. Él tiene lágrimas en los ojos y se aparta un poco. Clara va adonde está

Benito fingiendo leer los periódicos. Él se emociona aun más, levanta los ojos y ella ve que le corren las lágrimas por las mejillas. «Lo tomo en mis brazos y lloramos juntos».

De la marcha nupcial a la marcha fúnebre

Habitación del Zodiaco, Palazzo Venezia, finales de la primavera de 1939. Pocos días separan a Europa de la guerra. Clara necesita hablarle, necesita tranquilizarse. Benito le corta la palabra, contundente: «Tonterías de mujeres». Ella se calla, humillada, y le escribe: «En tu vida íntima domina el instinto. Como un felino que ataca, hieres y dejas agonizar a tu presa, sin preocuparte del mal que causas». Poco importa que su amante prepare activamente el advenimiento del nuevo Imperio romano, no puede sustraerse a sus exigencias románticas. Después de tres años el amor más clandestino de Italia ya está descomponiéndose. Benito se dedica de pleno a la situación internacional. Está silencioso, frenético, violento, emotivo.

El 10 de junio de 1940 Mussolini todavía está más tenso. Ha pasado una noche difícil: uno no declara la guerra todos los días. Dos llamadas a Claretta durante la mañana, una para discutir y la otra para reconciliarse. Siente una euforia enfermiza, una necesidad de comunicarse, que satisface dirigiéndose a varios cientos de miles de italianos que han acudido a escuchar su discurso. Clara, inconsciente, le pregunta: «¿Qué tienes? ¿Ya no me quieres? ¿Ya no eres mío?». Benito descarga contra ella la tensión de una jornada que se anuncia complicada y, por una vez, algo tiene de razón: «Pero ¡cómo es posible que hables de esas tonterías cuando, dentro de pocas horas, la suerte de Italia estará en juego!».

Cuelga bruscamente. Clara llora. Luego, presa del remordimiento, la vuelve a llamar, más calmado. La llamará otra vez por la tarde, media hora antes del anuncio oficial. Es Myriam la que responde, y a ella le anuncia de manera totalmente imprevista: «Dentro de media hora declararé la guerra». Impresionada, la muchacha le pregunta: «Pero ¿será corta?» y oye como el otro le contesta: «No, será larga».

Italia lanza sus ejércitos contra Francia, Yugoslavia, el Egipto inglés y luego Libia. El mismo día Clara también tiene una gran noticia que anunciar. Espera un hijo. Los soldados del Duce son derrotados en todos los frentes. Es un comienzo de la guerra desastroso para Mussolini. El verano de Claretta es mucho más ligero. Veraneando en el elegante Gran Hotel de Rimini con su familia, se siente por fin dichosa. Mussolini la llama todos los días, está pendiente de ella como en los albores de su pasión. Por desgracia, el 18 de agosto, ella tiene fuertes dolores. Se retuerce en la cama. El diagnóstico suena como una puñalada: embarazo extrauterino. La operan de urgencia el 27 de agosto en Roma. «He rezado por ti», le dirá simplemente Mussolini. Su idilio se había ido diluyendo con el tiempo.

Ella ya no es anónima, pero debe continuar escondiéndose. Es la otra mujer del Duce, la que todos detestan. La llaman «la mantenida», «el buitre» o «la pequeña Pompadour». Ella no se engaña en cuanto al destino que la espera: «Moriré de amor. Me mataré o me matarán. Todos me ven o creen verme a su manera. Es como si me viera reflejada en uno de esos espejos deformantes de las ferias que hacen a las personas delgadas, bajas o torcidas. ¿La Pompadour? ¿Y por qué no Cleopatra? ¿Qué saben de mí?».

Clara ahora sólo se agarra a un hombre, Benito, que ya no es más que una sombra que de vez en cuando cruza a paso de carga la habitación del Zodiaco. Mussolini se ha vuelto extremadamente taciturno, sólo responde con monosílabos. Por fin viene el golpe de gracia. Su hijo Bruno, de 23 años, muere volando sobre Pisa, en agosto de 1941. Ese desgarro es un golpe durísimo para la moral de Mussolini, que ya no sabe reaccionar ante el destino.

Tras las derrotas en el frente ruso del año 1942 se siente humillado, ha perdido la confianza en sí mismo. El amor de Clara lo asfixia. Ya no soporta su devoción, sus lágrimas y los brazos que le echa continuamente al cuello. Para él el sueño ha terminado, ella no logra ni siquiera tranquilizarlo. Él quiere abandonarla, la echa varias veces del palacio, pero Claretta se agarra a su pequeña jaula azul y dorada.

«Te he sacrificado doce años de mi vida», le escribe, amarga, el 1 de abril de 1943 tras una llamada glacial en la cual él le ha dicho: «Necesito estar solo». Clara comprende que su primavera se parece a la del régimen, llena de presagios sombríos. Escribe: «Siempre me has engañado. Mi amor es de plomo y mi vida se ha apagado... Me pregunto por qué vale la pena vivir, por qué vale la pena amar». El 1 de mayo, cuando Italia pierde el último pedazo de África, Benito da a Quinto Navarro una orden estricta: «Deseo que esa mujer no entre nunca más en el Palazzo Venezia». Rompe todas sus fotos.

A un amigo ella le dice: «Me ha arruinado la salud con su crueldad». El 20 de julio Clara logra penetrar en el palacio y entrega una carta en la que amenaza con suicidarse: «Te lo advierto, Ben, para evitar tragedias que complicarían tu vida, no me humilles. Si me lanzas otra afrenta, esta vez no saldré viva de aquí. Me quedaré para siempre, como cadáver».

Después de tres días de dudas Ben la convoca. La entrevista es tan breve como patética. Los jerarcas del Partido Nacional Fascista conspiran contra él y preparan su caída para el día siguiente. La necesita. El 24 de julio Mussolini es destituido por el Gran Consejo fascista. Vuelve a su despacho y llama a Clara. Son las 3:45 horas.

—¿Cómo ha ido?

—¿Cómo quieres que haya ido?

—Me asustas.

—Ya no hay de qué asustarse. Hemos llegado al epílogo, al gran vuelco de la Historia, la estrella se ha apagado. [...] Debes ponerte a buen recaudo.

El 25 a mediodía vuelve a llamar a Clara por última vez desde el Palazzo Venezia. Le dice que es seguro que el rey se pondrá de su parte y que piensa ir a verlo por la tarde. Clara intuye un peligro: «No vayas. En tu lugar, yo no me fiaría. Y ten cuidado, [te meterán] en una ratonera. No me gustaría que jugaran al balón con tu cabeza». Benito se ríe. Se equivoca. Cuando llega a la Villa Saboya, el rey lo manda arrestar.

El 12 de agosto la familia Petacci también es detenida por orden del nuevo régimen. La única cosa que ella ha podido llevarse es un colgante con estas palabras: «Clara, yo soy tú, y tú eres yo. Ben». Es liberada el 17 de septiembre tras la evasión aérea de Mussolini. No vuelven a reunirse hasta el 28 de octubre en Gardone, cerca del lago de Garda, donde son rehenes de los alemanes. Es el final de un largo túnel. «Él» ha vuelto. Mussolini vive los últimos capítulos de su vida, y Clara está a su lado. Esta tenacidad le arranca una marca de empatía. Aquella pobre mujer, cuando tantos fascistas han salido por piernas, ha estado presente como nadie más. «Es una criatura frágil que ha continuado siéndome fiel... Tengo una deuda con ella».

Clara también es prisionera de los alemanes, que le han asignado una villa a pocos kilómetros de la de Benito. Dando pruebas de una ceguera que raya en la locura, Clara ha recreado el ritual de la habitación del Zodiaco. Cada mañana se viste con elegancia, se maquilla y espera la llegada del que sigue siendo su hombre.

Mustafá Omari, el astrólogo de los salones romanos de la alta sociedad, le había predicho: «Debe usted protegerse contra un destino trágico, contentándose con los placeres sencillos de la burguesía. Su destino está ligado de forma indisoluble al de su hombre».

¿Qué se ha hecho de Rachele? Sabe que es la otra, esa protituta de Petacci, quien comparte el aislamiento de su marido. El 18 de octubre de 1944 penetra en su casa insultándola y le hace una escena. Entre gritos, insultos y lágrimas, ya no se trata de celos, Rachele ha venido a compartir su desesperación con su rival. Sabe que Benito está en manos de los alemanes y teme no poder salvarlo.

El ídolo ha caído, pero ni Rachele ni Claretta abandonan al hombre que tienen en común.

El 18 de abril de 1945 Mussolini sale de su prisión hostil y fúnebre de Gardone para dirigirse a Milán. Clara lo sigue.

—Vete a España —le dice él.

—No, me quedo.

Su decisión es irrevocable. «Demasiada gente le ha dado la espalda como para que yo también le falle». Demuestra una abnegación patética y suicida. «Quien ama muere. Sigo mi destino, y mi destino es él», escribe Clara en una última carta que entrega a Myriam con instrucciones de no abrirla hasta que llegue a España. Es su testamento. «No lo abandonaré jamás, pase lo que pase. Sé que no lograré ayudarlo... Te lo ruego, no importa lo que suceda, haz que finalmente se diga la verdad sobre mí, sobre él, sobre nuestro amor sublime, bello, más allá del tiempo, más allá de la vida».

El 25 por la tarde Clara sigue el convoy del Duce que abandona Milán. Con un abrigo de visón, un bolso de mano negro y un maletín con maquillaje y medicamentos.

Por la carretera del lago de Como a la mañana siguiente intentan pasar a Suiza. La llamaban la perra de Mussolini. Ella ha terminado aceptándolo: «Adonde va el amo va el perro».

Benito escribe a Rachele un adiós en forma de recomendación:

«Querida Rachele,

He llegado a la última fase de mi vida, a la última página de mi libro. Tal vez no volvamos a vernos. Por eso te escribo y te mando esta carta. Te pido perdón por todo el mal que involuntariamente te he causado. Pero sabes que has sido la única mujer a la que de verdad he amado. Te lo juro ante Dios y ante nuestro Bruno en este momento supremo. Sabes que debemos ir a Valteline. Tú, con los hijos, intenta llegar a la frontera suiza. Allí construirás una nueva vida».

La historia se detiene en la carretera del lago de Como. Mussolini es escoltado por los alemanes. Los aliados y el gobierno provisional que han instalado quieren recuperarlo. Él intenta camuflarse en una columna de SS, se pone un uniforme alemán, un casco y sube a la parte trasera de un vehículo de transporte donde le dan un fusil ametrallador. Acosado, Benito se disfraza de soldado raso alemán, encontrando como excusa que al fin y al cabo Napoleón, cuando lo condujeron a la isla de Elba, tuvo que ponerse un uniforme de general austriaco.

Cuando llegan al pueblo de Dongo, Mussolini es reconocido por uno de los partisanos italianos que controlan la columna que se bate en retirada. A Clara no le habían permitido subirse al camión. El destino los reúne para la última escena.

A las 16 horas del día siguiente son conducidos al campo. Clara llora sin parar. Ben se muestra apático. Justo antes de que suenen los disparos ella le dice al oído: «¿Estás contento de que te haya seguido hasta el final?». Él no contesta. Bang, bang, bang.

II

Lenin, el trío rojo

«Hay muchos mosquitos [...]. No sé por qué,
pero se encarnizan sobre todo con Volodia».

NADIA ULIANOV

NADIA 'EL ARENQUE'

Edipo en el reino de Marx

San Petersburgo, 1894. Vladimir Ilich Ulianov, 24 años, es un abogado de escasos recursos al que le cuesta hacerse una clientela: «He superado mi presupuesto, y no espero poder salir de apuros por mis propios medios. Si es posible, mándame unos cien rublos más[28]». La señora Ulianov, su madre, lo ayuda económicamente desde que decidió instalarse en San Petersburgo para terminar la carrera de Derecho y ejercer la profesión de abogado. Cansado de esperar contratos, decide al año siguiente abandonar Rusia y vivir por primera vez en Europa. Entonces descubre las múltiples tentaciones que las ricas ciudades occidentales ofrecen a los jóvenes intelectuales. Por suerte mamá Ulianov sigue allí para cubrirle las espaldas: «Con gran susto veo que sigo teniendo dificultades financieras. El placer de comprar libros es tan grande que el dinero se va como el agua. Me veo obligado una vez más a pedir ayuda: si es posible, mándame cincuenta o cien rublos».

Vladimir sabe que puede contar con el respaldo incondicional de Maria Alexandrovna Ulianovna. Ya en diciembre de 1887, cuando el agitador precoz fue expulsado de la universidad de Kazan, ella trató de hacerse cargo del porvenir del muchacho. Para asegurarse unos ingresos que su pensión de viudez no le daban y también para proporcionar a Vladimir una actividad, adquirió una gran propiedad cerca de Samara, a novecientos kilómetros al sudeste de Moscú. En su fuero interno esperaba que el trabajo de la tierra y el trato con los campesinos calmarían la exaltación rebelde de su hijo y le quitarían de la cabeza aquellas ideas extravagantes. Para ello gastó siete mil quinientos rublos, que obtuvo de la venta de la casa familiar de Simbirsk, donde habían nacido sus hijos.

Pero Vladimir no encontró su camino en los surcos que su madre había trazado para él: «Mamá quería que me ocupase de los trabajos del campo. Lo intenté, pero vi que aquello no funcionaba[29]». Llevar una granja no era lo apropiado para aquel joven torpe y enclenque. Algunos disgustos con los *kulaks*[30] —con los cuales, según admite, «las relaciones se habían vuelto anormales»— le hicieron cambiar su decisión, ya vacilante.

Fue a probar suerte a la capital tras licenciarse en Derecho como estudiante libre. Si bien la abogacía le ofrece pocas satisfacciones, la gran ciudad y su agitación subterránea contra el poder de los zares despiertan en él el gusto por la lucha política. El activismo devora la mayor parte de su tiempo. Llama la atención de algunos líderes socialistas de San Petersburgo. Objeto de burla para los campesinos de Samara, ahora es el centro de atención de una red de clandestinos de variado pelaje que comparten su visión del mundo, o al menos su energía. Sobre cualquier tema, sus discursos inflaman a sus camaradas tanto por la calidad del estilo como por la precisión retórica. Tajante en sus ocurrencias oratorias, conquista una reputación de agitador de conciencias. La Okhrana* no deja de fichar a ese joven pupilo socialista.

Cuando vuelve de Europa en 1895, es detenido por la temible policía política zarista. Imaginándose que se muere de hambre y que carece de todo, mamá Ulianov le envía en abundancia toda clase de objetos: trajes, ropa blanca, mantas, chalecos de lana. El prisionero se siente literalmente abrumado: «Tengo una reserva enorme de víveres», escribe a su hermana, «podría abrir por ejemplo un comercio de té... Pan como muy poco, intento seguir una dieta. Y tú me has traído tal cantidad que necesitaré una semana para acabarlo». Y en cuanto a la ropa blanca: «No me envíes más, no sé dónde ponerla».

---

* Policía secreta para combatir el terrorismo.

Maria Alexandrovna ha encontrado refuerzos. Para ayudar al cautivo se turna con ella la hermana mayor de Vladimir, Anna. También ella abandonó su residencia de Moscú para instalarse en San Petersburgo cuando lo detuvieron para poder cuidar mejor de él. Vladimir aprovecha su aislamiento para lanzarse a escribir obras ambiciosas, que requieren una amplia documentación. Privado de su público, la escritura ofrece una alternativa necesaria a su necesidad de difundir la buena nueva. Anna es quien se encarga de proporcionarle baúles enteros de libros que él devora. Eficaz y discreta, siente adoración por su hermano, hasta el punto de sacrificarle su matrimonio. Vladimir ni siquiera parece darse cuenta. Ella anota en su diario íntimo que un día le preguntó cándidamente en el locutorio: «Pero, bueno, Peter, ¿tú qué haces aquí?».

Este apoyo femenino del cual siempre se vio rodeado le parece tan natural y obvio que los esfuerzos de quienes lo miman apenas merecen su gratitud. En la casa Ulianov cabe decir que las mujeres no escatiman el gasto afectivo para llevar en volandas al único hombre de la familia. El padre murió, después del hijo mayor, cuando Vladimir sólo tenía 15 años.

Anna debe volver a Moscú y dejar a Lenin en su prisión de Petersburgo. Le preocupa saber quién se ocupará de él durante los meses que aún tiene que pasar en su celda. Porque sólo un pariente o una novia pueden visitarlo. Pero en esa época él todavía no está comprometido aunque sus *admiradoras* ya son muchas. Una tal Nadejda Konstantinovna Krupskaia se afana en ofrecerse para esta misión. Lo malo es que los servicios de la policía ya la tienen fichada. La elección recae sobre otra fan menos comprometida: Apollinaria Yakubova. Anna la escoge a ella para cuidar de Vladimir. Pondrá mucho empeño en hacer más agradable su estancia en la cárcel.

Cuando se instruye la causa, al cabo de seis meses, la señora Ulianov viene a instalarse con sus dos hijas a una villa de los alrededores de Petersburgo a fin de estar lo más cerca posible del hijo pródigo durante la prueba. Siguiendo con una atención particular la dieta de su pequeño «Volodia», le prepara los platos que él le pide y que ella sabe cocinar según sus gustos. La buena Maria Alexandrovna trata en vano de enternecer al Ministerio de Justicia, pensando hacer más llevadera la suerte de su hijo. La negativa del tribunal es firme e inapelable. Vladimir será enviado a Siberia por tres años, a orillas de un río inmenso y desértico, el Lena.

En la soledad de la taiga se forja un carácter de jefe revolucionario. Vladimir se convierte en «el hombre del Lena». Empieza a firmar como «Lenin», inspirándose en el decorado de su exilio. La soledad, sí, pero no sin una mujer cerca de él para mimarlo. El exilio no es sin duda un desenlace feliz, pero se ha evitado lo peor. Al principio temían la condena a muerte: el hermano de Vladimir, Alexander, fue ahorcado en mayo de 1887. Maria Alexandrovna no habría soportado perder a un segundo hijo. ¿Cómo sobrevivirá su Volodia a ese alejamiento? Debe acompañarlo. Cuando tiene casi cerrados los baúles, Lenin logra disuadirla, prometiéndole que pronto se casará con una de sus admiradoras y que ésta cuidará de él. Pero aún no hay ninguna boda a la vista. Llegan a una solución de compromiso: su madre y su hermana lo acompañarán hasta la mitad de camino, y luego seguirá solo.

Una boda siberiana

Mayo de 1887. Lenin se ha ido a pescar a un día de camino de Chuchenskoie. La Siberia donde lo han exiliado no ofrece muchas distracciones más. Al volver ve luz en la ventana de su habitación. El campesino que lo acompaña lo pone sobre aviso: un deportado se ha metido en su casa seguramente para robarle. La casa debe de estar ya saqueada. Él se abalanza, furioso, dispuesto a saltar sobre el ladrón. La sorpresa lo paraliza: una mujer joven aparece en el umbral. Se planta delante de él y lo recibe con una sonrisa en la que ni siquiera hay asombro. Es Nadejda Krupskaia, conocida como Nadia. La que había querido hacerse pasar por la prometida de Lenin unos años antes ha sustituido a la que finalmente había sido la elegida para hacer de esposa, Apollinaria Yakubova.

A pesar de la distancia Nadia no ha renunciado a seducir a Vladimir. La fuerte impresión que éste le causó durante sus actividades clandestinas y las noches que pasaron hablando del futuro del pueblo ruso la marcaron. Convencer a la madre y a la hermana Ulianov no fue fácil. Ganadas para su causa tras arduas negociaciones, Nadia decidió forzar el destino, poniendo a Volodia ante los hechos consumados. Desembarca en Siberia, acompañada por su madre, extenuada pero segura de sí misma tras recorrer ocho mil kilómetros en tren y luego tres días en trineo. Los treinta meses pasados sin verlo han sido los más largos de su existencia. Ante el modesto chalet el encuentro es contenido: ella lo contempla y le parece que tiene «un aspecto absolutamente soberbio». Él la examina, impasible. Toma conciencia de lo que ella acaba de pasar por estar con él. Lenin sabe que está mirando por primera vez a los ojos a su futura esposa. Les interrumpe la vieja mamá de Nadia que, menos cegada por el amor, no puede evitar exclamar: «Querido, ¡cómo ha engordado!».

Tras hablar con el propietario Nadia recibe la autorización para quedarse. Las dos mujeres dormirán provisionalmente en la habitación contigua a la de Lenin. Apenas tienen tiempo de recuperarse del viaje agotador cuando ya hay que preparar la boda: las autoridades han puesto como condición para el salvoconducto de la joven que se casen de inmediato. Lenin está seducido por esa demostración de fuerza y acepta sin rechistar su nueva condición de hombre casado.

Antes de venir Nadia ha pasado por Moscú a ver a su futura suegra. La señora Ulianov la ha recibido con afecto. Como de costumbre, la ha cargado de víveres, ropas y otros paquetes para Volodia, además de una verdadera biblioteca, que la muchacha deberá transportar hasta el otro extremo de Rusia.

«Envíame tanto dinero como puedas», le ha deslizado una vez más Lenin en su última carta. Durante la presentación de la novia a su familia política Anna se ha mostrado amable pero reticente: siente desde siempre por su hermano un amor exclusivo y celoso. La aspirante le «parece un arenque» y no puede impedir comunicarle esta observación a su hermano. Pero la bendición de Maria Alexandrovna basta. Tres semanas después de su llegada a Siberia Nadia se apresura a relatar sus «aventuras» a su nueva suegra:

«Querida Maria Alexandrovna:
Volodia está sentado aquí al lado manteniendo una animada conversación con el molinero acerca de no sé qué casas y no sé qué vacas. Y yo me he sentado a escribirle unas líneas. Ni siquiera sé por dónde empezar. Cada día es igual al anterior, y no hay ningún acontecimiento externo. Me parece que vivo en Chucha desde hace una eternidad; estoy completamente aclimatada. En verano se está muy bien. Cada tarde salimos a dar un paseo. Vamos muy lejos... es delicioso pasear. Sin embargo, hay muchos mosquitos y hemos tenido que confeccionar unas mosquiteras para protegernos. No sé por qué pero se encarnizan sobre todo con Volodia».

Nadia tiene un año más que Lenin y también es unos centímetros más alta. Nadia nació el 5 de febrero de 1869 en Petersburgo. Su familia, perteneciente a la nobleza pobre, profesaba ideas progresistas. La niña estaba ávida de conocimientos: «Ya en aquella época oía hablar con frecuencia de la revolución, y mi simpatía se inclinaba naturalmente por los revolucionarios[31]».

Cursó estudios de Pedagogía tras el bachillerato. Poseía dotes naturales para esa actividad y enseñaba con seriedad y paciencia. Como no conseguía encontrar plaza ni en el campo ni en la capital, acabó dando clases nocturnas a los trabajadores en una escuela dominical de Petersburgo. La joven cuenta en sus memorias que aquellos cinco años que pasó como maestra la «unieron para siempre a la clase obrera». Sus alumnos le hicieron descubrir una obra prohibida: «Oí sonar la campana del *Capital*, de los explotadores y los explotados [...] mi corazón latía tan fuerte que cualquiera habría podido oírlo». Nadia es una idealista romántica antes de ser marxista.

Los recién casados se conocieron una tarde de febrero de 1894 en una reunión de jóvenes marxistas de Petersburgo, en el piso del ingeniero Klasson, que aquella tarde recibía a un abogado prometedor. Ella quedó subyugada por la elocuencia de aquel orador.

¿Qué pensó él de la militante discreta que, tímidamente, le hizo algunas preguntas al final de la reunión? No gran cosa, por lo visto. Nadia tiene un físico típicamente eslavo, los ojos y los cabellos claros, límpidos, y una boca firme. Nadie podría decir, no obstante, que es una belleza. En la época en que Lenin la conoce se viste pobremente, con un estilo de maestra de escuela más bien estricto. Parece mayor de lo que es. Al dar cuenta, con su pluma acerba, del aspecto de la futura señora Ulianov el escritor Ilia Ehrenburg remacha el clavo: «Cuando miras a Krupskaia, puedes decir que a Lenin no le interesan las mujeres».

Poca gente conoce la verdad: Nadia padece una enfermedad autoinmune, la enfermedad de Basedow[32], cuyos principales síntomas son los edemas en los ojos, problemas de peso y a veces trastornos psicológicos. Las fotos la incomodan, tenemos muy pocas fotos de ella.

El exilio ofrece a Nadia un tiempo de respiro durante el cual la enfermedad se hace menos presente. Pero, sobre todo, Volodia aquí es todo suyo: «Desde todos los puntos de vista nuestra vida actual es una verdadera vida de vacaciones». Ella está en Siberia como de luna de miel, en un retiro campestre lleno de encantos naturales. Escribe a Maria al año siguiente: «La primavera está en el aire. El río helado se cubre de agua continuamente. En los sauces blancos los gorriones se traen un escándalo infernal, los bueyes van por las calles mugiendo y en el cobertizo de la propietaria la gallina hace tanto ruido cada mañana que despierta a todo el mundo. Los caminos están llenos de barro, Volodia habla cada vez con más frecuencia de su escopeta y sus botas de cazador. Y mamá y yo ya hablamos de plantar flores».

El ángel del hogar siberiano sólo se fija en los momentos de diversión y de buen humor. Así, por la noche, cantan con fervor junto a los campesinos: «Vladimir ponía una pasión y una animación extraordinarias a nuestras diversiones vocales: en cuanto abordábamos nuestro repertorio, le entraba una especie de rabia, y ordenaba con autoridad: "Venga, ahora *¡Valor, camaradas, al paso!*"».

Incluso cuando se trata de divertirse Lenin no puede impedir ser un líder, debe dominar el juego: «Se ponía a marcar el compás con los ojos inflamados, golpeando con el pie nerviosamente y forzando más allá del límite y en detrimento de cualquier armonía musical su voz de barítono, que tapaba la de los demás[33]».

Éste será el único periodo de tranquilidad y de felicidad conyugal que compartirán. Muy pronto el deseo se desvanece. Lenin parece dejar su libido a un lado durante varios años, pues prefiere invertir su energía en la tarea revolucionaria. Nadia vive una relación difícil con su feminidad. La patología que deforma su cuerpo le impide dar hijos a Lenin.

En una carta a la señora Ulianov se adivina otra realidad más sombría: «Está muy preocupado por nuestra seguridad. Ha pedido a un deportado que vive en el mismo pueblo que venga a dormir a nuestra casa. Me ha enseñado a disparar con revólver». Y es que sus recuerdos emocionados de la intimidad siberiana engañan a la recién casada: el exilio fue muy duro, y ambos quedarán marcados para siempre. Si el verano en esa «pequeña Italia» a orillas del Lena sabe mostrarse clemente, en invierno tienen que encerrarse a cal y canto para resistir el frío. El aislamiento les pesa. Lenin resiste leyendo a los filósofos alemanes —Kant, Hegel— y dando consejos jurídicos a escondidas los domingos.

Así pasan los tres años de exilio de Lenin, los tres años de felicidad conyugal de Nadia. Siberia ha acabado con su vida íntima, pero a cambio les ha dado una complicidad que durará hasta la muerte. A partir de entonces Vladimir jamás podrá separarse de ella un solo día. Ella será para siempre la que atravesó los hielos por él.

La evasión de la pareja

En 1900 Lenin es puesto en libertad. Va a casa de su madre, que se ha instalado cerca de Moscú. En todas partes de la metrópolis se siente vigilado y de nuevo debe emprender viaje. Tal vez Europa sea más receptiva a sus discursos. El 16 de julio toma el tren para Zúrich, donde es recibido por la importante comunidad de exiliados políticos rusos que hay en ese país neutral[34]. Ausente del primer plano desde hace tres años, empieza a poner orden en el seno de los grupúsculos marxistas dispersos por el país. Es una condición *sine qua non* antes de iniciar la conquista del poder. No le falta trabajo. Vladimir lanza la revista política *Iskra* (la chispa) gracias a la cual hace oír su voz hasta en Rusia. Su hermana Anna, que ahora vive en Berlín, se encarga de hacer imprimir la revista en Alemania. ¿Y qué es de Nadia?

Lenin la ha dejado en Siberia, donde todavía debe cumplir seis meses de exilio. Durante ese largo periodo burla la vigilancia de la Okhrana haciendo que sus cartas lleguen a un buzón de Praga. Este lazo mínimo es el único contacto que mantienen durante ese tiempo. Cuando por fin la liberan, se apresura a tomar el primer tren para Praga y allí busca a su marido durante varios días. Lenin no sólo ha despistado a la policía secreta, sino también a su propia esposa. Sola, perdida, encuentra por fin a un obrero checo que recogía el correo en el buzón. Por él se entera de que Lenin reside en Zúrich. Poco importan los kilómetros que hay que recorrer, ella lo encontrará.

Cuando llega a Zúrich, Nadia se encarga de la tarea más urgente: hacer que Lenin recupere la salud y el tono: «Me había dado cuenta de que Vladimir necesitaba una alimentación sana y copiosa. Y me puse a cocinar yo misma en nuestra habitación». Una habitación sin comodidades y sin cocina, que alquilan por semanas. Los paquetes que sigue enviando mamá Ulianov amenizan un poco su día a día sin lujos. Debe procurar no hacer ningún ruido. Lenin acaba de empezar a escribir un libro, y no puede escribir si el silencio no es absoluto: «Cuando trabajaba, caminaba de prisa de un lado a otro de la habitación dando vueltas a sus frases. Durante este tiempo yo no abría la boca. Luego, mientras paseábamos, me contaba lo que había escrito. Eso le fue al final tan necesario como preparar mentalmente sus frases antes de escribirlas».

La indispensable Nadia participa en las reflexiones de Volodia, ayudando con su presencia a que éstas culminen. Lenin ha encontrado a alguien que lo secunda en su Gran Obra, alguien en quien delegar una parte del trabajo. La nombra secretaria de redacción de la revista *Iskra*. Ella recluta a los demás marxistas de la ciudad y organiza aquella alegre bohemia de la cual es la intendente: «Comíamos a las doce. Hacia las trece horas llegaba Martov, y luego los demás. El comité de redacción empezaba la sesión. Martov hablaba todo el rato y de todo a la vez. A Vladimir Ilich le fatigaban mucho estas conversaciones cotidianas, que a veces duraban cinco o seis horas seguidas. No le dejaban trabajar. Un día me pidió que fuera a decirle a Martov que no volviera más. Decidimos que en adelante sería yo quien iría a casa de Martov para comunicarle las cartas recibidas e informarme de lo que sabía».

Pero Nadia sabe sacar provecho de esa presencia molesta confiando a Martov una tarea inesperada: lo emplea como pinche de cocina. A Nadia, que tanto sabe meter a los marxistas a cocineros como poner a las mujeres a leer, se le confía una nueva tarea, más ambiciosa: crear una revista dirigida a las mujeres rusas. La publicación se titula sobriamente *Rabotnitsa* (Mujer obrera)[35]. Nadia se encarga enteramente de la redacción, a la que Lenin no se dignará conceder un artículo hasta el quinto número. No tiene tiempo que perder con esas chismosas que dicen interesarse por los asuntos sociales. Pero Nadia cree en esa revista. Se ha propuesto despertar a las mujeres a un nuevo modo de vida. Su revista proporciona tanto lecciones de marxismo como consejos prácticos para vivir plenamente la feminidad: decorar la casa, educar a los niños, saber peinarse y maquillarse. Algunas mujeres arregladas de forma sencilla pero elegante dan a conocer los beneficios de la nueva cosmética. A Nadia se le da muy bien la labor, y con ello lanza el manual de la perfecta mujer comunista. La revista se hace muy popular y refuerza la audiencia de la pareja Ulianov entre el público femenino. La vida de la revista superará las esperanzas de su creadora. Atravesará todas las épocas y sobrevivirá incluso a la caída del comunismo. Hoy es como el *Elle* del mundo de habla rusa.

Pronto Zúrich se queda pequeña para Vladimir. La pareja se muda a una casita alquilada cerca de Ginebra, más adecuada para el líder en el que quiere convertirse que su modesta habitación zuriquesa. Gran cocina en la planta baja y tres habitaciones en el primer piso. El caso es que, después de tantos exilios y tantos lugares, no tienen muebles. Pero Nadia es una intendente ingeniosa: utilizan las cajas de la considerable biblioteca de Lenin como mesas y taburetes en la cocina y en el comedor. Eso no impide que los Ulianov reciban a mucha gente. La casa siempre está llena. Para encontrar un momento de intimidad y estar a solas Nadia no tiene más remedio que arrastrar a Lenin al jardín público de la esquina.

A veces tienen bajones de moral. Un día, volviendo de una estancia en Capri, Vladimir llega a la estación de Ginebra. Lo asalta un viento glacial. De regreso a casa las primeras palabras que le dirige a su mujer son tétricas: «Tengo la impresión de haber venido a encerrarme en una tumba». Y es que en Ginebra la pareja no encuentra su sitio y vive por encima de sus posibilidades. Mientras Lenin celebra sus reuniones y «se emborracha de filosofía», Nadia se muere de aburrimiento. Han tenido que renunciar a su pequeña residencia tan coqueta y mudarse precipitadamente. Ocupan de nuevo una pequeña habitación en un piso. Intentando ocupar el tiempo, Nadia estudia francés todas las tardes antes de reunirse con su marido para pasar una velada generalmente aburrida: «Por la noche, no sabíamos cómo matar el tiempo. No teníamos ningunas ganas de quedarnos en nuestra habitación fría e incómoda, y salíamos todas los días al cine o al teatro».

La verdad es que los dos solos se aburren. Lenin no sabe hablar más que de su revolución. Tiene conflictos con muchos militantes rusos, a los que no consigue ganar para la causa. La situación se vuelve asfixiante. Deciden ir a vivir a Francia: «Esperamos que la gran ciudad sea un acicate. Estamos hartos de pudrirnos en este rincón provinciano[36]», escribe a su madre quince días antes de abandonar Suiza.

El 3 de diciembre de 1908 están en París. Se plantea el tema de la vivienda. Son cuatro personas: Nadia y su madre, Lenin y su hermana Maria. En el número 24 de la rue Baunier, cerca de la Porte d'Orléans, hay un piso por alquilar, en la segunda planta de un edificio burgués. Cuatro habitaciones, recibidor, cocina, trastero, agua, gas y vestidor. Y un detalle que a Krupskaia le encanta: espejos sobre las chimeneas. El alquiler es de 840 francos anuales, más gastos. Una vez más mamá Ulianov no olvida a su hijito querido. Envía paquetes desde Rusia con tocino, pescado ahumado, jamón y mostaza; golosinas para que Volodia no se muera de hambre en esa ciudad despiadada.

La iniciación a la vida parisina no es muy agradable para Nadia. Las gestiones administrativas son pesadas: «Todo se alargaba. Para tener gas, por ejemplo, tuve que ir tres veces a un lugar del centro de la ciudad antes de obtener el papel necesario». Conclusión: «Francia es un país monstruosamente burocrático». Una vez más Nadia organiza a regañadientes un hogar con unos pocos muebles nada más. Una mesa de madera blanca y unos taburetes.

Al acercarse el verano de 1909, tras los sombríos meses del invierno suizo, Nadia cree haber recuperado la intimidad perdida de su pequeña Italia siberiana. Están en Bonbon, en el departamento de Seine et Marne, en una pequeña pensión familiar. Sus paseos en bicicleta los ayudan a distanciarse de las contrariedades de la Causa. «Incluso evitamos hablar de los asuntos del partido en nuestras conversaciones», nos dice Nadia. Durante unas semanas disfrutan juntos de la campiña francesa, tranquilos, lejos de los militantes y su incesante griterío.

A Lenin no le gustaba demasiado la vida en la rue Baunier. La partida de su hermana le da la ocasión para mudarse, siempre en el mismo barrio de la Porte d'Orléans. Encuentra en la rue Marie-Rose un piso de tres habitaciones más confortable todavía, con electricidad y calefacción central, lo cual entusiasma a Krupskaia. Disposición clásica: dos habitaciones a la calle, salón y comedor, separados por una gran puerta acristalada, y un dormitorio que da a un patio, lo mismo que la cocina. El salón, una pieza bastante grande iluminada por dos ventanas, se convierte en el estudio de Lenin. En el comedor ponen las dos camas estrechas de hierro en las que duermen. Instalan a la anciana suegra en el dormitorio y la cocina sirve de comedor y de salón.

Por fin conocen el confort. Nadia está feliz de vivir ahora en un piso de los más modernos de París. Aquí podría vivir con Vladimir como una verdadera ama de casa. Pero Lenin ya está viviendo fuera de casa otra pasión.

LA OTRA TROIKA

Puchkino, enero de 1909. Tras un duro periodo de exilio en Mezen, a orillas del mar Ártico, Inessa Armand intenta reanudar su vida allí donde se había detenido antes de que se descubrieran sus actividades revolucionarias. Vuelve con su marido Alexander, fiel compañero, que la ha esperado con paciencia durante meses. Sin embargo, alguien falta a la cita: Vlad. Había sido su cuñado antes de convertirse en su amante. La tuberculosis que contrajo en la cárcel unos años antes no le permitía albergar muchas esperanzas. Su estado empeoró bruscamente durante las últimas semanas de cura en el sur de Francia, en Niza, donde todavía tenían esperanzas de salvarlo. La operación, que era la última oportunidad, fue inevitable. Inessa tenía que estar a su lado a toda costa. Daba igual que tuviera que volver a la cárcel por ello. Como le prohíben salir del territorio, tiene que abandonar Rusia de forma clandestina para estar a la cabecera del amado. Pasa a través de la frontera finlandesa, luego recorre en trineo los lagos helados de Suecia, consigue subirse a un tren en Estocolmo, y no tarda mucho en llegar a Niza. Demasiados, sin embargo, para asistir a la operación de Vlad. Su estado se deteriora de repente y los médicos sospechan un envenenamiento, sin duda ligado a sus actividades revolucionarias. Pero aparte de Inessa, que asiste a su agonía, el enfermo no recibe visitas. Vlad muere en brazos de Inessa a principios del mes de febrero.

Destrozada, habiendo perdido al hombre que la había iniciado en la Causa, se reúne con Alexander que la espera en Francia, en la ciudad industrial de Roubaix. Incapaz de recuperarse de la muerte de aquel al que admiraba tanto mientras compartía la cama con otro, pronto abandona el Norte y se va a París, pues prefiere hacer el duelo sola. Escribe a su amiga Anna Askanazy: «Su muerte fue para mí una pérdida irreparable. Era toda la alegría de mi vida. Y sin alegría personal ¡el camino de la existencia se hace tan difícil[37]!». En París la existencia es en efecto difícil los primeros tiempos, pero Inessa pronto se cura de su soledad.

En la capital Inessa Armand gravita alrededor de los cafés de la avenue d'Orléans, donde frecuenta a numerosos rusos exiliados a los que ayuda a encontrar trabajo o un apartamento gracias a su ruso y a su francés perfectos. Sabe hacerse querer por sus camaradas y se va acercando cada vez más a los círculos bolcheviques. En ese periodo sombrío es cuando su destino se cruza con el hombre del Lena.

La joven del Café des Manilleurs

Una amiga la lleva un día a una reunión semiclandestina en la trastienda de un café. Todavía pálida y melancólica, asiste al discurso

de un agitador rodeado de un aura sin igual, que lleva el mismo
nombre de pila que su amante muerto: Vladimir. Al principio no
le causa una gran impresión aquel orador que, como siempre, lleva
un traje arrugado demasiado grande. Parecía un campesino aco-
modado, un «pequeño mujik astuto[38]». Él queda seducido por aquella mujer cuatro años más joven que él —él tiene 39 años y ella,
35— vestida a la moda, con un sombrero oscuro sofisticado y adornado con una pluma roja. Bajo una masa indomable de cabellos
castaños, se fija en sus ojos inmensos, su boca grande y sensual, sus
facciones bien modeladas. Inessa, que es rápida e inteligente, ema-
na una confianza en sí misma inquebrantable que atrae aún más al
ardiente ideólogo. La cita será aquella misma noche en el Café des
Manilleurs. A partir de entonces se les verá a menudo por allí.
¿Quién es aquella joven que apareció un buen día en el círculo de
los revolucionarios rusos emigrados del distrito XIV de París y fue
adoptada por su líder?

Su madre, una moscovita de origen inglés, había huido de casa
para vivir su pasión por Théodore Stéphane, un actor de music hall
en París, que será el padre de Inessa. La primera de los tres hijos
de aquella pareja de artistas nació francesa, tres meses antes de que
sus padres se casaran. Su padre actuaba entonces en el Théâtre de
la Gaîté, y había arrastrado a su madre a una vida bohemia y caó-
tica. La pareja se separa al cabo de cinco años. La abuela y la tía de
la pequeña, de visita en París, deciden aliviar la carga de la madre
soltera y se llevan a una de las hijas. Inessa llega así a Puchkino, en
el campo, cerca de Moscú. Las dos mujeres le dan una educación
muy refinada, hecha de música, literatura e idiomas. Cabe decir
que ese nuevo hogar prescinde sin ningún problema de toda presencia masculina. La abuela se ocupa de la intendencia y la tía, que
es preceptora en casa de algunas familias moscovitas de la buena
sociedad, trae el dinero. Pero sus nuevas tutoras piensan en un
destino más ventajoso para Inessa: un buen matrimonio burgués.
Ambas deciden en 1891, cuando Inessa tiene 17 años, colocarla en
una de las familias para las cuales trabaja como profesora su tía: la
familia Armand.

El hijo de la familia, Alexander, debe justamente regresar de
una larga ausencia. Se habían conocido antes de que ella se insta-
lara en la casa familiar, cuando de niños compartían juegos en verano. Alexander, a quien la niña divertía, se enamora de la mujer
con la que ahora vuelve a encontrarse. Está buscando un pretexto

para proponerle salir. El subterfugio que encuentra deja bastante que desear: le escribe para pedirle la dirección de un amigo común y aprovecha la carta para deslizarle una invitación a su fiesta de cumpleaños: «Venga, la esperaremos, habrá muchas mujeres para sólo cuatro o cinco hombres».

Deberá ser más hábil. Inessa es salvaje y desdeña a los hombres. A los 18 años escribe al que será su marido lo que piensa del género masculino: «Se creen los amos de la creación. Sienten un desdén absoluto por las mujeres que se expresa en su respeto por la debilidad femenina. Esos hombres se creen terriblemente generosos so capa de amabilidad, de falso respeto y de paciencia con las mujeres, como se las concederían a un niño». Conclusión de su joven experiencia de los hombres, erigida en teoría: «Las mujeres se lo creen todo y los hombres mienten sin parar». Pero Alexander no se asusta con facilidad. Sabe que Inessa es una desarraigada. Entre culpabilidad y rebelión, jamás ha comprendido aquel repentino traslado fuera de Francia, a una Rusia remota: «Es cierto que no tengo una confianza total en ti. Porque no me conoces. Tan sólo conoces mi lado bueno. No el malo [...]. Tengo la impresión de que, si te decepciono, eso pondrá fin a nuestra amistad. Y lo sentiría mucho. Ya ves que soy franca contigo[39]».

Es difícil confiar en alguien. Y es que Inessa acaba de sufrir una nueva traición: su madre ha venido finalmente a verla a Moscú. El encuentro ha sido breve. Al cabo de unos meses ha huido otra vez con un nuevo amante, Charles Louis Joseph Faure, cuya familia era la dueña del teatro que había empleado a su marido.

Pero Alexander sabrá vencer el miedo y los retrocesos a fuerza de constancia. Inessa se casa con él en Puchkino en 1893. Se convierte en una madre de familia cuyos conflictos de infancia parecen superados. Esa vida le ofrece mucho: tiene criados, puede comprarse todos los vestidos que quiera. Alexander es un marido amable y considerado, que la deja viajar al extranjero cada vez que ella quiere. Tiene por fin un hogar, una estabilidad que nunca había tenido... Alexander le ofrece mucho, sin duda, salvo la excitación del peligro. Está demasiado establecido para permitirse las angustias de una vida subversiva.

Es sobre todo su hermano, Vlad, el que se interesa por la revolución. Con él todo cambiará. En 1902 el joven de 17 años vive en la casa familiar del barrio del Arbat en Moscú, que es el barrio de los artistas y los intelectuales. Como muchos estudiantes moscovitas, Vlad organiza mítines en su domicilio. Tranquilo, serio, con una barba rala, el frágil muchacho de ojillos marrones y sinceros es para sus camaradas de una «simplicidad apostólica fuera de lo común». Inessa, que tiene diez años más que él, asiste a menudo a esas reuniones clandestinas. Huye durante horas de casa para encontrarse con «Vlady» y vuelve tarde por la noche. Entre el desconcierto y la cólera Alexander no puede dejar de admirar a aquella mujer con un espíritu tan independiente como indomable: «¡Era todo un personaje!» recordará hablando de ese periodo.

Pero un secreto como ése en una misma familia no puede ocultarse durante mucho tiempo. Inessa debe escoger entre los dos hombres. Un día están los tres en Eldigino, en la propiedad forestal de Alexander. Sentada en un sofá, Inessa llora entre ellos dos. Yvan, el otro hermano de Alexander, asiste a la escena y la transcribe en su diario: «No puedo partirme en dos», repetía ella. «Lo siento muchísimo». Alexander, magnánimo, sabe que la ha perdido. Continuará manteniéndola, pagándole el alquiler mientras lo necesite. Fiel más allá de la traición, y sabiendo restañar su herida, Alexander le dejará la casa de Puchkino, siempre abierta como un refugio. Inessa se va a vivir con el joven Vlady en nombre del amor libre. Al lado de ese joven rebelde que quiere cambiar el mundo ella encuentra una primera misión: rehabilitar a las prostitutas y mejorar su suerte.

La libertad, por desgracia, dura poco. El 4 de febrero de 1905 el gran duque Sergio, gobernador de Moscú, es asesinado. De inmediato la policía detiene a los estudiantes radicales. Alertados por las actividades de Vlady, registran el número 8 de la calle Ostozhenka a las cuatro de la mañana. Inna, la hija mayor de Inessa, que tiene 4 años, se acuerda de que la despertó un ruido repentino. La policía estaba registrando el piso, revolviéndolo todo, incluidas las camas de los niños. Su madre, que estaba junto a ella, totalmente tranquila, le sonrió y le indicó por señas que no llorara: «No demuestres que tienes miedo y no digas nada. Si es necesario, ocúpate de los más pequeños», le dijo.

La policía encuentra unas cartas consideradas sospechosas en la habitación de los niños, así como un revólver. «No le digas a nadie que me han detenido», le dice al oído mientras se la llevan. Trasladada a la prisión Basmannaia de Moscú, describe así su estancia en ella: «Es peor de lo esperado. Estoy entre borrachos [...]. Durante la noche se llevan a esos borrachos dentro, los golpean sin piedad y los meten en mazmorras. Cuando me vieron llegar, el jefe de los guardias me dijo chillando "quítese el pantalón", y empezaron a registrarme. Del paraíso caí al infierno. Un golpe poderoso encima de la oreja me introdujo en el nuevo régimen».

Alexander había prometido cuidar de ella. Se mueve desesperadamente para lograr que la suelten. A pesar de los malos tratos Inessa no está dispuesta a renunciar a sus principios: «Qué maravillosa relación tenemos», le escribe. «En cuanto a tu ofrecimiento de ayudar para que me suelten, no te excedas... Si es lo mismo para todo el mundo, de acuerdo, pero si eso significa un trato especial te suplico que no lo hagas».

Por mucho que Inessa le implore, Alexander no cejará en su empeño hasta el mes de junio, cuando finalmente consigue su liberación. Pero con condiciones: él debe avalar su conducta e Inessa no puede abandonar el país. Sigue estando acusada de terrorismo y de fabricación de explosivos.

En la cárcel Vlady ha contraído la tuberculosis. Los médicos lo mandan a Niza para reponerse. Inessa se niega a reunirse allí con él. Su celo revolucionario se ha incrementado desde su reclusión, y no quiere ni oír hablar de descansar en la Costa Azul. Un nuevo encarcelamiento de nueve meses no le hace cambiar de opinión. Al contrario, Inessa es detenida de nuevo, esta vez con la siguiente imputación: apoyo a la insurrección armada. La envían exiliada a Mezen, a orillas del mar Ártico, con los prisioneros políticos más curtidos.

Al cabo de unos meses huye disfrazada de campesina en medio de un grupo de exiliados polacos. Su plan de evasión estaba bien pensado. Inessa es libre. Pero sin Vlady, con el que se ha reunido en Niza. Demasiado tarde. Cansada por aquella carrera loca que ha durado seis años, así es como la rebelde Inessa Armand aterrizó en el Café des Manilleurs, en París, sentada a la mesa junto a Lenin.

Un romance parisino

A los 35 años, cuando conoce al hombre de Lena, su vida está hecha añicos. Ambos han renunciado a una vida tranquila para llevar una existencia agitada y clandestina. Inessa ve en él la encarnación de su determinación y sus esperanzas en una nueva humanidad. A Lenin le gusta escuchar a esa mujer inflexible y elegante. En París da rienda suelta a su obsesión por los sombreros con plumas. La capital le parece un lugar idílico, muy chic y romántico después de las pruebas por las que ha pasado: «Los hombres llevaban sombrero hongo; las mujeres, enormes sombreros con plumas. En las terrazas de los cafés los amantes se besaban sin pudor», observa.

Inessa incorpora enseguida las reglas de la elegancia parisina, tan fácilmente como las de la comunidad del Café des Manilleurs. Un día que el escritor Ilia Ehrenburg[40] se reúne con ellos y no sabe qué pedir Inessa contesta en su lugar: «Granadina. Todos bebemos granadina. Sólo Lenin toma siempre una caña de cerveza».

El verano siguiente, en julio de 1910, para gran sorpresa suya, Lenin la ha inscrito en la lista de los invitados oficiales al congreso socialista internacional de Copenhague, junto a Rosa Luxemburgo, Trotski y Plekhanov. Todavía se conocen poco. Sintonizan ideológicamente, sus caracteres son complementarios y su relación evoluciona con rapidez hacia una convergencia de opinión absoluta.

Tres años más tarde ella le confiesa los sentimientos que la animaban los primeros meses después de conocerse: «No sabía qué hacer, estaba incómoda, violenta, envidiaba a la buena gente que entraba y hablaba contigo[41]». Su relación tarda en establecerse, como había pasado ya con Alexander, y luego con Vlady. Inessa siempre tiene miedo de confiar en los hombres.

Pronto se vuelve indispensable para el organizador de la futura revolución y se instala en la avenida Reille con sus dos hijos, Varvara, la hija de Alexander, y André, el hijo de Vladimir, en un piso que da al parque de Montsouris, no lejos del de Lenin, en la calle Baunier. Pero Inessa sigue casada con Alexander Armand y Lenin con Nadia Krupskaia. No es difícil imaginar las presentaciones más que delicadas entre ambas mujeres. Inessa y Nadia desarrollan, contrariamente a lo esperado, una fuerte amistad. Más allá de los celos que habrían podido separarlas, las une su compromiso con el feminismo.

Ambas se reparten las tareas alrededor de Lenin: Nadia se ocupa de la correspondencia con los militantes de Rusia; Inessa, de la correspondencia con los demás militantes comunistas de Europa. Las dos mujeres colaboran así estrechamente. A Nadia, que no ha podido ofrecer un hogar a su marido, le gusta estar con Inessa y sus hijos.

Angelica Balabanoff, la comunista y feminista que ha dejado a Mussolini por Lenin, no siente ninguna simpatía por esa intrigante: «No la he recibido muy bien», dice, y luego explica por qué: «Es pedante, cien por cien bolchevique, en su forma de vestir siempre con el mismo estilo severo, así como en su forma de hablar y de pensar[42]». Para Angelica, Inessa es más radicalmente leninista que el propio Lenin. Y es que el líder en esa época está muy desorientado. Está sentado sobre ruinas. La huida de los militantes «liquidadores», que propugnan una vuelta a las actividades legales, lo ha dejado muy abatido. Sabe que debe organizarse para divulgar su pensamiento. Cada vez está más estresado, y a veces le cuesta seguir sin impacientarse el curso de los acontecimientos.

Nadia se preocupa por él. Se dirige a su madre, mamá Ulianov, y a su hermana pequeña, Anna. Las tres concluyen que hay que enviarlo a un lugar de reposo donde pueda recuperarse durante al menos quince días. Eligen Niza. Lo envían allí solo para que el reposo sea total. «Estoy descansando en Niza», escribe Lenin a Anna, «es delicioso, el aire es cálido, tienes el sol y el mar». Diez días de inactividad son sin embargo un límite infranqueable para Lenin el hiperactivo.

Inessa, con la ayuda como siempre de Alexander, alquila mientras tanto una casa en la calle mayor de Longjumeau. Para difundir el pensamiento de Lenin hay que enseñarlo. Instalarán allí su primera escuela socialo-marxista. El lugar —que hoy es un restaurante de especialidades turcas llamado Kebab Lénine— puede alojar a tres estudiantes. Inessa también alquila una herrería, así como la casa de al lado, donde se impartirán las clases. Pone los muebles y supervisa el programa a diario. La escuela se inaugura el 11 de junio «con un calor insoportable», según Nadia, y con dieciocho estudiantes. Entre ellos están los futuros prohombres del comunismo, lo cual no impide que los profesores se paseen descalzos por las clases.

Lenin y Nadia viven al otro extremo del pueblo, pero cenan en casa de Inessa todos los días. A veces los estudiantes se tumban en el campo y entonan canciones. Lenin los acompaña. Trabajar juntos en esa obra común refuerza sus lazos. Aunque ya había habido sospechas en París, muchos camaradas creen que fue en Longjumeau donde el *affaire* entre Lenin e Inessa se concretó. Ella da su propia versión en una carta a Lenin de 1914: «En Longjumeau, durante el verano en el que hacías tus traducciones, me acostumbré un poco a ti [...]. Me gustaba escucharte, y más especialmente mirarte cuando hablabas. Primero, tu cara era tan animada y estabas tan absorto que no te dabas cuenta de que te observaba. [...] En aquel momento no estaba enamorada de ti, pero ya te quería mucho[43]».

El romance no pasa inadvertido para nadie: «Lenin, con sus ojitos mongoles, mira sin cesar a esa francesita», cuenta el socialista francés Charles Rappoport, que asiste a los cursos. La madre de Nadia se indigna por esa situación escandalosa. Intenta persuadir a su hija para que salga de ella. Nadia ofrece a Lenin abandonarlo durante el verano de 1911 para dejar que viva su historia con Inessa. No es la primera vez que se lo propone. Él le pide que se quede. También ella le es indispensable. Nadia ha compartido su visión, lo entiende perfectamente y, en ese viaje sin fin que ambos han emprendido, le proporciona una estabilidad, un punto de referencia. Inessa halaga su intelecto y su pasión, volviéndolo a un nivel simplemente humano, el del afecto. Comparten el amor por Beethoven, y ambos han modelado sus personajes inspirándose en los de la novela de Chernyshevsky *¿Qué hacer?* Se proyectan en el papel del hombre y la mujer protagonistas[44].

Cuando regresan a París tras el periodo de Longjumeau, al final del verano de 1911, Inessa alquila un piso en el número 2 de la rue Marie-Rose, en el edificio aledaño al que habitan ahora Lenin y Nadia. Privada de hijos, la pareja se vuelca en los de Inessa. «Tú eres un bolchevique», le decía Lenin a André, el hijo que Inessa había tenido con Vlady.

Poco a poco se crea una simbiosis entre las dos familias. Lenin ha logrado convencer a Nadia de que no la dejará nunca. Por tanto, ella acepta a Inessa en su vida durante seis años de lo que podemos denominar un *ménage à trois*.

Un ménage à trois

Pero una mujer —ni dos— no bastan para satisfacer a Vladimir Ilich. La experiencia de Longjumeau no ha hecho más que acrecentar su ambición. Debe encontrar otro medio para hacer oír su pensamiento, hasta Rusia. Al verano siguiente Lenin y Nadia van a Cracovia, que entonces está en la Polonia austriaca. Como la policía austriaca no colabora con la Okhrana, Lenin será más libre para imprimir sus panfletos. Nadia, que se ha convertido en una experta en borrar las pistas alrededor de ellos, se las arregla con las mujeres campesinas del mercado para hacer llegar sus cartas a Rusia. Lenin funda un periódico: *Pravda*. En San Petersburgo los editores son reticentes. Allí todavía no es más que una agitador entre otros muchos. Debe enviar a un emisario para tratar de convencerlos. Escoge a Inessa, que sigue muy buscada por la policía secreta.

Ella también se ha convertido en maestra en lo tocante a disfraces. Repitiendo el modelo de su evasión exitosa del exilio, en la que se hizo pasar por polaca, cruza la frontera rusa con el pasaporte de una campesina llamada Francisca y se disfraza con unas viejas botas y un chal. La policía no se deja engañar, pero no la detiene. Ahora que es íntima de Lenin Inessa es más valiosa en libertad que en la cárcel. Prefieren seguirla. Tal vez los conduzca hasta el activista. Los editores no se dejan ablandar por la elocuente francorrusa. La policía secreta no está dispuesta a permitir que abandone el país sin haberle sacado algunas informaciones sobre lo que trama Lenin. Inessa es detenida el 14 de septiembre durante un mitin feminista. Es sometida a un interrogatorio continuo durante dos semanas. Pero ella no cede y pretende en todo momento ser la campesina Francisca. Durante seis meses es confinada al aislamiento. Debe luchar para mantener la higiene, la identidad y hasta la salud mental más básica. Alexander, siempre fiel, la visita con regularidad. Consigue una vez más arrancar para ella una libertad provisional, el 20 de marzo de 1913, a cambio de cinco mil cuatrocientos rublos, una suma considerable, diez veces superior a las condenas vigentes. No es para echar las campanas al vuelo, pues Inessa debe ser juzgada unos meses más tarde. Sin esperar al proceso, ella huye clandestinamente. Se reúne con su nueva familia, Lenin y Nadia, en Cracovia.

«Querido, ya estoy en Austria y pienso quedarme algún tiempo. No hay mucho que escribir sobre eso. Sigo en las montañas... las nubes llegan hasta mi ventana. Siento mucho haberte obedecido».

Es, por tanto, el prudente Alexander quien ha organizado la huida. Nadia recuerda esa época: «Caminábamos mucho, y visitamos Czarnystaw, un lago de una belleza extraordinaria. Todos queríamos mucho a Inessa, siempre parecía estar de buen humor. Todo parecía más cálido y más vivo cuando Inessa estaba presente[45]».

El ambiente en el trío es inmejorable. Antes del almuerzo que se sirve a las doce cada uno trabaja en un rincón distinto del jardín. Inessa toca la *Sonata del claro de luna* de Beethoven para Lenin mientras Nadia la contempla y observa que «era especialmente agradable trabajar con música».

A Nadia le gusta descubrir a Inessa en un marco más íntimo. Las dos mujeres ya se conocían en París, pero allí había mucha gente. En Cracovia viven en un pequeño círculo de camaradería aislada: «Nos cuenta muchas cosas de su vida y de sus hijos. Me muestra sus cartas y al hablar de ellos parece irradiar una calidez y un fuego especial», dice Nadia.

Cracovie, c'est fini...

En las Navidades de 1913 parece que la felicidad está amenazada: la salud de Nadia, que padece la enfermedad de Basedow, se deteriora. La tienen que operar de bocio. La intervención tiene lugar en Berna sin anestesia. La convalecencia será difícil. Lenin decide poner fin a su relación con Inessa. Debe proteger a Nadia, más debilitada que nunca. En París, donde pasa las fiestas de fin de año, Inessa lo echa mucho de menos:

> «Querido,
> Estoy en la ciudad de la luz y la primera impresión me resulta repugnante. Todo aquí me irrita. Las calles, grises; las mujeres, demasiado arregladas... Cuando llegué a la rue d'Orléans los recuerdos me asaltaban por todas partes. Me he vuelto tan triste que da miedo. Recuerdo mis antiguos humores, mis sentimientos, y es desolador pensar que no volverán jamás [...]. No volverás nunca, lo sé. Me has preguntado si estaba enfadada porque fueras tú quien decidiera la separación. No, no creo que lo hayas hecho por ti».
> Lenin no es el único al que echa de menos: «Había muchas cosas buenas en París en mi relación con N. K. (Nadia Krupskaia), continúa. En nuestras últimas conversaciones, me dijo que ahora me sentía como alguien cercano y querido, y yo misma la quise casi desde que la conocí. ¡Tenía tanto encanto y era tan dulce! Cuando estaba en París, me gustaba ir a verla a su despacho, sentarme en su mesa y hablar de los asuntos del partido, y luego de todo un poco».
> Se le ocurren ideas tétricas. Tras el suicidio de una camarada Inessa piensa en lo peor: «La muerte de Tamara ha sido tan horrible que no lo puedo superar. Y al mismo tiempo resulta muy tentador». Debe abandonar la ciudad donde el recuerdo de Lenin está por todas partes, con el peligro de hacerla zozobrar en cual-

quier momento: «Voy a los sitios conocidos, y me doy cuenta, como nunca, del gran lugar que tú ocupabas en mi vida, aquí en París. Todas nuestras actividades están llenas de miles de pensamientos tuyos. No estaba todo el tiempo enamorada de ti, pero, sí, te amaba. Incluso ahora podría prescindir de tus besos, pero ojalá pudiera verte. Hablar de vez en cuando contigo sería una alegría tan grande y no le haría daño a nadie. ¿Por qué tengo que renunciar a eso?».

En junio de 1914 Lenin ordenó a Inessa que le devolviera «sus cartas» para destruirlas. Quiere borrar toda huella de sus sentimientos. «Estamos separados... Y eso es muy doloroso», le confiesa ella en una misiva que escribió en París y que no llegó a enviarle. Pero a comienzos de la guerra Lenin es detenido como espía. Con la ayuda de unos fondos reunidos en Suiza Inessa obtiene su liberación. Nadia se reúne con ella y, juntas, alquilan un piso en el número 11 de Diestelweg en Berna. El trío vuelve al punto en que lo habían dejado. Nadia cuenta en sus notas: «Durante horas paseábamos por el lindero del bosque. Éramos un trío, V. Ilich, Inessa y yo. A veces nos sentábamos en un tronco cubierto de musgo. Ilich releía sus textos mientras yo estudiaba italiano. Inessa llevaba falda y se deleitaba con el calor del sol».

Inessa aprovecha esa estancia en la montaña para escribir un panfleto sobre el amor libre. Quiere ser una abogada fervorosa de la libertad de la mujer. Un acontecimiento sucedido hacía años, cuando aún vivía con Alexander, la decidió a abrazar la causa femenina. Embarazada de su tercer hijo, le negaron la entrada en la iglesia de Puchkino. Según las creencias ortodoxas, su embarazo la hacía impura, no podía recibir la bendición. Ella, que siempre había sido creyente, se sintió de nuevo rechazada y, lo que es peor, despreciada por lo que era.

Le envía a Lenin su diatriba, esperando encontrar en él un lector sagaz. Su escucha, sin embargo, tiene unos límites bien definidos: ataca sus conclusiones, cuidando de hacer que se le pasen las ganas de volver a las andadas. Lenin, a pesar de practicarlo, no cree en el amor libre: «Los besos maritales sin amor», le replica, «son impuros. Pero ¿qué es entonces para usted lo opuesto? ¿Una pasión flotante? Es decir, por definición, sin amor también. La consecuencia lógica es que esos besos sin amor, puesto que son flotantes, son lo opuesto a los besos sin amor intercambiados entre marido y mujer. Es extraño, ¿no?[46]».

Extraño sobre todo en boca de un hombre que vive entre su mujer y su amante. No toma ninguna precaución, por otra parte, para disuadirla de tratar el tema:

«17 de enero de 1915
Querida amiga,
Le aconsejo que escriba el guión de su panfleto lo más detalladamente posible. De lo contrario, quedan demasiadas cosas sin explicar. Hay otra opinión que quisiera expresar aquí. Le aconsejo que suprima entero el párrafo 3, "la demanda de las mujeres por el amor libre". No es realmente un problema proletario, sino una reivindicación burguesa. Y además, en el fondo, ¿qué entiende usted con esta frase? ¿Qué puede entenderse?
1. ¿Libertad respecto a los cálculos materiales y financieros en las cuestiones de amor? [...]
3. ¿Respecto a los prejuicios religiosos?
4. ¿Respecto a las prohibiciones del papá, etcétera?
5. ¿Respecto a los prejuicios de la "sociedad"? [...]
7. ¿Respecto a las cadenas de la ley, de los tribunales y de la policía?
8. ¿Respecto al elemento serio en el amor?
9. ¿Respecto al embarazo?
10. ¿Libertad de adulterio? Etcétera».

Para Lenin estas consideraciones femeninas sobre el derecho al amor libre sólo son «pamplinas y tonterías». Nada más. ¡Por qué no, puestos ya, «sindicar a las prostitutas»[47]! Aquí tenemos una dimensión menos conocida del leninismo, que son sus límites en lo que atañe a la libertad sexual de las mujeres.

Y Lenin creó a la mujer

Tras varios años huyendo a través de Europa y otros tantos pasados en la cárcel Lenin se ha forjado una reputación entre las militantes femeninas de la causa comunista: la de un «verdadero hipnotizador», del que una no se puede separar, pero con el cual más vale guardar las distancias[48]. Rosa Luxemburgo, la jefa de filas del socialismo alemán y del feminismo naciente, se sorprende ya en 1907, en el congreso de la II Internacional en Stuttgart, del aspecto de un militante todavía anónimo: «Fíjate en ése», le dice al oído a una amiga que la acompaña, «es Lenin. Mira qué cráneo tan enérgico. Un verdadero cráneo de campesino ruso con algunas líneas ligeramente asiáticas. Ese cráneo tiene la intención de derribar murallas. Quizá lo rompan, pero no cederá».

Desde que era un niño Lenin sabe atraerse el apoyo y la ayuda de las mujeres, que son muchas pululando alrededor. Lenin sólo confía en ellas. Necesita rodearse de una intimidad que no sea la de los rivales políticos. Comprendiendo muy pronto lo que representarían todas esas mujeres si se sintieran menospreciadas, se presentará como feminista: «No puede haber verdadero movimiento de masas sin las mujeres... No podemos ejercer la dictadura del proletariado sin tener a millones de mujeres de nuestra parte», dirá. Para Lenin *la* mujer debe liberarse como trabajador; pasando del campo a la fábrica, se entiende. Así su deseo de incluir a *las* mujeres en el movimiento de liberación proletaria lo convertirá en el ojito derecho de las señoras, que se lo perdonan todo.

Sin embargo, las ideas de Lenin respecto a la mujer dejan poco espacio a la fantasía. Hasta el punto de hacernos dudar de sus dotes para la empatía femenina. La explotación de un sexo por el otro le parece un problema fútil, y hasta nocivo: «Desconfío de las teorías sexuales y de toda esa literatura especializada que crece abundantemente sobre el estercolero de la sociedad burguesa. [...] Considero esa superabundancia de teorías sexuales, la mayor parte de las cuales son hipótesis, y a menudo hipótesis arbitrarias, como procedentes de una necesidad personal de justificar ante la moral burguesa la propia vida anormal o hipertrofiada». Así pues, interesarse demasiado por las cosas del sexo es en última instancia ser contrarrevolucionario: «Podrá parecer tan subversivo como se quiera, pero en el fondo es profundamente burgués. Es sobre todo una moda de intelectuales».

Lenin sabe, no obstante, atraerse la «simpatía» de las musas feministas de la primera hora; entre ellas, Inessa Armand, Alexandra Kollontai y Angelica Balabanoff. Lo ayudarán a seducir políticamente a las mujeres, adaptando su teoría de la revolución a los movimientos feministas de principios de siglo.

Alexandra Kollontai, que fue durante un tiempo ayudante personal de Lenin, milita a favor de la transformación de las mentalidades: propone una especie de «comunismo sexual». Quiere derribar las barreras que restringen la libertad y la realización íntimas bajo el régimen zarista.

Pese a frecuentar a muchas mujeres Lenin sigue sintiendo cierto desprecio por las cuestiones de la sexualidad y la vida conyugal. Sus ideas han sido decididas hace mucho tiempo, y no es cuestión de cambiarlas. Cuando le proponen incluir estos problemas en su programa, desenfunda de inmediato sus argumentos más potentes: «Por favor, ¿acaso es el momento de hablarles durante meses a las obreras de cómo se ama y cómo se debe ser amado? Actualmente, todos los pensamientos de las camaradas, de las mujeres del pueblo trabajador, deben estar dedicados a la revolución proletaria. Porque sólo ella crea las bases de una verdadera renovación de las relaciones sexuales. Hoy en día hay problemas verdaderamente más importantes por resolver que la cuestión de las formas del matrimonio entre los negros de Australia o del matrimonio consanguíneo en la antigüedad».

Los escritos de un tal Sigmund Freud influyen en muchas mentes a comienzos de siglo. Pero sin duda no en la de Vladimir: «El texto más difundido en este momento es el folleto de un joven camarada de Viena sobre la cuestión sexual. ¡Necedades! La discusión sobre las hipótesis de Freud le confiere un aire "culto" e incluso científico, pero en el fondo no es más que una vulgar redacción escolar».

Las jóvenes socialistas, interesadísimas por esas nuevas perspectivas sexuales, no pueden ir muy lejos en el estudio del inconsciente sin exponerse a las amonestaciones de Lenin: «El movimiento de los jóvenes también se ve afectado por el "modernismo" en su actitud respecto a la cuestión sexual. Esa cuestión los ocupa demasiado. [...] Este error es particularmente nocivo y peligroso. Porque puede llevar fácilmente a algunos camaradas a una exageración del punto de vista sexual, y a la pérdida de la salud y la energía».

Como un maestro de escuela ruso de finales del siglo XIX, Lenin propugna —para los demás— el control de las pasiones y la represión íntima: «Aunque yo no sea un asceta, esa pretendida "nueva vida sexual" de la juventud —y a veces también de la edad madura— me parece puramente burguesa, como una extensión del burdel burgués. [...] Sin duda conocéis esa famosa teoría según la cual la satisfacción de las necesidades sexuales será, en la sociedad comunista, tan sencilla e inocua como el hecho de beber un vaso de agua. Esa teoría del vaso de agua ha enloquecido totalmente a nuestra juventud».

Para él los discursos de los congresos políticos pronunciados por mujeres no son más que tonterías. «¿Puede usted darme garantías serias de que, en sus reuniones femeninas, la cuestión sexual se trata desde el punto de vista del materialismo histórico? Ello supone unos conocimientos profundos y variados, y la posesión de un material considerable. ¿Tiene usted fuerzas para ello?», le pregunta a Clara Zetkin, la gran teórica alemana del feminismo de la primera hora. Lenin repite en efecto a quien quiera oírlo que nunca ha conocido a ninguna mujer capaz de leer *El capital*, ni de consultar un horario de trenes, ni siquiera de jugar al ajedrez.

Sobre la cuestión del sexo sigue siendo un puritano opuesto a la liberación íntima de las mujeres, y reticente ante la misma noción de placer: «No tengo ninguna confianza en la seguridad y perseverancia en la lucha de las mujeres, para las cuales la novela personal se mezcla con la política. Como tampoco en los hombres que corren detrás de todas las faldas y se enamoran de todas las mujeres. ¡No, no, eso no va con la revolución[49]!».

El programa del ex deportado siberiano se defiende a gritos contra toda clase de ascetismo: «Cuerpos sanos, cerebros sanos: ni monje, ni Don Juan, ni tampoco, como término medio, el filisteo alemán». Lenin el puritano se las da de incorruptible. Al menos eso intenta hacernos creer, ya que del «ni monje, ni Don Juan» para él sólo se ha reservado el primer mandamiento.

El triplete del Kremlin

Berna, marzo de 1917. Los Lenin están lavando los platos cuando llega un camarada y les anuncia que ha estallado la revolución. Vladimir sale corriendo hacia la librería rusa de la ciudad. Comprende que su momento cumbre, su meta, la meta de toda su vida, está al caer. «Todos soñamos con irnos[50]», anota Inessa.

Lenin debe regresar a Rusia como sea. Intenta pasar por Alemania con el pasaporte de un sueco mudo para no tener que hablar y demostrar su nacionalidad. Es un fracaso. Si Lenin no puede ir a Alemania, Alemania vendrá a él: por mediación del camarada financiero Jakob Fürstenberg se ponen en contacto con él los servicios secretos alemanes, que le ofrecen organizar su traslado a Rusia. Pero los alemanes piensan en un viaje pequeño: sólo prevén trasladar a dos personas. Zinoviev, que está a su lado, les manda un telegrama: «El tío quiere más detalles. Tránsito oficial individual inaceptable[51]». Finalmente serán treinta y dos.

Lenin escribe a Inessa: «Espero iniciar el viaje contigo. Contigo, espero». Si tiene que tomar el poder, deben estar las dos a su lado. El tren estará sellado y tendrá el estatus de extraterritorial para evitar detenciones. Lenin, ansioso, debe ponerse enteramente en manos de un enemigo, el káiser Guillermo II, primo del zar al que pretende derribar. Llegan sin tropiezos a San Petersburgo. Gran admiradora de Lenin, Alexandra Kollontai, gracias a su habilidad para recaudar fondos, es quien permite fletar el tren sellado que lo devuelve de su exilio en Suiza pasando por las líneas del frente alemán. Ella es quien lo recibirá con un ramo de flores en la estación de Finlandia el 11 de abril de 1917 en medio de una muchedumbre entusiasta.

Lenin coloca a sus hombres en el gobierno surgido de la revolución de octubre. A sus hombres y a sus mujeres. Maria, su hermana, ocupa una posición estratégica en la redacción de *Pravda*. Inessa asume la dirección del Soviet de Moscú. El nuevo gobierno está formado por comisarios del pueblo, que hacen funciones de ministro. Alexandra Kollontai es nombrada ministra de Asistencia Pública. Inessa, que aspiraba a ese puesto, no comprende por qué ha sido suplantada por Kollontai y sospecha una relación amorosa. Alexandra consignará sus recuerdos en una novela: *Un gran amor*. ¿Es realmente imaginario? La relación apasionada que se describe en la novela ¿es acaso la de ellos? La trama de la historia podría muy bien estar inspirada en una relación entre Lenin y la propia Kollontai. Ella compartió en efecto su día a día durante el año 1915 en Suiza y ambos conocieron un periodo de promiscuidad innegable.

Ofendida, Inessa se va a Puchkino. Alexander, que sigue siendo legalmente su marido, la recibe con los brazos abiertos.

En septiembre de 1918 una menchevique dispara contra Lenin, que está a dos dedos de la muerte. Inessa lo cuida durante la convalecencia, por lo que abandona de nuevo a Alexander. La historia se repite. Nadia, Inessa y Vladimir forman así una unión que da origen a la Unión Soviética y que, desde el Kremlin, dirige el primer Estado comunista. Pero no serán Nadia, de salud frágil, ni Lenin, debilitado por sus heridas, los que abandonen primero el escenario.

A principios de 1920 Inessa está agotada por la vida en el Kremlin y las funciones políticas que allí desarrolla. Se encarga en efecto de la cuestión campesina en el Comité Central bolchevique. En un país inmenso donde la población aún es en sus tres cuartas partes campesina, es fácil imaginarse la amplitud de la tarea. Lenin la envía de vacaciones forzosas a Sotchi, a orillas del mar Negro, para que «descanse». Allí ella empieza a escribir un diario: «Voy a escribir todos los días aunque tengo la cabeza pesada y me siento como si me hubiera convertido en un estómago que se pasa el día digiriendo». Las ideas tétricas que la habían obsesionado en París reaparecen: «Recuerdo al Lázaro bíblico que despertó de entre los muertos y conservaba los estigmas de la muerte. Y eso asustaba a la gente. Yo también soy como un muerto viviente, y eso es terrible[52]».

Vaciada por el amor hacia aquel hombre totalmente entregado a su causa, Inessa deja una última nota: «Ahora ya todo el mundo me es indiferente. Todo el mundo me aburre. Sólo tengo sentimientos de afecto para los niños y para V. I. Aparte de ellos es como si mi corazón estuviera muerto. Como si, al abandonar mi voluntad, mi pasión por V. I. y su trabajo, todas las primaveras de amor se hubiesen secado en mí».

Para los románticos todavía encuentra la fuerza o el despecho de escribir «en su vida el amor ocupa el primer puesto antes de cualquier otra cosa». Por desgracia Lenin no era un romántico.

El 11 de octubre a las tres de la madrugada una llamada telefónica despierta a Polina Vinogradskaia, una amiga íntima de Inessa. Al otro lado del hilo Lenin le anuncia la llegada a la estación de Kazan del cuerpo de Inessa Armand. Murió el 24 de septiembre de 1920, de madrugada, tras una noche de agonía.

Todavía es de noche cuando Polina llega a la estación. Allí se encuentra a Lenin y a Nadia, acompañados de los hijos de Inessa. Muchas mujeres comunistas esperan el cortejo fúnebre[53]. Hacia las ocho de la mañana el pequeño grupo se pone en marcha en dirección al Kremlin. Lenin insiste para seguir a pie el féretro durante los tres kilómetros.

Es enterrada en una de las murallas del Kremlin. El mensaje lapidario «Al camarada Inessa, de V. I. Lenin» sirve como epitafio.

Lenin está destrozado. A su lado Nadia y Alexander lloran a la difunta. No sabemos cuál de los tres está más afectado. Angelica Balabanoff, que no había aceptado la intrusión de Inessa en el entorno del líder soviético, también asiste a los funerales. Ve a un Lenin irreconocible por el dolor: «No sólo su rostro, sino todo su cuerpo expresaban tanta pena que casi no lo reconocí. Estaba claro que deseaba estar solo con su dolor. Parecía que se hubiera encogido. El sombrero le cubría casi toda la cara, los ojos parecían

ahogados por las lágrimas que a duras penas lograba retener[54]».
Alexandra Kollontai, que también está presente, sólo puede constatar su dolor: «Caminaba con los ojos cerrados y a cada instante
parecía que se iba a caer al suelo[55]».

Nadia llora abiertamente. Quiere honrar a su camarada, y redacta ella misma la necrología de quien también fue la compañera
de una parte de su vida. Lenin y Nadia se convierten en tutores de
André, al que consideran como su propio hijo.

La familia Armand será intocable durante todo el periodo es-
talinista y así conservó su gran propiedad de Puchkino, así como
su piso del número 9 de la plaza del Picadero, que Lenin dio a Inessa tras la revolución. Haber formado parte de la vida íntima del
fundador les permitió escapar de la furia de su sucesor, Stalin: la
figura de Inessa, la amante amada por el padre del comunismo,
seguirá siendo inatacable.

JUEGO DE DAMAS EN EL KREMLIN

Secretarias particulares

Kremlin, mayo de 1921. Vladimir es víctima de un ataque[56]. Ges-
tionando hábilmente la intendencia del nuevo Estado socialista, las
mujeres de Lenin lo sostendrán tras el ataque cerebral que lo tiene
paralizado durante un año y medio. Privado del lado derecho, y en
ciertos momentos del habla, ya no puede escribir ni trabajar. Los
médicos le permiten, tras un periodo de alejamiento total de los
asuntos, retomar sus actividades mediante el dictado. Ese trabajo
de confianza lo realizarán exclusivamente mujeres: su esposa Nadia,
su hermana Maria y su secretaria Fotieva. En efecto, a su llegada
al Kremlin tras la toma del poder, Lenin se ha rodeado de una
verdadera *armada** femenina de secretarias. Entre ellas, Lidija Ale-
ksandrovna Fotieva, la secretaria principal, que se encarga de recibir a los huéspedes extranjeros, así como una tal Nadia Aliluyeva,
que no es otra que la jovencísima esposa de Stalin. Ellas le aportan
un plus de organización y de dulzura, que le permiten continuar
trabajando encarnizadamente al frente de un Estado en ruinas y amenazado por la guerra civil.

---

* En español en el original.

Con Lenin disminuido, los sucesores merodean. Trotski y Zinoviev aspiran a dirigir el partido. Stalin, hombre del todo o nada, tiene otros proyectos. Expresa reservas respecto a Lenin. El «viejo[57]» está superado, debe jubilarse, ya no sabe lo que pasa. Pero todavía lo necesita: debe nombrarlo sucesor oficial al frente del partido. ¿Cómo reinar sobre un imperio tan grande como la Rusia comunista sin el acuerdo del padre de la revolución?

En octubre de 1922 Lenin retoma la dirección de los asuntos. ¿Por cuánto tiempo? Está debilitado y se sabe condenado. La noche de Navidad dicta a una de sus secretarias su «carta al congreso», que es su verdadero testamento político: «Creo que la presencia en el Comité Central de miembros como Stalin y Trotski es una amenaza para la estabilidad [...]. Al convertirse en secretario general el camarada Stalin ha concentrado en sus manos un poder inmenso, y no estoy seguro de que sepa emplearlo siempre con la suficiente prudencia». Unos días más tarde manda añadir la mención «Stalin es demasiado grosero [...] propongo a los camaradas [...] que descarten a Stalin para ese puesto». Una vez hecho público, el desaire será inapelable.

Sólo Nadia Krupskaia está autorizada a abrir esta carta después de su muerte. ¿Presiente lo que está en juego en la sucesión política de su marido, que por ahora ella tiene en sus manos? La mujer de Stalin, como secretaria de Lenin, también conoce el contenido de la carta. ¿Qué piensa de todo eso?

Nadia frente a Stalin

El 22 de diciembre Stalin, designado como responsable desde hace unos días del funcionamiento del régimen, discute violentamente con Nadia Krupskaia. Le reprocha haber dejado que su marido «se fatigara» redactando cartas y la amenaza con denunciarla al Comité Central. Sus palabras son edificantes. «¿Por qué debería ponerme sobre mis patas traseras delante de ella? Acostarse con Lenin no garantiza automáticamente la comprensión del marxismo leninismo. Sólo porque utiliza el mismo retrete que Lenin...».

En un estilo fino y delicado, pues, Stalin expone con claridad a Nadia las dificultades a las que tendrá que enfrentarse a la muerte de Lenin. No se muerde la lengua, amenazándola con algo mucho más grave que llevarla ante la justicia: si no obedece, fabricará para la historia otra viuda de Lenin, nombrándole otra esposa oficial: «Si no cierra la boca, el partido contratará a la vieja Elena Stasova —que era una amiga íntima de Inessa— como viuda oficial de Lenin en su lugar».

Nadia espera hasta el 5 de marzo de 1923 para hablar del altercado con Lenin. Enfurecido, éste escribe de inmediato a Stalin:

«Estimado camarada Stalin,

Usted ha tenido la osadía de llamar a mi mujer por teléfono y ofenderla. Aunque ella ha aceptado olvidar lo que se dijo, lo ha hablado con Zinoviev y con Kamenev [...]. No tengo intención de olvidar lo que se ha hecho contra mí, pues es obvio que lo que se ha hecho contra mi mujer se ha hecho contra mí. Debo preguntarle, pues, si está dispuesto o no a retirar sus palabras y a disculparse, o si prefiere romper toda relación entre nosotros».

La tensión que reina en el Kremlin deja a Nadia en un estado lamentable. Clara Zetkin se encuentra con ella en esa época. No la había visto desde Berna, en 1915. «Con sus cabellos estirados, recogidos atrás en un moño hecho sin ninguna gracia, con su vestido extremadamente sobrio, la habrías tomado por una obrera fatigada», observa.

Lenin sufre un nuevo ataque el 10 de marzo. Ya no es capaz de redactar ni de dictar cartas. Stalin le presenta sus respetos y niega haber insultado a Nadia. Pide a Lenin que lo perdone. Pero Lenin ha tomado su decisión: no modificará el testamento.

Tras su muerte en enero de 1924 Nadia desarrolla quieras que no una relación de trabajo con Stalin, el sucesor de su marido. Pero las cosas no son una balsa de aceite: en 1925 ella se inclina por apoyar a Kamenev y a Zinoviev, compañeros de exilio de Lenin en Longjumeau, que habían compartido su intimidad, contra Stalin. «Le diré al mundo quién era en realidad la mujer de Lenin», la amenaza él de nuevo.

Stalin también sufre una pérdida: su mujer fallece en noviembre de 1932. Nadia ya tiene su revancha. Envía a Stalin un mensaje cargado de sentido:

«Querido Josef Visariónich,

He pensado en ti recientemente. Y deseo ofrecerte mi apoyo. Es difícil perder a la persona de la que estás más cerca. Recuerdo unas conversaciones que tuve contigo en el despacho de Ilich durante su enfermedad. En aquella época me dieron fuerzas. Te estrecho la mano.

Nadejda Krupskaia».

El mensaje es una provocación disimulada: Nadia se refiere a su disputa, la famosa conversación durante la cual él la cubrió de insultos y estuvo a punto de ser apartado del poder. Le demuestra a Stalin que ella no lo olvida. Llevando el rencor hasta el extremo, lo tutea y no ortografía su nombre correctamente: escribe Visariónich en lugar de Visariónovich. Y finalmente no emplea las fórmulas de cortesía debidas a su rango. Nadia recuerda a Stalin que, para ella, no es más que un jovenzuelo del que su marido quería renegar. Es una humillación para el hombre más poderoso de Rusia.

Stalin esperará más de seis años para devolverle la pelota. Hacia 1938, durante las grandes purgas, Nadia y Maria, la fiel hermana de Lenin, apelan a la bondad del *Vodj* en favor de unos viejos camaradas que deben ser ejecutados. Él las recibe groseramente y les grita a la cara: «¿A quién estan defendiendo? ¡Defienden a unos asesinos!», y las echa *manu militari* de su despacho.

La tarde del 26 de febrero de 1939 Nadia invita a sus amigos a la fiesta de su cumpleaños setenta. Stalin le hace enviar un pastel. Más tarde, durante la velada, ella siente fuertes dolores en el vientre, síntomas, según algunos, debidos a un envenenamiento. Es transportada al hospital aquella misma noche y muere por la mañana. La incineran rápidamente. En su entierro, Stalin porta la urna que contiene sus cenizas.

III

Stalin, amor, gloria y dacha

«¡Eres un hombre imposible! ¡Eres un verdugo,
eso es lo que eres! Atormentas a tu mujer,
a tu propio hijo, a todo el pueblo ruso».

NADIA STALIN

LA DIFUNTA KATO

Gori, 13 de junio de 1907, las diez de la mañana. Ekaterina, también llamada «Kato», mece a su bebé de tres meses en el balcón. Aterrada por el ruido de una explosión monstruosa, se mete corriendo dentro del piso. Por la noche Sosso vuelve victorioso a casa. Lo han hecho. Ella no da crédito. Su marido, su hermano Kamo y su banda acaban de atracar un banco. Han robado doscientos cincuenta mil rublos. Para el partido, se entiende. Queriendo dar un aire caballeresco al atraco, Kamo ha cogido el sable del padre de Ekaterina y ha matado a treinta personas. Es más la manera que el acto en sí mismo lo que escandaliza a la mujer. Kato sabe que está casada con el padrino de los atracos a los bancos del Cáucaso. Es Iósif Visariónovich Dzhugashvili: Stalin.

Aquella mañana del 13 de junio de 1907 Stalin reunió a su banda, en la que hay cinco mujeres armadas, para desvalijar el Banco del Centro. Muy pronto por la mañana sus cómplices le confirmaron que darían el golpe ese día. A las ocho se escondieron en la taberna Tilipuchuri. A las diez pasaron a la acción y ocuparon el local vestidos de oficiales. Kamo desenvaina el sable, las mujeres sacan las pistolas de debajo de sus vestidos de volantes. Una vez fuera, se inicia una persecución con cosacos y gendarmes. Para pasar inadvertidos esconden los billetes en la ropa interior de las mujeres. Nadie los buscará allí. Toman el tren con los billetes pegados a los pechos y en las pantaletas. El dinero debe llegar a su destinatario, a Lenin y al partido comunista de Moscú. Esta gran captura pone fin a una campaña de atracos en todo el rico Cáucaso petrolífero de principios de siglo, una campaña iniciada algunos años antes por Stalin y su banda.

A la mañana siguiente Sosso está tenso. Quizá lo hayan reconocido y no tardarán en venir a por él. Le dice a Kato que prepare sus cosas. Deben irse ya mismo con quince mil rublos. Trece horas de tren, en pleno verano. Destino Bakú. Kato llega muy cansada a esa ciudad, que es la del boom del petróleo. Bakú es una ciudad al mismo tiempo rusa, georgiana, persa y parisina. La ciudad es muy próspera, pero la fuente de esa riqueza es un veneno para sus habitantes: el petróleo se insinúa por todas partes. Los árboles ya no crecen, surgen geisers de petróleo en medio del mar, que levantan olas en llamas. Aún no se conocen las precauciones ecológicas alrededor de la industria petrolera.

La vida con aquel gángster no es nada fácil ni tranquila. En apenas un año de matrimonio no es la primera vez que Kato experimenta ese temor. No es lo que ella se había imaginado. Si lo detienen, ¿qué será de su hijo?

Ekaterina, la morenita sensual, es la más pequeña de las hermanas Svanidze. Nació el 2 de abril de 1880 en un barrio popular de la capital de Georgia, Tiflis. Las tres hermanas Svanidze, adolescentes, trabajan en la casa de costura francesa de Madame Hervieu. Stalin se esconde a menudo en ese lugar, donde puede gozar de la compañía femenina. La hermana de Kato recuerda la primera vez que lo vio: «Iba pobremente vestido. Era flaco, con una tez olivácea. Su cara ligeramente marcada por la viruela, más bajo que la media[58]». Un verdadero luchador. Stalin conserva un recuerdo más emotivo de aquel día: «Ella me derritió el corazón[59]».

Un día los padres van a visitar a las tres hermanas al taller. Stalin está allí, como de costumbre. Les canta unas canciones románticas «con una emoción tan poderosa que todo el mundo quedó encantado. A pesar de darse cuenta de que era un hombre rudo[60]», recuerda un primo de las chicas, que asistió a la escena. ¿Acaso quiere causar buena impresión a los padres y hacerse pasar por el yerno ideal?

¿Cómo puede ese granuja bajito con la cara picada de viruela seducir a la bella Ekaterina? Stalin posee una estocada secreta: es romántico. Escribe poemas y se los declama:

«Cuando la luna llena y luminosa cruza la bóveda celeste, y su luz nos ilumina y juguetea en el horizonte azul. Cuando el canto del ruiseñor empieza a gorjear en el aire, cuando el deseo del flautín se cuela entre las montañas... Entonces yo también, oprimido, encuentro la bruma de la tristeza[61]...».

El 15 de julio de 1906, a la vuelta de un viaje a Estocolmo donde asistió a un congreso del partido comunista, Stalin decide acelerar las cosas. A la hermana de Ekaterina le cuesta reconocerlo, pues en Estocolmo los camaradas le han hecho comprarse un traje, un sombrero de fieltro y una pipa. Ahora parece un verdadero europeo. «Era la primera vez que lo veíamos bien vestido». Después de los poemas, el aspecto. Iósif triunfa.

Aquella misma noche Sosso y Kato declaran sus sentimientos recíprocos a sus familias. Al día siguiente Stalin anuncia a sus camaradas: «Kato Svanidze y yo nos casamos esta tarde. Están invitados a la fiesta esta noche en nuestra casa». Sosso es un hombre que no espera.

Ella lo adora como a un dios. Sus ideas, toda su persona le encantan. Pero sabe que tiene un temperamento fuerte y que la causa pasará con frecuencia por delante de ella. Abnegada, educada y emancipada, Kato es capaz de ayudarlo a organizar sus recogidas de fondos para los socialdemócratas y de cuidar a los heridos después de una refriega con los cosacos.

Aunque Stalin es un atracador totalmente ateo, Kato quiere una boda de verdad, en la iglesia y vestida de blanco. Él está dispuesto a aceptar lo que sea por ella, incluso a desfilar por el pasillo central de una iglesia. Pero los curas se niegan a casarlos, pues él utiliza entonces un nombre falso y falsos papeles. Se llama Galiashvili.

Su cuñado encuentra finalmente a un cura al que Stalin conoce de cuando estudiaba en el seminario de Gori. Su madre, que habría querido que fuera sacerdote, se llevó una desilusión cuando Stalin abandonó el seminario para convertirse en bandolero. El religioso acepta casarlos, pero a las dos de la mañana para evitar que lo ahorquen.

Así pues, la noche del 15 de julio de 1906 Kato y Sosso se casan a la luz de las velas dispuestas en la iglesia de Santa Nina delante de sus familiares y amigos. La naturalidad ha vuelto a imponerse: Stalin no se ha puesto su hermoso traje, va vestido con harapos. La ceremonia se desarrolla en medio de las carcajadas generales, sobre todo de Stalin, que encuentra la situación y el lugar totalmente absurdos.

El banquete de bodas se celebra en casa de la hermana de Kato, Alexandra, conocida como Sashiko, y asisten todos los camaradas de la banda de Stalin. Él se muestra muy enamorado de su mujer esa noche. De nuevo canta unas canciones con su dulce voz mientras Kamo hace el tonto: «¿Dónde está esa idiota de la policía? Aquí están los hombres más buscados de la ciudad, podrían cazarnos como conejos».

La madre del novio, Anna Nikitin, alias Keke, se muestra circunspecta en cuanto al futuro de aquella unión: «Sosso se ha casado. Tiene una mujercita. Pero ¿qué tipo de vida de familia se supone que va a llevar? Me lo pregunto[62]». En realidad Kato no tiene luna de miel. Sosso se dedica a su mujer cuando tiene tiempo, pero la política lo obsesiona. Empieza a mostrarse brutal, pero no importa, ella lo ama. Stalin reanuda enseguida su vida de hombre acosado que vive de noche, que atraca bancos y mata a los agentes del zar. La vida de revolucionario no está hecha para esa joven pareja, que será puesta en una prueba durísima.

En Bakú al principio residen fuera de la ciudad, en la península de Bailove, en una casa tátara muy baja de techo a orillas del mar, que le alquilan a un propietario turco. Kato, que es un ama de casa imaginativa, convierte la cabaña en un hogar agradable, con una cama de madera, bonitas cortinas y su máquina de coser en un rincón. El exterior es sórdido, pero el interior es coqueto. Sosso no está mucho en casa, siempre está viajando para asistir a las reuniones del partido comunista ruso en el exilio. Olvida que tiene una familia. Y ella aquí conoce a muy poca gente. Rodeada de extraños en esa gran ciudad, se siente muy sola.

Los únicos conocidos de la joven pareja son los Aliluyev, en casa de los cuales Stalin se había refugiado alguna vez en Tiflis. El padre, que es el director de la central eléctrica, posee una villa encantadora a orillas del mar Caspio. Durante una visita de la pareja la hija pequeña, Nadia, de 6 años, saltó la barrera y las olas tumultuosas la arrastraron con su vestidito blanco. Stalin, que no sabía nadar, se lanzó al agua para salvarla. Un episodio determinante para su vida futura.

En agosto Kato se queja cada vez más del aire contaminado y asfixiante de Bakú. Está muy débil. A causa del bebé duerme poco, come mal, pasa mucho calor y mucho miedo de que los detengan. Debe regresar a Tiflis. Stalin la acompaña en el tren. Cuando finalmente llega a su casa, su estado aún se deteriora más. Le diagnostican tifus. Ha bebido agua contaminada en una estación en la que se han detenido. Kato sufre unas fiebres altísimas, y la familia se teme lo peor. Stalin, que se ha apresurado a volver a sus actividades revolucionarias, no tiene tiempo de asistir a su agonía, y se desespera. Le promete un entierro ortodoxo. Ella llama a un sacerdote. El 22 de noviembre de 1907, a los 27 años, Kato muere en sus brazos. Stalin está destrozado.

La ceremonia tiene lugar en la misma iglesia donde un año antes se casaron. Stalin intenta mantener su sangre fría habitual. Fotografiado junto al cadáver de su mujer, los nervios lo traicionan: lo vemos llorando, con la cara desencajada, rodeado por su familia política. Sus amigos le han confiscado la pistola Mauser que siempre lleva encima. «No he sabido hacerla feliz», repite sin parar mientras se dirigen al cementerio. «Esta criatura era la única que podía ablandar mi corazón de piedra. Ha muerto, y con ella ha muerto cualquier sentimiento de afecto para los seres humanos[63]», dice, más sombrío que nunca, al llegar junto a la tumba. Luego coloca la mano derecha sobre el corazón y dice: «Todo está tan desolado aquí dentro, tan indeciblemente desolado». Bajan el féretro y él se echa encima. Se necesitarán varios hombres para sacarlo de la fosa, como un peso muerto.

No muy lejos están los agentes de la Okhrana. Sabe que están esperando para ponerle la mano encima, así que huye saltando el muro del cementerio y desaparece corriendo. Abandona simbólicamente a su mujer por última vez.

UN PLAYBOY GEORGIANO

Solvy, primavera de 1908. Tatiana Sukhova está sentada en su casa con otros exiliados cuando alguien le dice que ha llegado una nueva remesa de condenados. Entre ellos, un camarada de Bakú, Ossip Koba, un profesional. Un poco más tarde, con unas ropas algo más presentables que le dieron sus compañeros de exilio, él entra vestido con botas de tacón, capote y camisa de satén negro, tocado con un gorro de astracán, y una capucha blanca descuidadamente echada por los hombros. La elegancia caucasiana.

Stalin ha sido arrestado poco después de la muerte de Kato y ha negociado un exilio menos duro que Siberia con las autoridades imperiales. Se encuentra en ese minúsculo puesto avanzado del comercio de pieles de estilo medieval. Es primavera en Solvy, donde sólo hay una plaza polvorienta, una casona de madera, una oficina de correos y una iglesia del siglo XVI. Unos diez exiliados comparten aquí una casa del ayuntamiento. Una verdadera bendición, piensa Tatiana, en ese lugar del que la vida ha desertado.

La mujer visita a menudo a Stalin en su habitación. La decoración desentona con aquel joven elegante que conoció. Para seducir Stalin sabe ocultar su condición. Vive en la pobreza, duerme en una caja de madera recubierta con planchas y un saco de paja, con una manta de franela y una funda de almohada color de rosa. Ella lo encuentra medio tumbado, incluso en pleno día. Para protegerse del frío no se quita el abrigo y está siempre rodeado de libros. A pesar de todo a ella le gustan esos encuentros y no puede evitar ir a verlo, reír con él, escuchar a ese seductor vestido de harapos. Luego un buen día le pierde la pista... Stalin no está dispuesto a comprometerse, o quizá no con ella. Unas palabras garabateadas en un papel a modo de disculpa: «Contrariamente a mis promesas, que recuerdo muy bien, ni siquiera te he enviado una postal. ¡Qué bestia soy! Pero así es, y si quieres te presento mis excusas. Seguiremos en contacto[64]». Pero Stalin desaparece de su vida.

Esta condición miserable no impide a Stalin pasar buenos ratos. Antes de su detención ya se permitía algunas canas al aire por la noche, una vez cumplidas sus actividades diurnas crapulosas y subversivas. Sale todas las noches con su camarada Spandarian y van a los mejores restaurantes de Bakú, donde las discusiones son francas, la comida es deliciosa y se canta mucho. Estos juerguistas van siempre acompañados de mujeres.

Boris Bazhanov, secretario del Politburó, nos dice que Stalin no tenía ningún vicio: «No le gustaban ni el dinero, ni los otros placeres, ni el deporte, ni las mujeres. Las mujeres, aparte de la suya, no existían para él[65]». La verdad es muy distinta: las mujeres no faltaron jamás en el entorno del joven Stalin, que es un seductor. Incluso en sus años de presidio, nunca deja de tener una amiguita, o varias. En el exilio se vuelve casi libertino. Conoció a Stefania Petrovskaia[66] en una reunión con la policía y los exiliados del pueblo de Solvy. Esta noble originaria de Odesa, de 23 años, tuvo una relación lo bastante seria con Stalin como para que éste le propusiera matrimonio. Su padre, católico, poseía una gran casa en el centro de la ciudad. Educada en un instituto excelente, la muchacha cursó incluso algunos años de universidad. La noble Petrovskaia, tal como aparece en los informes de la policía, fue detenida en Moscú y condenada a dos años de exilio. Cuando Stalin llega a su lugar de detención, ella ha cumplido su pena. La relación entre ambos es tan intensa que ella decide quedarse a pesar de haber cumplido su condena para esperar que Iósif sea liberado. Lo seguirá durante un tiempo después de que él regrese al Cáucaso. Ella tampoco podrá resistir su vida desenfrenada y loca de rebelde.

Stalin era «increíble» para las mujeres, recuerda Molotov, a pesar de su físico poco agraciado, que sus lunares aún empeoraban más. «Sosso era muy atractivo», dirá Genia Aliluyeva, su futura cuñada. Un hombre delgado, fuerte y enérgico, con una increíble crinera. Todas mencionan sus ojos ardientes, de color miel. Incluso sus rasgos desagradables tienen un encanto, como su rostro enigmático, su arrogancia, su rudeza y su vigilancia felina. Parece raro, excéntrico. Ciertamente, su aparente incapacidad para cuidar de sí mismo, solitario, sucio, flaco, despierta en las mujeres las ganas de ocuparse de él. Quizá su total falta de interés por la personalidad de ellas aumenta todavía más su atractivo.

Como todos los georgianos, goza de una reputación de apasionado que él explota. En su manera de flirtear la caballerosidad tradicional alterna con una rudeza pueril y agresiva cuando bebe. Sus canciones y sus poemas, su forma de admirar los vestidos de las mujeres y de alabárselos, sus pañuelos de seda y las flores que les regala lo conducen casi siempre a su objetivo.

Si las mujeres esperan un Casanova georgiano, se sienten sin duda muy decepcionadas cuando lo descubren más íntimamente, pues está lleno de complejos acerca de todo, de su familia, su físico y su personalidad. Es tan sensible a propósito de sus dedos de los pies palmeados que, cuando los médicos del Kremlin lo examinan, esconde el resto de su cuerpo y su cara detrás de una manta. Se empolvará la cara para disimular las grietas que le ha dejado la viruela y trucará las fotos oficiales. Tímido, le da miedo mostrarse desnudo, incluso en el baño ruso tradicional, el *banya*. Le incomoda tener un brazo más corto que el otro, cosa que le impedirá más tarde bailar el *slow* con sus huéspedes del Kremlin: «Soy incapaz de agarrar a una mujer por la cintura», admite un día.

Pero la cintura no lo es todo. Stalin era sexualmente competitivo y ponía los cuernos a sus camaradas cuando se le antojaba, y especialmente en el exilio, donde la llegada de nuevas mujeres era menos frecuente.

Los momentos de ternura no bastan para compensar su hipersensibilidad taciturna. Las mujeres ocupan un puesto muy bajo en su lista de prioridades, mucho más bajo que la revolución, el egotismo y las noches de borrachera con los amigos. Combinando una virilidad ostentosa y una pudibundez victoriana, no es ni sensualista ni epicúreo, y habla poco de sus hazañas sexuales.

No confía en las mujeres fuertes e inteligentes como su madre. Stalin, en efecto, fue criado por su madre sola, una mujer piadosa y sobria, con toda la rigidez de la ortodoxia georgiana. Su padre, un albañil borracho que iba de obra en obra por toda la región, nunca formó parte realmente del hogar familiar. Violento y deseoso de asegurarse unos ingresos, quiso colocar a su hijo en una fábrica antes de los 10 años. Su madre, que amaba a Iósif y quería para él una educación superior, logró hacerlo volver y meterlo en el seminario de Gori. Stalin siempre se lo agradeció y admiraba mucho su abnegación y su pragmatismo, que consideraba como una verdadera forma de inteligencia. Conociendo la inflexibilidad de este tipo de mujeres, toda su vida prefirió a las mujeres jóvenes, las adolescentes maleables o las campesinas robustas que le mostraban deferencia.

También rechaza a las mujeres pretenciosas. A las que tienen ideas. Desaprueba las futilidades demasiado pronunciadas, como las de la hija de Plekhanov, de quien detestaba las botas de tacones altos y la coquetería amanerada. Había roto instintivamente con el padre, pensando que un verdadero revolucionario no puede criar a sus hijos con un estilo tan sofisticado.

La alegre suicida

—Eres un hombre imposible, es imposible vivir contigo —tamborilea Nadia, fuera de sí, en la puerta del cuarto de baño donde Stalin se ha refugiado. La escena no es inhabitual en ese año difícil de 1932: «Eres un verdugo, eso es lo que eres, atormentas a tu mujer, a tu propio hijo, a todo el pueblo ruso[67]», le había reprochado ya delante de Abel Enukidze, su padrino y ministro de Educación. Nadia es una mujer al borde del ataque de nervios. No puede más de la vida con Iósif. Para ella la pasión revolucionaria no era eso—. ¿Y tus hijos?

—¡Son los tuyos! —le responde él a gritos.

Ella se mete corriendo en su dormitorio, el único lugar donde no se siente aplastada y amenazada en ese Kremlin hostil.

Stalin es tan celoso como seductor. La vida a su lado es insoportable. Sus crisis son diarias: ve engaños por todas partes. Le parece que su viejo amigo Bukharin le hace demasiado caso a Nadia. Bukharin, que había ido a la dacha cercana a Sotchi, se paseaba un día por los jardines con ella. Stalin los sorprendió juntos. Saltó y le gritó a Bukharin: «¡Te mataré!». Éste, a pesar de conocer bien a Stalin, creyó que era una broma. Cuando más tarde se casó con una joven belleza, Stalin lo llamó por la noche, completamente borracho: «Nicolai, te felicito, me has superado otra vez». Bukharin le preguntó por qué: «Una buena esposa, una esposa guapa, y ¡más joven que mi Nadia[68]!», apreció el *vojd*. Nadia, en la habitación contigua, lo ha oído todo. Cuando está borracho, Stalin habla muy alto.

El ex Casanova georgiano es un marido celoso, pero su conducta está muy lejos de ser irreprochable. En esa época Stalin es amigo del presidente de la Unión Soviética, Kalinin. El éxito que sus encantos cosechan en una de las recepciones del presidente llega a oídos de Nadia: «He oído de boca de una mujer joven y guapa que estuviste muy seductor en la cena de Kalinin. Y muy divertido. Hiciste reír a todos los comensales, a pesar de que se sentían intimidados en tu augusta presencia[69]». Nadia estaba hasta la coronilla de la jovialidad de su marido.

Stalin y Nadia, o la unión de un maniaco del trabajo sin corazón y de una chica egocéntrica, desequilibrada y desgastada por el poder, que ella no deseaba.

En diciembre de 1907, cuando murió Kato, Stalin dijo que tenía el corazón destrozado e irremediablemente seco. No obstante, todavía queda sitio para otra mujer.

Durante la revolución, en 1917, vuelve de un nuevo exilio más allá del círculo polar, en uno de los lugares más remotos de Siberia, de donde nadie escapa. Sólo la caída del régimen ha permitido su vuelta. Llega a San Petersburgo y encuentra refugio en casa de los

Aliluyev, una familia partidaria de los bolcheviques que él frecuentaba cuando estaba casado con Kato.

Allí se encuentra con Nadia, la menor de los tres hijos. La joven morena de 16 años que tiene delante no se parece en nada a la niña a la que salvó de ahogarse cuando era pequeña. Le impresiona su belleza. Aquella adolescente natural, que no lleva ningún maquillaje ni ningún peinado complicado, le ofrece la perspectiva de una virginidad afectiva. Entrevé la posibilidad de recuperar la dulzura perdida de Kato. Entonces él tiene casi 40 años.

Nadia ha recibido de sus padres una educación inspirada en el bolchevismo. Los Aliluyev han ayudado constantemente al aprendiz de revolucionario en sus actividades clandestinas desde que lo conocieron hace veinte años. Era el bandido simpático que sacrificaba dignamente su vida a los ideales socialistas. Ahora Stalin vivirá escondido durante cinco años en su casa.

Las dos hermanas permanecen despiertas hasta muy tarde para recibirlo cuando llega cada noche. En justa correspondencia, alternando imitaciones y lecturas escenificadas de los clásicos de la literatura rusa, Stalin sabe divertirlas. Las relaciones son inocentes. Por el momento.

En 1918 Stalin es el único de los dirigentes comunistas que no está casado. A Keke, su madre, eso la preocupa hasta el punto de enviarle a Moscú una campesina georgiana con la cual podrá hablar su lengua materna. Sosso la rechaza: una simple campesina no estaría a la altura para compartir la carrera que él tiene por delante. ¿Cómo se sentiría en medio de las mujeres poderosas de modales aristocráticos que hay en el Kremlin?

Él ya tiene a mano y en la cabeza a la joven y bella hija de los Aliluyev. La revolución de 1917 es un éxito. Lenin forma el nuevo gobierno al año siguiente. Stalin funda su Comisariado para las Nacionalidades. Contrata a un secretario, Fiador Aliluyev, el hermano de Nadia, y coloca a esta última a su lado como mecanógrafa. Orgullo para los padres, y primer acercamiento fuera del hogar paterno. Graciosa, dulce, la joven corresponde a la imagen de la mujer ideal según Stalin. Preservada de los rudos exilios o de las estancias prolongadas en las prisiones del zar, podrá modelarla según su voluntad. Aún es virgen. Él será el único hombre de su vida.

Stalin ofrece a la muchacha sus primeras responsabilidades, así como la libertad económica. Ella desarrolla una fascinación de adolescente por aquel hombre que encarna la pureza comunista en la cual ella se ha criado. A sus ojos es el caballero ideal. De hecho, no es más que un mafioso vestido de blanco.

A Stalin le preocupa un detalle: la madre de Nadia tiene un carácter inestable. Ha abandonado varias veces a su marido para vivir «su vida» sin limitarse a su papel de ama de casa y de madre. Esa voluntad de independencia ¿será congénita? Durante la revolución Nadia se muestra deprimida, soporta mal las penurias y la parálisis de la ciudad: «Aquí seguimos sin encontrar comida... A veces te dan ganas de llorar, ¡es tan deprimente! Resulta del todo imposible salir». «Me encuentro bien, pero deprimida, como de costumbre[70]», le escribe a una amiga.

Unos meses más tarde, cuando la revolución ya está consolidada, constata que la guerra le ha hecho perder la inocencia: «Me he hecho muy mayor durante la revolución, me he convertido en una verdadera adulta. Estoy contenta. El problema es que me he vuelto ruda e irritable. Pero probablemente se me pasará con los años». Tiene 17 años. «He perdido más de diez kilos, tengo que ponerme vestidos debajo de la falda porque literalmente se me cae. He perdido tanto peso que la gente me dice que debo estar enamorada».

Los comienzos del Estado soviético aquel año de 1918 son caóticos. La mitad del país está ocupada por los «blancos» —los que rechazan el nuevo poder y siguen fieles al zar Nicolás II—, en particular la ciudad de Tsaritsyn, la futura Stalingrado. Stalin es el encargado de sitiarla. Tiene la misión de hacer que la ciudad se rinda. Dirige las operaciones desde un vagón blindado, acompañado por Fiador y por su mecanógrafa Nadia.

Stalin establece su cuartel general en el tren, reorganiza las fuerzas de policía, descubre a los contrarrevolucionarios y los manda ejecutar. El vagón es de hecho un suntuoso salón que ha pertenecido a una cantante zíngara y que él, nada más llegar, ha mandado tapizar de seda azul celeste. La joven estudiante de 17 años queda impresionada. Poco después de reencontrarse con el héroe de su juventud que la salvó de morir ahogada se ve embarcada en un enfrentamiento titánico en el que se juega la suerte del Imperio ruso, y ella es la heroína. Es lógico que se sienta subyugada.

Tras un año de intimidad exacerbada por el contexto bélico deciden casarse a su regreso a la nueva capital, Moscú, en cuanto Nadia sea mayor de edad, como prescribe el código de familia de la Unión Soviética. La ceremonia es austera, sin mucho rito ni grandes regocijos. Esta vez no será en la iglesia. Nadia no parece tan radiante. Al contrario de lo que cabría pensar ese matrimonio tal vez no era deseado. Anna, la hermana mayor de Nadia, afirma que Nadia acompañó a Stalin a Tsaritsyn, no como amante, sino como camarada y junto a su hermano. El padre de Nadia, Serguei, iba en el mismo tren y compartía el coche cama con otros camaradas. Una noche Serguei oyó gritar a su hija y fue corriendo a su compartimento. La encontró llorando y le dijo que Stalin la acababa de violar. El padre montó en cólera y amenazó con matarlo. ¡Él, su antiguo protegido! Stalin se echó a sus pies y le suplicó que le concediese la mano de su hija. Parece, pues, que Nadia titubeó antes de casarse con un hombre al que no amaba realmente, según revela su hermana Anna en su diario íntimo.

Olga, la madre, que sin embargo ve con buenos ojos a Stalin, también desaprueba esa boda. Hace todo lo que puede para quitarle la idea de la cabeza, tratándolo de cretino, de idiota. La razón profunda de su hostilidad parece escapársenos: «Ella jamás pudo aceptar esa alianza, sabía que mamá sería profundamente desdichada», recuerda Svetlana Stalin, la hija del dictador.

La pareja se instala en el Kremlin. Hacen venir a la familia Aliluyev, que goza de una dacha en Zubalovo, cerca de Moscú. Es la recompensa de Stalin a la familia que lo ha apoyado y lo ha escondido, que ha sabido creer en él. De esta forma se hallan en el círculo más íntimo del poder, codeándose con Lenin y los demás héroes de la revolución, tras haber tenido fe en sus palabras durante toda su vida. Es la culminación para esa familia bolchevique modelo.

La presión para la recién casada es muy fuerte, ya que ella es la que ha cambiado la vida de toda la familia a través de esa relación. Vive con Stalin en un apartamento del Kremlin que ella odia y que sin embargo tendrán que conservar hasta que nazca su último hijo, cuando el cargo de ministro de su marido les dé derecho a una superficie mayor. Una serie de habitaciones comunicadas, unas ventanas con dobles cortinas de color marrón. Sofás, mesas, sillas y, por todas partes, los cables del vasto sistema de comunicaciones de Stalin. Los guardias pueden oír el menor carraspeo y saben cuándo él pasa de una habitación a otra. El apartamento está dividido en dos mitades: la de Stalin y la de su familia. Tres habitaciones, pañales de bebé, juguetes, cojines bordados. El cuartel de Stalin parece una cámara mortuoria: una habitación que es a la vez dor-

mitorio, comedor, biblioteca y despacho. Stalin teme que lo enve-
nenen, contrata cocineros y les pide que preparen la comida delante de él.

Estos primeros años de matrimonio dejan poco espacio para
ocuparse de la decoración interior, y menos para las alegrías frívo-
las. El nuevo régimen está al borde de la asfixia, asediado por los
ejércitos polaco, blanco y ucraniano, además de los occidentales.
Su primer hijo, Vassili, nace en 1921, cinco meses después de la
boda. ¿Es el fruto de un deseo compartido o de una violación? Poco
después del parto Stalin coloca a Nadia de secretaria de Lenin. Es
una maniobra estratégica. El camarada fundador no es eterno. Ella
podrá desempeñar un papel importante en la cuestión sucesoria.
De hecho, la nueva secretaria se ha enterado de una noticia que
podría acabar con la carrera política de su marido. Lenin ha redactado una carta al Congreso del Partido Comunista, conocida como su
«testamento», en la cual desautoriza a Stalin. Lo describe como
brutal, desleal e injusto. Ella duda si debe o no decírselo. Fiel a su
moral bolchevique, primero cree que su deber es ser fiel a Lenin
y no revelar sus informaciones. Pero luego acaba avisando a Stalin.
La desautorización sería para él pública y definitiva. Ella se ve envuelta en un asunto que la supera, entre la espada y la pared, entre
dos de los personajes más importantes de la historia contemporánea
de Rusia. De este modo ofrece a Stalin un tiempo de ventaja para
reaccionar y presentar a Lenin sus excusas, anticipándose a los ataques de los otros miembros del Politburó. Dando la vuelta a la situación, Stalin se convierte en el primer orquestador del culto a la
personalidad de Lenin en el momento mismo de su muerte, en 1924.
Desafiar a quien lo había desautorizado en sus últimos instantes le
permite posicionarse en una filiación artificial.

La nueva república socialista está enteramente dirigida desde
el Kremlin, una fortaleza separada de la ciudad y sin relación con
sus habitantes. Los colaboradores de Lenin, que viven con su mujer y sus hijos, y a veces con su familia política, forman un mundo
aparte, que perdura en la era de Stalin. Ese universo es particularmente sensible a las peleas personales y conyugales, y a las amistades domésticas. Por eso las mujeres desempeñan un papel especial
en el ejercicio del poder, pues provocan disputas y reconciliaciones.
El papel de Krupskaia y de Aliluyeva fue determinante. La proximidad entre los ocupantes del Kremlin no hará sino aumentar para
convertirse a veces en un *huis clos* opresivo para los más débiles.

Nadia en el Kremlin se aburre y se deprime. Stalin la encuentra demasiado secreta. ¡Qué ironía! Todo el mundo alrededor de ella tiene más de 50 años, nadie se fía de nadie. Ella quería tener tiempo para estudiar, para vivir la vida. Se siente aplastada por el peso de su amor hacia un revolucionario endurecido, un hombre al que incluso sus camaradas encuentran difícil de soportar. Así es cómo Svetlana, la segunda hija de la pareja, nace en 1926.

El Stalin seductor y galante ya no existe. Pero hace todo lo posible para colmarla materialmente. Los deseos de Nadia son la ley. Ella lleva una vida que sus padres no habían osado soñar para ella, materialmente no tiene que preocuparse por nada, aunque siempre lleve vestidos viejos, por nostalgia hacia su juventud. En contra de sus principios contrata cocineros, niñeras y criados. Puede encargar lo que quiera para comer, se lo servirán al instante. También puede disponer de entradas para cualquier película u obra de teatro. Pero él en general está demasiado ocupado para acompañarla. Es inútil. El Kremlin es decididamente una jaula de oro muy extraña.

Stalin aún intenta a veces satisfacer sus fantasías de jovencita, llevándola a dar paseos en coche por Moscú a bordo de las lujosas limusinas y los coches descapotables del Kremlin. A ella le gustan sobre todo los Buick, los Rolls Royce, los Packard, que él elige personalmente

También las vacaciones son lujosas. Siempre en la costa del mar Negro, entre Crimea y su Georgia natal, la Riviera soviética. Las dachas y los sanatorios del Politburó están diseminados por la región. A Stalin le gusta Scotchi. Su residencia preferida es la dacha número 9, una casa de madera con un porche alrededor. Está encima de una colina, mientras que las de los demás miembros del partido, entre ellos, Molotov y Vorochilov, están más abajo y desde la suya se ven. El señor caza y la señora juega al tenis. El camarada Molotov es muy divertido, cuenta chistes. El ambiente es ligero y amistoso. Stalin se lleva al pequeño grupo en coche a orillas de un río. Hacen fuegos de campo, cantan, cenan.

Algo de ese ambiente estival se traslada al Kremlin, que bajo Stalin se ha convertido en un verdadero pueblo. La promiscuidad es total, el propio Stalin mantiene relaciones de vecindad con los demás ocupantes del antiguo palacio de los zares, juega al ajedrez con Kaganovich, invita a los Mikoyan al cine y cena a menudo con los demás habitantes del Kremlin. Stalin se muestra jovial, afectuoso y atento: «¡Oh! ¡Qué tiempos aquellos! ¡Qué relaciones sencillas y amistosas[71]!», recuerda la mujer de Vorochilov en su diario.

Nadia es la única que puede doblegar el carácter rígido del *vojd*. No tiene miedo de denunciar a Stalin casos de injusticia. Una vez, cuando despiden a un funcionario, ella defiende su causa y sostiene delante de Stalin que «no deberían usarse esos métodos con esos trabajadores. Es demasiado triste [...] ya sé que detestas que yo intervenga, pero creo que deberías intervenir tú mismo en este caso que todos consideran injusto[72]». Contra todo pronóstico Stalin acepta mediar. «Estoy contenta de que te fíes de mí», le dice ella. Stalin, que no soporta las injerencias de este tipo, parece capaz de aceptarlas de su joven esposa.

El nuevo poder de su marido comporta algunas graves desventajas para Nadia: los honores y privilegios debidos a su nuevo estatus. Ofenden profundamente sus principios comunistas. El NKVD le impone un coche y un guardaespaldas, que ella rechaza, pues prefiere continuar tomando el autobús. Pero no tiene elección. Decide ir a la universidad y seguir unas clases en la Academia Soviética de Artes y Oficios; hace que el coche la deje a trescientos metros de la universidad para hacerles creer a sus compañeros que viene en autobús. De hecho, les oculta un secreto mucho más importante: que es la mujer de Stalin. Como su madre antes que ella, Nadia quiere vivir su vida. A los 23 años abandona de alguna manera su hogar. Acepta un empleo en la revista *Revolución y Cultura*, donde, pese a lo elemental de su educación, muestra unas capacidades redactoras notables. Parece cazar al vuelo cualquier oportunidad que signifique alejarse del Kremlin, de Stalin y de los hijos. Evitar sobre todo las insoportables comidas en familia, donde se siente espiada por el ojo inquisidor de Iósif. Bazhanov escribe en su diario: «Con su familia Stalin era un déspota [...]. Mantenía un silencio altanero, ignorando las preguntas de su mujer y su hijo. Cuando estaba irritado, y lo estaba con frecuencia, se pasaba toda la cena en silencio, esperando que los demás estuvieran silenciosos como él».

Poco después del nacimiento de sus dos hijos la pareja adopta, según la tradición del Kremlin, a Iakov, el primer hijo de Stalin y Kato, y a Artyom, el hijo de un camarada de juventud de Stalin. Nadia prefiere a esos niños más mayores, y los encuentra más fáciles de criar que sus bebés. Con Vassili y Svetlana se muestra muy estricta. Stalin, por su parte, tan severo con sus colaboradores, es excesivamente permisivo con ellos. Sus puntos de vista respecto a la educación de los hijos son divergentes.

Stalin sigue influido por los métodos georgianos para hacer que los niños se acostumbren a soportar las rudas condiciones caucásicas. Bukharin se muestra un día escandalizado por esta extraña escena: «¿Saben lo que hacía? Aspiraba su pipa, se llenaba la boca de humo y luego sacaba a su bebé de un año del cochecito y le soplaba en la cara. El bebé pataleaba y lloraba. Y Koba se moría de risa: "No importa, es bueno para él, esto lo hará más fuerte". "Pero es bárbaro", le repliqué. "Tú no conoces a Koba, es así"», respondió Stalin, ese comediante, hablando de sí mismo en tercera persona.

Otra tradición caucásica era dejar que los bebés lamieran vino en los dedos de los adultos y, ya más mayores, ofrecerles vasitos de vino. Stalin daba a menudo tragos de vino a Vassili, práctica que le parecía inofensiva pero que enfurecía a Nadia. Discutían constantemente a este respecto. Y Stalin se contentaba con reírse por lo bajo: «¡No sabes que es un medicamento!». Su hijo morirá más tarde de alcoholismo.

La tensión es cada vez más fuerte para Nadia, sus nervios muestran signos de debilidad. Las disputas de la pareja cada vez son más frecuentes.

Stalin está preocupado por la madre de Nadia, que finalmente ha sido tratada de esquizofrenia por los médicos del Kremlin. Siempre tan delicado y derrochando tacto, no desperdicia ocasión de gritar a su mujer a la cara: «¡No eres más que una esquizofrénica, una histérica!». Ella le responde con un hiriente: «¡Y tú no eres más que un paranoico! ¡Tienes enemigos por todas partes!».

Iósif se hunde más y más en el alcoholismo y pasa noches enteras bebiendo con sus camaradas. Su naturaleza le permite absorber cantidades extraordinarias de alcohol. Nadia, por su parte, no bebe nunca. Le perdona las borracheras, pero que la engañe ya es otra cosa. Porque mentiras hay muchas.

Stalin mantiene relaciones efímeras con varias mujeres, en particular con la peluquera del Kremlin y con una de las criadas de la dacha, de nariz respingona como a él le gustan. Eso pone celosísima a Nadia. Circula un rumor en el Kremlin: el *vojd* parece que ha dejado embarazada a la hija de Lazar Kaganovich, de 16 años.

Svetlana cree observar entonces que esto pone fin a las relaciones físicas entre sus padres. Nadia tiene su propio dormitorio mientras que Stalin duerme en su despacho o en una pequeña habitación con un teléfono junto a la cama, justo al lado del comedor.

Agotada, decepcionada, Nadia tira la toalla en 1926. A los 25 años la vida de primera camarada es demasiado exigente. Abandona el Kremlin con sus dos hijos y se refugia en Petersburgo. Allí cree que podrá construir una nueva vida. Pero Stalin no es un hombre al que se pueda abandonar. La acosa por teléfono y la insta a regresar. La perseguirá adonde quiera que vaya. Ella cede. No cambia nada. Siguen los desacuerdos y las peleas. Ella piensa en un momento dado instalarse en Ucrania y abandonarlo todo. No comprende el encarnizamiento de su marido con otros camaradas bolcheviques como Trotski, Zinoviev o Kamenev, todos eliminados a mediados de la década de 1920. ¿Por qué tanta violencia? La supresión sin miramientos de cualquier oponente es su primera exposición a la verdad desnuda del poder. Stalin es incapaz de tener la menor confianza en sus colaboradores más íntimos y Nadia se da cuenta de que lo mismo ocurre con su relación de pareja.

El año 1927 es especialmente difícil. El diplomático Adolf Ioffe, un trotskista muy conocido, es empujado al suicidio. Este gesto la marca profundamente. Ella asiste a sus funerales en medio de la multitud de los ex combatientes del Ejército rojo que aclaman el nombre de Trotski. Acercamiento liminar con los enemigos de Iósif para esa mujer desgarrada entre la lealtad a sus ideales y la que debe a su marido. No pudiendo decidirse, se vuelve hacia otro horizonte: la religión. Recupera una fe enterrada desde sus años mozos. La devoción y la piedad le aportan una serenidad de la cual carecía hasta entonces. Su alma atormentada encuentra por fin un mensaje de esperanza, un dominio en el cual ni su marido ni su poder son la ley. ¿Debemos ver en ello una provocación a Stalin, tan opuesto a toda forma de religiosidad? La fe rescata el alma, pero no devuelve los años. Galina Kravchenko, una compañera de la universidad, recuerda: «Nadia parecía vieja para su edad. Hubiera podido tener casi 40 años. Era una mujer joven casada con un hombre mayor y ahora parecía que tuvieran la misma edad. Ella era profundamente religiosa y frecuentaba la iglesia. Todo el mundo estaba al corriente. Ella podía hacer de forma ostensible cosas que al resto de los miembros del partido les estaban prohibidas[73]». Un desaire que en el Kremlin da lugar a pullas. ¡La mujer de Stalin, una beata! «Se veía que estaba un poco loca», concluye la compañera.

Incluso su salud física se resiente. Presa de violentos dolores de cabeza, en un primer momento la envían a Alemania, a Karlsbad, para recibir un buen tratamiento y poder descansar. De paso visita a su hermano Pavel, que vive en Berlín. Somatiza y pronto sufre de fuertes dolores abdominales. Tal vez sea debido a las consecuencias de un aborto, del cual sabemos poco, hacia 1927. Una operación que en aquella época era delicada y que dejó huellas en la joven. Sin duda Nadia no quiso criar un tercer hijo en el Kremlin.

Viene pronto la prueba terrible de la colectivización de las tierras, que absorbe totalmente la energía de Stalin a principios de la década de 1930. Al final de su vida él confesará que había prestado demasiada poca atención a su mujer: «Sufría tantas presiones, eran tantos los enemigos. Teníamos que trabajar día y noche...».

Pero el mal ya está hecho. Nadia se despega poco a poco de su vida de familia y de su vida en general. A los 29 años la vacuidad de su existencia se le aparece con toda claridad. Su hermana Anna se ha casado con un miembro de la policía secreta que se ha convertido en comisario de abastos y en el enviado de Stalin en Ucrania. Fue el responsable de las requisas de cereales en aquella región. Le cuenta a Nadia los detalles de la instauración de aquella hambruna que se cobra la vida de millones de personas. Ella se da cuenta de la amplitud de los excesos ordenados por el hombre con el que vive. Golpe de gracia asestado a los últimos bastiones de sus ilusiones. Anna y su marido serán deportados por haberla puesto al corriente.

El último baile

Entre Stalin y Nadia la escena final tiene lugar el 8 de noviembre de 1932. Aquella noche se organiza una fiesta en el Kremlin para celebrar el decimoquinto aniversario de la revolución. La recepción se celebra en casa de Vorochilov, comisario de Defensa, en el ala de los Jinetes, un edificio largo y estrecho. Como cada año, por otra parte. Asisten todos los dignatarios del régimen. Pero es habitual cantar y bailar animadamente, a la caucasiana. Seguro que Stalin entona alguna cancioncilla.

El *vojd* hace un brindis por la eliminación de los enemigos del Estado. Se da cuenta de que ella no ha levantado la copa: «¿Por qué no bebes?», le grita agresivamente. Sabe que ella no bebe jamás. También sabe que ella y Bukharin, sentados uno al lado del otro, desaprueban la hambruna organizada en Ucrania. ¿Qué conspiración traman esos dos? La provoca. Ella no responde. Le tira unas pieles de naranja y unas colillas de cigarrillo. Esta vez es demasiado. «¡Eh, tú, a ver si bebes un trago!», le espeta. Ella se levanta bruscamente de la mesa y le contesta: «Yo no me llamo EH, TÚ». Y sale furiosa de la habitación. «¡Cállate, cállate!», le grita a Stalin, que la sigue acosando mientras se aleja. Él sacude la cabeza. «¡Qué idiota!», exclama. «Yo no permitiría jamás que mi mujer me hablara así», observa Budienny, uno de los comensales.

Alguien debe acompañar a Nadia. Polina Molotovna, la mujer de Molotov, que es una de sus mejores amigas, la sigue. Caminan a lo largo del Kremlin. «Siempre está gruñendo, ¿y qué necesidad tenía de flirtear así[17]?». ¿Con quién había flirteado Stalin aquella noche y delante de todos los dignatarios y amigos? ¿Quería ponerla celosa delante de Bukharin?

La culpable es la mujer de Alexander Egorov, un comandante del Ejército rojo. Bailó apasionadamente con ella durante la cena, hablándole al oído. Se sentó delante de ella. Luego se atrevió a rozar con su cuerpo a Galia Egorovna, una actriz de cine muy conocida por sus aventuras y sus vestidos provocadores. La técnica de seducción de Stalin es a veces pueril, incluso tonta, cuando bebe: aquella noche seduce a Galia tirándole bolitas de pan. Nadia está furiosa. «Estaba borracho y hacía el imbécil», trata de calmarla Polina.

¡Cómo puede el líder de los bolcheviques sentirse atraído por prostitutas de lujo pintarrajeadas así! Bailarinas, peluqueras, actrices... Nadia está orgullosa de haber sabido mantener su dignidad natural, de rechazar las apariencias fútiles. Siempre lleva unos vestidos sosos e informes, unos chales simples, unas blusas de cuello alto, y nunca se maquilla... Salvo esa noche. Justamente había decidido ser diferente. Lleva un vestido negro largo bordado con rosas rojas que ha mandado traer de Berlín. Por una vez no lleva el moño severo de costumbre, sino un peinado refinado con una rosa de té prendida en sus cabellos negros. Él ni siquiera se ha fijado en cómo va vestida...

Las dos mujeres regresan al apartamento y luego conversan en el Kremlin. Polina se queda toda la noche. «Se calmó», contará luego a propósito de ese día, «y habló de la Academia y de sus posibilidades de encontrar un trabajo». Deja a Nadia de madrugada a la entrada del palacio Potechny y atraviesa la avenida para volver a su apartamento del ala de los Jinetes.

Nadia va hasta el despacho de Stalin, al otro extremo del pasillo. Vacío. Está claro que no ha regresado. Según Mikoyan, comisario de Industria Agroalimentaria, Nadia llama a una de las dachas cercanas al Kremlin y le responde un guardia:

—¿Está Stalin ahí?

—Sí.

—¿Con quién está?

—Con la mujer de Gusev.

El guardaespaldas de Stalin, Vlassik, confirma en efecto a Kruschev que Stalin ha abandonado la cena en casa de Vorochilov con una mujer y se ha dirigido a una de sus dachas.

Nadia tira la rosa de té que se había puesto cuidadosamente en el pelo. Entra en su habitación, encuentra encima de la cama sus chales preferidos que se había estado probando para escoger el que mejor le iba a su vestido. Mira una vez más por la ventana las rosas del jardín Alexander.

Su hermano Pavel le ha traído de Berlín, junto con el traje que todavía lleva puesto, una pistola, una Mauser, en un estuche de cuero: «Porque a veces se siente uno tan mal y tan solo en el Kremlin con un solo centinela de guardia».

Le escribe una carta a Stalin, una terrible carta llena de reproches.

Stalin no se levantaba nunca antes de las once. ¿A qué hora regresó? ¿Vio a Nadia por última vez o estaba demasiado borracho para preocuparse siquiera de ella?

Una criada abre la puerta de Nadia cuando ya casi es la hora de comer. La encuentra en un charco de sangre al pie de la cama. Nadia se ha disparado una bala en el corazón, cuidando de amortiguar el ruido de la detonación con una almohada. La criada corre a buscar a la niñera. Horrorizadas, las dos mujeres no saben qué hacer. Llaman a Pauker, el otro guardaespaldas de Stalin, y luego a Enukidze y a Polina. Enukidze es el primero en llegar. Molotov y Vorochilov se reúnen con ellos al cabo de unos minutos. Encuentran la carta de Nadia, que desaparecerá misteriosamente. Vlassik declara que también se encontró junto a la cama un programa redactado por un antiestalinista notorio, Riutin, representante de la oposición dentro del partido bolchevique. Un folleto de la oposición... Su marido ya no era el dios que ella había imaginado, Nadia se ha pasado al bando de los que han tomado conciencia del horror que está infligiendo al pueblo ruso. ¿Un suicidio violento para culpabilizarlo?

Pavel, el hermano, llega con su encantadora esposa, Genia. En el comedor se ponen de acuerdo. ¿Hay que despertar a Stalin? Él entra en la habitación. El valiente Enukidze le espeta: «Iósif, Iósif... Nadia ha muerto». Stalin se abalanza sobre un vaso de valeriana, el valium de la época, que el médico tendía a la madre de Nadia, deshecha en llanto. Se lo traga de golpe. Luego va a ver el cuerpo. Le dan la carta. La recorre neuróticamente. «Me ha aniquilado», dice. «Nadia, Nadia, ¡cómo te necesitamos los niños y yo!».

La mujer de Bukharin cuenta el entierro de la camarada Nadia: antes de que cerraran el ataúd Stalin pidió un instante, le levantó la cabeza y la besó. A qué venían ahora esos besos, pensó su marido. Él la había destruido.

Todos pudieron constatar que Nadia estaba tumbada allí, vestida con el hermoso traje bordado que había querido ponerse la noche del drama, y en el cual Stalin ni siquiera se había fijado.

Una semana antes de su suicidio Nadia había confiado a una amiga que estaba a punto de ocurrir algo terrible, que ella estaba marcada por el sello de la maldición desde su nacimiento. Stalin le habría declarado a gritos, durante una discusión, que ella era su propia hija. Nadia contó que se lo había preguntado a su madre, que le confesó una verdad aterradora: el año que precedió a su nacimiento había tenido una relación de dos meses con Stalin. Viendo que al crecer se iba pareciendo a su padre legítimo, Serguei, ella no dudó nunca de su ascendencia. La revelación, verídica o no, por fuerza debió de ser el tiro de gracia para una personalidad tambaleante.

Stalin se quedó encerrado tres días, postrado en su habitación. Tomó el gesto de ella como un acto dirigido contra él, hecho para perjudicarlo. En el entierro le oyeron decir ante el féretro abierto: «Me abandona como a un enemigo». Y ya sabemos cómo trata Stalin a sus enemigos... No asiste ni a los actos funerarios ni a la misa en su memoria. Todavía en estado de shock declara que quiere abandonar el poder. No hará nada de eso.

LA DESCONOCIDA DE YALTA

El 2 de noviembre de 1938 Pavel Aliluyev, el hermano de la difunta Nadia, y su mujer Genia vuelven de vacaciones. Pavel, que ahora trabaja como director del servicio de blindados, se reintegra a su oficina. Sus colegas han desaparecido. Todos han sido víctimas de la ola de terror que Stalin ha lanzado contra el ejército. Pavel busca una explicación y descuelga el teléfono. Pregunta a Stalin, con quien comparten la vida en el Kremlin. ¿Qué se dicen? Nadie lo sabrá. Poco tiempo después de colgar Pavel súbitamente se desploma. Los médicos diagnostican una crisis cardiaca debida a un exceso de fatiga. Su familia se inclina por el asesinato. Pavel también se había vuelto molesto para Stalin. No por razones políticas esta vez. Estaba casado con Genia, la última mujer por la que Stalin sintió una pasión.

En ese Kremlin sombrío ella se acercó a Stalin después de la muerte de Nadia. Todavía era una actriz. Bella, divertida, culta, elegante, ocupa el espacio que Nadia ha dejado vacante, sin por ello sustituirla. «Iósif bromeaba con Genia. Le decía que había engordado mucho. Se mostraba muy tierno con ella. Ahora que yo lo sabía todo los observaba[75]», anota en su diario íntimo en agosto de 1934 Maria Svanidze, la hermana de la primera esposa difunta de Stalin, Ekaterina.

Genia no teme decir a Stalin qué es lo que no funciona en el país, criticar sus decisiones. Su relación es lo bastante fuerte para eso. Ella es su apoyo moral después de la pena que lo ha destrozado. Y por eso se lo permite todo. En 1936, durante una recepción ofrecida por Stalin con ocasión de la nueva constitución, Genia llega unos minutos tarde. Cuando aparece por fin, él le dice: «Tú eres la única que puede atreverse a llegar tarde».

Entre Stalin y su cuñada se desarrolla una verdadera amistad amorosa y cómplice. Genia no cree en el diagnóstico de los médicos. Para ella su marido no ha sucumbido a una crisis cardiaca, sino a un envenenamiento. Y sólo puede haber un culpable. El encargado de los trabajos sucios de Stalin, el que quiere hacer el vacío a su alrededor: Beria. Él es quien, pocos días después de la muerte de Pavel, llama a su puerta y le hace de sopetón esta propuesta: «Usted es una mujer maravillosa. Es bella. ¿No le gustaría ser el ama de llaves de Stalin?».

Hay que leer entre líneas: se trata de una propuesta de concubinato en toda regla. Genia no sabe qué hacer. Aceptar sería convertirse en la mujer oficiosa de Stalin. Ella conoce su carácter brutal y sabe que el menor percance podría tener un desenlace fatal. Para protegerse de la cólera del amo de la URSS se casa precipitadamente con un ingeniero judío que conoce desde hace tiempo, Molochnikov.

Stalin se queda estupefacto ante ese rechazo hiriente y hasta le parece inconcebible que ella se vuelva a casar así, sin respetar un periodo de luto.

Ahora tendrá que buscar consuelo en otra parte, cerca de una mujer más dócil. Pero su rencor no es de los que se apagan con facilidad. En 1947, después de que Beria la acusara de haber hecho envenenar ella misma a su marido, Genia es deportada y encarcelada en unas condiciones tan espantosas que cuando la liberan, tras la muerte de Stalin, ha perdido parcialmente la razón, y no podrá readaptarse jamás a una vida libre.

En el verano de 1946, por primera vez desde el comienzo de la guerra, Stalin se toma unas vacaciones. Un imponente séquito se pone en marcha para un periplo casi principesco hacia Sotchi. Se detiene en las grandes ciudades que jalonan el recorrido para encontrarse con el pueblo ruso. Se hospeda en casa de los funcionarios del partido en cada una de las etapas. Stalin no viaja solo. Una mujer lo acompaña. Es Valentina Istomina, su ama de llaves en el Kremlin desde la década de 1930.

Esa mujer enérgica pero casi iletrada capta perfectamente la astucia de los cortesanos, las mentiras y las zalamerías, la manera en que ocultan a Stalin la verdadera situación del país. Mientras que por doquier faltan los productos más elementales, los jefes locales presentan unos informes entusiastas, cubriendo a Stalin de regalos. Los choferes, por su parte, cuentan la miseria cotidiana a los criados. «¡Cómo es posible que no les dé vergüenza engañarlo! ¡Y ahora lo culpan a él de todo!», se lamenta la mujer.

Desde hace algún tiempo, en efecto, Valentina acompaña al *vojd* en todos sus desplazamientos. «Que Istomina haya sido o no la mujer de Stalin no le importa a nadie», dirá Molotov al final de su vida. «Al fin y al cabo ¡Engels vivía con su ama de llaves!».

Risueña, con mejillas rosadas y regordetas, Valentina es apreciada por todos. Artyom, el hijo adoptivo de Stalin, recuerda: «Tenía el cabello castaño claro, un poco apagado. No tenía nada especial, ni gorda ni delgada, pero era encantadora y siempre con la sonrisa en los labios[76]». Opulenta sin ser gorda, impecablemente aseada, con una cara redonda y una nariz respingona, lo más importante es que a Iósif le gusta. Una persona muy sencilla, tosca incluso, que sirve muy bien la mesa sin mezclarse en la conversación y siempre está cuando se la necesita. Quizá sea por fin la mujer ideal para Stalin. Después de la trágica relación con Nadia, aquella mujer sin ambiciones y sin ningún papel político le ofrece la seguridad de no dar ningún problema.

Después de haber servido como criada en la dacha de Zubalovo es ascendida a ama de llaves de Stalin, se ocupa de su ropa, sus trajes, su comida, lleva la casa y lo acompaña en todos sus viajes.

Stalin confía en esa mujer que le es completamente fiel. Aprecia especialmente la manera que tiene de guardar la ropa y a veces enseña a los camaradas más íntimos sus armarios por dentro para que admiren las pilas de ropa blanca inmaculada perfectamente alineadas que ella ha dispuesto para él. «Con su delantal blanco y sus cabellos claros parecía una buena mujer de pueblo», se burla una amiga de Svetlana. Sirve todas las cenas de Stalin con su delantal blanco, pero nadie se fija en ella. Es ella la que sirve la mesa de los poderosos en Yalta en 1945. Nadie sospecha del lazo que los une.

Stalin ha superado la prueba de la guerra pero está muy debilitado. Su vigor legendario lo ha abandonado. Gracias a esa afectuosa *tata* puede conocer un final sentimental apacible, sin perturbaciones. No se sabe nada más de quien compartió su vida durante quince años, la relación más larga que conoció. Supieron mantenerla siempre en secreto, en medio de aquel Kremlin cuyas paredes oían. La mujer más sencilla de Rusia vivió así con el hombre más poderoso y más destructivo de la Rusia moderna durante casi dos décadas.

IV

Antonio Salazar, juegos prohibidos para un seminarista

«¿Cómo podría yo romper esa ola de independencia
femenina que se extiende por el mundo?
¡Las mujeres demuestran tal necesidad de libertad,
tanto ardor en gozar de los placeres de la vida!
No comprenden que la felicidad no se alcanza
mediante el goce, sino mediante la renuncia».

ANTONIO SALAZAR

LA VIRGEN DE VISEU

La pelirroja de la estación

5 de octubre de 1905, estación de Viseu. La locomotora se detiene
junto al andén y el tren vomita sus primeros ocupantes bajo la
lluvia. Antonio Salazar y su hermana Marta bajan del vagón acompañados por su madre, Maria do Resgate. Tan austera como artrí-
tica, avanza cojeando por el andén. Felismina, una joven maestra
compañera de Marta, los espera. Antonio, para quien ha llegado la
hora de volver al seminario, se acerca a ella en silencio, como para
no asustarla. Se queda un instante inmóvil, observándola. Es alta,
guapa, enmarcada por sus cabellos pelirrojos, con la cara llena de
pecas. Él tiene 16 años, ella es dos años mayor. Inmóviles frente
a frente y como fuera del tiempo, parecen ávidos el uno del otro
antes incluso de conocerse. La muchacha confiesa en su diario ín-

timo una emoción teñida de inquietud: «Ese primer encuentro en la estación marcó el principio de la parte romántica de mi vida, quizá de nuestra vida[77]».

Felismina de Oliveira pertenece a una familia numerosa y modesta, igual que la de Antonio. Nacida en 1887, es la quinta de ocho hermanos. Su madre, una criada, es discreta y piadosa. Su padre, conserje de uno de los palacios oficiales de la ciudad, es un pedagogo atento que le toma las lecciones y le recita las oraciones al acostarse. Felismina no puede dormirse sin su ceremonial «padrenuestro». Muy pronto, la joven muestra una disposición para la poesía, le gusta hacer versos. La envían a una escuela privada para que pueda desarrollar su talento. Felismina es la primera de la clase, es afable y esbelta, pero se convierte en la bestia negra de su maestra, una mujer tan corta de piernas como de vista. Humillaciones, palizas y golpes con la regla son el pan de cada día. A sus ojos, aquella chica de cabellos pelirrojos siempre desordenados lleva la marca del demonio. En aquel entonces la mujer que luce una cabellera cobriza es un oscuro objeto del deseo del cual hay que desconfiar. Ella, que tampoco acepta aquella masa de bucles rebeldes, un día decide enfrentarse al problema. Delante del espejo deshace con un gesto desafiante la toca que suele llevar y deja que el sol atraviese e ilumine su melena como una llamarada. El resultado es inesperado: «Qué extraña belleza... me gustaría que usted lo viera».

A veces un color de cabellos puede suscitar preguntas muy metafísicas. «Hoy sé, pero hasta hoy no lo sabía, que la sangre entonces me hervía en las venas. Era aquel fuego que llameaba en mis cabellos rojos. Nadie en mi familia los tenía así. Y por eso me pregunto a mí misma de dónde he salido». En adelante llevará su melena como un estandarte.

Felismina abandona la escuela tras la enseñanza primaria y continúa su formación en la calle, perseguida por los otros niños. Aprende a pelear y encuentra en los chicos unos adversarios a la medida de su temperamento fogoso con ascendente guerrero. De su exaltación permanente saca una conclusión: está predestinada a algo intenso. Aún no sabe a qué.

Felismina no se equivoca en cuanto al sentimiento de extrañeza respecto al resto de su familia. Herminia, su hermana mayor, piensa hacerse monja y vive en la intimidad de las hermanas del Corazón de María. Cuando Felismina tiene 13 años, su padre se queda ciego y Herminia renuncia a su vocación. Debe trabajar para mantener a la familia. Empieza como aprendiz de costurera y luego será modista en Oporto. La relación entre las dos hermanas es ambigua. ¿Transfiere Herminia a Felismina sus aspiraciones espirituales contrariadas? Por recomendación suya la hermana menor empieza a asistir como alumna externa al colegio de las Hermanas de María. La enseñanza es gratuita pero de calidad. Las mejores familias de Viseu mandan allí a sus hijas. Ella se convierte en el blanco de esas niñas ricas. Hay que decir que en esa época parece una mendiga y sigue empeñada en no peinarse.

A los 13 años aparecen los primeros pretendientes. Su profesor de matemáticas inaugura el baile. El hombre, corpulento y vestido siempre con un gran abrigo negro, es el terror de las alumnas. Lo llaman «el gigante». Un día en que Felismina vuelve de la escuela oye unos pasos que se confunden con los suyos. Es el profesor que la ha seguido. A partir de aquel día adopta la costumbre perversa de pasear por su calle y detenerse debajo de su ventana, esperando que ella se asome. Una tarde en que se cruzan él se quita el sombrero galantemente. Ella responde a su saludo. No ha hecho falta nada más. La transgresión es demasiado tentadora. Oculto detrás de un árbol, el profesor convertido en mirón espera que caiga la noche y viene a llamar a su puerta. Felismina se refugia en su dormitorio: «Lloré sintiéndome culpable de un pecado que al parecer yo le había inspirado. Era un hombre casado».

El año 1900 también es el de su primera comunión. Es la ocasión de una revelación mística y religiosa. Las hermanas del colegio la encuentran a menudo escondida en un rincón, postrada. «Mi corazón a veces estaba poseído por tal sentimiento, ahogado por tal oleada de dulzura, que no tenía más remedio que llorar, sin querer y sin saber por qué». Las religiosas interpretan con perspicacia esas manifestaciones como un signo de vocación. La invitan a entrar en su orden. Felismina se niega: su relación con Dios es íntima y no puede ser dictada por ninguna orden terrestre, ni compartida con otras. Ella sublima la figura de Cristo en sus invocaciones: «Oh, Jesús mío, quiero amarte mucho, siempre, cada vez más, [...] llévame contigo». Su vida se desarrolla ahora entre rosarios, sacrificios y diálogos con el más allá.

La situación política del país la saca pronto de aquel éxtasis místico, haciéndole vivir sus primeros arrebatos patrióticos. En 1901 la monarquía constitucional portuguesa vive un periodo de agitación extrema. Tras más de medio siglo de estabilidad y alternancia entre el Partido Progresista de izquierdas y el Partido Regenerador de derechas, en el seno de aquel régimen que es uno de los más modernos de Europa, los republicanos liberales así como el partido socialista deciden sublevarse contra el rey Carlos I. Los líderes de ese movimiento, conocido como la «generación del 70», emergen de un grupo de la Universidad de Coimbra alimentado con las ideas republicanas venidas de Francia. Las instituciones están bloqueadas, corren los rumores más extravagantes en un país al borde de la guerra civil. Se teme que, si los elementos más radicales toman el poder, las órdenes religiosas sean expulsadas. La Iglesia tiembla.

Eso es no contar con el tesón de Felismina: «El que quiera atentar contra mi querida maestra deberá pasar por encima de mi cadáver. Igual que he vencido a la chiquillería con un mango de escoba venceré a los masones con una pistola que alguien me prestará».

La revolución republicana no es para esta vez. La tormenta escampa. Su padre la matricula en la escuela normal de los profesores de Viseu al año siguiente. Ella ya tiene el estilo sobrio de una maestra de aquellos comienzos de siglo: se viste ahora exclusivamente de negro, y estira con cuidado los cabellos formando un moño. Es una estudiante modelo, se entrena para su futura profesión dispensando su saber a sus colegas más necesitadas. Así es como conoce a Marta Salazar, una joven desheredada originaria del pueblo de Santa Comba.

Las ignominias de un seminarista

A pesar de sus 23 años una expresión de tristeza parece no abandonar jamás la cara de la nostálgica Marta. Sus allegados se han quedado en Santa Comba, más al norte, cerca de Braganza, donde se halla la casa familiar. Felismina queda impresionada por la austeridad tanto afectiva como material que contrasta en aquella joven con un ardiente deseo de conocimientos: «Llevaba vestidos larguísimos, muy serios, [...] la respetaban como si fuera una dama. Ella era la que me daba más trabajo, pero pedía con tanta humildad "enséñame esto"».

Ambas comparten además el sentimiento de exilio. La una está lejos del hogar materno, la segunda se siente extranjera en su ciudad.

Conjurando recíprocamente su soledad, se hacen inseparables. Desde el año siguiente, a comienzos del curso de 1905, Marta se instala como huésped en casa de Felismina. Para celebrar su llegada a la casa de la amiga y sellar su amistad Marta le cuelga del cuello una pequeña cadena con una cruz, diciéndole que es su madre quien se la regala. Hasta mucho más tarde no sabrá Felismina que es de oro y que Marta se ha gastado sus ahorros para hacerle ese regalo trivial pero inspirado.

Antonio, el hermano pequeño de Marta, la acompaña aquel 5 de octubre. Para él también es un día solemne: ha decidido volver al seminario de Viseu, donde estudia desde 1901, después de un verano de dudas. Cuando nace Antonio de Oliveira Salazar el 28 de abril de 1889, Marta ya tiene 8 años y su madre, más de 40. El carácter de Marta ya está formado. Hace de madre del pequeño Antonio, lo mismo que sus otras tres hermanas. Este primer hijo varón, que se ha hecho esperar tanto, es objeto de todas las atenciones femeninas de la casa. En el patio de la modesta granja de los Salazar el pequeño grupo de niños está atareado cocinando para las muñecas de las niñas con unos cucharones en miniatura que Antonio maneja con mucha soltura. De constitución delicada, el chico no tiene más compañeros de juegos que sus hermanas. Maria do Resgate trabaja en su bar, cocinando para clientes más reales, mientras Antonio de Oliveira, el padre, suda en los campos de la familia noble de los Perestrelo. Antonio es un hijo afectuoso para Maria do Resgate, que cumple 60 años en aquel año de 1905. Extenuada por una vida de trabajo, incita a Antonio a labrarse un futuro mejor estudiando. El seminario constituye entonces para los hijos de las familias populares una oportunidad de acceder un día a la universidad. Antonio, a quien la falta de vocación ha retenido hasta entonces, responde a la llamada de aquella madre preocupada y se encamina de nuevo a Viseu.

Aquel día «empezaba la historia de un gran amor del que [...] se podría decir que Dios lo quiso», dice Felismina. Los sábados por la tarde ella acompaña a la amiga a visitar a su hermano al seminario. Él, que ya es un buen orador, sabe seducir al público con muchas mímicas, contando a las chicas cómo se saltan el reglamento aquellos jóvenes a los que el claustro inspira más la broma picante que la santidad. Felismina lo escucha con devoción. Le lleva cada semana confituras y castañas asadas. Él la recibe en la puerta, vestido con sotana. Durante una de aquellas misas semanales impregnadas de romanticismo adolescente Antonio le entrega una nota a la bella maestrita. Marta, curiosa, intenta leerla por encima de su hombro. Él se abalanza para interponerse. Sólo ella debe leerla. Le escribe que está dispuesto a cambiar sus planes de vida y que quiere fundar una familia. Ella ve en esta confesión una declaración culpable. Antonio está haciendo la carrera de teología y se prepara para el sacerdocio. Felismina se tapa la cara para que él no la vea sonrojarse, y escapa corriendo. Al cabo de unos días recibe una nueva carta: «Domínese... ¿Por qué al leer aquella nota se sonrojó y dejó de sonreír?». La misiva no obtiene respuesta. Su pasión terrestre empieza a apartarlo de la estricta vía eclesiástica. Si Salazar no parece inquieto por abandonar su vocación religiosa por una mujer, Felismina en cambio no lo puede aceptar. Robar un hombre a Cristo la llevaría a la perdición. ¿Es timidez? ¿Cálculo? «La verdad es que empezaba a sentir una mezcla de atracción y repulsión, de placer y dolor, que sería mi tormento durante el resto de mi vida».

Salazar ya es un hombre que sabe muy bien lo que quiere. A través de otro seminarista le hace llegar un paquete a la pelirroja. Dentro, unos cuadernos. Ella reconoce la letra de Salazar. Le confía sus deseos más ardientes, utilizando las metáforas más rebuscadas para incitarla a la vida en común: «Trabajar el campo y volver a casa para hallar los brazos de una esposa que te espera es hacer de esta vida un paraíso. Usted, usted puede cambiarla».

En su fuero interno ella no sueña con otra cosa más que con los brazos del seminarista. Pero teme las añagazas del demonio y opta por la frialdad. Sus palabras resuenan poderosamente dentro de ella. Y sus certezas se tambalean: «¿Podía leer aquella confesión sin una mezcla de amargura en el dulzor que sentía? ¿Podría sin pecar pensar un solo instante en ser la esposa de aquel campesino? Aquello era la novela de la verdadera vida...».

Antonio no percibe nada de eso. Continúa frecuentando su casa y mostrándose ingenioso, encantador, juguetón. Ejerce sus dotes de seductor sobre otra huésped de la pensión, intentando provocar los celos de Felismina. Le pregunta si ha recibido sus cuadernos. Aplicando la ley del talión de la seducción, ella le responde elogiando al seminarista que le trajo el paquete. Juega en el mismo terreno que él. Picado, él no puede contener un comentario amargo: «Veo que el emisario ha sido más apreciado que el autor». Herido en su orgullo, cada vez guiña más el ojo a las otras chicas con las que se cruza. Le da el sobrenombre de «Amor». Ella lo trata de *troca tintas*, «embaucador».

En la soledad de los campos...

Al final del año escolar, durante las vacaciones de verano, la familia de Antonio la invita a Santa Comba. Es la primera vez que viaja sola. Vestida de negro, como de costumbre, se lleva alguna ropa en una bolsa. Lo estrictamente necesario: una blusa, una falda y un delantal. Está ansiosa durante todo el trayecto. En la estación no hay nadie esperándola. Inquieta y desorientada, pregunta dónde está Vimieiro, la parroquia de Santa Comba donde se halla la casa familiar. Antes de que le respondan ve aparecer a Salazar con el paraguas en la mano. La madre, el padre y las cuatro hermanas de Antonio la reciben como a un miembro de la familia. Él tiene 17 años, pero ya es el amo de la casa.

Pasan los días y su intimidad se acrecienta a fuerza de pasear de la mano por el campo: «Un chico que estaba destinado al sacerdocio, un chico tan superior por su inteligencia y su virtud, ¡cubriéndome así de ternura! Yo gozaba con deleite de sus manifestaciones, no sabiendo si aquello era amor...».

Los gestos de Antonio, sin embargo, son inequívocos. Un día en que están en el cuarto de costura leyendo unos versos de Soares dos Pasos bajo la mirada de Maria do Resgate, ignorando de repente la presencia de su madre, toma a Felismina por la cintura y la acerca con violencia contra su pecho. El abrazo ha sido tan fuerte que le deja la piel marcada.

De madrugada, ¡qué tormentos! La embriaguez y la excitación de ese primer contacto carnal son sustituidas por el remordimiento: «¡Qué vergüenza, qué miedo, esto no puede ser, y su madre estaba allí cosiendo, y nos veía! Seguro que fingió no vernos». Ella no se separó. Salazar, interpretándolo como un permiso, insiste. Cuando ella está recogiendo fruta en el jardín, él aprovecha un momento de descuido, se pone de rodillas, le toma la mano derecha y se la lleva a la boca. Están a punto de besarse, pero oyen ruido de pasos. Llega alguien. Se separan. Marta, que los ha visto, se ha eclipsado por la terraza. Negar la evidencia ya es inútil: «Era amor lo que intentaba mostrarme. Pero yo veía todo aquello con un temor creciente. ¡Oh, dulces sentimientos que me rodeaban y me penetraban cada vez más! Pero me sentía tímida y triste. ¡Amar a un seminarista!».

Al mirar las fotos de familia que adornan la casa se fija en el aire soñador que tiene Antonio en una foto de niño.

—¿En qué pensaba?

—En que habría en el mundo una mujer como usted.

—¡Oh!

—¿Por qué siempre dice oh?

Ella le vuelve la espalda y no contesta.

El verano transcurre así como una estación en el paraíso, entre el flirteo inocente y la santa culpabilidad. Aquel tira y afloja ya ha durado bastante a juicio de Herminia, la hermana de Felismina, que desde Viseu siente celos de aquel idilio bucólico. En una carta la insta a regresar de inmediato, sabiendo encontrar los argumentos para avasallarla.

Hay que pensar en el adiós. Antonio está bien decidido a dejarle un recuerdo imborrable. La lleva a visitar Buçaco, un lugar mágico, aislado del resto del mundo. Dominando la montaña, ella descubre un verdadero jardín botánico secular, protegido por un decreto papal del siglo XVII que amenazaba con la excomunión a los que causaran allí algún daño. Entre el abeto del Cáucaso y el cedro del Líbano, hacen un picnic con Marta y Abel, un amigo. «En aquel decorado maravilloso el amor de Dios planea sutilmente, rozándonos con sus alas de armiño». Salazar ha dado en el blanco, su espíritu se rinde: «Deliciosamente, me dejé prometer para la eternidad...».

A pesar de todo Felismina cumple su palabra y regresa a Viseu. Como castigo deberá pasar el mes de septiembre aprendiendo a bordar con las hermanas franciscanas: «Lloraba... lloraba sobre todo por la pérdida de aquella felicidad de la cual gocé algunos días, y que creía desvanecida para siempre».

Confirmación del pecado, conjura de la fe

En 1906, otra vez el 5 de octubre, Salazar está de vuelta en el seminario. Felismina se entera de que su hermana Herminia, cada vez más protectora, o tal vez celosa, le ha escrito. Pero Salazar entiende de mujeres y comprende de inmediato qué información busca aquella hermana insidiosa. «Su tesoro está de vuelta. Ha conquistado la simpatía de todo el mundo, y se va igual que ha venido». Felismina sigue siendo prosaicamente virgen después de su estancia en Santa Comba.

Salazar se muestra distante. Aquella frialdad la incita a irse de maestra a un pueblecito de montaña de Mouramorta. Allí escribe poesías, artículos para publicaciones católicas y sabe hacerse apreciar por sus colegas. Detrás de aquel bienestar aparente teme que la distancia la separe de su amante: «Piedad, Señor, prometo no robártelo», implora. Por fin su ruego se ve cumplido en la Pascua de 1907, concretamente el día de Ramos. Antonio participa en la procesión de los alumnos seminaristas y baja por el pasillo central de la iglesia. Ella lo observa, febril. Entonces él se le acerca y le tiende un ramo. ¡Qué reliquia! La culpabilidad inherente al lugar sagrado es gozosa.

Al final del curso escolar Felismina vuelve de vacaciones a Santa Comba. Antonio se muestra tierno y amable como él sabe serlo. El reencuentro es dulce. En septiembre el nuevo curso los separa, Felismina vuelve a su puesto de maestra en Mouramorta. Herminia le escribe una nueva carta, diciéndole que en Viseu los rumores sobre esa relación van de boca en boca. Ella escribe a Antonio pidiéndole que ponga fin a la relación. Cosa que él hace: «Un pastor y una pastora se amaban mucho, pero la familia de la pastora se opuso a su amor», le escribe sobriamente a su amada.

A ese desgarro íntimo responde una conmoción en el seno de la dinastía portuguesa. El 1 de febrero de 1908 el rey Carlos I y su hijo mayor son asesinados en Lisboa por unos agitadores republicanos bien decididos a derribar una monarquía que ya echaba sus últimas bocanadas. El régimen vive sin duda alguna sus últimos meses. Cuando Manuel II ocupa el trono, Felismina decide comprometerse también. En una revista católica publica bajo el seudónimo de Zelia un poema titulado «Patria». Allí expresa su rechazo a las ideas republicanas y al viento de libertad por el que suspiran sus adeptos.

Cuando descubre el nombre de Antonio en el libro de los seminaristas que están a punto de ser ordenados, desfallece. Finalmente será cura... De nuevo invitada a Santa Comba aquel verano, vuelven a encontrarse para el que será probablemente el momento más carnal de su historia. Ella está en el jardín, se sube a un banco de piedra y se pone con los brazos en cruz mirando al cielo. Él se le acerca. «Cuando su rostro transfigurado por el placer llegó al nivel de mi pecho, sentí que temblaba y antes de que él me tocara le cogí las manos y las aparté con firmeza».

Cambiando una vez más de resolución, Felismina se muda a Viseu aquel año de 1910 a fin de estar cerca de él. Es la época de las primeras peleas. Ella se lo encuentra un día, alegre, con un ramo de violetas en la mano. ¿Para quién son? ¿Quién puede ponerlo de tan buen humor? Antonio ha puesto los ojos en otra mujer, la hermana de uno de sus compañeros. Un buen partido. Aparece al día siguiente con un grupo de alumnos, ve a Felismina con su hermana mayor, se acerca y bromea. Les habla de Natalia de Suza, la chica a la que corteja. Herminia hace melindres y le ríe las gracias. Aturdido, él intenta proponerle una cosa... ciertamente inesperada: «¿Puedo hacerle cosquillas?». El final de la conversación acaba de sacar de quicio a Felismina, hasta el punto de que se le escapa un comentario de celosa refiriéndose a Natalia de Suza: «Lástima que sea tan fea». Mezquindad contra cosquillas: la guerra ha estallado.

Con todo, en 1910 Salazar tiene otras preocupaciones que coquetear. En el mes de octubre abandona la teología por el derecho y se va a estudiar a Coimbra. El momento elegido para salir de la vida monástica no es anodino. En Lisboa la agitación política está al rojo vivo desde hace unas semanas. El asesinato del rey en 1908 había cerrado un periodo de verdadera dictadura dominado por João Franco, pero su política de opresión había acabado exacerbando el descontento, hasta el punto de provocar la muerte del rey y del príncipe heredero. El débil Manuel II, de 19 años, le sucede en el trono. Es incapaz de poner de acuerdo a las diversas facciones políticas. Los gobiernos caen uno tras otro. El 3 de octubre se proclama la Primera República de Portugal, cuando Antonio Salazar se dispone a entrar en la universidad más prestigiosa del país.

Esta decisión, que seguramente tiene su explicación en la pasión naciente de Salazar por la política, se debe en concreto a Antonio Xavier Corte Teal, último descendiente de la poderosa y respetada familia Perestrelo. Dio al padre de Salazar un consejo muy prudente: «Tu hijo no tiene ninguna vocación de sacerdote, no debe continuar en el seminario. El chico es inteligente, debe estudiar una carrera». Vivirá en una habitación muy modesta en Couraça de Estrela, pero comerá en casa de sus nuevos padrinos, los Perestrelo. Come con muchísimo apetito, siguiendo los consejos de Maria Pina Perestrelo, que insiste mucho en este punto, porque no soporta verlo tan flaco.

Antonio adquiere seguridad en sí mismo al frecuentar aquel mundo nuevo y aristocrático al cual sus protectores le dan acceso. Las buenas familias, que siempre tienen muchas hijas casaderas, lo invitan ahora a cenar. El prestigio de esa familia bienhechora le abre puertas y pronto despierta pasiones. Cambia sus trajes oscuros por otros más alegres y adopta los códigos de la vida mundana. Tiene mucho éxito e incluso logra la hazaña de ser considerado como uno de los mejores partidos del país a pesar de no tener ni fortuna ni título de nobleza. Le gustan las mujeres. Las veladas terminan invariablemente en agradables paseos a orillas del Mondego del brazo de aquellas muchachas de la alta sociedad[78].

En Viseu Felismina llega con dificultad a fin de mes. Es fiel y no olvida al estudiante. Sobre todo no comprende por qué Natalia de Suza y sus amigas se ríen de ella cuando se las encuentra en la iglesia. Y es que las aventuras amorosas del «embaucador» son conocidas más allá de Coimbra. Toda la ciudad está al corriente de sus paseos románticos. Felismina se arrepiente de no haber cedido a sus requerimientos.

En la universidad, mientras los estudiantes conservadores se alían con los republicanos, los católicos se rebelan contra el anticlericalismo de la joven república. Procurando no enemistarse con ningún movimiento, Antonio se afilia oportunamente al Centro Académico de la Democracia Cristiana, donde trabará amistades fieles. Participa con Manuel Gonsalves Cerejeira, futuro cardenal de Lisboa, en debates y manifestaciones. Tiene 25 años y sus facciones demacradas acentúan la profundidad de su mirada. Además de adquirir cierto porte, se hace un nombre entre las futuras élites políticas del país.

¿Tal vez el verano, como en el pasado, sirva para estrechar sus lazos? Vuelven a encontrarse en Santa Comba. Felismina pone toda la carne en el asador. Una tarde, cuando están paseando, le coge la mano y hace que le rodee por la espalda la cintura. Él se muestra indiferente y aprieta el paso para soltarse. «Pero, entonces, ¿es que lo ha olvidado todo? En ese caso yo también lo olvidaré, mi dignidad me lo impone». El verano es un fracaso.

Los tres años siguientes, mientras Antonio estudia en Coimbra, Felismina pasa por un periodo de los más sombríos. Dios es el culpable ideal de su desgracia. ¿No se ha burlado de ella poniendo en su camino a un hombre que él se había reservado para sí? Las oraciones ahora casi suenan falsas. Ya no puede creer en las pláticas.

«Estaba horrorizada por tantas mentiras y dejé de ir a escuchar los sermones». La fe deja tras de sí un vacío peligroso cuando abandona a una persona. Minada por esa profunda crisis mística, ella entra un día en un confesionario, creyendo aliviar sus males al confiárselos a un cura. Desde las primeras palabras el sacerdote se inquieta: «Estoy aquí, pero no creo en lo que vengo a hacer». Entonces ¿a qué ha venido? «Porque aún creo que la fe es la única fuente de felicidad en este mundo». El cura, muy preocupado por la suerte de esa oveja descarriada, quiere saber qué se oculta detrás de aquel malestar. Pero apenas ella le revela su identidad el sacerdote la echa. Nadie en Viseu ignora su debilidad por el estudiante de derecho y su propia hermana es la primera que propaga los chismes, alimentados con toda clase de detalles.

Felismina se clava a veces las uñas en la piel hasta sangrar, lacerando sus carnes como para materializar su sufrimiento. Una noche del verano de 1912 los tormentos alcanzan su apogeo, cuando ella cumple 25 años.

La saca del sueño una visión terrorífica: la muerte ha entrado por la ventana y espera que ella se duerma para atraparla. En su cabeza una voz susurra: «Dios no existe, Dios no existe». Ella sale corriendo de su casa dispuesta a lo peor. Pero la voz de su tía, que se ha despertado, la devuelve a la realidad. A la mañana siguiente Felismina se mira al espejo y tiene la impresión de haber envejecido varios años durante aquella noche terrible. Poco después de ese episodio se encuentra con un amigo de Antonio y le confiesa que ha perdido la fe. Este último, sorprendido, le cuenta que Salazar ha pasado por una crisis similar en Coimbra.

Ahora, en efecto, son los dogmas de la seducción los que intenta hacer suyos. Trata de mantener con Felismina una correspondencia que él desearía anodina. «Le prohíbo definitivamente que se cruce en mi camino», le espeta ella. De él lo quiere todo o nada. Su carta se cruza con otra enviada por Salazar, decidido a reconquistarla, que llega al día siguiente. Quiere saber si ella todavía lo ama. «Nuestra correspondencia se ha cruzado. Él me envió una carta el mismo día en que yo le enviaba mi carta de ruptura. Un día antes todo habría sido distinto».

A comienzos de la década de 1920 vuelven a verse en Navidad en casa de él en Santa Comba. Antonio es profesor de economía política en la Universidad de Coimbra. Felismina ha aceptado la invitación de la madre de Salazar. Pasa casi todo el tiempo en compañía de la buena Maria do Resgate, que ahora ya tiene 75 años y está muy debilitada. Felismina se ha enterado por una amiga de que la madre deseaba secretamente que ella se casara con su hijo. Nunca hablaron de ello. Una noche los amantes contrariados de Santa Comba están invitados a una cena en la casa parroquial. Antonio, muy alegre, ratea trocitos de pan que ella ha cortado y los desmiga. Llega incluso a robarle trozos de carne del plato: «Se vengaba en los trocitos de pan y de carne de la imposibilidad de tocarme», observa ella.

En 1922 se reanuda el eterno tira y afloja amoroso de los veranos en Santa Comba mientras la vida de Maria do Resgate se marchita. Salazar continúa dando cíclica y bastante cínicamente esperanzas a Felismina. Ella se dirige una mañana hacia el jardincito que hay junto al huerto y se instala en la pérgola con un libro. Antonio la sigue de cerca. Ella se siente incómoda por ese cara a cara forzado por él, intenta encontrar un tema de conversación y se agita tanto en la silla que se acaba cayendo. Rechazando la mano que él le tiende, se levanta bruscamente y se hace daño con un clavo. Le sale sangre, pero trata de escapar. Antonio le impide el paso, le coge la mano y durante un momento permanece inmóvil jadeando. Ella se sonroja, comprende lo que él quiere: «En la boca tenía un rictus de sufrimiento, en los ojos, oh, en los ojos... no sé lo que había. En un primer momento lo comprendí: amor. En un segundo momento dudé: ¿simple intención de seducirme?».

Una vez más la intención no se materializa. Sin embargo, ya no son dos adolescentes. Salazar tiene 33 años y Felismina, 35. Los años pasan, las ocasiones de verse van escaseando y los sentimientos de Salazar se desgastan. Felismina, nimbada en su renuncia, sigue amándolo mientras él continúa su ascenso hacia la jefatura del Estado. En abril de 1928 ella escribe al nuevo ministro de Finanzas: «Como de costumbre, vengo a decirle que no lo he olvidado: especialmente hoy y mañana también (¡42 años!), recordando todavía nuestra amistad, bendecida por Nuestro Señor, porque esta amistad es, en su esencia, un dulce perfume para mi corazón».

El agente secreto de Salazar

El perfume, a fuerza de rechazos, se había desbravado, pero el antiguo galán ha sabido sacarle provecho a su relación. Felismina se ha convertido en una de las informadoras más sagaces del amo del *Estado Novo* y en una de las personas más poderosas en la vida política de Viseu. En 1932, en efecto, Salazar, ministro de Finanzas, es nombrado jefe del gobierno. Felismina es la primera mujer que toma posesión como inspectora de enseñanza. No hay entonces ninguna autoridad que se mantenga sin su acuerdo. Su influencia se extiende por toda la región y a ella acude Salazar a pedir consejo en los momentos difíciles. La correspondencia entre ambos es cotidiana: la inspectora le cuenta todo lo que le parece sospechoso. En una persona de carácter obsesivo, esto significa muchas cosas. Cuando, en todas las escuelas de la región, ponen un retrato del mariscal Antonio Oscar Carmona, a la sazón presidente de la Segunda República de Portugal, de la que Salazar es el único amo, la admiradora apasionada de Antonio le transmite enseguida su indignación: «Yo, que he sido testigo de lo que estaban tramando, no puedo sino indignarme cuando entro en una escuela y veo el trato desigual de que son objeto los dos retratos, sabiendo que el señor presidente de la República encubre todos los chanchullos y que sólo el de usted puede simbolizar el nacionalismo auténtico[79]».

Se ha vuelto amarga y vindicativa. Es una de las pocas personas que tiene la audacia de criticar abiertamente al gobierno, de vituperar por ejemplo al ministro de Educación. Considerando que la enseñanza ha caído muy bajo, aconseja a Salazar que acabe con las escuelas normales, cosa que éste hace. El presidente del Consejo le da las gracias por sus desvelos y la empuja a darle cada vez más informaciones. De hecho, Felismina se convierte en la más feroz propagandista de la ideología salazarista: Dios, patria y familia. La nueva Constitución proclama que Portugal es una «República unitaria y corporativista». Se acabaron los tiempos felices de las alternancias, el liberalismo político queda totalmente eliminado y las instituciones republicanas son barridas.

Felismina, guardiana feroz del orden nuevo, es temida como ninguna mujer lo ha sido antes. Ya no cree en Dios sino en Salazar. El primero que sufre sus iras es un colega inspector, afiliado a las camisas azules de Rolão Preto. Ese movimiento, que se inspira en el fascismo de Mussolini, quería dotar al Estado Nuevo de una milicia digna de las falanges italianas.

Garcia Domingues es inspector en Oporto. Un día, por provocación o desconocimiento del carácter de su colega, le dice a Felismina que han construido varias cárceles en Oporto, que a él le ha ido de un pelo, pero que no tardará en estar entre rejas. Pronto se cumple su predicción. Cuando es hecho prisionero, le escribe para que ella interceda ante Salazar. Ella escribe a Antonio: «Garcia Domingues está en la cárcel, en la sala 3 del Aljube, por motivos políticos. Me ha escrito hace tres días una larga carta (no lo había hecho nunca antes) hablándome de cosas que no entiendo y que no quiero entender, una alta filosofía que no sirve para nada si no es para volverse loco. Él, que cada vez está más loco, es astuto. Hace unos elogios encendidos de mi inteligencia y pretende estar muy apenado por haber sido detenido».

Nadie escapa a los informes del Ojo de Viseu, ni los más altos funcionarios: «El comisario de policía es un hombre de la noche y de juergas hasta la madrugada, íntimo de muchos enemigos del Estado, capaz de detenerlos... después de haberlos avisado», alerta a Antonio. Los noctámbulos, los concupiscentes y sobre todo los comunistas son sus bestias negras: «Usted sabe sin duda que aquí las cosas no van bien. No hay autoridad en ningún sector, todos están descuidados y el campo abandonado al enemigo. Ayer me dijeron que Viseu es la tercera ciudad del país ganada por los comunistas. Si me hubieran dicho que era la primera, no me habría sorprendido».

Disimula sus verdaderos sentimientos para transformarlos en un patriotismo implacable. Y Salazar se lo agradece dándole un poder considerable. Ella se ha hecho enemigos. El odio en Viseu así como en todas las ciudades que ella visita aumenta de día en día.

De vez en cuando lo invita a reavivar sus recuerdos de juventud: «¿Dejar que mi corazón hable libremente y recuerde a mi buen amigo el tiempo de nuestra juventud, tan lejos ya? ¿Ahora que los dos hemos alcanzado el medio siglo de vida intensa? Pero repetir es doloroso, porque el que repite es que ya no sabe decir nada más o porque cree que no le escuchan. Y recordar... recordar es envejecer más...».

Felismina se ha sacrificado por Salazar y lo ha convertido en un cristo, objeto de su único amor. Antonio tampoco se casará nunca. Micas, la sobrina de su ama de llaves que vivía en Santa Comba, confiesa que un día le dijo que había pensado casarse con Felismina: «Fue una de las mujeres que más le influyeron. Fue su primer amor[80]». Pero tendrá otros muchos.

Las clientas asiduas del hotel Borges

¿Misógino o misántropo?

Antonio Salazar ha renunciado en efecto al matrimonio. Seguirá gobernando solo durante más de treinta años, transmitiendo una imagen de canónigo más allá de las preocupaciones de la carne y de los sentimientos. La propaganda y la censura fueron tan fuertes que el jefe del gobierno siempre fue considerado un hombre de lo más casto, casado exclusivamente con la patria. Con todo, había encontrado a una mujer que le estaba dedicada en cuerpo y alma: Felismina de Oliveira. Para Salazar el poder no se comparte. Ni quiera con una mujer. Sobre todo no con una mujer. La razón de Estado había vencido al deseo de un hogar feliz. Salazar no está dispuesto a hacer concesiones por una mujer. Sin embargo, no ha renunciado a los amores puntuales. Tiene una sola regla: no comprometerse jamás, no perder jamás el control. Las contradicciones son la esencia de su personalidad. Es un enamorado de la civilización europea, pero detesta viajar y no visitará ni una sola de las colonias portuguesas en cuatro décadas. Jefe supremo del país, no aceptó jamás ser presidente de la República por antidemócrata convencido. Salazar es un Jano, un ex seminarista que practica el amor libre, un militarista que no hace la guerra, un monárquico que afianza la república, un dictador por último que triunfa de todas las tentativas de asesinato y los golpes militares durante casi cuarenta años en el poder.

Al contrario que Hitler o Mussolini, Salazar no exhibe su cuerpo, rechaza las fotos en la medida de lo posible y no aceptará jamás aparecer maquillado. El hombre que lee sus discursos de forma mecánica no despierta aparentemente las pasiones, no galvaniza a las masas[81]. El encanto que quiere ejercer sobre las mujeres y sobre las masas debe ser discreto, mesurado. Sin duda es un dictador que, como los otros, manipula sus relaciones femeninas y masculinas, pero es ante todo un hombre que se apasiona por mujeres singulares.

Tiene muy pocos amigos y los mantiene a distancia por miedo a que influyan sobre él. Uno de sus miedos mayores es dejarse enternecer. Mario de Figueiredo, un amigo del seminario, esboza una explicación: una forma de orgullo que le hace temer siempre secretamente el ridículo de estar enamorado. «Nunca pronuncia las palabras que la gente espera. No se abandona a los impulsos.

Apenas ha entregado algo de su corazón, se apresura a retirarlo». Micas nos confirma este sentimiento: «Todo el mundo sabe que Salazar ha tenido muchas mujeres, pero cuando las cosas empezaban a ponerse serias las alejaba». Aunque jamás se comprometa de verdad, estas amantes no son simples aventuras pasajeras, sino verdaderos romances. Le gusta el diálogo intelectual, la complicidad y sobre todo la mirada de una mujer sobre su persona. Necesita la dulzura femenina, como la que le daban Maria do Resgate, su madre y su hermana Marta.

Padece fuertes migrañas y, puesto que no soporta la luz del día, permanece horas y horas tumbado en la cama de su modesta habitación. Tiene la sensación de estar aislado y pasa por una fase de depresión intensa. Su acceso a la cátedra, en 1916, lo lleva a un tumulto cultural y sensual. Antonio se lanza a una serie de relaciones amorosas sin consecuencias. Le preocupa mucho su aspecto, usa la capa de los estudiantes de Coimbra, cabello abundante, frente alta. Cuida mucho su forma de vestir, siempre de negro, con guantes y corbatas de seda.

Su nuevo estatus le permite algunos lujos. Frecuenta el teatro y asiste a conciertos. De todas las artes la música es la que más se adapta a su sensibilidad. Se relaciona, por tanto, con las mujeres pianistas de Coimbra. Entre ellas, Gloria Castanheira, una cantante emérita y una mujer que se pasea a menudo con una sombrilla y un loro en una jaula. Va a los conciertos y a los recitales que ella organiza en su casa, en el número 35 de la calle Couraça de Lisboa, y se muestra cautivado por la voz de Maria Celestina Costa Alemão, que «cantaba divinamente» *La Violeta*, de Scarlatti.

Mantienen una pasión musical. Ella le toca sus melodías preferidas al piano, él le escribe cartas de agradecimiento: «Te escribo, mi señora, con el recuerdo delicioso de esas magníficas veladas de dulce intimidad y de música espléndida que tu bondad (una bondad inagotable) me ha regalado [...]. Todas estas pequeñas cosas, como tu amistad, las conversaciones que hemos tenido, me entusiasman».

Gloria se convierte en una confidente privilegiada, a quien desvela el desbordamiento de sus sentimientos. Le confiesa que se siente «extraordinariamente cansado y abatido», y afirma que se aferra únicamente a «su canto ignorante». Ella le envía unos versos de Henry Bataille para consolarlo: «No sabía que en el ramo de rosas que es la vida habían dejado tantas espinas», comenta la diva a propósito del sufrimiento de su joven amigo.

Gloria por desgracia no es del gusto de Antonio, que sin embargo no es un hombre que rechace los arrebatos femeninos: «Qué quieres, es ella la que me provoca, la que toma la iniciativa, y yo no soy un cura[82]», acostumbra a replicarle a su confidente, el padre Cerejeira. Incluso cuando no lo impresiona ni lo seduce una mujer, suele alimentar el sentimiento amoroso y la dependencia con un espíritu de coleccionista. Prefiere con todo hacer la corte a su prima, Maria Laura, así como a sus alumnas.

Los chismorreos no cesan en el círculo elegante que es el Conservatorio de Coimbra. Se habla de boda. Se comentan las obras que está haciendo en su casa de Santa Comba. La está ampliando, a lo que parece, para su futura esposa. Salazar se siente a la vez divertido y halagado por esos rumores. En una carta a Gloria Castanheira el profesor de 30 años se lo toma con sentido del humor: «Ya sabes que de vez en cuando me anuncian que voy a casarme. Mis amigos me lo afirman con sinceridad y yo casi me lo creo. Es posible que su excelencia me descubra un día casado y puedo jurarle que habrá sido sin querer, y sin saberlo. [...] A veces esos rumores me incitarían a publicar en nuestros periódicos [...] la frase siguiente: "Anuncio al público en general, y a los apasionados por mis relaciones en particular, que estoy completamente libre, sin novia, ni enamorada, ni aventura, ni nada de nada"».

Maria Laura: la fan del ministro

Salazar, que ha pasado de asistente a catedrático en Coimbra, continúa disfrutando de sus vacaciones en la granja familiar. Cuando está a punto de tomar el tren para regresar a la universidad, ve a una mujer joven con unos ojos verdes inmensos, casi globulosos, que lo observan. Maria Laura Campos se dispone a apearse del tren. El *chevalier servant* se precipita a ofrecerle galantemente la mano. Maria Laura viene a pasar unos días a casa de su tía, Gloria Castanheira. Vuelven a encontrarse en un recital en la casa de esta última.

El padre de la bella aristócrata de la estación, Eduardo Augusto, era juez. Su mujer, Laura, había tenido un embarazo lleno de complicaciones y murió dos años después del nacimiento de Maria Laura. En su lecho de muerte, para no dejar huérfana a su hija, pidió a su mejor amiga, Maria Castanheira, la hermana de Gloria, que se casara con su esposo. Maria Laura ha recibido de esa tutora una excelente educación: es capaz de hablar con competencia de literatura, y en francés.

Cuando vuelve a ver a Salazar en casa de su tía Gloria, se siente intrigada, pero no atraída. Lo cierto es que su corazón ya está ocupado. La joven de 21 años acaba de comprometerse con un comerciante de Oporto. A Antonio no le resulta fácil encontrar argumentos para seducirla. Es la primera vez que se estrella contra el rechazo de una mujer. Está desarmado. Eso entierra definitivamente las esperanzas de Gloria Castanheira. Antonio se consuela de ese rechazo multiplicando sus conquistas. Aline, una discípula de la escuela rusa de canto que iluminaba los conciertos de Coimbra, le canta en plena noche arias operísticas al teléfono. Gloria continúa lamentándose. No soportando perder una sola de sus admiradoras, Salazar la tranquiliza: «Puedo contestarle con toda seguridad que la pretendiente del piano no es o no debe ser la que dice ser mi prometida. [...] Es una muchacha muy joven a juzgar por la altura de sus faldas. Pero actualmente ya no se puede inferir gran cosa de la altura de las faldas».

Además de la altura de las faldas de las jóvenes portuguesas, a Salazar lo preocupan las dificultades financieras del orfanato público de Coimbra. Ha mandado hacer obras importantes en el salón y utiliza a Gloria para recaudar fondos. Pero los agradecimientos de Salazar están lejos de colmar las expectativas de la pianista: «Estarle muy agradecido es algo que no me cuesta ni me preocupa nada», le escribe él. Ofendida, ella le devuelve la pelota de su mezquindad. Herido a su vez, él le contesta: «No tengo nada que añadir sino que deseo firmemente que su excelencia me autorice a no importunarla más con mis vulgares descripciones *de colegial* [...] para que deje de tener la impresión desafortunada e injusta de que *me burlo de usted*». La correspondencia hecha de riñas entre Salazar y Gloria empezó en 1918 y durará hasta 1956.

Nombrado ministro de Finanzas a los 39 años por el gobierno autoritario de Mendes Cabeçadas, Salazar es llamado a Lisboa. Quiere reformar el país, pero conserva su raya al lado. Enfrentándose al déficit con mano de hierro, gestionará las finanzas del país como gestiona sus amores: congelación de los salarios, recortes en la función pública, empobrecimiento de las clases medias y de los proletarios. Se instala en la planta baja del número 91 de la calle Duque de Loulé en una casa estrecha y oscura.

El nuevo ministro se encuentra de nuevo con Maria Laura. Casada desde hace siete años con el hombre de negocios Eduardo Rodríguez de Oliveira, se han mudado a Lisboa. El tío del marido, un aventurero que ha conseguido representar a la firma Caterpillar para la península Ibérica, vive en España. Decidido a abrir una sucursal en Lisboa, coloca al frente al atolondrado marido de Maria Laura, un hombre a quien su debilidad por las mujeres convierte en un mal gestor.

Maria Laura no ha tenido hijos y los años parecen acentuar aún más la belleza de sus facciones. El ahora poderosísimo «embaucador» adora su perfume de lujo. Esta vez ella no retrocederá ante sus insinuaciones. Salazar no ha estado nunca tan lejos del seminario.

Maria Laura empieza a frecuentar el ministerio, hasta el punto de poder entrar sin hacerse anunciar. A petición de Antonio cambia la decoración de su modesto apartamento. Dispone sobre el sofá del salón cuatro cojines de lino en los cuales borda unos corazones traspasados por las flechas de Cupido. Al volver un día del ministerio Salazar la encuentra con un paquete. Y ambos, de rodillas sobre la alfombra, deshacen el misterioso embalaje. Mucho más tarde ella contará la escena al gobernador de Oporto, Brito e Cunha. Una vez deshechos los nudos, él sacó un farol de hierro forjado con cuatro cristales trabajados a martillo con los colores de los diferentes momentos del día: azul oscuro, blanco, naranja y amarillo. Luego salió del salón y volvió con un martillo, una pinza, un clavo y un destornillador, colgó el farol de la pared, lo encendió y apagó todas las luces del salón. Meticulosamente, giró el farol de forma que el cristal amarillo estuviese inclinado sobre el rostro de su amante y le pidió que se sentara con los ojos cerrados: «Maria Laura, debemos ser creativos. Imagínate un paisaje paradisiaco donde estamos los dos, está empezando a salir el sol. No quiero imponerte un lugar, pero imagínate un paisaje que te guste, y en este lugar uniremos nuestra imaginación[83]». Se levantó otra vez, giró el farol y repitió el ritual con los otros tres colores.

Exasperada por las aventuras poco gloriosas de su marido, Maria Laura ya no tiene inconveniente en aparecer públicamente del brazo del ministro de Finanzas. Un día, mientras pasean por las calles del barrio del Chiado, unos hombres le silban. Salazar, celoso, o movido por su sentido innato de la economía, comenta: «Maria Laura, no pienses que puedes gastar todo ese dinero para vestirte con tanta extravagancia. Si quieres ser mi mujer, tendrás que vestirte con lo que yo pueda pagarte». Ella se para de repente, lo mira de arriba abajo: «¿Y quién le ha dicho que quería ser su mujer? Adiós, quédese con su avaricia». Una bofetada pública para el ministro.

Buscando una salida honorable a esa relación, Maria Laura se va con su marido a Sevilla, donde piensan vivir en casa del tío de éste. El hombre se ha hecho millonario y lleva un gran tren de vida. El viaje no hace sino agravar las cosas. Eduardo la acusa de tener distintos amantes. Ella le devuelve la pelota, recordándole que ha dilapidado su fortuna personal en el juego. Poco después Maria Laura está de vuelta en Lisboa, decidida a divorciarse de verdad. Obtiene un divorcio a su favor y, agotada, se retira a una casa de reposo del barrio de Benfica, donde pasa varios meses. Entretanto, la pelea con el ministro de Finanzas se ha calmado y el romance se reanuda.

En diciembre de 1930 Salazar pasa las Navidades con su familia, pero regresa corriendo para comenzar el año en brazos de su amante. En la agenda de Salazar Maria Laura, segura de su poder de seducción, escribe en francés ese día de noche vieja: «Plus qu'hier et moins que demain» (Más que ayer y menos que mañana), y firma con sus iniciales[84].

Maria Laura se ha vuelto a casar, ahora con el tío emprendedor de su ex marido y se ha instalado en su lujosa residencia madrileña. Rápidamente después de la boda, esta nueva vida de ocio le parece insípida. No espera el final de la luna de miel para eclipsarse y reunirse con Salazar en Lisboa para celebrar el fin de año. Él le alquila una habitación en el hotel Borges, en pleno barrio del Chiado. Es el barrio que hay que frecuentar, el barrio de los dandis y las *demi-mondaines*, el barrio donde se dictan las modas. Las elegantes compran sus guantes en la minúscula Luvaria Ulysses. Au bonheur des dames vende perfumes de París. Un poco más allá la elegante tienda Ramiro Leão importa vestidos de la ciudad de la luz y pone a disposición de sus clientas modistas que saben adaptar los modelos extranjeros al gusto de las lisboetas. La actualidad política, recién salida de las imprentas del barrio, es comentada en torno a las mesas del Café Central.

La agenda de Salazar para el año 1931 se cierra una vez más con la letra delicada de Maria Laura: «De nuevo y siempre: más que ayer y menos que mañana». El amor parece ir *in crescendo*, al ritmo de las visitas al hotel Borges. En 1932, idéntico ritual. En la página del 31 de diciembre ella reafirma su amor, haciendo un balance de su año romántico: «Es como en la oración que rezaba de pequeña en la que repito: ninguna criatura poseerá mi corazón. Es tuyo... querido mío».

Al año siguiente la historia aparentemente continúa. Pero Salazar ahora es presidente del Consejo. Teme por su reputación. Su ascenso no puede verse obstaculizado por una relación notoria con una mujer casada. Hay que reducir las canas al aire. «Una ausencia prolongada es casi morir un poco», le escribe ella. La elaboración de la nueva constitución en la que el nuevo tirano pone sus esfuerzos en 1933 le ofrece una buena excusa para espaciar los encuentros. Encarga a Leal Marques, su jefe de gabinete, que se acerque a los fascistas italianos para que le den el modelo de su nueva policía política, la PVDE (policía de vigilancia y de defensa del Estado). La caza de los opositores al régimen ha empezado; Salazar ha encontrado el instrumento represivo totalitario que le permite vigilar a la población y aplicar de forma estricta la censura.

Eso no le impide reservarse algunos encuentros furtivos. Un domingo de enero vemos una cita anotada en su agenda. A las 16 horas en el hotel Borges. Todo está debidamente previsto, el encuentro dura apenas dos horas[85].

En 1934, en aquel apartamento que ella había decorado, comparten la cena de fin de año, como de costumbre. Será su último encuentro. Cuando ella regresa a Madrid, le deja en su agenda una nota amarga y melancólica: «Nada es tan horrible como alejarse, no saber nada... Qué pena cruel para el corazón». Durante cuatro años consecutivos la sobrina de la pianista de Coimbra habrá inflamado las fiestas de fin de año del ministro convertido en dictador.

Las primicias de la Segunda Guerra Mundial se desarrollan a las puertas de Portugal. Desde Tánger el general Franco lanza la ofensiva contra los republicanos españoles. Pronto Madrid es bombardeada, Maria Laura y su marido deben mudarse a Sevilla, donde Salazar se ha ocupado de encontrarle un puesto oficial al marido de su ex amante. Hábil medio para comprar la gratitud de Maria Laura a fin de recuperar cualquier huella de su correspondencia. Tan pronto como están instalados Salazar envía un emisario a España para recuperar las pruebas de su pecado.

La bailarina de la serpiente

27 de julio de 1934. Unos seis meses después de su separación de Maria Laura el embaucador de Santa Comba, ahora presidente del Consejo, archiva en su agenda, en un papel de la pastelería Marquez, una carta absolutamente personal: «No he salido de casa, siempre esperando. ¿Iré a verlo el domingo? ¡Tengo muchísima prisa! Tengo tantas cosas que decirle, hay cosas que sólo se pueden decir bajito. Emilia».

Un nuevo encuentro en el hotel Borges. La dama toma todas las precauciones para que no la identifiquen. Emilia, de 37 años, lleva una vida de mujer liberada, lo cual hace esperar a Antonio que no le pedirá ningún compromiso, ninguna promesa. Desde el principio han acordado que ninguno de los dos pediría más de lo que el otro estuviera dispuesto a dar.

Poco tiempo después del encuentro Emilia le cuenta a su amiga Teresa, una actriz lisboeta, que va a ir al palacio de Sao Bento —el de Salazar— a pasar la noche. No sospechan que el sobrino de Teresa, que entonces tiene 9 años, Luis d'Oliveira Nunes, las está escuchando. Al día siguiente la amiga le pregunta ávidamente: «Oh, estoy muy decepcionada, al fin es un hombre como los demás». Le explica que tiene mucha prisa, que va «derecho al grano» y «prescinde de los preámbulos».

Emilia Vieira ha nacido en 1897 en el seno de una familia de Oporto sin bienes. Su padre, un buen artesano zapatero, se vio mezclado en conspiraciones contra los monárquicos a finales del siglo XIX y pasó largos periodos en la cárcel. La hija ha heredado esta tendencia filibustera del padre. Con la llegada de la república él se instaló en Lisboa, en pleno Chiado, al lado del teatro Sao Carlo. Se convierte entonces en un especialista de la fabricación de zapatos destinados a la Ópera. De los tres chicos y las cuatro chicas de la pareja Emilia no es la más guapa, pero sí la que tiene un carácter más ardiente, que a veces raya en la insolencia. De adolescente toma lecciones de piano y de francés, la lengua de moda entre las hijas de buena familia. Enriquecida por la industria del teatro, la familia pasa las vacaciones en Estoril, el espléndido lugar de veraneo de los monarcas portugueses, donde Emilia practica la equitación. Conservará la costumbre de pasear a caballo en pleno centro de Lisboa ante la mirada atónita de las mujeres de la buena sociedad. Tiene otras extravagancias: uno de sus hermanos le enseña a boxear y adora los bailes exóticos que todavía causan escándalo.

En vísperas de la Primera Guerra Mundial su padre se entrega al alcohol y a las mujeres y la empresa quiebra. Emilia tiene 18 años y debe volar ahora con sus propias alas. Empieza a trabajar como bailarina de salón al son de las *jazz bands*. En los grandes hoteles como el Palace Avenida la contratan para abrir los bailes y atraer a los clientes a la pista. Baila con la misma pareja durante años, pero deja muy claro que no es su novio, «porque es homosexual».

Emilia se gana la vida así, actuando en los grandes hoteles y los transatlánticos. La clientela internacional le abre horizontes. La joven llega sola a París al final de la guerra de 1914 no sin haber aprendido a disparar una pistola, por si las moscas... Vive unos años de bohemia en aquel París de la década de 1920, entre Montmartre y la rue de la Gaîté, y se siente especialmente atraída por el ocultismo. Emilia entra en un círculo de portugueses ligados a la Sociedad Teosófica, que desarrolla una doctrina esotérica inspirada en el hinduismo y en el budismo. De vuelta a Portugal cinco años más tarde, sabe descifrar los astros y hacer horóscopos.

Retomando sus costumbres en Lisboa, actúa en el restaurante dancing del Palace Foz. En la avenida de la Libertad pasea su aburrimiento por el Makavenkos, un club privado para solteros. El lugar es conocido por proporcionar mujeres jóvenes a hombres maduros de buena posición. Para hacer recular los efectos del paso del tiempo y seguir siendo el objeto de todos los deseos Emilia bebe cada día un elixir fortificante, una mezcla de yema de huevo, oporto y azúcar. Su faceta más sensual se manifiesta en las danzas exóticas y acrobáticas, que son su especialidad. Durante las veladas mundanas utiliza como único accesorio una serpiente, que se enrosca ora alrededor de la muñeca, ora alrededor del cuello, según la posición de la luna. En los bailes los que se agolpan para obtener sus favores retroceden un paso apenas ven el adorno reptiliano. La joven también escandaliza por su ambivalencia en las relaciones íntimas. Mantiene en efecto una relación con Maria Adelaïde Lima Cruz, pintora y escenógrafa.

Cansada de ese frenesí urbano, alquila una casa en Sao João, a la que manda añadir unas escaleras que dan directamente sobre la playa. La casa se convierte en el lugar de veraneo de sus numerosos y jóvenes amantes. Uno de ellos vendrá pronto a instalarse allí. Norberto Lopes es un joven estudiante de derecho y aprendiz de periodista, al que no ha repelido la serpiente de la bailarina. Le tocó por sorteo ser su pareja durante una velada. Bailaron durante una parte de la noche y ya no se separaron más. Se muda poco después a casa de ella en contra de la opinión de su familia. Vivirá allí veinte años.

Cuando la joven República española se hunde en la Guerra Civil, la pasión del joven por el periodismo lo incita a cruzar la frontera para dar cuenta del caos que reina en el país vecino. En Madrid los combates para frenar la insurrección de las unidades militares y de los grupos falangistas han puesto la ciudad en ebullición. Las persecuciones están a la orden del día; los francotiradores y las ejecuciones sumarias son legión. Emilia quiere acompañarlo a España, pero él se marcha solo. Poco importa, ella mantendrá el contacto con su amante gracias a sus sesiones de espiritismo.

Entretanto Salazar continúa poniendo al país bajo su bota. No hay dictadura sin que impere el terror; más que nunca la policía política espía, interroga, tortura y elimina. La oposición no le crea grandes problemas, salvo el partido comunista, cuyos intentos de insurrección son aplastados sin piedad. Y se aplaude al hombre que logra mantener al país fuera de la guerra del país vecino.

Salazar no se priva, sin embargo, de las fiestas de Navidad en 1936. Cena a solas con el cardenal Cerejeira y antes de la medianoche, oculto en la oscuridad, sale a reunirse con Emilia, a la que ha conocido dos años antes. Ella le escribe en una nota: «Quiero estar con usted [...]. Y decirle una vez más el sentimiento profundo de gratitud que, a lo largo de estos años, con un gesto, una actitud, ha hecho usted crecer en mi corazón, y que por arte de magia se transforma en mis mejores deseos. Amén para lo que ha sido, para lo que es y para lo que será. Y toda la ternura de la siempre fiel...».

Las relaciones anteriores de Salazar nos enseñan que jamás conserva a una amante si no le resulta de algún interés político. Además de una amiga fiel, Emilia se ha convertido en su astróloga. Ya no puede prescindir de los consejos de su vidente oficial. Ella conoce sus temores y cada mes le envía un horóscopo detallado: «Estoy trabajando en la revolución solar de este año, pero no he logrado terminarla para hoy, como deseaba. Mi petición es que tenga muchísimo cuidado con su salud. No intente prescindir de todo el reposo que necesita. Si puede dedicarme algunos segundos, le pido que me llame hacia las tres de la tarde. En cuanto haya terminado mi trabajo iré a llevárselo yo misma».

La Segunda Guerra Mundial, que ha arruinado toda Europa, ha respetado el Portugal de Salazar, que sale de ella intacto.

Las relaciones con Emilia se mantienen sin peligro de descendencia; reacia a toda idea de maternidad, ella se ha operado para evitar cualquier riesgo. La hora de las juergas nocturnas ha pasado. El elixir cotidiano no ha conseguido detener el tiempo. Debe encontrar un marido para afianzar su posición. Por desgracia su amante de toda una década, Norberto Lopes, se niega a casarse. El tema ocasiona violentas disputas. Una mañana él acaba por abandonarla. Aquel mismo día ella se apresura a comunicarle a Antonio su nueva disponibilidad: «Para abreviar la odisea le digo que estoy separada del hombre con el cual vivía, ahora puede llamarme cuando quiera, estoy completamente sola». Aprovecha la ocasión para deslizar unas palabras acerca de sus problemas económicos, pidiéndole que interceda por ella ante el ministerio de Finanzas. Propone algo a cambio: «Creo que si usted firma la recomendación tendré ocasión de serle útil, pues tengo a un extranjero judío de origen ruso que me parece sospechoso por haber pasado la noche conversando con un portugués». La delación puede ser a veces un vector de excitación.

No sabiendo qué hacer con su libertad perpetua, Norberto acepta por fin casarse con Emilia. Antonio, una vez más, es el primero que se entera en una especie de comedia de celos digna de una telenovela: «Mi boda se ha aplazado hasta febrero, que es la fecha aniversario del día en que usted y yo nos conocimos».

Después de la guerra Emilia es una mujer formal. A pesar de ello seguirá estudiando los astros para Salazar. El primer tema astral del año 1967 es turbador. Emilia le dibuja la revolución solar para el año siguiente: la posición de los astros no es en absoluto favorable y los malos presagios merodean alrededor de Antonio, nacido en abril bajo el signo del toro. Se prepara una confrontación entre Marte y Mercurio, es decir, que pronto asomarán las dificultades. Ella le advierte de una crisis que está por venir: «Riesgo de accidente del cual el nativo será la causa». En agosto de aquel año Salazar está en la terraza y va a sentarse en una tumbona, la tela cede y se cae de cabeza. «Octavo en el ascendente: preocupaciones en las finanzas y las obligaciones. Deterioro de la salud o luto. Esta superposición marca con frecuencia el año de la muerte». Al día siguiente Salazar empieza a sentirse mal y lo llevan en plena noche al hospital. Le diagnostican un hematoma en el cerebro. Luego sufre un accidente vascular. Ya no volverá a gobernar. Fallece tres años más tarde, el 27 de julio de 1970.

Durante veinte años todavía la astróloga de Salazar firmará con el seudónimo de Sibila la sección de horóscopos del diario *A Capital*, que dirige el ex estudiante de derecho con el que se ha casado, Norberto Lopes.

La bella de París

Al finalizar la guerra Salazar aún no tiene idea de lo que los astros le reservan. Aprovecha su estatus de hombre fuerte que ha resistido a las sirenas de la guerra para frecuentar más asiduamente que nunca el hotel Borges.

Un día de otoño del año 1945, hacia las cuatro de la tarde, su coche oficial se detiene delante del hotel. El chofer baja y le abre la puerta. La operación se desarrolla en unos segundos y él desaparece con rapidez en el interior. Hace una señal discreta al portero y se dirige hacia el ascensor. Sube al tercer piso y entra en la habitación 301. Las ventanas dan atrás, es una alcoba discreta. Una mujer muy elegante y algo llamativa lo acompaña.

Mercedes de Castro Feijo es la hija de un diplomático y poeta lusitano representante de su país en Estocolmo. Allí conoció a una mujer que tenía fama de ser una de las más bonitas del siglo. Era la que solía abrir los bailes de la corte de Gustavo V. Mercedes creció así entre personajes importantes y a la sombra de su madre. Cuando sus padres murieron, heredó una fortuna considerable y su tutor fue un embajador sueco, Sven Berjius. Inicia con él una vida nómada, al albur de las delegaciones a donde lo envía la cancillería.

Al alcanzar la mayoría de edad Mercedes se instala en París, en el hotel de l'Arcade, cerca de la plaza de la Madeleine. Lleva una vida principesca, apuesta en las carreras y acaba por dilapidar la pensión de la que dispone. Es una mujer rebelde a los principios que por aquel entonces deben gobernar las esperanzas de las mujeres: un hombre, un matrimonio, hijos. Ella quiere vivir de otra forma, dejando una huella de gloria en el mundo. En París se siente libre.

Hitler está a punto de invadir Francia, pero ella no quiere abandonar su *rive gauche*. No está convencida de los peligros de aquella *drôle de guerre*. Cuando los alemanes llegan a las puertas de París, no tiene más remedio que irse.

La frecuencia de sus viajes empieza a hacerla sospechosa. Los franceses le retiran el pasaporte diplomático, los alemanes no la pierden de vista. Sospechan que es una espía de los aliados. Buscando un lugar lejos de la guerra, regresa al país de su padre y se instala en el hotel Borges con unos cuantos libros franceses en su equipaje. Se interesa por los clásicos, Fénelon, Molière, y por los modernos, Apollinaire y Rimbaud. Más seductora que guapa, fuma *gauloises* con una enorme boquilla, jugando con sus rasgos angulosos y sus ojos negros inmensos. Mercedes es una mujer muy culta, pero poco afable. Frecuenta a los escritores y se hace amiga de Antonio Ferro, que la lanza como periodista.

La manera en que Salazar ha sabido mantener al país apartado de la guerra la impresiona. En verano de 1945, antes de regresar a París, le pide una cita. El *Doutor* es demasiado curioso para negarse. Demasiado atrevido también para conformarse con eso. Se ven entonces tan a menudo como los viajes de ella por todo el mundo lo permiten. En una postal garabateada con corazones y margaritas Mercedes le escribe en francés: «Cada corazoncito le llevará mis afectuosos pensamientos, así como mis deseos para la Pascua, y sobre todo deseos de buena salud. Un beso. Mercedes[86]».

Al conocer a todos los diplomáticos desde jovencita mantiene una red de conocidos nada común y transmite ciertas informaciones al presidente del Consejo. Salazar, en una carta sin fecha, pero llena de sobreentendidos, le escribe: «Me he enterado de los envíos de París y Estrasburgo. Cuando venga usted a Lisboa, avíseme, espero recibirla en el mismo momento que de costumbre».

Mercedes, como mujer de mundo que es, sabe dar alas y parar los pies al hombre que le interesa. No se priva de pedirle favores y no le perdona que no satisfaga al momento sus peticiones: «No ha hecho usted nada por mi primo Lopo Feijo, que trabaja en el SIN (Secretaría Nacional de Información) de Oporto. Esto, perdone que se lo diga, no es amable, no es nada amable en absoluto. Yo que soy tan amiga suya y que haría cualquier cosa por usted. ¡Y usted lo sabe!». La amenaza es clara: si no hay tratamiento de favor para el pobre primo, no habrá más informaciones por parte de la intrigante.

En el hotel Borges siempre reserva la misma habitación. Es un lugar de moda, por allí pasan las familias más importantes y los grandes nombres de la Ópera que actúan en el Sao Carlos. En cuanto Mercedes llega a la recepción, llaman a la presidencia del Consejo y un coche viene a buscarla al cabo de una hora. Salazar la visita una vez por semana, a horas fijas. Pero Antonio, ansioso por divertirse, se cansa de la rutina.

Desde París ella le escribe en francés: «Le parezco aquí menos accesible que en su casa de Sao Bento (un poco como un águila en su promontorio)... Y estoy llena de nostalgia... recuerdo con ternura las cucarachas del hotel Borges».

Sin dejar de utilizarla como informadora Antonio encuentra a partir del año 1950 renovadas excusas para esquivarla. Mercedes es una amante que hay que mantener a distancia: «Heme aquí de nuevo en Lisboa, y de nuevo en el camino de regreso (no hago más que llegar e irme). ¿Le gustaría verme? Si a usted no le molesta, para mí sería un placer. Mi visita a Portugal sin eso no sería perfecta, le faltaría lo más importante (y estaría muy triste). Sea bueno y llámeme». La respuesta es inapelable: «Le agradezco cordialísimamente su nota. Cuando llegue a Lisboa, pídame alguna otra cosa, la recibiré en Sao Bento o en el fuerte de Santo Antonio».

Desde París ahora es otra la mujer que despierta los deseos del *Doutor*.

EL AMOR SIEMPRE LLAMA DOS VECES

¿Felismina, Maria Laura, Emilia y Mercedes fueron sacrificadas a la razón política por un hombre apático o abandonadas por un hombre incapaz de amar? Sin duda algo hay de las dos cosas.

Salazar le confió un día al secretario de la Propaganda Nacional, Antonio Ferro: «¡Cuántas veces me he dejado emocionar por la sinceridad indiscutible de ciertas manifestaciones! ¡Cuántas veces me he sentido sacudido por el deseo casi irresistible de gritar al pueblo mi gratitud! Pero cuando me dispongo a hablar, una voz interior me dice: "Cállate. Te estás saliendo de ti mismo...". Si me dejara gobernar por influencias pasajeras, dejaría de ser yo mismo. Y entonces ya no me parecería honesto seguir gobernando[87]». Los impulsos del afecto son los peores enemigos de Salazar, sus enemigos íntimos: «Prefiero el respeto al amor, dice también. El amor pasa... ¡La pasión [...] es tan inconstante! Y tan peligrosa también. Los que hoy me aplauden ¿dudarían en darme la espalda si se apoderase de ellos otra pasión?».

Estamos en 1951, Salazar tiene 62 años. La corte de mujeres que gravitan alrededor de él ha terminado por cansarlo. Y, sin embargo, ahora conocerá la mayor pasión de su existencia.

El amor en titulares

Christine Garnier, una periodista francesa, va a Portugal con una idea muy concreta: escribir un libro sobre la vida de Salazar. Lo que le interesa no es el político, sino el hombre. La empresa es ambiciosa, Antonio dirige entonces Portugal desde hace más de dos décadas sin que se haya revelado ninguna información sobre su vida privada. Ayudada por Antonio Ferro, ella piensa reconstruir su trayectoria, desde su infancia hasta el acceso al poder. Le imponen una condición: él deberá releer cada pasaje que se publique.

En Lisboa la espera un hombre del SIN. Durante tres días le hace visitar Lisboa mientras el gabinete del jefe supremo se le escabulle. Sintiendo que la divierten con el fin de distraerla de su objetivo, Christine amenaza con regresar a París. El agente es presa del pánico. Sabe que Salazar está interesadísimo en tener buena prensa en Francia para atraer la atención de ese país al que ya han emigrado decenas de miles de portugueses. Llama a un amigo personal de Salazar y encuentra las palabras para motivar al «embaucador»: «Es chispeante como el champán», le asegura. La joven francesa, en efecto, llama la atención: es persistente, decidida, tenaz, quiere y exige conocer a ese hombre que tanto la intriga. Una vez que el amigo con su descripción ha logrado despertar la curiosidad de Salazar, éste consiente en recibirla. La cita queda fijada para dos días después en el palacio Sao Bento.

Christine ha cambiado sus costumbres para la ocasión. Conociendo la estética algo monacal del *Doutor*, se presenta tocada con una pamela, vestida totalmente de negro, con una elegancia muy parisina a pesar de su sobriedad. Apenas ha pasado el puente levadizo cuando un hombre con un traje de lino blanco baja la escalera para recibirla. La conduce en silencio hasta una habitación amueblada con dos únicas sillas. Se sientan ambos y esperan. La parisina se impacienta: «¿Entonces? ¿El presidente no viene?». Inmóvil, él le sonríe afablemente. Es el propio Salazar, que tiene la costumbre de hacer de la simplicidad de su atuendo un arma para sorprender a las mujeres. «El asombro paralizó mi impulso y mi voz[88]», recuerda la mujer. Como con Felismina cuarenta años antes, en el andén de la estación de Viseu, permanecen el uno frente al otro sin pronunciar una sola palabra. Ella queda atrapada por su mirada: «De aquella cara desconocida no veo más que los ojos. Unos ojos muy negros, triangulares e intensos». Entre la estupefacción y la torpeza se produce el flechazo. Todo en él la enamora: «Tiene una tez ligeramente bronceada, unos cabellos grises y lustrosos, unos dientes que brillan con un resplandor mineral», observa.

Christine Garnier es una mujer apasionada, que no conoce la mesura ni la hipocresía impuestas por los códigos políticos. «Me han hablado mucho de usted, señor presidente, le dice a bote pronto, y lo que me han dicho no era muy tranquilizador. Para unos es usted un santo y no tardarán en beatificarlo. Para otros es un jefe sin ninguna sensibilidad ni humanidad. [...] Y su fama de austeridad es tal que, para venir a verlo, me han aconsejado que evitara el perfume y el esmalte de las uñas. Me he puesto un gran sombrero negro cuando habitualmente llevo el pelo suelto. Y no he dejado de temer, en el coche que me traía al fuerte, que la falda y las mangas no fueran lo bastante largas...». El presidente del Consejo queda seducido por ese aplomo y la marea de preguntas que viene después no lo decepciona.

—Me han dicho que la compañía de las mujeres le resulta insoportable.

—¡Tal vez sean las mujeres que me he negado a recibir las que me han dado esta fama! Realmente no tengo tiempo para conceder audiencia a todos los que me la piden: los minutos que robo a mi trabajo se los robo al Estado. Pero, créame, ¡la compañía de las mujeres me es por el contrario sumamente agradable!

—¡Salvo quizá las mujeres que trabajan! No he olvidado algunos pasajes de sus discursos en los que afirma que el trabajo de la esposa destruye la familia...

—Mi opinión no ha cambiado. Continúo diciendo que no existen buenas amas de casa que no encuentren en su hogar mucho que hacer, aunque sólo sea preparando las comidas y ocupándose de la ropa.

—¿Cree usted, pues, señor presidente, que puede frenar ese movimiento de emancipación que está arrastrando a las portuguesas?

—Persuadido como estoy de que una esposa que esté pensando en su hogar no puede realizar un buen trabajo fuera de él, lucharé siempre contra la independencia de las mujeres casadas.

Éste es el tono. Salazar invita a la bella curiosa a volver para las vacaciones. Irán a Santa Comba y allí ella podrá terminar su investigación. Se aloja en la pensión Ambrosia y cada mañana va a ver al dictador, escoltada por la policía.

Descubre el universo más personal de Antonio. Lo que ella creía que era una vasta propiedad familiar es de hecho una casita, «parece la vivienda de un rentista», observa. Más bien una modesta casa parroquial en el campo. La fachada rosa está florida de rosales trepadores. Las habitaciones estrechas están amuebladas únicamente para lo útil, muy poco para lo agradable. Solo una mesa Luis XV eleva sus líneas delicadas en medio de un salón casi desnudo. Salazar ha escogido una cretona corriente para los sillones y las cortinas. En las paredes de color beige un grabado romántico al lado de un retrato de Dante y de un cuadro que representa una visita a un convento de benedictinas. No hay biblioteca. Casi no hay libros. Ninguna fotografía. «He aquí el refugio del que califican de dictador. En una de estas habitaciones vacías es donde Salazar terminará sus días. Estoy emocionada».

El dormitorio, el sancta sanctorum, es del mismo tenor. El suelo y la cama son de madera blanca. La cortina que disimula la vista de los campos está manchada de óxido. Encima de la cómoda, una imagen de la Virgen de yeso coloreado. La puerta del cuarto de baño contiguo está entreabierta: Salazar se ha dejado sobre el lavabo un peine pequeño y un cepillo para el pelo como los de los estudiantes: «No logro comprender cómo toda esta desnudez, toda esta pobreza, irradia tanto calor y hasta exaltación».

En el pueblo la presencia de la extranjera da mucho que hablar. Mientras los campesinos se ocupan de sus cultivos, Salazar la pasea, apoyado en su bastón de la India. Le muestra los viñedos y los jardines. Le gustan particularmente las orquídeas de Madeira y los claveles rosas de Estoril. Solamente flores de colores pálidos: rosa, azul o blanco. Se sientan entre las glicinas en la terraza cubierta de estilo colonial.

—¿Le gustan mucho las flores, señor presidente?

—Me proporcionan las únicas alegrías que me están permitidas —se lamenta él lleno de melancolía. La partitura del solitario, tímido, austero, totalmente dedicado a su trabajo, que ama los paseos por los jardines botánicos, da resultado: «Hay instantes en que la profunda lasitud que sientes pesar sobre él te emociona». A su vez Christine queda seducida.

Adquieren la costumbre de sentarse la una junto al otro delante de la fuente, sumidos en grandes conversaciones. En Santa Comba alguien se ha dado cuenta de lo que está ocurriendo: es la joven que Salazar recogió cuando era niño y que se crió a su lado, Micas. Convertida en una mujer, observa con curiosidad las atenciones que su tutor dedica a la extranjera. «Fue la única mujer que le hizo perder la cabeza», concluirá. Y en la mente de la joven periodista que ha venido para escribir un artículo los sentimientos también se mezclan a despecho de todo rigor profesional.

«Acabo de regresar a Lisboa. Son las doce de la noche. En mi memoria cansada se encabalgan las carreteras y los puentes, y se mezclan caras que me remiten todas, irremediablemente, a Salazar. Quisiera inventar mañana, según mi fantasía, escenas de baile, de música y de amor sin tener que apoyarme en fechas concretas ni en paisajes obligatorios. En mi habitación encuentro un gran ramo de rosas muy perfumadas. La camarera me entrega, con una expresión feroz, una tarjeta de visita: *Doutor* Antonio de Oliveira Salazar. Luego se va y para dejar clara su desaprobación da un portazo».

La francesa se apresura a responderle: «¡Cómo darle suficientemente las gracias! Gracias por las rosas que me han emocionado tanto. ¡Son las rosas más bonitas del mundo!... Gracias por el pensamiento delicado que ha tenido».

Christine llega siempre para trabajar al atardecer. ¿Tal vez por la noche está más inspirada? Sube hasta el despacho, que también es donde están las habitaciones. Salazar cierra entonces cuidadosamente puertas y contraventanas. Micas, llena de curiosidad y sin duda de celos, se oculta en el dormitorio destinado a Christine, de paredes delgadas, contiguo al despacho, a fin de vigilar cualquier movimiento sospechoso: «No vi nada, todo estaba bien cerrado, lo cual no suele ocurrir jamás». Lo que excitó aún más la imaginación de la muchacha fue, un buen día, la agitación del ama de llaves. Maria de Jesus subía y bajaba las escaleras con dos cubos de agua caliente en dirección al cuarto de baño. Los franceses tenían por aquel entonces fama de sentir una gran aversión al agua y a la higiene corporal. Y Salazar, en la duda, esperaba convencer a Christine para que tomara un baño. Fue la propia ama de llaves la que, en un estilo muy prosaico, le contó el secreto a Micas: «Me dijo que Salazar se quejaba mucho porque Christine no se bañaba jamás, pero se ponía crema en la piel».

Maria de Jesus, dedicada en cuerpo y alma a Salazar, hacía cualquier cosa por él aunque fuera en contra de su naturaleza profunda. Cocinar para sus amantes y prepararle hermosas decoraciones de mesa para la cena formaba parte de sus atribuciones. Aquella mujer piadosa, discreta y que amaba a un solo hombre, su patrón, se tragaba su orgullo para complacer al *Doutor*. Mientras su salud fuera buena, lo demás no tenía importancia.

Christine pasa el verano entre Santa Comba y Lisboa. En la ciudad donde reina Salazar descubre su decorado cotidiano, el del poder. «Salazar me había dicho a las siete, pero yo no pude evitar llegar diez minutos antes a la puerta de la gran casa blanca de un solo piso que hay al lado del Sao Bento. Las alfombras son de Aubusson; los biombos, de Coromandel, y las arañas, de Venecia. A la entrada hay dos negros del mejor rococó. Orquídeas marrones con puntitos amarillos desbordan de un antiguo jarrón chino sobre la delicada marquetería de una mesa». ¡Qué contraste con la sobriedad de Santa Comba!

Salazar todavía encuentra aquí algunos instantes para entregarse con ella a bucólicos paseos. Él le ofrece el brazo y deambulan bajo los árboles del jardín. El hombre parece más feliz entre los patos criollos que bajo los lujosos artesonados de su palacio: «¿Qué me dice de esos bojes a la francesa, que descienden hasta Sao Bento? Qué maravilla, ¿verdad? Si entornas los ojos, es como un tapiz. He supervisado yo mismo la transformación de los parterres y he dado instrucciones a los jardineros», se enorgullece él.

Yendo y viniendo ahora ya entre Francia y Portugal, Christine se ha convertido en la favorita de Salazar. Antonio parece enamoradísimo de ella. Llega a escribir a un amigo embajador en París, Marcello Mathias, para pedirle un favor muy personal: la compra de una joya para una periodista. «Me costaría muchísimo hacerlo yo mismo sin que alguien me asesorara, y aquí no hay nadie competente. No puedo desplazarme personalmente por miedo a los comentarios... No se preocupe por el dinero, pues el dinero no me sirve para nada, tengo suficiente para mi modestia y demasiado poco para mi posición[89]». El diplomático asume la responsabilidad de la compra. Lleva a Christine a las mejores joyerías de París y le pide que escoja un anillo de mujer. Salazar telefonea al gobernador del Banco de Portugal para que le haga un cheque de 420 dólares.

Title
Todo lo que debe saber sobre la Segunda
Guerra Mundial /
Item ID   31994013884363
Due   03/17/2017
Title
Extraños sucesos navales /
Item ID: 31994015025890
Due   03/17/2017
Title
Las mujeres de los dictadores /
Item ID: 31994015076513
Due: 03/17/2017

Por primera vez en su vida el presidente del Consejo se muestra generoso. Cuando Christine está en París, el presidente la inunda de flores que manda traer de los cinco continentes. Otros regalos exóticos la esperan en el número 21 de la rue Verneuil: «París, 1 de diciembre de 1953. Señora, Hemos recibido de parte del Sr. Frazao Pacheco, gerente de la sociedad Corretora, la orden de entregarle de parte del presidente Salazar una caja de ananás de las Azores. Hemos tratado en vano de comunicarnos con usted por teléfono. Pensamos entregarle esos ananás de la expedición que esperamos llegue mañana a París...».

Antonio le hace enviar toda clase de víveres para aderezar sus ausencias. Llega a mandarle a través del vapor *Turckheim* tres cajas de vino tinto de Dao en Dakar, donde ella está haciendo un reportaje. La compañía Royale paga alrededor de mil escudos por el néctar. Salazar le prodiga así todas sus amabilidades. La adula, y a ella esto le encanta.

Christine es originaria de Flandes y desde muy pequeña ha recorrido el mundo con su padre, un oficial de la marina. Él le ha transmitido un temperamento de aventurera y de niña mimada. De adulta ha decidido recorrer un camino que hasta entonces estaba reservado a los hombres: cruzar África de punta a punta y permanecer en la jungla ecuatorial para estudiar la brujería. Escribe algunas novelas desconocidas y conoce en sus amores un recorrido agitado. Elige a sus hombres de entre los más notables, pero éstos se desgastan rápidamente.

En la época en que Christine conoce a Salazar es una mujer casada, esposa de Raymond Bret-Koch, sobrino nieto del Dr. Koch, el descubridor del bacilo de la tuberculosis. El ingenuo marido la ha acompañado al principio de sus investigaciones en Portugal. Mientras su mujer se pasea por el norte del país del brazo de Salazar, él la espera en la capital. Cuando Raymond vuelve a París al cabo de un tiempo, descubre las cartas apasionadas que el presidente del Consejo le ha escrito a su esposa. Christine responde a sus cartas: «¡Alegría de recibir su adorable carta tan impregnada de usted! Alegría de sentirlo... Pienso con nostalgia en la querida *quinta*. En aquel tiempo, ya lejano, todo era hermoso, ¿no es cierto? ¡Qué época maravillosa, casi fuera de la vida! Sí, en aquellos días la vida era bella...».

El marido traicionado acaba pidiendo el divorcio y Christine vuelve a casarse muy pronto, pero la segunda unión no es más feliz que la primera. «Tiene usted razón, nadie cuida de mí, nadie me protege, y eso ha sido así durante toda mi vida. Sólo mi hijo me aporta (junto con usted) un consuelo real», escribe a Antonio.

Salazar continúa utilizando el efecto que provoca en las mujeres para mantenerse informado de todo. Christine viaja mucho, frecuenta la élite francesa y se codea con ministros y dignatarios. ¿La utilizaba cuando el tema era demasiado sensible para la vía de la diplomacia oficial? La suerte de Christine se parece en este sentido a la de Mercedes, en una relación en la que el interés político y los sentimientos reales se mezclan inextricablemente.

«Su voz, ¡me gustaría tanto describir su sonoridad! [...] Es como un canto. Es baja y dulce, pero se detiene a veces en unas notas de acero que te dejan helada: no se parece a ninguna otra. Me evoca la hoja de un puñal moviéndose en una vaina de seda». Pero Salazar deja de llamarla, la voz ha enmudecido para Christine.

Y, sin embargo, ella había creído ser la última compañera de Antonio, aquella por la cual renunciaría a la prisión afectiva en la que está encerrado. «Algunos pretenden que no me gusta la vida», le había confesado él. «Es totalmente falso. No me gusta mi vida. [...] En lugar de gobernar me gustaría vivir aquí, en medio de estos campos y estos viñedos algunos años tranquilos. ¿Cree usted que no me hubiera gustado formar un hogar? ¿Cree usted que no tengo el deseo de dormir sin preocupaciones, liberado por fin de las mil mezquindades que son el precio por toda obra de gobierno cuando uno es cautivo de ella durante veintitrés años?».

En el cautiverio que él mismo se había construido sólo Maria, el ama de llaves, pasará con él sus últimos instantes. Está a su cabecera durante su agonía, el 27 de julio de 1970. El *Doutor* murió junto a ella, sin dedicar una sola mirada a la que lo había amado en silencio desde los primeros años del siglo y había permanecido virgen. Felismina, Emilia, Christine, igual que Maria hicieron la experiencia más íntima de esta ley del salazarismo: «No se puede hacer política con el corazón, ¡sólo se puede gobernar con la cabeza!».

V

Bokassa, crónicas de Bangui la golfa

«¡Un futuro emperador no debe emborracharse!».

CATHERINE BOKASSA

FLECHAZO EN BANGUI

Canapés con diamantes

Mañana del 4 de diciembre de 1977. Una emoción fugaz anima el rostro hasta entonces impasible de Catherine, cuando la imponente corona se posa sobre su frente. La que no era más que una colegiala cuando conoció a Jean-Bedel se había convertido en la mujer del presidente y ahora en emperatriz. Un hombre en París ha observado ese rostro, esa emoción, y no puede apartar la mirada del televisor que retransmite la coronación del matrimonio Bokassa.

Bangui la coqueta se prepara desde hace meses. Durante un día la coronación del nuevo emperador Bokassa I relega a un segundo plano las desdichas de la población. Todo el mundo ha participado en los preparativos, la ceremonia será grandiosa.

Las dos mayores riquezas del país participan en el resplandor de la fiesta. La madera magnífica de la jungla tropical adorna el polideportivo de Bangui. Los diamantes brillan en todos los vestidos, en los dedos de cada dignatario, alrededor del cuello de todas las mujeres honorables.

¡Cuánto camino recorrido! Jean-Bedel Bokassa tiene 18 años cuando entra en el ejército francés como tirador de élite. Se ha pasado en el ejército más de veintitrés años antes de ser trasladado al nuevo ejército de su patria tras haber conquistado la independencia. Entonces tenía el grado de capitán y su imaginario se había formado en lo que fue antiguamente la *Grande Armée* napoleónica. Había adoptado sus códigos y sus mitos. Y como todo buen soldado, tenía como ídolo a Napoleón Bonaparte. Esa admiración sin límites es la que lo empuja ese día de la coronación a repetir la ceremonia del 2 de diciembre de 1804, la que vio al general Bonaparte convertirse en emperador de los franceses.

Su traje, una réplica del del mariscal Ney, arrastra el larguísimo manto de terciopelo y armiño que el pintor Isabey imaginó entonces para el retorno de Francia a la monarquía. Un decreto regula en adelante la manera en que habrá que dirigirse al emperador: «Toda persona que salude a Bokassa deberá permanecer a seis pasos, efectuando una ligera inclinación con la cabeza hacia adelante». Para responderle los centroafricanos deberán utilizar el «sí, majestad imperial». El texto concreta aún más: «Si la situación impone realmente una respuesta negativa, hay que evitar emitir un no brutal». Jean-Bedel no soporta que le digan que no. Una palabra que ni siquiera debe existir en la boca de una mujer.

El nuevo Napoleón de África tiene 56 años. En el papel de Josefina está Catherine Denguiade, que sólo tiene 28 años. Es la madre del pequeño Jean-Bedel Junior, que asiste muy modosito aunque no puede reprimir sus bostezos al acceso de su padre a la dignidad suprema. Sentado sobre un mullido cojín de terciopelo rojo bordado de oro y vestido de blanco como un pequeño oficial, debe permanecer inmóvil durante ese ritual de otra época.

Su madre luce un vestido de la casa Lanvin, confeccionado en lamé de oro, realzado con piezas del mismo metal y con miles de lentejuelas. De oro también son los bordados, acompañados de rubíes. Los atuendos del emperador y la emperatriz cuestan ellos solos doscientos diecisiete mil dólares, una suma modesta en el fondo, comparada con los cinco millones que pesan la corona y el cetro de Bokassa, así como la diadema y las joyas de Catherine. La pieza principal de la corona del emperador, modelo imperial clásico completo, idéntica a la de Napoleón, es de ciento treinta y ocho quilates; la que adorna la diadema de Catherine, que tiene la forma de las coronas de laurel de los Césares, es de oro macizo de 38 quilates. Jean-Bedel ha pedido que los diamantes destinados a Catherine sean de una pureza excepcional. Todo ha sido fundido y engastado por Arthus-Bertrand, el joyero parisino oficial de Bokassa. En las orejas de la esposa imperial, unos solitarios con unos colgantes que le llegan hasta el cuello y que terminan en un diamante tallado en forma de gota más gordo todavía[90]. Llevan la cola del vestido unas damas de honor vestidas con unos trajes color fucsia inspirados en los vestidos del clásico americano *Lo que el viento se llevó*.

Antes de sentarse en su trono en forma de águila gigante de una envergadura de casi diez metros Bokassa debe agarrar la corona imperial. Repitiendo el gesto de Napoleón, se la pone él mismo en la cabeza. Todo ha sido milimetrado por Olivier Brice, de la casa Michel Tellin, que ha sido contratado para representar el papel de Isabey. Un incidente imprevisto se cuela, no obstante, en el desarrollo de las operaciones. Bokassa se ha olvidado de quitarse los laureles de oro que lleva puestos. Con un gesto torpe, retira apresuradamente la corona imperial, se deshace de los molestos laureles dándoselos a un chambelán y vuelve a colocarse la corona por segunda vez.

Igual que Josefina delante de Napoleón, Catherine viene a arrodillarse a los pies del emperador y a recibir de sus manos la diadema. A un posible David no le quedaría más remedio que pintar una nueva *Coronación de Napoleón*.

El pastiche de la ceremonia del 2 de diciembre de 1804 en Notre Dame es desde ese punto de vista un éxito. Los gestos imperiales consignados en numerosos recuerdos e ilustraciones son fielmente reproducidos. Algunos elementos han venido a añadirse al ritual napoleónico; Bokassa confesó en una entrevista que le habían influido mucho en su elección dos ceremonias anteriores. La coronación del sha de Irán y el jubileo de la reina Isabel de Inglaterra. Por eso las carrozas son una réplica de las de Buckingham, y los expertos discuten para saber cuál es el elemento que sacó de Persia. Como Bokassa da mucha importancia a la disciplina del cortejo, ha organizado unos días antes de la ceremonia unas proyecciones de los dos acontecimientos a las que asiste su guardia personal a fin de que cada cual cumpla bien con su papel. Les aconseja vivamente que vean también la película *Napoléon*, de Sacha Guitry, para perfeccionar su formación acelerada de perfecto bonapartista. Todos conocen la partitura que tendrán que tocar, salvo Catherine, que ha sido mantenida al margen hasta entonces.

¿Por qué ese mimetismo? Sin duda hay que ver en él el reflejo de los gustos del ex militar Bokassa. Tal vez ese ambicioso capitán ha querido recrear, alrededor de su pequeño país poblado por sólo dos millones de habitantes, el antiguo conjunto del África Ecuatorial francesa que se dividió entre Chad, Gabón, Congo Brazzaville y África Central.

El traslado de la pareja y sus invitados no ha sido un asunto baladí. Ha sido preciso disponer de sesenta Mercedes enviados por barco a Camerún y transportados por avión hasta las orillas del Ubangui. Los caballos que tiran de la carroza de inspiración windsoriana proceden del Haras du Pin de Normandía. Pero su tolerancia al calor es limitada. Se comprende el calvario que están pasando esos caballos de monta, más acostumbrados a las lecciones y a la doma que al tiro. Uno de ellos, por cierto, se derrumba en plena ceremonia. La traición del penco pone a Bokassa fuera de sí. Empieza a pelear con Catherine, que va sentada junto a él en la carroza: «Papá, hoy es un gran día, no te pongas nervioso», le dice ella al oído. Las únicas palabras que pronunciará durante todo el día. Ella sabe que sólo los halagos calman los nervios del nuevo emperador.

Poco después los tres mil quinientos invitados llegados de cuarenta y tres países podrán deleitarse con las doscientas cuarenta toneladas de comida y bebida que han preparado los mejores *traiteurs* de París. Brindan por el emperador levantando sus copas llenas de Château-Laffitte o de Mouton-Rothschild de las mejores añadas. Para abrir el apetito la corte de Bangui mete la cuchara en las fuentes de plata que les presentan dos *chefs* y que contienen casi un quintal de caviar. De postre, un pastel verde de siete pisos no identificado, por encima del cual se sueltan seis palomas que simbolizan la paz para ese régimen extravagante.

Alrededor del palacio treinta mil banguienses se han puesto el traje típico teñido con los colores del partido único. El sonido de una fanfarria sobredimensionada con la misión de imponer la alegría resuena por toda la capital. Ha sido enviada por avión por parte del presidente Giscard d'Estaing en un aparato del GLAM (Agrupación de Enlace Aéreo Ministerial). Toca las melodías preferidas de Bokassa, *Lucien tu n'auras pas ma rose* y *Tiens voilà du boudin*.

El ministro francés de Cooperación, Robert Galley, que es el responsable de la política africana, trae el regalo de Francia. Para complacer a su amigo Valéry Giscard d'Estaing no ha querido asumir riesgos. Bokassa recibe de manos del emisario un auténtico sable de la época napoleónica. Los demás sables que blanden los soldados centroafricanos durante el desfile han sido prestados, tras arduas negociaciones, por la escuela de Saint-Cyr. Francia también ha enviado unos francotiradores y la brigada contra el crimen organizado de Marsella dirigida por Georges N'Guyen Van Loc, conocido en el hampa como «el Chino».

Con esa coronación Jean-Bedel realiza su sueño. Para Catherine es una interminable pesadilla. «No se puede hacer una gran historia sin sacrificios», había declarado su marido unos días antes a los periodistas presintiendo el fasto desproporcionado de la ceremonia. Con todo, el coste de veinte millones de dólares, en un país con poca población, que sólo tiene ciento ochenta kilómetros de carreteras asfaltadas para una superficie mayor que la de Francia, y con un PIB de doscientos cincuenta millones de dólares, da qué pensar. De hecho, la inversión productiva no será nunca el fuerte de Bokassa.

La cautiva de Berengo

¿Quién es esa joven emperatriz de mirada fija? Con los ojos entornados, parece que le cueste llevar su diadema, no esboza sonrisa alguna ni expresa el menor sentimiento durante ese día de la coronación.

Nacida en 1949 en el Chad, Catherine Denguiade es una joven banguiense que va todas las mañanas a pie al instituto Pío XII. Bokassa toma una mañana de 1964 el mismo camino. Inmediatamente queda prendado de la belleza y la figura esbelta de aquella joven de 15 años y decide que será la elegida de su corazón: «Ya era muy bella, alta y muy morena de piel[91]», dice Bokassa. Los días siguientes se hace el encontradizo. Estas palabras pueden parecer sorprendentes en boca de un hombre que ha conocido a muchas mujeres de distintas procedencias y que ya se ha casado media docena de veces.

Los gustos de Jean-Bedel eran eclécticos en materia de mujeres. Al terminar la guerra se casó con la belga Annette Van Helst, luego con una mestiza de Bangui, Marguerite Green Boyangua. Su largo servicio en Indochina durante la guerra de independencia, de 1948 a 1954 le aportó dos mujeres: Martine N'Guyen Thi Hue y Jacqueline N'Guyen Thin Than. Luego Astrid Van Erpe, una francesa, y Hélène Rachel Lévy, una judía

177

nacida en El Cairo, con la cual parece que se estabilizó durante un tiempo. Pero, como no podía tener hijos, Bokassa se separó, muy a su pesar, según dicen.

Con Catherine aprendió sin duda a admirar a una mujer. «No puedo prescindir de ella. La necesito[92]», confesará a su amigo André Le Meignen. Su forma de cortejarla, sin embargo, es un poco peculiar: a los pocos días de conocerla la hace secuestrar por unos soldados. Jean-Bedel va luego a pedir la mano de Catherine a sus padres, que se inclinan ante tanto fervor. «Cuando conocí a los padres, descubrí que su padre era un primo lejano mío. Él no quería ni oír hablar de matrimonio, pero la madre, de origen chadiano, no estaba en contra».

Bokassa aún no es un dictador. No lo será hasta 1966, gracias a un golpe de Estado contra su primo David Dacko. Pero ya es el jefe del Estado Mayor del ejército. Para aquellos modestos habitantes de Bangui era impensable rechazar la oferta de aquel hombre fuerte e influyente, y privarse así de sus riquezas.

Al cabo de unos meses, en junio de 1965, Catherine se convierte en su mujer y le da su primer hijo, una niña llamada Reine. Seguirán seis más, entre ellos, el príncipe heredero Jean-Bedel Bokassa Junior.

Esa boda, celebrada contra la voluntad de la novia y por coacción física, no anuncia una vida fácil y despreocupada para Catherine. Su libertad de movimientos es prácticamente nula, debe pedir permiso a su marido cada vez que sale. Una de sus amigas nos cuenta que la futura emperatriz no podía hacer nada sin su autorización: «Me dijo que ya le gustaría asistir conmigo a misa en Damara un día, pero que no se lo permitirían».

También están excluidas las visitas. En julio de 1973 un chofer recién contratado por Bokassa para conducir a su esposa sucumbe al furor de ese marido presa de un ataque agudo de celos. La misión principal del empleado es espiar a Catherine, un encargo que por lo visto no ha cumplido como se esperaba. Ha olvidado notificar al jefe la visita de una amiga a su mujer. Una amiga que a Bokassa no le gusta para nada. La sanción es terrible: Bokassa golpea tan fuerte al joven despistado con su bastón que el chico muere.

Bokassa dedica gran parte de su energía a tratar de calmar unos celos que cualquier cosa provoca. Su hijo Georges atestigua ese despecho totalmente irracional: «Mi padre desconfiaba de todo el mundo. Sospechaba que todos los hombres, incluidos sus propios hijos, querían arrebatarle sus mujeres. Un día, en la villa Kolongo, descubrí que a mí mismo me había puesto escuchas[93]».

La vida de la corte es para Catherine un tormento cotidiano. Sólo las canas al aire de Jean-Bedel le dan algún respiro. Cabe decir que, desde que se conocieron, Bokassa se ha casado con al menos otras ocho mujeres, que le han dado varios hijos.

Pero la pasión que siente por Catherine parece muy fuerte, ya que es la elegida para ser la emperatriz oficial. Y parece lo bastante duradera como para que el emperador se esfuerce en hacer anular uno de sus anteriores matrimonios, celebrado por la Iglesia católica, para poder reconocer a Catherine como esposa legítima. Se había casado, en efecto, con Astrid Van Erpe en una ceremonia religiosa. El padre Yves Gautier, que los casó, recuerda los remordimientos del futuro emperador: «Cuando vino con Astrid a prepararse para la boda, yo hice alusión a las dificultades a las que se enfrentarían. ¡Él tenía 45 o 50 años y ella, 17! Le sentaron muy mal mis reflexiones. Pero cuando se divorció, como no podía volver a casarse por la Iglesia, dijo: "¡Ojalá hubiera escuchado al padre Gautier!"». Bokassa no le confiesa a Catherine la verdadera razón de su divorcio: «No fue él quien echó a Astrid, sino Astrid la que se fue. No se lo perdonó nunca. Según él, una mujer no hace eso[94]», recuerda también el padre Gautier. Al contrario que Napoleón fracasa en su intento por hacer que la Iglesia de Francia reconozca la validez de su divorcio pese al envío de un obispo a Bangui, como recuerda el padre Joseph Wirth, que defendió el caso ante la Santa Sede. «Como se negaba a mostrar su cartilla militar —que contenía indicaciones privadas—, se interrumpió la investigación y la boda no se celebró[19]».

Catherine sigue siendo, pues, una esposa ilegítima desde el punto de vista religioso. Quizá el hecho de que Bokassa hubiera abrazado algunos años antes la religión musulmana, para complacer al libio Gadafi, perjudicó su caso ante el Papa.

Por desgracia éste no es el único obstáculo que la elección de Catherine debe superar. Ésta se opone a la coronación y se niega hasta casi el último momento a tener un papel protagonista. Bokassa se plantea incluso sustituirla. Estudia la posibilidad de colocar en el trono a una rumana, Gabriella Drimbi, con la que se había casado un año y medio antes, en abril de 1975.

Cuando visitó a su amigo Nicolae Ceaucescu en 1973, se fijó en la belleza de aquella bailarina delgada, de largos cabellos rubios y ojos azules, durante un espectáculo que le ofrecieron en Bucarest. Inmediatamente entró en negociaciones con el *Conducator* para hacerse con la nueva presa. Los diamantes que regaló a Ceaucescu facilitaron sin duda la negociación. Bokassa se trajo a Gabriella al África Central unos meses más tarde. Intentó colmarla ofreciéndole un tren de vida lujoso y cediéndole la villa Kolongo.

Gabriella exigió primero una boda grandiosa que la colocara en pie de igualdad con Catherine. Bokassa improvisó una recepción a hurtadillas, con banquete y una orquesta que tocó de noche bajo la lluvia; quería evitar las iras de Catherine. Esta nueva vida pronto le hizo perder la cabeza a la antigua bailarina. «Un día exigió que abrieran un supermercado en plena noche para comprar un paquete de galletas», recuerda Reine, la hija mayor de Catherine y Jean-Bedel. También describe las tensiones entre las diversas esposas: «De vez en cuando nos llevaba a su casa a escondidas de mi madre, que no soportaba que fuéramos a ver a las otras mujeres. Gabriella abría su armario lleno de joyas y nos preguntaba si Catherine tenía las mismas[96]».

La única obsesión de Gabriella es rivalizar con la gran Catherine. La vida conyugal con la hermosa bailarina, de hecho, no es nada relajada y el exotismo pronto se vuelve agrio. Cuando se pelean, ella no duda en tirarle a la cara la preciosa vajilla que le ha regalado.

Igual que Catherine, también Gabriella tiene que soportar los ataques de celos de Bokassa. Gracias a los confidentes que coloca a esa mujer para la cual parece que albergó verdaderos sentimientos, se entera en otoño de 1977 de que su querida Gabriella tiene, al parecer, tres amantes. Son identificados, arrestados el 28 de septiembre y ejecutados. La elección de la modalidad no deja de ser sorprendente: son golpeados con cadenas hasta morir. Durante su segundo proceso en 1987, en el que se le juzga por parte del nuevo régimen por sus excesos de brutalidad, los antiguos guardaespaldas de Bokassa declararán que el furor de su jefe se desencadenó al descubrir fotos obscenas de su mujer. Gabriella fue entonces confinada en su lujoso palacio, prisionera de Jean-Bedel.

Entre Catherine y Gabriella estalla la guerra. Para prevenir las escenas de celos Bokassa ha previsto hasta el menor detalle. Ha organizado su palacio de Berengo en varias residencias: la principal, que ocupa él, está al lado de Catherine, a una distancia suficiente, sin embargo, como para poder acudir a una tercera residencia, donde se alojan las demás esposas y las amantes ocasionales. Por tanto, puede reunirse con estas últimas sin levantar las sospechas de Catherine. ¿Aquella a la que las otras esposas envidian y quieren igualar no siente jamás la curiosidad de ver cómo son sus rivales?

«¡Ningún chofer aceptaría llevarla a las residencias de las otras mujeres! ¡Antes dimitir! ¡Estás loco[97]!», nos confía horrorizado Omer Malenguebou, ex chofer personal de Catherine.

Bokassa ha dispuesto su dormitorio para satisfacer sus deseos más íntimos. Daniel Gollety, encargado de instalar un estudio de grabación de discos en Berengo, ha podido visitar la habitación del emperador: «Una cama hidráulica redonda con espejos en el techo... delante de él un aparato de vídeo. Me pide que saque el cassette que está metido en el aparato. Era *La Victorie en chantant*, de Jean-Jacques Annaud».

La pareja discute con frecuencia. Bokassa arguye su diferencia de caracteres: «Catherine es la bola de mandioca y la banana, y Bokassa, el camembert y el beaujolais», analiza con sagacidad. Las razones son otras: Bokassa necesita sentir que Catherine está permanentemente controlada. Como él se pasa el día en el palacio presidencial del Renacimiento, en Bangui, ella debe hacer lo mismo. Le compra la villa Nasser, una residencia magnífica muy cercana. Berengo o Villa Nasser, dos nombres para un mismo enclaustramiento. Bokassa le prohíbe formalmente salir, a veces durante largas semanas.

De esos días enteros que pasa encerrada Catherine ha aprendido a observar lo que la rodea a través de un tragaluz. Una noche, cuando contempla el patio del palacio de Bangui, ve llegar a su marido flanqueado por varios molosos. Ve cómo torturan con violencia a un hombre culpable de no sé sabe qué exactamente. No puede evitar proferir este comentario: «Esto acabará mal. Algún día nosotros pagaremos por todo esto». Desde su cautiverio Catherine percibe la naturaleza destructiva del régimen de su marido. Observando a Bokassa de cerca, lo ve dar rienda suelta a su sed brutal de seguridad y de dominación. Su hija Reine da testimonio de esa reclusión forzada y añade que Catherine padece actualmente de claustrofobia, «hasta el punto de que no puede ir a ver una película al cine».

Aquella mujer que es la primera víctima de los celos de Bokassa sabe en ciertos momentos resistirse al todopoderoso Papá. Su estatus de primera esposa y su temperamento plácido pero obstinado le permiten hacerle frente, y hasta calmarlo, como declara

Reine: «A veces mi madre iba a ver a sus padres. Pero apenas había llegado cuando ya tenía que irse a Villa Nasser, donde Bokassa la esperaba chillando. En esos casos nos hacía entrar en sus aposentos, cerraba las puertas con llave y lo dejaba chillar en la escalera».

Sus hijos mayores son enviados a internados suizos y Catherine puede por fin gozar de algo de libertad. El palacio imperial de Berengo cuenta dentro de sus murallas con un pequeño taller de costura. A ella le gustan mucho los vestidos y decide dirigirlo. El taller se convierte en su dominio privado, allí puede trabajar sin presiones confeccionando sus trajes sin la vigilancia agobiante de Jean-Bedel. Como la producción empieza a ser importante, Catherine abre una tienda de ropa en Bangui, dando a las centroafricanas la falsa imagen de una mujer independiente, la imagen de una mujer libre.

Eros en la jungla

Los ardores de Bokassa no han disminuido con su acceso al poder, al contrario. El ex capitán del ejército francés, acostumbrado a las conquistas exóticas, puede dar rienda suelta a su temperamento erotómano. Ha puesto sus ojos en una actriz francesa que, según él, sucumbirá sin duda alguna a sus encantos: Brigitte Bardot. Jacques Duchemin, antiguo consejero de Bokassa y sobre todo agente del SDECE, nos cuenta: «Había enviado un telegrama a "Mademoiselle Brigitte Bardot, artista lírica emérita, Boulevard Lannes *via* la embajada de la URSS", porque no tenía la dirección exacta. El telegrama decía lo siguiente: "Apreciada Mademoiselle Bardot, la invito con los gastos pagados a mi corte de Berengo a fin de continuar su combate a favor de esos pequeños seres. Dispondrá de un taburete en la corte, podrá conversar con la emperatriz y estoy pensando en una piedra muy hermosa para usted"». Bokassa había convocado al embajador de la URSS en Bangui para pedirle un servicio muy diplomático: "Me hará usted el favor de enviar un telex a su embajada de París. No tienen más que cruzar la calle para saber si BB ha decidido venir"». Insensible a esa llamada, la actriz se negó. Jacques Duchemin propuso una retirada estratégica. «Propuse que se conformara con Marie Laforêt, pero me llevé un chasco, porque ni siquiera conocía su nombre». Cabe decir que para alojar a sus conquistas dispone ahora de dos residencias suplementarias. Las favoritas pueden ir primero a Djebel Ouach. Los gustos militares del jefe lo han llevado a esa casa que parece un fortín, y a la cual ha mandado añadir un puente levadizo. Se sitúa dentro de la propiedad del Golfo, donde posee, muy cerca, una casa que parece un chalé suizo, lo que no deja de asombrar a los visitantes de la jungla centroafricana. Y siempre queda Kolongo, la más fastuosa de todas las residencias presidenciales. Posee un lago en el cual hay dos caimanes y, en medio del lago, han colocado una jaula sobre una roca donde vive un león.

Las dos residencias albergan a las nuevas esposas del todopoderoso Jean-Bedel. Cuando era militar, podía abandonar a su ex mujer al tomar una nueva. En la actualidad todas disfrutan de un estatus y un tren de vida confortable.

Después de Catherine Bokassa se casa por ejemplo con Marie-Joëlle Eboulia, a la que conoció el 16 de febrero de 1970 en Gabón. Jean-Bedel está entonces en Libreville para la inauguración de una cumbre africana convocada por el presidente Omar Bongo. La joven, que estudia tercer curso de secundaria en el Liceo Léon-Mba, le entrega un ramo de flores. Turbado por el ramo y por el palmito de quien se lo entrega, aquella misma noche convoca a Marie-Joëlle a sus aposentos. Apenas entra por la puerta, los guardaespaldas la capturan. La colegiala parece seducida por ese método «franco y viril». Le permiten volver a casa después de darle un sobre con una importante suma de dinero. Su misión es convencer a su abuela, con la cual vive, para que le permita casarse con el presidente, y parece que tiene muchas ganas de recuperar el lujo que ha catado durante esos días que ha pasado junto a Bokassa. La tutora opone una negativa categórica. Cuando los choferes de Bokassa van a buscar a la chica a bordo de uno de sus impresionantes coches, la abuela impide que su pupila se vaya. Entonces Bokassa opta por ir a negociar personalmente. Como siempre, consigue lo que se propone, untando un poco a la familia Eboulia y prometiendo casarse con ella según el derecho consuetudinario. Un verdadero trato de favor. Pues los idilios de Bokassa son a veces francamente expeditivos. Dejemos que el padre de Eliane Mayanga nos cuente cómo Bokassa, que sin embargo fue su compañero de armas en Indochina, «sedujo» a su hija: «Un día voy al liceo Caron a buscar a mi hija. No está; me dicen que los guardias de seguridad han venido a llevársela. La busco por todas partes en vano. Luego me dicen que se ha ido a Berengo. Al día siguiente Bokassa me convoca al palacio de Bangui. Me cuenta un montón de cuentos chinos y se excusa vagamente. Yo estoy furioso, indignado, y se lo digo. Pero Eliane está encinta[98]».

Al cabo de nueve meses de esa violación nace una niña. Con toda tranquilidad Bokassa se presenta en la clínica y le dice al nuevo abuelo: «Puedes estar contento, te he dado una nieta». Eliane huye al Congo-Brazzaville poco después del parto y deja la niña a Bokassa.

¡Qué camino el recorrido por Catherine desde el liceo Pío XII al trono!

Travelling hacia delante. Desde París un hombre asiste delante del televisor a la escena de la coronación. Es Valéry Giscard d'Estaing. Se siente visiblemente conquistado por la nueva emperatriz. Lo bastante en todo caso para confesarlo en sus Memorias: «Las imágenes de Bangui eran hermosas. Hasta tenían una cierta dignidad. Pese al carácter carnavalesco de los trajes y la carroza algo se traslucía del instinto ritual de África. La nueva emperatriz sobre todo, ex alumna de las escuelas misioneras de la jungla, daba muestras, en el papel de Josefina, de mucha dignidad y mucha elegancia. La herramienta nueva que todavía era entonces el directo en televisión, con su percepción intuitiva y a veces sorprendente, transmitió incluso, o a mí me lo pareció, una emoción fugaz en el momento en que ella recibió la corona[99]».

Desde otro palacio, el del Elíseo, el destino de Catherine está cambiando. La emoción catódica sentida por el presidente francés no dejará de tener consecuencias. Esa semilla dará fruto.

LA REINA DE HARDRICOURT

A Catherine le gusta pasar las fiestas de Navidad en Francia. En el castillo que Bokassa ha hecho restaurar en el Val-d'Oise, a pocos kilómetros de París, encuentra algo que no tiene ni en Berengo ni en Bangui: libertad de movimientos. También la de recibir visitas. Aquí tiene incluso un cierto poder sobre su marido. Fuera del taller de costura, si hay un terreno en el que Catherine se mueve a sus anchas, éste es sin duda el de Hardricourt.

El elegante palacio del siglo XVIII adquirido por Bokassa a finales de la década de 1960 fue decorado en el más puro estilo

Imperio para alojar al Bonaparte de África Central. Las águilas y las abejas de oro están por todas partes, adornando chimeneas, espejos y ropa de cama. La huella de Bokassa domina en el estilo, pero Catherine es la verdadera ama y señora del lugar. Es la única que dispone del estatus de esposa fuera del país, la única que viene de viaje oficial a Francia. Conjurar el aislamiento habitual mediante toda clase de salidas, recepciones y compras compulsivas le ocupa todo el tiempo.

Durante las fiestas de fin de año toma posesión del lugar y organiza los regocijos tanto si Papá está presente como si sus asuntos lo retienen en África. A diferencia de la cautiva de Berengo, aquí es una mujer risueña, divertida, que prescinde de su estatus de emperatriz. Renunciando a la etiqueta, frecuenta a las mujeres de los colaboradores parisinos de su marido, a muchas de las cuales invita.

La esposa de su chofer particular, Madame Malenguebou, recuerda esos instantes privilegiados en los que Catherine disfruta de pequeñas libertades, cocinando platos tradicionales con sus sirvientes; coco y buñuelos de harina son entonces distribuidos por todo el palacio. El secreto inconfesable que une a las dos mujeres durante ese periodo es la cerveza[100]. Madame Malenguebou es en efecto la encargada de proveer a la emperatriz de cerveza rubia, que Bokassa le prohíbe y que a ella le gusta especialmente. Hablan entonces del país, de los hijos, de sus estudios y de toda clase de cosas que nada tienen que ver con la política. «Al final de la velada siempre me daba un sobre con algo de dinero diciéndome que comprara algo a los niños de parte de mamá Catherine», nos dice con cierto respeto. Esa misma consideración describen otras personas que hemos interrogado y que conocían a Catherine. Todas las que participaban en esas veladas recuerdan su buen humor, sus carcajadas y sus voces.

Aquí puede gozar de los fastos del Imperio centroafricano y del presupuesto ilimitado del que dispone para el *shopping*. Varias veces por semana va a París y concretamente al distrito VIII con un solo deseo: el lujo francés.

Su chofer particular, Omer, nos recibe en su casa, en el Val-d'Oise donde todavía reside. En las paredes no hay retratos de Bokassa, pero sí una bandera centroafricana. Omer recuerda las horas muertas esperando a Catherine delante de las tiendas elegantes de la avenida de los Campos Elíseos en el Rolls Silver Shadow reservado a sus desplazamientos.

«¡Podía entrar en todas, una por una, a lo largo de la avenida, en todas! Pero donde más tiempo pasábamos era en Vuitton». Es difícil pasar inadvertida con la guardia que Bokassa le impone. Prefiriendo la discreción, ella a veces pide a algunos amigos que compren algo. Entonces los invita a «quedarse con el cambio» de las sumas astronómicas que les ha entregado.

Uno de sus hijos, Jean-Charles, recuerda aquellas incursiones locas en que podía gastarse más de cien mil francos en un día en las tiendas del faubourg Saint-Honoré. Las compras a veces son suntuosas. Para el cumpleaños de Jean-Bedel le regala un reloj suizo con una esfera enteramente rodeada de diamantes.

Cuando Bokassa se reúne con Catherine en Hardricourt, se muestra más flexible con ella que de costumbre y le deja dirigir la corte. Quien por lo general le impone su voluntad a gritos como un *diktat* aquí es melindroso y cede muchas veces para obtener sus favores. En Francia Jean-Bedel se siente más a gusto, menos envidiado y menos amenazado; su propio yerno intentó matarlo con una granada en 1976. Le gusta volver a esa patria que lo ha formado y cuyos ideales ha hecho suyos. Ser ciudadano francés será siempre un orgullo para el ex dictador africano. Catherine sabe sacar provecho de esa relajación y le impone toques de queda para sus salidas, que son objeto de arduas negociaciones.

Controlando sus horarios, la emperatriz también vigila la alimentación de su esposo. André Le Meignen, invitado asiduo de Hardricourt, recuerda unas conversaciones curiosas. «"Papá, hoy le pondré a régimen. Beberá agua", le dice Catherine. Pero Bokassa podía ser un auténtico comediante. Por una gota de vino estaba dispuesto a hacer cualquier gracia. Entonces fingió aceptar la orden y con una voz anormalmente dulce engatusó a Catherine. Parecía un cordero[101]». Catherine conoce en efecto las costumbres de bárbaro de su marido. La víspera de la coronación lo encontró en el palacio de Berengo borracho perdido, con una botella de Chivas en la mano. Sin dudarlo cogió la bebida preferida de su marido, de la cual no se separaba jamás, ni siquiera durante las reuniones diplomáticas más importantes, y la vació en el fregadero. Acompañó el gesto con una firme reprimenda: «¡Un futuro emperador no se emborracha!».

Bokassa tiene muchas razones para quererse hacer perdonar. Hardricourt sirve a veces de apartamento de soltero para sus amores venales. Roger Delpey y André Le Meignen asisten un día a una escena cómica. Al llegar al palacio se encuentran con que ya están allí una celestina y una de sus jóvenes pupilas. Bokassa se encierra unos instantes con la segunda y vuelve con los invitados al cabo de media hora. Ante el aspecto regocijado y jacarandoso del emperador André le pregunta: «Papá, ¿por qué está tan contento?». «Porque me quiere, sabe usted. ¡Todas me quieren!».

Para Jean-Bedel seducir es existir. Creyendo en realidad recibir amor de esas mujeres a las que compra más o menos directamente, ese personaje curtido encuentra momentos de distensión y de seguridad cerca de unas conquistas renovadas sin cesar. Su presencia, sin importarle que sea forzada, es para él una necesidad vital.

Sus distracciones, sin embargo, no lo alejan nunca mucho tiempo de Catherine, de quien sigue siendo muy celoso. Hasta el punto de que es difícil acercarse a ella, incluso por parte de los que supuestamente están a su servicio.

Cuando la pareja se desplaza, es un cortejo impresionante el que se lanza a las carreteras de la Île-de-France. Omer nos describe la organización totalmente militar de esos desplazamientos. Mercedes 600 para Bokassa, interior de cuero blanco, teléfono, minibar y champán mientras que Catherine lo sigue en un Jaguar o un Rolls Silver Shadow. Este convoy tan especial se cierra con un autocar en el que van los niños y las niñeras.

Un día, cuando regresan a la otra propiedad de Bokassa en Francia, en Romorantin, Sologne, Catherine pide de pronto que paren en una panadería para comprar unos pasteles a los niños. Omer no sabe qué hacer: ¿debe obedecer la orden de Catherine o seguir al coche que va delante, al que no puede avisar? Si se para, desobedece a Bokassa. Si se niega a parar, ella se quejará ante Papá, que se lo hará pagar caro. Finalmente se detienen delante de la panadería. Uno de los hombres baja a comprar. Omer espera en el exterior del coche. Bokassa no tarda en dar media vuelta y pedir explicaciones: «¡Te vas a enterar! ¡Quiero saber qué ha pasado aquí!», grita. Insulta a Catherine al mismo tiempo que a Omer. Ella no dice nada y el cortejo se pone de nuevo en marcha sin el guardaespaldas, que se ha quedado dentro de la panadería: «Lo que me salvó es que yo esperaba fuera del coche. ¿Comprendes? Mamá Catherine quería salir, yo se lo prohibí, y cerré la puerta. Ella esperaba dentro, sola, con las puertas cerradas. Si nos hubiera encontrado parados, juntos dentro del coche... ¡prefiero no pensarlo! ¡Se habría vuelto loco!», nos dice Omer.

De regreso a palacio Catherine recibe una nueva reprimenda, pero sigue sin despegar los labios. A Omer se lo lleva aparte para impartirle una lección que no debe olvidar jamás: «Nunca te pararás cuando estés con ella, te lo prohíbo». Con Catherine no se discute.

Valéry, un amigo que te quiere bien

«Papá, hay que dejar el poder. Debes venir aquí. Debes venir a Francia. Si las cosas vienen mal dadas, podrás tener una segunda oportunidad». Al otro lado del teléfono Bokassa no se decide.

«Iré a ver a Gadafi». «No, Papá, no debes ir», dice Catherine preocupada. «Sí, voy a ir, ya está decidido».

Se acabaron las componendas. Bokassa sabe que estas palabras no son de Catherine. Sabe muy bien quién las ha puesto en su boca. A finales del verano de 1979 el presidente Valéry Giscard d'Estaing convoca a «mamá Cathy» a su casa del distrito XVI de París. Tiene algo importante que decirle. Lo bastante importante como para hacerla venir desde Bangui. Lo bastante personal como para evitar su despacho del Elíseo. El 22 de mayo, en la cumbre de Kigali, en Ruanda, el presidente francés había hablado por la noche unos minutos con el matrimonio Bokassa. Había invitado a Catherine a ir a París, donde su esposa y él mismo, le dijo, estarían encantados de recibirla. El argumento era absolutamente oficial: acabar con los rumores de una mala relación entre Valéry Giscard d'Estaing y Jean-Bedel Bokassa.

Catherine hizo lo que se le pedía, acompañada ese día por Vivianne, la secretaria personal de Bokassa, así como por su chofer, Omer. Éstos asisten a la escena.

Giscard la avisa de que «algo ocurrirá muy pronto en Bangui». Pide a Catherine que llame a su marido desde la línea privada de su casa para instarlo a renunciar al poder de inmediato. Encontrará un exilio confortable en Francia bajo su protección. Ya no es momento de mostrarse terco. Debe renunciar, darse por vencido. Bokassa cree que es un farol. Quiere forzar al presidente francés a enseñar sus cartas, cree que tiene una buena mano. Bokassa rechaza, por tanto, esta salida «honrosa» que le propone el jefe del Estado francés.

Operación Barracuda

Apenas ha despegado su avión de Bangui, el 19 de septiembre de
1979, en dirección a Libia donde lo espera Gadafi, cuando un segundo avión sale de París. A bordo, unos militares franceses. Vienen
a apoyar la revuelta de los estudiantes que estalló en junio y está
empezando a degenerar en manifestaciones violentas. Cuando por
fin se calman los ánimos, aparece en los periódicos franceses del
12 de julio un informe de Amnesty International. Denuncia de
forma muy oportuna los excesos de Bokassa. Describe al emperador
como un tirano sanguinario que atropelló él mismo a una fila de
presos al volante de un jeep[102]. Vuelven a circular los rumores de
canibalismo con sus propios ministros: el cocinero de Bokassa afirma haber cocinado para los miembros del gobierno a uno de sus
colegas sin informar del contenido del plato a los comensales hasta que se lo hubieron comido todo. La opinión francesa y occidental está madura para ver caer a ese dictador tropical cuya coronación
fue tan extravagante. Los pasajeros del avión militar francés tienen,
por tanto, la misión de apoyar a los rebeldes y entregarle el poder
al primo de Bokassa que es el ex jefe de Estado David Dacko.

La Operación Barracuda acaba de empezar. A Bokassa sólo le
quedan unas horas para gozar de su estatus de emperador centroafricano. Mientras los soldados franceses se dirigen a su palacio de
Berengo, Bokassa aprovecha la tribuna que le ofrece Gadafi: «Desde la nueva orientación de su política internacional, que se declara
decididamente africana y nacionalista, las potencias imperialistas
y neocolonialistas con Francia y Estados Unidos a la cabeza han
orquestado y provocado a través de sus medios de comunicación
una violenta y mezquina campaña de denigración contra Nuestra
Persona».

Siente que están tramando algo contra él. La llamada preocupada de Catherine, que él cree dictada por Giscard, no presagia
nada bueno. Queriendo halagar a su anfitrión, llega a decir incluso:
«He aquí por qué, con total libertad, el Imperio centroafricano ha
decidido adoptar las ideas revolucionarias de la Jamahiriya árabe
libia, auténticamente africana y nacionalista, y que siempre se han
opuesto a las pretensiones imperialistas y racistas de Francia, de
Estados Unidos de América y de sus lacayos». Una declaración
de hostilidad seguramente destinada a su «pariente», Valéry Giscard
d'Estaing.

¿Qué ha podido ocurrir entre estos dos amigos que compartían cacerías? ¿Qué rivalidades han podido provocar el consejo en forma de ultimátum de Giscard y la respuesta contundente y acusadora de Bokassa? Y sobre todo, ¿por qué hace venir Giscard a Catherine, cuando ella jamás se ha inmiscuido en asuntos políticos?

Quien va de caza*...

En mayo de 1974, cuando Valéry Giscard d'Estaing es elegido presidente, Bokassa acoge la noticia con exclamaciones de alegría. Es con mucho el político con más simpatías por África Central que podía esperar. Cuando depuso a David Dacko en enero de 1966, Bokassa envió una carta al general De Gaulle, al que admira como soldado y como jefe de Estado. Se identifica, por otra parte, con su pensamiento político y llega a declarar: «Soy gaullista, África Central es un país enteramente gaullista». Por desgracia el general no comparte estos sentimientos. Al recibir su carta profiere un comentario acerbo a su consejero Jacques Foccart: «Es un cretino, nunca se podrá hacer carrera de él[103]». De hecho, De Gaulle tardará tres años en recibir a ese coronel golpista. Tres años de humillación para Bokassa. La relación no fue mucho mejor con su sucesor, Georges Pompidou.

Con Giscard, ese amigo y conocedor de África Central, renace la esperanza de una colaboración estrecha. Por fin una mirada y una muestra de estima por parte de la antigua patria, de esa Francia de la cual sigue siendo ciudadano.

La historia de la familia del nuevo presidente francés está mezclada con la de la antigua colonia de Ubangui-Chari. Su padre, Edmond Giscard d'Estaing, se casó con la hija de un diputado que se convirtió en director de la compañía forestal de Sangha Ubangui. Una vez introducido en el país, fundó la UTA, Unión de los Transportistas Africanos, la primera compañía aérea que unía Francia con sus colonias de África. Su sobrino, François Giscard d'Estaing, primo de Valéry, era financiero en la zona del África francesa y, desde 1959, director del Banco Central de los Estados del África Ecuatorial y de Camerún (BFCE), heredero de las instituciones de

---

* *Qui va à la chasse perd sa place* (*Quien va de caza pierde su plaza*), el equivalente francés de «Quien fue a Sevilla perdió su silla».

la AEF (África Ecuatorial Francesa). Incluso fue consejero de finanzas del primer presidente chadiano.

Valéry, por su parte, ha estado muchas veces en África Central cazando fieras, que es su pasión, cuando era ministro de Finanzas del general De Gaulle. Conoce bien el país y tiene muchos contactos. Aprecia la rusticidad de los cotos de caza a los que lo lleva su guía, Jean Laboureur: «Era muy sencillo, como siempre que venía. Bebíamos de la misma botella, como amigos».

La República centroafricana será una pieza esencial en el gran tablero africano del nuevo presidente.

Aquella primavera de 1974 en que Giscard llega al poder en Francia también es un periodo de manifestaciones antifrancesas en África Central. Los rebeldes del Chad acaban de raptar a la etnóloga Françoise Claustre y ha habido que negociar en condiciones difíciles. Bokassa ha participado en las negociaciones a cambio de una suma importante de dinero. Como la subvención de veinte millones que acaba de recibir es insuficiente para hacer frente a las dificultades financieras del momento, decide toda una serie de reformas económicas y nacionaliza toda la actividad petroquímica del país. El Estado se apodera también de la imprenta y de la librería Hachette de Bangui así como de las oficinas de la Agencia France-Presse. Los periodistas son encarcelados durante unos días y luego expulsados, y a los militares se les insta a regresar a su país. Muchos consejeros franceses del presidente son despedidos. El guía de caza de Valéry Giscard d'Estaing también es detenido. El futuro presidente francés tiene que llamar personalmente a Bokassa entre las dos vueltas de las elecciones para negociar su liberación. Primer contacto memorable entre los dos hombres: cuando logra que el presidente centroafricano se ponga al teléfono, se encuentra con un hombre totalmente borracho, incapaz de mantener una conversación sensata. Se aplaza la negociación y Giscard no obtiene la liberación de su guía hasta varios días después de su elección.

Bokassa ha demostrado así que habrá que contar con sus caprichos y sus veleidades de independencia. La primera tormenta se ha disipado rápidamente y un avión presidencial despega de Bangui en agosto de 1974 en dirección a Francia. Al aterrizar en el aeropuerto de Châteauroux Bokassa constata con desagrado que su escolta de motoristas es demasiado pequeña para un gran jefe de Estado como él. Al momento vuelve a subir al avión. Será necesaria la visita de su ministro de Asuntos Exteriores, al que esta vez se le pone una doble hilera de honor de gendarmes motorizados y para el cual se cierra la carretera entre el aeropuerto de Orly y el hotel Intercontinental, así como una entrevista con el presidente de la República el mismo día para que Bokassa acepte volver de nuevo a Francia. Regresa el 15 de septiembre y recibe en su propiedad de la Cottencière al nuevo presidente y a su ministro de Cooperación.

Bokassa queda de inmediato seducido por Giscard y prevé una colaboración sin problemas con ese amigo de su país. Además recibe de él la promesa de una rápida visita a África Central. Es cosa hecha el 5 de marzo de 1975: Bangui recibe la primera visita oficial de un jefe de Estado francés.

Las primeras declaraciones de Giscard son entusiastas: «Salud, tierra de África, salud, africanos y africanas que son los amigos de mi corazón, y que he venido a visitar cada vez que he podido. Conozco su alegría y su bondad. Créame, señor presidente vitalicio, querido pariente y amigo, Francia siente profundamente esta solidaridad hacia el África Central que, bajo su autoridad, ha emprendido una acción profunda de desarrollo económico, cultural y humano».

Los dos presidentes vuelan luego hacia Avakaba para ir a cazar a una de las reservas más grandes del país. A Giscard no le entusiasman los métodos de caza de Bokassa. Él, que aprecia la soledad y el ambiente de la jungla, ve al presidente centroafricano liquidar el ojeo a bordo de un Land Rover a partir del cual ataca unas presas fáciles. Un testigo recuerda haber visto a Bokassa fallar cuatro veces un antílope a poca distancia y luego, habiéndole dado en una pata, rematarlo a bocajarro. Toda la corte está presente, dispuesta a aplaudir al primer disparo. Al llegar extenuado al África Central Giscard comete la torpeza de ir a reunirse con sus amigos Laboureur en la quietud de su campamento. Bokassa lo ha puesto todo a su disposición para que pueda disfrutar de su estancia centroafricana. Todo.

Pero por lo visto Giscard coge gusto a los modales y a los dominios de su «pariente» Jean-Bedel, puesto que desde agosto de 1976 las cacerías se hacen frecuentes. Bokassa lo trata a cuerpo de rey: se le reserva por un decreto del ministerio de Agricultura centroafricano un dominio de caza natural de más de setecientas mil hectáreas en Rafai. En este dominio tan grande como el departamento francés de Finistère Valéry puede cazar el elefante. Apenas llega a su lugar de descanso, donde ha pedido que no se le moleste, retumba en el cielo el zumbido del avión de Bokassa. El presidente se presenta sin avisar y le dice a un Giscard asombrado: «Ya sé que viene usted de vacaciones, pero no podía dejarlo llegar a nuestro país sin venir a saludarlo». Bokassa, sin embargo, se queja muy pronto ante sus allegados de lo poco agradecido que se muestra Giscard, que no da ni un céntimo para el mantenimiento de esos vastos territorios. El ex presidente, que a pesar de todo se resigna a una visita oficial a Bangui, recuerda hoy la personalidad de aquel molesto anfitrión: «Bokassa era un hombre que se imponía. Sabía atraparte, era difícil escabullirse». Durante la cena que dan en su honor el 19 de agosto Giscard marca hábilmente las distancias: «Puede contar con la cooperación de Francia siempre que lo desee, en el respeto mutuo de la independencia, la soberanía y la dignidad de nuestros dos países». Ese francés al que Bokassa trata de impresionar y satisfacer es decididamente muy desagradecido.

Lo cual no impide que la colaboración entre ambos estados se haga cada vez más estrecha. Jean-Paul Benoît, director de gabinete en el ministerio de Cooperación (el nuevo nombre del ministerio de Asuntos Africanos), recuerda las relaciones especiales que este organismo mantenía con el gobierno de Jean-Bedel Bokassa: «No había forma de quitárselo de encima. Cuando estaba en Francia, llamaba por teléfono al ministerio dos o tres veces al día por toda clase de problemas insignificantes. Cuando estaba en Bangui, no pasaba una semana sin que tuviéramos que resolver un psicodrama: un día secuestraba a un militar, otra día raptaba a una rubia...».

Giscard dejó que Bokassa le arrancara un apoyo inquebrantable y le dio un cheque en blanco para su política económica, más motivado por la fuerza de los símbolos que por el interés bien entendido. Pues desde que Bokassa dispuso de un poder sin límites en Bangui se inició un «increíble desbarajuste financiero», según palabras del ministro de Cooperación. Bokassa cree que Francia lo respalda contra viento y marea.

Un año más tarde, en agosto de 1977, el jefe del Estado francés goza nuevamente de todos los honores en la República Centroafricana, que se dispone a convertirse en imperio. Es recibido con gran pompa en Berengo. Al final de la recepción Bokassa levanta su copa de champán por la amistad franco africana. Incluso pronuncia un brindis que ha aprendido en el ejército francés y concluye su discurso con un vibrante: «¡Y en nombre de Dios viva la Colonia!*».

De hecho, Francia continúa financiando la instauración de infraestructuras económicas en esa ex colonia que carece de ellas. François Giscard d'Estaing, convertido en presidente del BFCE, es el brazo financiero de Valéry en África, encargándose de financiar las fábricas que el joven país necesita. Prolongación de este idilio entre los dos jefes de Estado fue la coronación imperial de Bokassa, que Francia financió con cuatro millones de francos.

Con todo, son efectivamente aviones franceses enviados por el presidente Giscard d'Estaing con la misión de destituir a Bokassa los que aterrizan en Bangui el 20 de septiembre de 1979.

David Dacko ha abandonado África Central en julio con el pretexto de tratarse de la diabetes que padece en un hospital de París. Habiendo recuperado el favor del dictador en el momento de la coronación, que él personalmente ha ayudado a organizar, toma contacto con un equipo de Giscard que está buscando a alguien para reemplazar al manirroto emperador. Durante una gira oficial en enero de 1979 el primer ministro Henri Maïdou se entera del proyecto. Un suelto en *Le Canard Enchaîné* del 28 de marzo desvela que el golpe es inminente. La revista afirma que «unos militares franceses están estudiando una intervención en África Central a menos que Bokassa ceda el poder a Henri Maïdou».

Desde enero de 1979 los alumnos de los liceos se manifiestan. Cada vez se les unen más protestatarios. Una primera represión por parte de las fuerzas armadas se cobra cien muertos. La reacción del régimen es brutal. La prensa internacional mantiene la presión. Bokassa pasa de ser Napoleón a ser Nerón. A propuesta de Mobutu se constituye una comisión en el mes de mayo para comprobar las afirmaciones de las asociaciones de defensa de los derechos humanos. Cuando Bokassa ya no esté al frente del Estado centroafricano, se revisará el número de muertos: hubo veintiséis exactamente, ésta es la cifra que se manejó durante el juicio contra Bokassa.

Giscard se mete en la brecha que acaba de quedar abierta y se apresura a declarar que «Francia sacará todas las conclusiones que se deriven de este informe». Como primera medida, anula la cacería prevista para ese año en compañía del emperador en Rafai. En privado le dice a René Journiac, su asesor, que habla de un cambio

* Grito de guerra de las tropas coloniales francesas.

radical en África Central: «Debemos empezar a prepararnos para ello. Es evidente que si Bokassa es declarado culpable deberá abandonar el poder. ¿Hay hombres dispuestos a reemplazarlo?». El casting puede empezar. He aquí cómo David Dacko se ve metido en el avión francés que aterriza en Bangui.

Las cosas se aceleran el 16 de agosto. Francia suspende su ayuda al imperio de Bokassa. El mismo mes se celebra una reunión de crisis a instancias del presidente de Gabón, Omar Bongo, en Franceville. Proponen a Bokassa que ceda el poder a un consejo de regencia en el que estaría su primer ministro Henri Maïdou, secundado por el príncipe heredero Jean-Bedel Junior. Francia y su presidente lo han traicionado. Omar Bongo recuerda el furor de su homólogo cuando se entera de que su destino está decidido. Bokassa pide hacer una siesta de treinta minutos antes de responder. Vuelve borracho como una cuba: «Yo, Bokassa I, emperador de África Central, les declaro que he tomado nota de todo lo que Giscard d'Estaing tenía que decirme. Y rechazo en bloque todo lo que a través de ustedes me pide. No dimitiré... Y si por casualidad lo hiciera, pediré una pensión de cien mil millones de francos CFA (dos millones de francos franceses). Porque acumulo la pensión de ex oficial del ejército francés, de creador del ejército centroafricano, de primer jefe de Estado Mayor del mismo, de general jubilado, de ex presidente de la República, ex presidente vitalicio, de mariscal y finalmente de ex emperador. A ello hay que añadir una pensión para cada una de mis mujeres, y una pensión para cada uno de mis hijos. En total, serían, esperen que lo calcule... doscientos cincuenta mil millones de francos (cinco millones de francos franceses)». Y tras una pequeña pausa: «Más el agua, la electricidad y el teléfono».

Acalorado, se vuelve hacia el enviado francés, René Journiac: «A ti te queremos, tú no tienes la culpa, sólo eres el asesor. Pero el otro, ese que ha cambiado de nombre, Valéry Giscard d'Estaing... ¿qué es eso de D'Estaing? ¿Es francés, inglés, alemán? ¿De dónde lo ha sacado? ¿No podía simplemente llamarse Destin? ¿Valéry Destin? En todo caso, ese otro ha aceptado mi dinero. ¿Y ahora quiere que le dé el poder a un consejo de regencia? Pues se va a enterar».

Después del delirio la amenaza contra el presidente francés se vuelve más concreta: «Si en mi país hay un golpe, o cualquier problema, tiraré de la manta. Y él perderá las próximas elecciones.

Verá a Bokassa por todas partes, ya no podrá pegar ojo. Se lo digo hoy y estoy segurísimo, por mi culpa perderá las próximas elecciones».

Una amenaza que se revela profética. Bokassa lanza unas insinuaciones sobre Giscard que los protagonistas no parecen captar. Amenaza con «tirar de la manta». ¿Habla de los cotos de caza? ¿De los regalos que se hacen cuando se encuentran los dos jefes de Estado? El asunto adquiere ahora un cariz personal e íntimo.

Cuando se pone en marcha la Operación Barracuda, Bokassa se halla, pues, en el país de Gadafi. Al enterarse de que se está produciendo un golpe de Estado en su capital quiere regresar a toda prisa, pero ya es demasiado tarde. El viernes 21 de septiembre a las cinco de la mañana habla por teléfono con Catherine en Hardricourt y le anuncia su intención de volver a Bangui para restablecer la situación. Ella trata de disuadirlo y grita al teléfono: «¡Es una locura, no lo hagas!». ¿Teme más su eventual vuelta al poder o su probable arresto? Para Catherine, cautiva también, se ha abierto una brecha. No piensa apoyar a ese insoportable marido.

Desde Libia Bokassa no sabe qué hacer. Dispone de una tropa de cuatrocientos soldados que están viviendo allí para entrenarse. Inconsciente, prefiere ir a buscar refuerzos en casa de su pariente, Valéry. A las 19:50 horas está en Evreux y trata de reunirse con el presidente francés. Pero unos gendarmes y unos soldados rodean el avión y notifican a la tripulación que nadie está autorizado a pisar suelo francés. Nadie puede comunicarse con ellos tampoco. Un comunicado oficial le anuncia que es «persona non grata en Francia y que su presencia debe limitarse a una simple escala técnica». El emperador depuesto queda anonadado. La delegación espera varios días en la base. Unos emisarios franceses llevan bocadillos a Bokassa y a sus compañeros de infortunio que, para matar el tiempo, juegan a las cartas. Las comunicaciones están bloqueadas. Bokassa se encuentra en la piel de un cautivo.

Al fin le proponen tres destinos: Gabón, Zaire o Costa de Marfil. Elige el último. Roger Delpey ha interrogado a Bokassa sobre lo que sintió durante aquellas tristes horas de Evreux. Él contesta: «Fui víctima del mayor linchamiento que un hombre puede conocer. Me hice la pregunta y todavía me la hago cada día, cada noche, cada hora. Me pregunto por qué ayudó a deponerme. [...] Tal vez haya un interés oculto detrás de este asunto, pero tarde o temprano se descubrirá».

Bokassa llega al día siguiente a Abidjan, sin Catherine, a bordo de un DC8 del ejército francés. Primero reside en el barrio paradisiaco de las interminables playas de arena blanca, en el número 5 del bulevar de la Corniche. Se aloja en un palacio presidencial que ha puesto a su disposición su «padre» Félix Houphouët-Boigny y tiene reservas de dinero. El presidente marfileño le da cada mes cien mil francos en efectivo, que él derrocha en unos días. Las ocasiones de distribuir ese dinero son varias: un día, cuando va a buscar un paquete a la oficina central de correos de Abidjan, se agolpa la gente alrededor. Disfruta de esa recuperación efímera de popularidad y declara su amor a la multitud que grita su nombre. El paquete que ha ido a buscar contiene una pequeña águila dorada, un antiguo símbolo del emperador, que un amigo le ha enviado desde Francia. En pleno frenesí sube a una mesa y exhibe el trofeo declarando su amor a la multitud, entusiasmada. Luego saca la cartera y tira todo el dinero que lleva a la gente. Otro día se compra un Rolls, nostálgico de su lujoso parque de bólidos. Al presidente marfileño no le hacen gracia esas excentricidades y lo relega a un barrio más popular en Indénié. Un Toyota Cressida sustituye al Rolls. Dado su carácter, es alejado cuando hay visitas de jefes de Estado extranjeros.

Catherine acaba reuniéndose con él a finales de noviembre de 1979. Encuentra a un Jean-Bedel que se emborracha continuamente. «Papá y Catherine no compartían la misma habitación. El ambiente era horrible», recuerda Jean-Charles, que acompaña a su madre. Ella acaba de estar ingresada en una clínica de París para tratarse, oficialmente, de una depresión nerviosa. Cuando Bokassa la vuelve a ver, está irreconocible y ha perdido trece kilos. En París se ha dedicado a hacer limpieza general en las múltiples residencias imperiales. Ha empezado la venta de los objetos de Hardricourt y La Cottencière. Además ha vaciado la cuenta bancaria de Romorantin, que contenía varios centenares de miles de francos, y ha liquidado una parte del parque automovilístico, comprado por un tal Bernard Tapie. En su equipaje, que goza de la protección diplomática, ha conseguido traerse las dos coronas y el cetro imperial. Serán desmontados por un empleado de la casa Arthus-Bertrand que acude expresamente a Abidjan a petición de Houphouët. Como las piedras preciosas que los adornan se venden, estallan interminables disputas acerca de cómo se reparte el botín.

Apenas ha tocado suelo marfileño Bokassa lanza con el periodista francés y ahora amigo Roger Delpey una gran campaña de represalias mediáticas contra Giscard. El 10 de octubre, en efecto, Roger Delpey confía a *Le Canard Enchaîné* las revelaciones de los diamantes que Bokassa ha regalado al presidente francés. El asunto provoca un gran escándalo; la bomba antigiscardiana por fin ha estallado.

Sin embargo, cuando Roger Delpey y su amigo André Le Meignen se reúnen con Bokassa en Abidjan en los primeros meses del año 1980, no lo encuentran nada calmado por esa venganza que resulta ser un éxito. Bokassa sigue alimentando un rencor profundo hacia Giscard. André Le Meignen nos revela el contenido de una conversación con Bokassa, al que pregunta por la persistencia de ese odio. Catherine, al parecer, le dijo unos meses antes de su caída: «Papá, debo confesarte algo: soy la amante de Giscard».

André Le Meignen nos cuenta la continuación de la entrevista: «Me dijo que le había preguntado si es que se había vuelto loca o si realmente decía la verdad, y que Catherine le contestó: "Es el presidente de la República, me hace la corte y me da dinero, yo no he podido resistirme"».

Bokassa prosigue su relato a André: dice que inmediatamente descolgó el teléfono para llamar al presidente francés y pedirle explicaciones. Giscard por toda respuesta le dijo: «Oiga, Bokassa, pago su presupuesto interior y hago lo que quiero», y colgó. Bokassa afirma haber vuelto a llamar al Elíseo amenazando con revelar todo el asunto si no obtenía excusas así como el cese de estas relaciones.

Pero la elección presidencial de 1981 está al caer, Giscard no puede permitirse semejante escándalo. Y no es hombre que se deje amenazar impunemente. Según Bokassa, ésta es la causa del cambio de actitud de Giscard hacia él y la organización brutal de su destitución. ¿Se trata de una construcción quimérica de Bokassa, destinada a ensuciar un poco más al presidente francés y a la mujer que lo abandonó después de pasar unas pocas semanas en Abidjan?

Desde su llegada a la capital de Costa de Marfil Catherine pone distancias con su marido. Presenta un misterioso certificado médico que le prohíbe toda actividad sexual. Bokassa confiesa a Roger Delpey: «Anoche me mostró un certificado firmado por el cirujano de una clínica de Neuilly que le prescribe abstenerse de toda relación sexual durante varios meses. Ella ha reconocido que era un certificado de complacencia [...] redactado justo antes de su salida de Francia y únicamente destinado a serme mostrado a mí[104]».

El certificado es el tiro de gracia: Bokassa ya no tiene derecho a poseer físicamente a su esposa. Una humillación íntima infligida desde París.

El 10 de febrero de 1980 redacta en Abidjan una carta al presidente de Togo, el general Eyadema, donde figura la cronología de su relación con Giscard: «En Kigali, en mayo de 1979, GISCARD D'ESTAING me pidió insistentemente que enviara a mi esposa Catherine a Francia. Poco después de su llegada a París el presidente francés la pone al corriente de lo que están preparando contra mí y le prohíbe formalmente que me avise. A cambio disfrutará de sustanciosas ventajas financieras y de numerosos privilegios [...]. Usted no puede comprender ni explicarse esa increíble negociación a menos que sepa que mi esposa se ha convertido en la amante de GISCARD D'ESTAING».

La existencia de dicho certificado médico mantenido en secreto circuló entre ciertos altos funcionarios y miembros de los servicios de información franceses que investigaron entonces la veracidad de los rumores. El comandante Patrick Rougelet fue el primero en mencionar la existencia de ese documento después de un encuentro con uno de los hijos de Bokassa, Georges, que proponía entonces en París varios documentos sobre su padre: «Georges estaba instalado en una suite del hotel Napoléon, en la avenida Friedland. Mi amigo militar y yo nos hicimos pasar por agentes del Mossad. Fuimos a la cita con un maletín, supuestamente lleno de billetes de banco. En la pila de documentos de Georges conseguimos recuperar una carta con el membrete de un médico próximo al Elíseo[105]».

Nadie fue capaz de mostrar dicho documento que, si bien no demuestra explícitamente la implicación de Giscard, daría crédito a la versión de Bokassa. No obstante, lo tenemos ante los ojos. Está fechado en París el 8 de noviembre de 1979. El médico, especialista en ginecología y obstetricia, ejerce efectivamente en el distrito VIII de la capital. Y, tras un «tratamiento realizado en la clínica», prescribe «abstenerse de toda actividad sexual».

Las pocas semanas que Catherine pasó con Papá durante el exilio debieron someter los nervios de éste a una prueba muy dura. Durante esta corta estancia en Abidjan ella sufrió las iras de Bokassa, que la acusó de haberlo traicionado y de trabajar encubiertamente a favor de su amante del Elíseo. Hasta el punto de que Catherine se refugia en casa de Madame Houphouët Boigny, y pronto abandona África y se va a Suiza. A partir de este momento Bokassa no cesará de repetir a quien quiera oírlo que Giscard le puso los cuernos.

En la década de 1980, durante su exilio francés en Hardricourt, no para de decir pestes de Giscard. Omer, su chofer, nos cuenta: «Mascullaba todo el rato: "¡Con Giscard está viviendo!". El nombre de Giscard no se podía pronunciar. Se había convertido en su obsesión».

En varias ocasiones, sin embargo, Catherine se defiende ante este mismo hombre. Le repite: «En cuanto a Giscard, te juro Omer que no ha habido nada». Ella no cesará de proclamar lo absurdo de esos pretendidos amores en el Elíseo. Nada prueba que Giscard sucumbiera a sus encantos aunque sin duda Catherine se sentía muy seducida por el oro del seductor.

Según Bokassa, la relación estaba clara: «África Central pertenecía a D'Estaing, era su casa y yo era como su mujer[106]». Las leyendas giscardianas son a veces muy oscuras.

VI

Mao, el tigre de las mujeres

> «La contribución del hombre a la historia
> se reduce a una gota de semen».
>
> JIANG QING

LA MUJER DECAPITADA

Otra noche sin dormir.

Ya no soporto esta vida. Voy a reunirme con él.

Mis hijos, mis pobres hijos, me retienen.

Una pesada carga oprime mi corazón, por un lado está él, por el otro mis hijos. No puedo abandonar ni al uno ni a los otros.

Tengo ganas de llorar. Realmente tengo ganas de llorar.

Por más que lo intento con todas mis fuerzas, no logro dejar de amarlo. No lo logro...

Qué extraños son los sentimientos humanos. San Chun-he me quiere tanto, y sin embargo ni siquiera lo miro.

¡Ah, lo amo! ¡Oh, Cielo, dame una respuesta perfecta[107]!

Mañana del 28 de enero de 1930, Changsha. Yang Kaihui añora al que tanto ama y que también es su marido, un joven guerrillero de la provincia de Hunan llamado Mao Zedong. Hace más de tres años que lo espera. Hace tres años que la ha abandonado para dirigir la campaña contra Chang Kaichek y su Guomindang, el partido con el cual trata de tomar el poder por la fuerza. Chang estaba próximo al gobierno soviético y había estado en Rusia para reunirse con los dirigentes del Komintern e inspeccionar sus escuelas militares. A ojos de Mao esto lo convertía en un enemigo del comunismo chino. Entonces se puso al frente de un ejército de revolucionarios, de trabajadores y campesinos para enfrentarse a él. Los combates fueron sangrientos y él fue vencido. Lo buscaban y decidió refugiarse en las montañas del Jiangxi. «Más vale que te quedes aquí con los niños por su seguridad», le dijo. Ella le hizo caso a regañadientes.

«Aquí» es un barrio llamado el Estanque Límpido, donde Mao y Yang Kaihui pudieron instalarse en octubre de 1921. Él tenía entonces 28 años; ella, 20. El lugar es delicioso y debe su nombre a un enorme lago de agua dulce al que van a parar torrentes de fango sin que el agua se enturbie jamás. Su casa, adosada a una pequeña colina, es una construcción tradicional con vigas de madera negra y paredes de ladrillos multicolores que da a un huerto. A Kaihui le gusta esta felicidad sencilla. Hasta pueden pagar a unos criados. Ella está satisfecha.

Nacida en 1901, en la provincia de Hunan, es una criatura delicada y sensible. Su madre, que procede de un medio modesto pero culto, le transmitió su conocimiento de los clásicos de la literatura tradicional. Durante los once primeros años de su existencia su padre recorre el mundo. Va a Japón, a Gran Bretaña y a Alemania a fin de perfeccionarse en los estudios de filosofía. Nombrado profesor de moral en la Universidad de Pekín en 1918, este padre pródigo acoge en su casa a uno de sus alumnos preferidos, Mao Zedong, cuando éste ha intentado sin éxito conquistar la capital. Kaihui, que es ocho años más joven que él, tiene 17 años la primera vez que se ven. Mao trata inmediatamente de seducirla. Opuesta ya a toda unión en la cual intervengan los ritos y las tradiciones, ella sueña con el gran amor, el que no conoce ni ley ni límites. «También pensaba que buscar deliberadamente el amor podía llevar fácil e inevitablemente a la pérdida del amor verdadero, del amor sagrado, increíble, supremo, del amor más bello que nada puede superar[108]». Considera a Mao demasiado brusco, poco refinado y de entrada lo rechaza. Ha encontrado una máxima que ha hecho suya y que repite como un mantra: «Vale más nada que lo imperfecto». Y Mao Zedong no es el hombre perfecto que ella espera.

Con todo, están más cerca de lo que ella cree en algunos aspectos. Mao, por ejemplo, también rechaza la idea del matrimonio. En 1918, en la época en que funda la Sociedad de estudio de los hombres nuevos, jura que jamás se casará, porque le horroriza el sistema inhumano de explotación que es el matrimonio. Los miembros de la Sociedad se apartan, pues, de las cosas del amor, considerando que hay otras muchas cuestiones más importantes. Al año siguiente el joven Mao nos explica el origen de su aversión: «Cuando era joven —tenía entonces 26 años—, vi a muchas personas casadas. Les preguntaba por qué lo hacían. Todas me respondían que lo necesitaban para que alguien les hiciera el te, la comida, para criar a los cerdos... Entonces les preguntaba si no habría sido más fácil tener un criado... Me respondían que tenían que fundar una familia. Todo aquello me dejaba perplejo. Y aún hoy, cuando consideres lo que dice la sociedad a propósito del matrimonio, no encontrarás nada que tenga que ver con el amor[109]».

Descubrimos a un Mao casi romántico, preocupado por conceder más espacio al sentimiento amoroso en la nueva sociedad china. Más prosaicamente, el matrimonio no es a sus ojos «nada más que la satisfacción de un deseo carnal». Y sobre este último punto está dispuesto a reconocer que «los deseos de alimento y sexo son fundamentales[110]».

Mao no se conforma con las dudas de Kaihui y sabe mostrarse tenaz. Le escribe numerosas cartas apasionadas. Ello no basta para convencerla de sus sentimientos. En enero de 1920 se produce el primer drama en la vida de aquella muchacha mimada: la muerte de su padre. Mao vive entonces por segunda vez en Pekín y pasa mucho tiempo con la familia Yang. La pérdida de aquel padre bienamado deja un gran vacío. Él está allí para colmarlo: «No me esperaba tener mucha suerte. Tenía a un hombre al que amaba [...]. Me había enamorado después de haber oído hablar mucho de él y haber leído muchos artículos suyos... Pero aunque lo amaba no quería demostrarlo. Estaba convencida de que el amor está en manos de la naturaleza y que yo no debía tener la presunción de exigirlo, ni de buscarlo...».

¿Es la separación trágica del padre? Kaihui teme tanto ser abandonada como comprometerse. «De no haber sido por un amigo que conocía sus sentimientos y me los reveló —diciéndome que él se sentía muy desdichado por mi culpa— no me habría casado nunca». Un sentimiento teñido de culpabilidad la atormenta y acaba por vencer su resistencia. «Me dije que vivía no sólo para mi madre, sino también para él... me imaginaba que si por desgracia moría [...] yo lo seguiría sin dudarlo y moriría con él».

Mao y Kaihui se convirtieron en amantes poco después ese mismo año. Aquel hombre heroico, aquel rebelde, que llegó oportunamente a su vida sólo podía ser el que estaba esperando, su Gran Amor. Kaihui se va, pues, a vivir con Mao y a finales de 1920 se casan. Como ya no es una señorita, la echan de la escuela[111].

Pero el idilio no dura mucho. Mao no renuncia a sus antiguas relaciones con mujeres y hasta toma nuevas amantes. Entre ellas, la prima de su mujer. Cuando la dulce y delicada Kaihui se entera, golpea con violencia a su rival en la cara. Kaihui no es una esposa convencional, que se sienta obligada por la tradición a soportar las aventuras de su marido. Sus convicciones son feministas: las mujeres son seres humanos igual que los hombres, ¿por qué deberían aceptar sin rechistar los caprichos de sus maridos? «¡Hermanas!», escribe. «Debemos luchar por la igualdad entre hombres y mujeres y no debemos bajo ningún concepto permitir que los demás nos traten como simples accesorios[112]». ¿Cuál fue su decepción al descubrir que Mao la engañaba? Ni él ni ella mencionaron jamás este tema. Kaihui no volvió a hacerle ninguna escena.

La revolución feminista todavía no está en el programa y la vida cotidiana de Mao es de lo más tradicional. Kaihui se queda en casa y se ocupa de los niños mientras Mao va por ahí convirtiendo a las masas al comunismo. El primer hijo, Anying, nace en octubre de 1922. El segundo, Anqing, en noviembre de 1923. El último, Anlong, en 1927. A lo largo de estos años, no obstante, el matrimonio se ha deshecho; la causa política es una compañera demasiado exclusiva y Kaihui pasa a un segundo plano.

En octubre de 1928 hace un año que Mao se ha ido. Kaihui tan sólo puede expresar su pena en un poema:

Día sombrío, sopla un viento del norte,
Un frío denso se cuela en la carne y en los huesos.
Al pensar en ese hombre tan lejos de mí,
De pronto surgen de la calma unas olas.
¿Están curados los pies heridos?
¿Están preparados los vestidos de invierno?
Ninguna carta llega hasta aquí.
Yo pregunto, pero nadie responde.
Cuánto quisiera tener alas
Para volar hasta ese hombre.

Como no puedo verlo,
Mi pena no tiene fin[113].

Kaihui se siente abandonada en aras de una lucha que obsesiona a Mao desde que era muy joven, y por la cual ella ha dejado de lado sus aspiraciones feministas. Los niños la agotan: «¿Quién se ocupa de ti mientras duermes solo? ¿Te sientes tan solo y triste como yo?», le escribe. Ahora bien, en su exilio, Mao justamente no duerme solo.

Había aceptado casarse, pero su opinión sobre el matrimonio no había cambiado: una convención burguesa opresiva. En esa época sueña con ver «la gran oleada de la libertad del matrimonio y de la libertad del amor extenderse sobre China».

Persuadir a los chinos, apegados desde hace siglos a la moral confuciana, de que la revolución comunista es sinónimo de liberación sexual no es tan fácil. Como la mayoría de los chinos tienen poco o nada que perder, la colectivización de los medios de producción no los asusta. Pero ninguno está dispuesto a aceptar la colectivización de sus mujeres. Ahora bien, reinventar las relaciones entre el hombre y la mujer es un elemento fundamental de la nueva sociedad que Mao quiere construir. En cierto sentido, la reforma del matrimonio que preconiza, que aseguraría a todos la libertad de amar, y sobre todo de no amar, y ofrecería a las mujeres la posibilidad de divorciarse, representa una experiencia mucho más revolucionaria que la reforma agraria.

Las cosas no se desarrollan exactamente como estaba previsto, pues las mujeres se tomaron de forma literal esa llamada a la «libertad». «Las relaciones amorosas entre ellas y sus jóvenes amigos tendieron a aumentar, y en las colinas se formaron parejas libremente[114]». No es una ola, es un maremoto. Y Mao se apunta a la corriente: se ha casado sin decírselo a su esposa con una mujer joven que ha conocido por el camino en 1928. Kaihui no se lo puede creer. Para no perder la razón ni la dignidad hace como si nada hubiera ocurrido. No es de las que, enamoradas de la modernidad, piden el divorcio. Ella sigue esperando el regreso de su marido, como Penélope en su telar. Pero la noticia la deja destrozada. «Más vale que te quedes aquí con los niños por su seguridad», le había dicho él... ¿Cómo pudo mentirle hasta este punto?

Changsha está entonces gobernada por Ho Chien, un general nacionalista decididamente anticomunista. Pero hasta entonces a Kaihui nadie la ha molestado. Al fin y al cabo no es una activista y parece que no participa para nada en las actividades de su marido. Su situación, conocida de todos, provoca más lástima que desconfianza. En septiembre de 1930 Mao vuelve finalmente a Changsha. No es el amor lo que lo ha hecho regresar a la ciudad, ni la nostalgia del hogar, sino la guerra. Lanza un ataque prolongado contra la ciudad y así inicia un verdadero asedio. La clemencia del general tiene unos límites y Mao acaba de cruzarlos. Kaihui es detenida con su hijo mayor, Anying, el 24 de octubre, el día en que el niño cumple 8 años. Le proponen un trato: la libertad a cambio de una condena pública de las actividades de su marido. Deberá divorciarse sin demora. Kaihui nunca ha soportado que le dicten lo que debe hacer. Este chantaje no es digno de su Gran Amor, que sin embargo no existe más que en sus sueños. Se niega a renunciar a Mao.

La llevan al «pretorio» improvisado en el cuartel general del ejército. Lleva un vestido largo de color azul marino que le da un aire imperial. En la cara no hay ningún signo de miedo. Encima del escritorio han puesto un pincel y una etiqueta en la cual está escrito su nombre. Después de hacerle algunas preguntas el juez traza un signo con tinta roja. Acaba de firmar su sentencia de muerte.

La mañana del 14 de noviembre de 1930 el cielo está oscuro. Dos meses después de que Mao dirigiera su ataque fallido contra Changsha Kaihui, la paciente, la fiel, es conducida a un campo de ejecución fuera de la ciudad, en la puerta Liuyang.

Por el camino que la lleva al campo de ejecución va gritando su lealtad a Mao. Ya no es coraje, es desesperación. Dos verdugos le quitan el vestido. Tiene 29 años, avanza hacia la muerte en ropa interior, en aquel día frío de otoño. Mientras la pasean, encadenada, un oficial llama a un rickshaw y la hace subir; dos hombres corren a cada lado. Al llegar al lugar de la ejecución descubre las tumbas de los condenados que, al no tener ya familia que reclame sus cuerpos, yacen allí para la eternidad. ¿Mao se ocupará de su cuerpo o se quedará ella también en aquel campo?

Por orden del gobernador, Yang Kaihui, la esposa de Mao Zedong, es decapitada. Una vez hecho el trabajo sucio, los miembros del pelotón de ejecución le quitan los zapatos y los tiran lo más lejos posible. Una leyenda dice que, si no toman esa precaución, el fantasma de su víctima los perseguirá hasta su casa. Mientras los verdugos a los que el ejercicio les ha abierto el apetito almuerzan en el cuartel, un guardia viene a compartir con ellos su visión angustiosa: le parece haber visto moverse el cadáver de Kaihui, de modo que siete de ellos dejan su escudilla y van a auscultar ese cuerpo recalcitrante. En su agonía Kaihui ha sufrido tanto que sus dedos han escarbado profundamente el suelo.

Mao no asistió a la muerte de su mujer. Tras el fracaso de aquella nueva tentativa bélica para tomar el poder huyó sin preocuparse de poner a la madre de sus hijos a buen recaudo de las represalias. Al enterarse de la noticia escribe con una pena que parece sincera aunque algo tardía: «Aunque muera cien veces, ¡jamás podré redimir la muerte de Kaihui!». Una vez muerta es cuando Mao se da cuenta de que era su Gran Amor. Casi treinta años después de su muerte expresa su pena a una amiga, Li Shuyi, que acaba de perder a su marido:

Yo perdí mi fiel álamo y usted, su sauce;
El álamo y el sauce se alzan hacia los cielos más elevados,
Wu Gang, a quien le piden qué tiene que ofrecer,
Los presenta humildemente con vino de casia.
La diosa solitaria en la luna despliega sus amplias mangas
Para danzar por estas buenas almas en el cielo infinito.
De pronto llega la noticia de la derrota del Tigre en la tierra
Las lágrimas fluyen a borbotones como un tazón de lluvia vertido.

LA MARCHA DEL EMPERADOR

«¡Hijo de cerdo, huevo de tortuga, zángano que no piensas más que en las protitutas! Ya te enseñaré yo a venir aquí a escondidas a acostarte con esta cabrona burguesa[115]!».

Mayo de 1937. He Zizhen está enfurecida. Se esfuerza en golpear a aquel patán con todo lo que agarra. El guardaespaldas observa el espectáculo desde un rincón. No es la primera escena a la que asiste. Mao protesta y dice que sólo ha entrado para charlar con esa tal Lily. Zizhen no se lo cree. Ya no soporta sus infidelidades. Abandonó a Yang Kaihui por ella, y a ella esto la halagó. ¡Pero que ahora se atreva a engañarla con una actriz de mala muerte, una cómica vestida con ropas llamativas!

Dirige su furia contra Lily Wu y la agarra del pelo y le araña la cara. Mao no interviene, impávido. Pelear contra los imperialistas soviéticos del Guomindang, sí, pero entre dos mujeres, jamás.

«¡Sucia imperialista!», grita ella. «Todo esto es por tu culpa, ¡sal de mi vista!». Zizhen le da un bofetón a la periodista americana Agnes Smedley, que ha organizado ese encuentro entre Mao y la actriz. La reportera no se queda atrás y le da una paliza. Zizhen cae de rodillas. Sin darse por vencida, se dirige enseguida a Mao: «Pero, bueno, ¿qué clase de hombre eres y qué clase de comunista? ¡Dejas que una basura imperialista me pegue delante de tus narices!». Mao la mira. Ordena a su guardaespaldas que ayude a su mujer a levantarse. Rabiosa, ella lo hace caer poniéndole la zancadilla. Serán necesarios tres guardias para sacar a aquella furia de la habitación. Mao sigue el cortejo con la cabeza gacha.

Pronto hará diez años que Mao dejó a Kaihui por He Zizhen. Ya hace tiempo que el entusiasmo del principio se ha desvanecido. La pelea ha estallado en casa de Agnes Smedley, la periodista. Agnes ha invitado a una pareja de compatriotas periodistas a cenar, a Edgar Snow acompañado de su mujer Helen[116], así como a una joven actriz llamada Lily Wu. Mao se invita al refrigerio. Se quedan hasta tarde jugando a las cartas. He Zizhen lo ha seguido. Su casa se encuentra a menos de mil quinientos metros. La escena que descubre la pone fuera de sí. Lily Wu, sentada en el banco al lado de Mao, ha puesto delicadamente la mano sobre su rodilla. Dice que ha bebido demasiado vino y que está un poco ebria. Helen cuenta lo que pasó después en su diario: «Mao también pareció sorprendido, [...] y manifiestamente divertido. También declaró que había bebido demasiado vino[117]». Entonces Lily se aventura a coger la mano de Mao... El ambiente en la habitación se vuelve eléctrico: «Agnes levantó reverencialmente hacia él sus grandes ojos azules, que a veces brillaban con un resplandor fanático. Lily Wu también lo miraba con la veneración dedicada a los héroes[118]...».

Lily Wu es una joven actriz de 26 años divorciada. A pesar de que la moda comunista impone a las mujeres llevar el pelo muy corto su espesa cabellera le cae sobre los hombros y atrae todas las miradas. Sus actitudes son muy estudiadas: se mueve con una gracia tranquila y habla con una voz sensual. Helen Snow la llama la «Sarah Bernard local». De hecho, la joven se convirtió pronto en una starlette. Sus vestidos y sus maneras excesivas trastornan muchas cabezas en aquella región algo atrasada y encantan especialmente a Mao. Zizhen es sólida y abnegada, Lily Wu la evanescente lo divierte de una manera muy distinta. A su lado recupera la inspiración poética que conoció tiempo atrás con Yan Kaihui. Durante sus largas conversaciones apasionadas Mao recita poemas que dice haber escrito para ella. En realidad recicla los que escribió a la memoria de su difunta esposa.

He Zizhen nació en 1909. Es la hija de un combatiente e intelectual comunista del rico distrito de Yongxin, al pie de las montañas, a quien Mao visitaba con frecuencia. De su madre cantonesa heredó unas facciones finas y armoniosas, que a veces se iluminan con una sonrisa delicada. Mao se casó con la joven, que heredó de su padre un temperamento libre casi rozando la insolencia, cuando ésta sólo tenía 18 años. Quedó seducido no sólo por una silueta grácil y una carita de porcelana. Zizhen es una revolucionaria a su manera. Rechaza el modo de vida tradicional que encierra a las mujeres de la buena sociedad y aspira a conocer un universo más amplio: el placer, la vida. Estudió en una escuela misionera dirigida por religiosas finlandesas y se rebeló contra la educación para las hijas de buena familia que allí recibió. Los acontecimientos le darán el empujón que le falta. Exaltada por la entrada en su ciudad del ejército de la Expedición del Norte durante el verano de 1926, se afilia al partido comunista. Muy pronto la joven simpatizante es la encargada de recibir a las tropas y de hablar en público. La madurez que demuestra unida a la pasión de sus 17 años la hace subir en el escalafón del partido. Aquel mismo año es nombrada al frente del Servicio de las Mujeres en el nuevo gobierno local. Zizhen se ha convertido en una ideóloga. Su emancipación queda marcada por un gesto simbólico potente: se corta la larga cabellera de mujer. En adelante es una camarada.

A la llegada de Mao, Yuan Wencai, que ha organizado el ataque proporcionando armas a los comunistas y que ahora gestiona las fuerzas de defensa locales, encarga a la joven que le sirva de intérprete. Mao se lanza sin más al asalto amoroso. La operación es un éxito. Desde principios de 1928 se les considera «casados» aunque no haya habido ninguna ceremonia oficial. Se han limitado a dar un suntuoso banquete, preparado por la Sra. Yuan.

A diferencia de Kaihui, irremediablemente enamorada de Mao, Zizhen parece haberse casado con él a regañadientes. No eran pretendientes lo que le faltaba y le parece que Mao, de 34 años, es «demasiado viejo[119]». Lo que ocurre sobre todo es que a Zizhen el que le gusta en secreto es otro chico, el hermano más pequeño de Mao, Zedan. Intelectualmente brillante, Zedan también parece enamorado de la camarada Zizhen. Pero tiene un defecto que oculta todas sus demás virtudes a ojos de la muchacha: carece del carisma de un líder. Ella experimenta «la necesidad de sentirse políticamente protegida en ese medio».

Para Mao las cosas están más claras: los ojos de Zizhen, que son como un «par de cristales», le han indicado desde el primer encuentro que ella era su «alma gemela revolucionaria». Conocerla le ha dado incluso una sensación «dulce como la miel». Se ha fijado sobre todo en sus pómulos altos que le dan un aire refinado.

Poco después de la boda un rumor viene a estropearles la fiesta. Su diferencia de edad y las ausencias repetidas de Mao desencadenan la maledicencia: Zizhen estaría sexualmente insatisfecha. ¿Hay que ver en las compotas de melocotones salvajes que prepara continuamente alguna especie de compensación? Como compañera abnegada, no presta mucha atención a los rumores, ocupada como está en velar por su único hijo superviviente, Lin Min. Pese a que la pérdida de tres hijos seguidos la ha marcado Zizhen no se ha convertido en un ama de casa amargada. Tiene un espíritu bien templado que no tolera las medias tintas, como su marido. «Somos como el hierro y el acero», le dice él después de una disputa. «A menos que intentemos llegar a un compromiso sufriremos los dos[120]».

Un nuevo hijo tal vez fortalecería la relación. Los inicios del régimen comunista son dolorosos. Mao aún no tiene el puesto que quiere ocupar. Debe elevarse por encima de las querellas internas en el partido e imponerse como líder nacional. En octubre de 1934 Zizhen está encinta. Es el momento elegido por su marido para lanzar su Larga Marcha, la que lo convertirá en un mito. El destino de la revolución china se dirimirá al hilo de ese recorrido agotador de doce meses a lo largo de doce mil kilómetros. De los ciento treinta mil hombres de Mao que participan en esa aventura titánica apenas treinta mil sobrevivirán.

Ella está embarazada de cinco meses cuando se ponen en camino. Su estado no le permite caminar mucho rato junto a Mao. Montar a caballo es demasiado difícil y peligroso. Desde el mes de diciembre ella avanza penosamente en una silla con porteadores. Viaja con los enfermos privilegiados y una treintena de esposas de altos dirigentes.

El 15 de febrero de 1935, cuando llegan a la altura de un pueblecito llamado Arena Blanca, empieza el parto. Abandona por unas horas el convoy para traer al mundo una niña. Su cuñada, que la asiste, le muestra a la recién nacida envuelta en una chaqueta recogida al azar. El ejército pasa el día en Arena Blanca, pero Mao no va a verla. Ya hay que reemprender la marcha. La niña no sobreviviría probablemente al esfuerzo. Zizhen debe dejar a su hija atrás. La confía a una mujer que se encargará de encontrarle una familia adoptiva a cambio de algo de dinero y de opio. Cuando pide a Zizhen que le dé un nombre a la niña antes de abandonarla, ésta se niega. El dolor es indescriptible. Sólo unos días más tarde, después de muchos kilómetros de camino, ve por fin a Mao. Lo informa, llorando, de que ha abandonado a la pequeña. «Has hecho muy bien», le dice él por toda respuesta, «era lo que había que hacer».

Tras seis meses de una cadencia infernal hacia el sur Zizhen encuentra una forma de combatir la tristeza: la acción. Se convierte en enfermera, acompañando y cuidando a los heridos con los medios de que dispone. Reconfortar a los suyos alivia sus males. Pero la mejora durará poco. Hacia mediados de abril tres aviones del Guomindang reaparecen en el cielo al atardecer. Las ametralladoras desgarran el firmamento. Zizhen corre bajo las balas para ayudar a un oficial herido a ponerse a cubierto. Un instante después está bañada en su propia sangre. Más de una docena de esquirlas de obús se han clavado en el cráneo y la espalda de la aprendiz de enfermera. Uno de los médicos logra extraer uno a uno los fragmentos con unas pinzas de depilar. Ahora hay que parar la hemorragia. Avisan enseguida a Mao del estado en que se encuentra su mujer, pero él se siente «fatigado» y no se desplaza. Muy considerado, le envía a su médico personal y a dos de sus porteadores para que la evacúen. Pero toma conciencia de la gravedad del estado de su esposa y la visita por fin tres días más tarde. Ella ha recobrado el conocimiento aunque sigue sin poder hablar. Zizhen se aferra a la vida. Pero varias esquirlas de obús, una de ellas en la cabeza, son demasiado difíciles de extraer. Durante semanas está al borde de la muerte. La continuación del viaje convertirá su valor en leyenda: no cesa de desmayarse a causa del dolor, cuyo paroxismo es lo único que la hace reaccionar. Implora que la rematen. Al final de la marcha forzada, en octubre de 1935, He Zizhen, mártir de la causa, se ha convertido en primera dama de la revolución. El relato de sus sufrimientos la ha hecho muy popular.

En 1937 la vida recupera sus derechos sobre el cuerpo maltrecho de Zizhen. Está de nuevo encinta. ¡Es demasiado! A los 28 años ya no quiere llevar en el vientre a los hijos de un hombre con el cual ya no comparte nada, un hombre que la ha dejado por muerta en la carretera. Pero ¿adónde ir? Unos meses de reflexión bastan para decidirla. Si en la carretera ha estado a punto de morir, en la carretera renacerá. Anuncia a Mao que lo abandona. Se va a principios de agosto. Como para asegurarse una distancia que la separe lo bastante de él y evitar así la tentación de volverse atrás, Zizhen emprende el camino de Urumqi, a mil seiscientos kilómetros al este. Mao no piensa aceptar su decisión sin reaccionar. Naturalmente no ha hecho nada para retenerla. Ni una palabra. Manda que le envíen una caja de madera tradicional con productos de belleza, confeccionada por sus guardaespaldas, así como un cuchillo para la fruta y otros objetos que a ella le gustaban. La nostalgia y el remordimiento son armas temibles para doblegar la voluntad de una mujer.

Ella continúa el viaje sin él. Pero no estará sola, ya que lleva a su hijo. La larga marcha de Zizhen la conduce a la Unión Soviética, donde por fin puede recibir un tratamiento médico para las esquirlas de obús que tiene clavadas. Lejos de un renacimiento, la estancia en Moscú no es sino una caída en la desesperación. El niño que nace poco después de su llegada es el vivo retrato de su padre. Zizhen escribe a Mao para decírselo. Él no le contesta. El niño muere rápidamente de neumonía. No llegará a cumplir un año.

El golpe de gracia viene siempre del ser amado. Zizhen ha adquirido la costumbre de reunirse con otros chinos moscovitas que no hablan ruso para que les lean en su lengua extractos de la prensa soviética. Un día el traductor lee un artículo escrito por el cineasta ruso Roman Karmen, que acaba de reunirse con Mao. Karmen cuenta que Mao y «su mujer» lo han acompañado a su casa a la luz de la luna. ¡¿Su mujer?! Al oír estas palabras algo se rompe dentro de ella. Sufre la misma suerte que conoció Kaihui...

Pierde el ánimo, el sueño y luego el apetito. Aún le queda la esperanza: tal vez Mao recobre el sentido. Su estado se agrava cuando recibe una breve carta de su marido. El tono no es de reconciliación. En una sola frase lapidaria le anuncia la disolución de su matrimonio: «Ahora ya no somos más que dos camaradas[121]». Zizhen se siente abandonada, obsesionada por los rostros de los hijos que ha perdido; el niño muerto, la niña abandonada. La catatonia se convierte en depresión. Las autoridades locales acaban internándola en un manicomio. ¿La decisión viene de Mao? Diez años después, en 1947, él interviene para hacerla volver a China. Allí también la encerrarán. He Zizhen había sufrido demasiado para poder curarse. Durante el resto de su vida estará convencida de que los médicos de Mao tratan de envenenarla.

EL AMOR ES AZUL COMO UNA MANZANA

El proceso de una traidora

«El juez: ¡Silencio!
    Jiang Qing: ¡Yo también tengo derecho a acusarlo!
    Liao Mosha: ¡Cállate, prostituta!
    El juez: Acusada Jiang Qing, ¡cállate inmediatamente!
    Jiang Qing: ¡Hablo si me da la gana! ¿Cómo lo vas a impedir[122]?».

Pekín, noviembre de 1980. En la sala de la audiencia asistimos al proceso de la «banda de los cuatro» que tiene a China sobre ascuas. Hay gritos. El presidente del tribunal, agitando su campanilla, intenta desesperadamente hacer que la calma vuelva a la sala, donde está a punto de estallar una batalla campal. La acusada Jiang Qing es coriácea. Uno de los jueces da un puñetazo encima de la mesa.

Jiang Qing afirma: «Las infracciones las cometen ustedes. [...] Hacen venir a todos esos traidores, esos espías como testigos, ¡y yo me alegro!».

Liao Mosha, el único superviviente de los escritores que había osado atacar abiertamente a Mao a comienzos de la década de 1960, sube a declarar. Acusa a Jiang Qing de haber perseguido a muchos ciudadanos de Pekín. Ella habría mandado detener, dice, a cantidad de inocentes: «Yo crecí en las filas del Partido. No me desvié ni un milímetro de la línea trazada por mi dirección, ni un solo día de mi vida [...]. Jiang Qing montó un juicio con acusaciones falsas, fui encarcelado durante ocho años y luego me enviaron al exilio durante tres años, al campo, a rehabilitarme por el trabajo. En la cárcel me torturaron cruelmente». Estalla en sollozos.

Flanqueada por dos mujeres policías de uniforme y armadas, Jiang Qing no abandona su sonrisa burlona. Mantiene la cabeza erguida. Sus ojos vivos recorren toda la sala. Los ochocientos ochenta miembros del público y los setenta hombres de ley reunidos en el escenario para el juicio más importante de la China moderna tienen una certeza: ¡se burla de ellos!

En su rostro se lee todo el desprecio que siente por esa asamblea, así como la satisfacción de tener por fin la posibilidad de vengarse. La que había tenido que esperar treinta años antes de poder reinar al lado de Mao y borrar la imagen de mártir de la revolución de su anterior esposa, He Zizhen; la que había tenido que permanecer en la sombra a causa de sus detractores encuentra por fin los focos que iluminan su gran escena final.

Desde los primeros instantes del proceso los jueces comprenden que han sacado a la fiera de su jaula y que le han dado la ocasión de aullar en directo en todas las pantallas de televisión. Han ofrecido a la antigua actriz Manzana Azul el público más numeroso del que jamás gozó, decenas de millones de teleespectadores que asistirán a su última creación: su propio personaje.

Sin embargo, los cargos contra ella son apabullantes. La camarilla contrarrevolucionaria de Qing es culpable de los siguientes crímenes: trampas y persecuciones contra dirigentes del partido y del Estado, complot destinado a derribar el poder político, persecuciones y represiones contra un gran número de cuadros y contra las masas. Se habla de dos mil seiscientas víctimas de persecuciones en los medios literarios y artísticos; ciento cuarenta y dos mil en la enseñanza; cincuenta y tres mil en los medios científicos y tecnológicos; quinientos profesores de medicina y trece mil chinos de ultramar. La lectura del acta de acusación dura tres horas. Ella replica haciendo ademán de abandonar la sala. Al final del enunciado se dirige a los espectadores: «¡Miren a este Wu Faxian [otro acusado]. Está muerto de miedo. Y en cambio yo, ¡fíjense!..».

Sólo los rasgos todavía finos de su rostro oliváceo traducen el malestar. Ya no lleva las gafas de fondo de botella con montura de plástico que no se quitaba desde principios de la década de 1960 tal vez para desviar la mirada de las verrugas que decoraban la punta de su nariz.

El colofón del espectáculo es la acusación de intentar asesinar al presidente Mao Zedong.

Jiang Qing nace bajo el nombre de Luan Shumeng en marzo de 1914 en Zhucheng, en la provincia agrícola de Shandong. Su padre, Li Dewen, es un fabricante de ruedas para carretas. Alcohólico y brutal, tiene por distracción pegar a la madre de Shumeng, que no es su esposa oficial. A su vez esta última pega a la hija. La futura Sra. Mao tiene los pies vendados, según la tradición, para demostrar que no está destinada al trabajo sino al matrimonio. No es muy aventurado, por tanto, afirmar que su infancia es un infierno. Shumeng no estaba dispuesta a sufrir ese trato eternamente y se ganó los galones de rebelde entre sus compañeras de clase. Se quitó las vendas. El acto fundador le valió el apodo épico de Pies Liberados[123]. Naturalmente, las vendas habían dejado unas marcas horribles en sus carnes y cojeó sin remedio toda la vida.

En 1921 la madre y la hija se refugian en casa del abuelo en Jinan. Shumeng lleva ahora un nuevo seudónimo y es Yunhe, «grulla en las nubes». Pero la madre, una vez salvada de las garras de aquel concubino peleador, decidió volver a probar suerte con los hombres. En 1928 abandona a la joven «grulla» de 14 años en la indigencia. Su dureza y su tesón aprendidos a golpes y la voluntad de no volver a ser tratada de bastarda, unidos a un carisma casi magnético, serán las condiciones ideales para el oficio que ha elegido: será actriz.

Tiene unos ojos brillantes y un pecho generoso para sus 14 años. Fácilmente se le atribuyen 18. Sin perder un milímetro de su metro sesenta y cuatro, ocupa con sus gestos todo el espacio alrededor en la medida en que su frágil osamenta se lo permite. Su manera de moverse con agilidad y sus manos delicadas de dedos muy finos con los que termina sus gestos le confieren cierta dulzura.

A falta de educación tiene mucha labia, y hasta es capaz de desplegar cierta elegancia cuando logra disimular su altivez. Su confianza en su poder de seducción, mezclada con una rabia contenida a duras penas contra el mundo entero da como resultado una combinación discordante, arrogante y vanidosa, aunque frágil.

La novia, la actriz y el proxeneta

A los 15 años llama a la puerta de la academia de artes dramáticas de Jinan. Lleva el cabello largo, como muchas mujeres del sur del país. A la compañía le hacían falta justamente chicas con pelo largo para interpretar a las sirvientas. El director, encantado con aquella melena, la contrata al instante. Ahora bien, nada más entrar en la compañía, la muchacha, para la cual ser descarada forma parte del personaje, ¡se corta el pelo! Influida por la «nueva ola» de las ideas modernas en Jinan, quiere demostrar que es una verdadera artista, igual que los hombres, y no una muñeca.

La academia por desgracia cierra sus puertas a los dos años de entrar esa nueva adquisición por falta de medios económicos. Yunhe debe buscarse la vida. Como no tiene otros talentos que explotar más que ella misma, decide optar por la vía convencional. Pronto la vemos casada con un comerciante de la ciudad. La unión sólo dura unos meses.

Se encuentra de nuevo sola y sin más recursos que las ganas de darse a conocer. Pero en Qingdao, el gran puerto de Shandong, el ex director de la academia artística de Jinan que la había contratado se ha convertido en decano de la universidad. Ya la tenemos por segunda vez a su puerta. Obtiene de ese mecenas un pequeño trabajo en la biblioteca universitaria y conoce a Yu Qiwei, responsable de la propaganda del partido comunista clandestino. Más que las bambalinas, las luces de la escena política le parecen ahora un camino hacia la gloria.

Gracias a Qiwei se introduce en el círculo del Frente Cultural comunista. Logra que la admitan en la liga de las gentes del teatro y de los escritores de izquierdas gracias a algunos manuscritos, a mucho entusiasmo y sobre todo gracias a un caluroso agradecimiento a Qiwei. Porque si los sentimientos patrióticos de Yunhe son sinceros, sus conocimientos políticos son muy endebles: no conoce la diferencia entre el partido comunista y el partido nacionalista. Su conocimiento del marxismo se reduce a cuatro fórmulas groseras y a un par de opiniones tajantes. «Nosotros tenemos razón y ellos están equivocados[124]», es todo lo que sabe. Lo cual no le impide dar el pego y entrar en el Partido Comunista Chino en 1933.

Pero en lugar del camino hacia la gloria se encuentra con una vía muerta. Ser la mujer de un político de segunda fila la aburre. Su sueño de brillar es cada vez más intenso. Abandona a su amante y se va a Shanghai a empezar por fin su carrera de actriz bajo el nombre de Lan Ping, «Manzana Azul».

Como la experiencia le ha enseñado que los hombres son el mejor instrumento de ascenso social, se casa con un crítico de cine llamado Tang Na. En Qingdao Yu Qiwei le había inculcado un sentido político y unas ideas de izquierdas. En Shanghai la influencia cultural de Tang Na también es determinante. La saca de un universo puramente chino y la abre al mundo al iniciarla al arte dramático y al cine occidental.

Pero ¿qué vale la opinión de un chupatintas, por muy bien visto que esté? Ella tiene otras aspiraciones y ya se ha fijado en el director de un teatro muy popular, Zhang Min. El hombre está casado. Tang se siente desamparado aunque también él le ha puesto los cuernos más de una vez. El 8 de marzo de 1936 intenta suicidarse: «Al alba he intentado irme», dice ella, «pero ¡el pobre lloraba tanto! Jamás olvidaré su cara de pena».

La escena de la separación descoloca totalmente al crítico, que se va del apartamento dejándole una nota de despedida. Se va a suicidar. Ella sale en su busca en plena noche y le pide que vuelva. Tang la pone frente a la realidad, quiere respuestas: ¿ella lo ama, sí o no? «¡Dios mío! ¡Tener delante a un hombre que quiere suicidarse y que me habla así!». Sin saber qué hacer y para evitar lo peor Lan Ping capitula: «Le dije que lo amaba». La mala película rosa se acaba muy pronto y en 1937 ella emprende viaje de nuevo tras abandonar a un Tang Na desesperado. «La contribución del hombre a la historia se reduce a una gota de semen[125]». Ambicioso programa...

Dirección Yanan, la base comunista del Noroeste. Muchas jóvenes iban a Yanan para huir de un matrimonio concertado, de la autoridad familiar, para estudiar, lo cual era muy caro en Shanghai, o por simple curiosidad. La ciudad tenía fama de pionera de la emancipación, una versión china del espíritu de conquista del Oeste americano.

Flechazo en Yanan

Aquí es donde su camino se cruza con el del hombre de la Larga Marcha. Manzana Azul cuenta que Mao la vio entre centenares de jóvenes comunistas y le regaló una entrada para el instituto Marx-Lenin, donde él daba una conferencia. Ella fue a aplaudirlo y, a cambio, Mao fue a verla al día siguiente al teatro. Dice que aplaudió tan fuerte la actuación de la bella que He Zhizen, con la cual aún estaba casado, se volvió loca de celos.

Más prosaicamente, Jiang Qing, intrigando entre los grupos comunistas a su llegada a Yanan, se fijó en un orador que destacaba por encima de los demás. Todos parecían escucharlo. Asiste a varios de sus discursos públicos, llamando la atención con sus aplausos de fan. Para él no es más que una chica bonita más de las muchas que se extasían con su pico de oro. Pero ella está decidida a conquistar-lo. Su filosofía de la seducción es muy sencilla: «El sexo es atracti-vo al principio. Pero a la larga lo que cuenta es el poder». Y Mao opone poca resistencia.

La pareja empieza a mostrarse en público. Su relación ense-guida provoca escándalo. Jiang Qing tiene un pasado sospechoso de actriz de series B y de cómica fracasada. Ya ha estado casada cuatro veces o en todo caso ha vivido con cuatro hombres diferen-tes. Si en Shanghai, una ciudad cosmopolita, ya era la comidilla, en Yanan se convierte en una apestada. Sobre todo porque aquella a la que ha suplantado despierta mucha compasión.

Una de las compañeras de Zizhen durante la Larga Marcha lo recuerda así: «Las alumnas de mi escuela estaban muy afectadas. Algunas le escribieron públicamente a Mao, otras en secreto. Yo escribí tres cartas diciendo más o menos lo siguiente: Presidente Mao, esperamos que no se case con Jiang Qing. Zizhen se encuen-tra muy mal y han tenido cinco o seis hijos juntos[126]». Todo el pue-blo simpatizaba con Zizhen por lo que había sufrido en aras de la causa.

Dentro del partido la preocupación es seria. Jiang Qing había sido encarcelada por los nacionalistas, que la acusaban de ser una simpatizante comunista; para que la soltaran ella se retractó, un gesto que el partido consideraba una «traición». Además se mur-muraba que había ablandado a sus carceleros compartiendo sus comidas y sobre todo su cama. Los rumores más persistentes la acusaban de haber llegado a un pacto con el Guomindang para salir de la cárcel. Son muchos los militantes del partido que escriben a Yanan para decir que ésa no es la esposa que le conviene al líder.

El jefe oficial del partido, Lo Fu, también escribe a Mao para comunicarle sus reservas y las de otros muchos. Cuando recibe esta carta, Mao la rompe de inmediato y espeta al mensajero que la ha traído: «Me casaré mañana mismo. ¡Que la gente se ocupe de sus propios asuntos[127]!».

Al día siguiente, en efecto, ofrece un «banquete de boda» a dos docenas de personas pertenecientes a la élite de Yanan. Lo Fu no figura entre los invitados. Ya Zilong, secretario y hombre de con-fianza de Mao, lo vuelve a avisar de los rumores que circulan en la ciudad sobre el comportamiento de Jiang Qing.

A modo de compromiso, Mao ha decidido que su nueva espo-sa permanecería en la sombra, sin responsabilidades oficiales, ocupándose de su secretaría privada, como habían hecho Yang Kaihui y He Zizhen antes que ella.

Jiang Qing, por tanto, debía enfrentarse a las dudas que albergaban los dirigentes revolucionarios respecto a ella y también al desprecio instintivo de los campesinos hacia una mujer procedente de esas grandes ciudades donde se vivía y se amaba en libertad. Pero Jiang Qing no es una secretaria y menos todavía un ama de casa. Esa decisión provocará en ella un rencor terrible.

La venganza de una morena

La primera en sufrir la venganza de Jiang no es otra que la niñera de su hija, nacida en 1940 de su unión con Mao. Tras un examen médico y un breve periodo de formación la joven se convierte en la criada de la pareja. Una de sus tareas es lavar el pelo a la Sra. Mao. El ejercicio es peligrosísimo: ésta se pone furiosa si no se le lavan los cabellos a la perfección. Cualquier salpicadura es una bomba de relojería. Un día de 1943 la criada es convocada ante su patrona. «¡Has venido aquí armada con veneno! ¡Confiésalo!», grita Jiang Qing.

Es acusada de haber envenenado la leche de los Mao, procedente sin embargo de su propia vaca, que pasta en el recinto de los servicios de seguridad. Sí, pero la prueba es concluyente: la Sra. Mao tiene diarrea. Tras interrogar al cocinero da al jefe de seguridad la orden de encarcelar e interrogar a la niñera. Esta oscura historia de leche adulterada no quedará impune; aquella misma noche la muchacha duerme en la prisión del Jardín de los Dátiles. Durante el día la principal actividad de las internas es hilar y cada reclusa tiene que producir tal cantidad de hilo que deben trabajar sin levantar la vista en todo el día para lograrlo. La noche se destina a los interrogatorios, durante los cuales la joven es insultada: «¿Por qué no confiesas, sencillamente, para acabar de una vez, máquina de mierda[128]?». Al cabo de nueve meses la joven finalmente es liberada.

En 1943 Mao todavía no ha logrado imponerse como líder nacional único. La Larga Marcha no ha bastado para deshacerse del Guomindang y de Chang Kaichek. La guerra con Japón, que dura desde hace seis años, relega a un segundo plano sus ambiciones personales. ¿Qué hará Jiang Qing todo el día?

Una carrera de actriz ahora es impensable. De hecho, las huellas de su pasado deben desaparecer para crear la imagen de esposa del gran líder. Las copias de sus películas, las críticas de sus actuaciones, los artículos sobre su vida de cómica, todo es poco a poco recopilado y destruido.

Convertirse en un personaje decorativo está excluido.

Un papel político en asociación con su marido, esto es lo que ella quiere.

¿Sufre de depresión? ¿Sus crisis de histeria y de paranoia son demasiado frecuentes? A finales de la década de 1940 Jiang está poco presente en la historia. Oficialmente, Mao la envía durante largas estancias a Rusia para tratarse de un «cáncer». ¿Es para alejarla de los primeros instantes de la República Popular de China?

Mao, en efecto, proclama esta última el 1 de octubre de 1949. Una vez que su marido ocupa el poder Jiang Qing obtiene el cargo de miembro del comité director de la industria cinematográfica, un papel muy secundario comparado con las ambiciones de Mao. Lo que el líder se propone es que la industria china alcance el mismo nivel de producción de acero que Inglaterra en sólo quince años. Ésta es su apuesta política, su «Gran Salto Adelante», inaugurado en 1958. El esfuerzo es titánico, pero insuficiente. La mano de obra inexperta produce unos bienes de una calidad execrable mientras las cosechas se pudren en los campos. El «Gran Salto Adelante» es un estancamiento mediocre. Mao y Jiang pierden poder. Tras la Larga Marcha viene la retirada táctica.

Al año siguiente Liu Shaoqi lo sustituye al frente del Estado. Mao reacciona con violencia ante ese nombramiento. Jiang se toma la desautorización como un ataque personal. Concentrará todo su odio en Wang Guangmei, la esposa del nuevo amo del comunismo chino. Guangmei encarna el papel de primera dama que ella ambiciona desde siempre. Hay que preparar la venganza con paciencia y sabiduría en la sombra. Y Jiang domina a la perfección las armas de la intriga y el espíritu cortesano. Sus talentos están a la altura de sus demonios. De pronto se convierten en indispensables para un Mao en dificultades. «Me tratan como a un antepasado difunto», se queja Mao.

Jiang reúne alrededor de él a unos cuantos fieles y a varios recién llegados a la doctrina comunista. Mao los adoctrina con un programa que acaba de inventar para contrarrestar el poder creciente de Liu. Los miembros de esa «facción de la corte» realizan un trabajo de zapa considerable y utilizan sus plumas para difundir la buena nueva. El cariz que toman los acontecimientos entusiasma a Jiang Qing, porque ofrece maravillosas posibilidades destructivas a esa mujer, que es consciente de que deberá acabar con Liu y su esposa para trepar hasta la cima.

Esos años en la sombra han enseñado a Jiang la estrategia de la paciencia y la forma de mover los peones en el tablero. El próximo paso: ocupar un puesto más importante a los ojos del pueblo.

El ascenso prohibido

Decide en primer lugar modificar a su gusto lo que se representa por entonces en los teatros. Se estrenará con *La toma del monte del Tigre por la estrategia*, una historia de ejércitos comunistas combatiendo a los bandidos en Manchuria en 1946. ¡Al fin y al cabo ella es una artista y una gran actriz! Tras asistir a la representación, entre bastidores hace saber a la compañía, como experta que es, que la actuación ha sido malísima. Los iluminará con sus conocimientos. En casa, durante las comidas, escucha grabaciones de los ensayos y luego va corriendo al teatro con nuevas ideas. Ideas geniales, según ella. Decide que «El Odio» es una palabra clave del texto. No hay que pronunciarla, sino gritarla, como se lanza una granada contra el enemigo. No hay que acabar una frase musical bajando la voz, aunque ésta sea la costumbre desde hace mil años. Luego les enseña cómo hay que gritar la palabra «primavera» para transmitir su fuerza política. La primavera verá, según ella, la victoria de su marido y su elevación a la cumbre de la sociedad. Dirigiéndose por último a la actriz principal, insiste: «No olvides nunca que la belleza es menos importante que la voluntad y el poder».

Trata así de revisar determinadas obras modernas. Por desgracia actores, autores y directores no están muy dispuestos a reconocer su talento y menos a adoptar sus directivas insólitas. Según ella, el estilo que tienen, fruto de la política de la década de 1930. Es demasiado retrógrado. ¡Son unos perros, no saben apreciar su arte! Unos técnicos de cine llegan incluso a rebelarse abiertamente contra las obras que ella intenta imponer, tiñendo las películas de rojo o de otros colores y haciéndolas inexplotables.

Pero se necesita mucho más para que Manzana Azul renuncie a sus propósitos. Lo quieran o no, ahora es ella la que manda en las artes y los espectáculos del país. Al fin y al cabo el consentimiento popular sólo es un detalle del cual ella puede perfectamente prescindir.

¿Por qué, además, limitarse a las artes? Si sus cartas de mujer no le permiten acceder a los más altos cargos del Estado, llegará a ellos como un hombre. Jiang modelará su comportamiento según el de Mao y llevará muy lejos el mimetismo. Adopta sus actitudes y sus expresiones: «Estudia para ser el médico de los hombres», le dice a un estudiante de veterinaria, retomando la frase de Mao, que él ha sacado de la máxima de Sun Yat Sen, uno de los padres fundadores del Guomindang y primer presidente de la república de China en 1911. Tras un incidente violento acaecido en la provincia de Sichuan, vuelve a parafrasear a su marido: «Un poco de violencia está bien aunque sólo sea para entrenarse[129]».

Incluso corrige su caligrafía: a partir de la década de 1960 sus movimientos graciosos son sustituidos por un dibujo vigoroso, contundente, masculino. Pero la transformación aún no es total.

Debe borrar su turbio pasado para enfundarse el traje de primera dama del pueblo. Jiang Qing teme constantemente que alguien revele la vida disoluta que llevó en el pasado y los secretos sepultados en las cárceles nacionalistas. Sus antiguos colegas, amigos y amantes son retirados de la circulación, encarcelados o exiliados. Pocos serán indultados mientras ella viva. Su intento por recuperar una virginidad moral es implacable: en agosto de 1966 el crematorio de Pekín no da abasto.

1966, un año drástico

Tampoco se salvan los amigos de sus ex amantes. Aquel año de 1966 Jiang se acuerda de una imprudencia cometida ocho años atrás. En 1958, después de una violenta discusión con Mao, escribió en un rapto de cólera a un viejo amigo cineasta para pedirle la dirección de Tang Na, su ex marido, que entonces vivía en París. Las consecuencias de esa carta, si llegara a divulgarse, podrían ser fatales. Recuperarla se convirtió en una de sus obsesiones. Hizo detener al pobre cineasta y a varios amigos comunes. Sus domicilios fueron saqueados. El cineasta murió bajo la tortura, confesando en vano que había destruido la carta hacía años.

El año 1966 se anuncia como el más apasionante en la vida de Jiang. Es nombrada consejera cultural del ejército. Ahora lidera a un ejército de seis millones de hombres en materia de ópera, danza, música y libros. Sobre todo lleva en este cargo el uniforme militar masculino. Por fin se enfrenta con las mismas armas a los otros dirigentes. Como el hábito hace al monje, interviene durante el verano con vigor en todas las reuniones del comité donde se presenta orgullosamente como un soldado. Nada de lo que ha habido antes que ella en el mundo debe subsistir. Por eso fomenta el pillaje de los domicilios de los intelectuales para confiscar los libros antiguos. Jiang efectúa su propia revolución cultural, cuyo astro solar es ella.

De pie junto a Mao, levanta apenas el brazo para responder a los millones de aplausos de quienes para Mao son las «masas» y para ella el «público». Estos baños de masas la galvanizan. El 8 de julio Mao anuncia a su mujer su deseo de crear un «gran desorden bajo el cielo» para imponer su nuevo orden. Ella lo ve como un nuevo punto de partida. Incita a los jóvenes a rebelarse contra los funcionarios, a tomar el poder. Ha empezado la revolución cultural.

Durante aquel tórrido verano Mao cesa a Liu Shaoqi y hace que se le condene por *El diario del pueblo*, que lo tacha de vil capitalista. Inmediatamente después ofrece a Jiang una responsabilidad más importante aún: es nombrada jefa adjunta del Grupo de la Revolución Cultural, el organismo dirigente de la revolución cultural, que se convierte de hecho en el gobierno secreto del emperador. Ascenso fulminante. Ahora se sienta al lado de los miembros del Buró Político que gobiernan el país. Sus dolencias y su apatía han desaparecido como por ensalmo.

Ahora que ocupa un cargo oficial y corta el bacalao podrá dar rienda suelta a lo que la obsesiona desde hace diez años: vengarse de la que le ha quitado el puesto de primera dama, Wang Guangmei.

Inmediatamente después del cese de Liu Shaoqi, trescientas mil personas se reúnen en un mitin de humillaciones y violencias contra Guangmei, su esposa, una mujer sofisticada que habla francés, inglés y ruso. Incluso es licenciada en Física Atómica por la Universidad de Pekín.

Las acusaciones contra ella son graves. Guangmei, la infame, habría llevado vestidos chinos tradicionales de colores durante un viaje por Indonesia y se habría comportado «como la puta de Sukarno». Y peor aún: ¡hasta se puso un collar! Es el caso del collar de la Reina: «Antes de ir a Indonesia vino a verme. En aquella época yo estaba enferma en Shanghai. Me dijo que quería llevar un collar y vestidos de flores durante el viaje. Yo le dije que tenía derecho a llevar varios vestidos y le aconsejé el negro, pero le notifiqué que como miembro del partido comunista debía evitar los collares[130]...».

La excéntrica tuvo la osadía de mentirle, pues le prometió que no llevaría collares en el Sureste asiático. Jiang cree haber hallado el castigo ideal: hay que recuperar esos vestidos y obligarla a ponérselos. Se procuró una copia de los vídeos del viaje de Guangmei y así tiene la prueba irrefutable de su perfidia. Lo que la película muestra indiscutiblemente es que una noche en Yakarta la esposa del jefe del Estado llevó un collar. «¡Dios mío, esa mujer llevó un collar! ¡Me engañó!», exulta Jiang. La multitud aprueba a gritos sus palabras.

En tanto que mujer del líder de la revolución, Jiang Qing tiene la costumbre de vestir de forma muy conservadora: pantalón gris perla y túnica del mismo color con una camisa de seda blanca debajo. Como todo el mundo, lleva sandalias de plástico, pero las suyas tienen la particularidad de ser blancas, a juego con un bolso de plástico del cual no se separa casi nunca. Esta sobriedad la engrandece. Pero ninguna otra mujer debe superarla. Y si una occidental colocada a su lado resulta ser más alta, no duda en burlarse de la altura de sus tacones. Guangmei ha ido demasiado lejos.

Liu Shaoqi y Guangmei son puestos bajo arresto domiciliario. Una noche suena el teléfono. Guangmei descuelga. Su hija Tingting le anuncia entre sollozos una noticia terrible: su hermana Pingping ha tenido un accidente de coche. La pareja se precipita al hospital: era una trampa. Los guardias rojos, a las órdenes de Jiang, los estaban esperando. Guangmei está en estado de «arresto revolucionario». Le leen una y otra vez sus crímenes durante toda la noche. Jiang recibe cada hora un informe.

Guangmei es obligada luego a ponerse en público y encima de sus ropas guateadas un vestido tradicional que a todas luces le queda pequeño, el traje que supuestamente llevó cuando coqueteó con Sukarno. También le ponen una capucha.

«El fiscal: ¡Póngase este vestido!

Wang: ¡Me niego!

El fiscal: ¡No tiene elección!

Wang: Éste basta para recibir invitados.

El fiscal: ¿Recibir invitados? ¡Usted hoy aquí es la acusada!

Wang: No me pondré este vestido. No es presentable.

El fiscal: Entonces ¿por qué lo llevó en Indonesia?

Wang: Era verano. [...] No me lo pondré. Por más que insista.

224

«El día en que me dé cuenta de que me idolatran me destruiré», decía Benito Mussolini en 1915. Olvidó muy pronto algunos de sus principios. La prueba es esta joven que luce su retrato en el traje de baño en 1923.

© Leemage/Prisma

© Leemage/Prisma

«Me persigue con su amor, pero yo nunca podré amarla. Su mezquindad me repugna.» Margherita Sarfatti (1880-1961), la reina sin corona del fascismo.

MUSSOLINI

© 2011 White Images/Scala, Florence

© 2011, Photo Scala, Florence/BPK

© Cordon Press

«Si me encontrase en un desierto y la única mujer presente fuese Angelica, preferiría hacerle la corte a una mona.» Angelica Balabanof (1878-1965), verdadera «pigmaliona» de Benito Mussolini.

«Dime, ¿qué ves en mí? Yo no lo sé. Estás loca, o a lo mejor eres estúpida.» Los primeros contactos entre Mussolini y Clara Petacci (1912-1945) no presagiaban la gran pasión que habría de unirlos y desgarrarlos.

«Si me rechazas, te tiro conmigo debajo de un tranvía.» Mussolini supo encontrar los argumentos para pedir a Rachele Guidi (1890-1979) en matrimonio.

«Las exigencias de las mujeres en materia de libertad amorosa no son una reivindicación proletaria, sino una reivindicación burguesa.» Lenin, sin embargo, compartiría su vida con una mujer casada, Inessa Armand (1874-1920), revolucionaria, feminista y profeta del amor libre.

LENIN

Vladimir Ilich Ulyanov Lenin con su mujer Nadezhda Krupskaya en Gorky, 1922.

«Era la única que podía ablandar mi corazón», dirá Stalin de Ekaterina Svanidze (1880-1907), su primera esposa, su primer desconsuelo.

© Cordon Press

© Cordon Press

«He perdido más de diez kilos, tengo que ponerme vestidos debajo de la falda porque literalmente se me cae. He perdido tanto peso que la gente me dice que debo estar enamorada.» Natalia Aliluyeva (1901-1932), la segunda esposa de Stalin, tuvo una vida tan breve y trágica como su antecesora en el corazón del dictador.

SALAZAR

La periodista francesa Christine Garnier junto a António de Oliveira Salazar en 1951. Fuente: Archivo fotográfico *Lavanguardia.es*.

El presidente rumano Nicolae Ceaucescu junto a su mujer Elena Ceaucescu durante unas vacaciones en Sukhumi, Rusia, en 1976. Elena Ceaucescu fue viceprimera ministra en el gobierno de su marido junto al que fue condenada a muerte y ejecutada por genocidio, entre otros cargos.

CEAUCESCU

BOKASSA

La nueva emperatriz sobre todo
[...] daba muestras en el papel de
Josefina de mucha dignidad
y elegancia.» Valéry Giscard
d'Estaing, desde París, se fijó en
la belleza de Catherine Bokassa.
Arriba en una cena de gala
organizada en Bangui en marzo
de 1975 a la que asistió el
presidente francés.

El 4 de diciembre de 1977,
adornada con sus mejores
joyas, Catherine se convertía
en emperatriz de África
Central.

«Me había enamorado después de haber oído hablar mucho de él y haber leído muchos artículos suyos… pero aunque lo amaba, no quería demostrarlo.» Yang Kaihui (1901-1930), la segunda esposa de Mao, gritará su amor por Zedong delante de sus verdugos.

Cuando vio a Mao por primera vez He Zizhen (1909-1984) lo encontró «demasiado viejo». Para él ella es su «alma gemela revolucionaria». La convertirá en su tercera esposa y en una heroína femenina de la Larga Marcha.

El líder comunista chino, Mao Tse-Tung fotografiado con su cuarta esposa, la actriz Jian Qing (1914-1991) en sus años de matrimonio, que tuvo lugar en 1938.

Sofía Subirán de Martín Pinillos cuando conoció al teniente Francisco Franco. Tenía 16 años.
© Archivo personal de M. Victoria Santos de Martín-Pinillos.

El Caudillo de España Francisco Franco Bahamonde junto a su esposa Carmen Polo en la Feria de Sevilla en 1943.

FRANCO

«Luego me gustaría tanto estar cerca de ti, mirarte a los adorables ojos y olvidarme de todo lo demás. Tu Lobo.» Hitler era para Maria Reiter (1911-1992) un «torrente de pasión» a veces difícil de contener.

Angelika Raubal (1908-1931), alias *Geli*, su sobrina, la única «que sabe reír con los ojos» y es capaz de llevarlo a una tienda de sombreros.

«El viejo señor me dedicaba piropos. […] No cesaba de devorarme con los ojos. Luego, como era tarde, me fui corriendo. Rechacé su ofrecimiento de acompañarme a casa en su Mercedes. ¡Imagínate la cara que habría puesto papá!» Eva Braun (1912-1945), la querida «cabeza de chorlito» de Hitler, fiel hasta la muerte.

HITLER

«También amo a mi esposo, pero mi amor por Hitler es más fuerte. Por él estaría dispuesta a dar la vida.» Magda Goebbels (1901-1945) tenía la costumbre de hacer siempre lo que decía.

El fiscal: Se lo repito. Aquí usted hoy es la acusada. Si no es honesta con nosotros, ¡cuidado!

Wang: Aunque tenga que morir, no».

Enfundada en el vestido, parece una salchicha. Jiang está encantada. Además le ponen al cuello dos guirnaldas de pelotas de pimpón doradas a modo de collar de perlas. Por supuesto no dejaron de inmortalizar el acontecimiento. Guangmei es encarcelada y torturada. No será liberada hasta 1979. A Liu Shaoqi lo matan, igual que a varios de sus hijos.

Parece que ya nada pueda detener a Jiang Qing en sus celos hacia las mujeres que pueden hacerle sombra. La obsesiva Sra. Mao llevará a los tribunales a la mujer de uno de sus ex maridos, Yu Qiwei. Una noche glacial de diciembre de 1966 en la Gran Sala del Pueblo la mujer es empujada al podio del estadio de los Trabajadores. Lleva el pelo suelto, un soldado le mantiene los brazos a la espalda. Jiang Qing se deleita con la escena. La mujer se llama Fan Jin y era redactora del *Pekin Evening News* además de teniente de alcalde de la capital. Uno de sus crímenes es haber publicado durante la época no maoísta de principios de la década de 1960 un poema que hablaba de nubes y de lluvia. Ahora bien, en la literatura china, esos dos elementos evocan a menudo las relaciones sexuales. El poema significaba, por tanto, que Jiang era una puta colocada en el lecho de Mao.

El otro crimen de Fan Jin, menos conocido pero imperdonable para Jiang, es haberle sucedido en los brazos de Yu Qiwei. ¿Todavía albergaba sentimientos hacia él o simplemente se trataba de posesión y celos? Fan Jin, por su parte, le había sido fiel hasta su muerte, en 1958. Se había vuelto a casar después con un oficial de aviación y éste fue obligado a divorciarse de ella cuando la detuvieron. Ella habló un poco y eso la llevó a la muerte.

Así pues, los caprichos de Jiang Qing se convierten en ley dentro del nuevo Estado comunista.

En 1969 se suprime el grupo restringido que constituye la guardia más próxima a Mao, pero conserva a su mujer cerca y ésta se convierte en su cancerbero. Jiang Qing ya no tiene ningún cargo administrativo. Por fortuna su estatus le ofrece algunas distracciones que al pueblo le están prohibidas: pasa mucho tiempo jugando con sus animales de compañía, entre ellos, un mono, y montando a caballo en el parque de Beihai, en el centro de Pekín. Por la noche, sesión privada de películas extranjeras.

Su modo de vida es tan dispendioso como extravagante. Le entusiasma la fotografía y desea inmortalizar hermosas marinas. Ordena entonces que pasen navíos de guerra frente a la costa para tener un tema adecuado. Su piscina de Cantón debe estar siempre caliente, aunque para ello haya que alimentarla con agua traída por conducciones especiales a través de varias decenas de kilómetros. Cuando Cantón sufre una breve ola de frío, los empleados encargados de mantener la caldera de carbón de su residencia deben reptar bajo las ventanas cada vez que pasan delante de su salón a fin de que los movimientos del exterior no perturben su frágil sosiego. Como la villa se encuentra cerca de una obra, el cuerpo de ingenieros encargado de los trabajos tiene prohibido usar la dinamita: las explosiones podrían asustarla. Hay que continuar la obra con pico y pala. Siempre debe haber aviones disponibles para satisfacer sus caprichos, como hacer venir de Pekín a Cantón una chaqueta que de repente le apetece ponerse: «Para que yo pueda descansar y pasarlo bien es normal sacrificar los intereses de otras personas».

Aparte de los caprichos Jiang sabe cómo seducir a un hombre como Mao. Incluso vestida con el atuendo preferido de los comunistas, logra ponerse en valor: un cinturón apretado para destacar su cintura de avispa, una gorra militar inclinada de manera informal para mostrar una cabellera opulenta.

El encanto no es pasajero. Varios años después de su unión Mao le dedica un poema de un erotismo apenas disimulado:

> Los mástiles son sacudidos por el viento.
> Inmóviles, los montes de la Tortuga y la Serpiente.
> Proyecto grandioso, sin embargo,
> Del norte al sur, se elevará un puente
> Abriendo una vía donde había un foso.
> Al oeste se levantará una presa de piedra
> Que interceptará las nubes y las lluvias del monte Wu.
> Un lago de aguas tranquilas subirá en los desfiladeros.
> ¿Oh, diosa del monte Wu, si aún estás allí,
> ¡Te maravillarás de los cambios de este mundo[131]!

Si Jiang Qing se esfuerza tanto fuera de casa por eliminar a sus rivales, quizá es porque dentro no puede hacer nada contra unas rivales que son legión. Mao multiplica sus conquistas. Durante mucho tiempo ella ha cerrado los ojos. Todo el mundo en el palacio estaba al corriente y parecía burlarse de ella. ¡Esas dichosas enfermeras! ¡Ojalá pudiera atrapar a un par de ellas, ya verían cómo se les pasaban las ganas!

Los celos

Mao pasa la noche de su 65 cumpleaños en la cama mientras varios miembros del Primer Grupo lo representan en el banquete ofrecido en su honor, cuenta su médico personal.

«Como de costumbre, debía hacerle mi informe inmediatamente después. Fue un festín suntuoso, y los innumerables brindis a la salud de Mao fueron tan extravagantes como los platos. Bebí tanto que me fui a dormir sin hacer mi informe para Mao. Li Yinquiao me sacó del sueño poco después: partíamos inmediatamente para Pekín[132]». ¿A qué venía esa salida tan precipitada?

Jiang Qing se despertó durante la noche; quería un vaso de agua y otro somnífero. Como la enfermera no contestó a su llamada, Jiang Qing se fue a la sala de guardia. La enfermera no estaba. Eso confirmó sus sospechas. Se precipitó a la habitación de Mao y descubrió a la joven en brazos de su marido.

Por primera vez en su vida Jiang Qing le hace una escena a Mao. Bajo los efectos de la ira, lo cubre de reproches, recordándole otros incidentes similares. ¿Cuál es la reacción de Mao ante el furor de Jiang Qing? Volver a Pekín enseguida, dejando a su mujer cociéndose en su propia rabia en Cantón.

Jiang Qing no tarda en arrepentirse de su estallido. Envía una simple nota en la cual cita un pasaje de la *Peregrinación hacia el Oeste*, la novela china antigua más popular: «Mi cuerpo está en la cueva de la cortina de agua, pero mi corazón te sigue allá donde vayas[133]». Mao está encantado de leer estas palabras escritas por la mano de su mujer. Al fin y al cabo ¿no es él también el mayor de los héroes, cuyos actos constituyen la epopeya de la China moderna? También él ha pasado por mil peligros. Una aventura con una enfermera es algo muy necesario para consolarse.

«No me interesan las mujeres», declaró a Edgar Snow en 1936. Sin embargo, no es eso lo que recuerda su médico personal. «No tardé en darme cuenta de que el sexo lo preocupaba muchísimo. Le interesaba vivamente, por ejemplo, la vida sexual de Gao Gang», nos cuenta. El ex dirigente de Manchuria se había suicidado tras haber sido acusado, en 1954, de fundar una alianza contra el partido. Durante sus conversaciones Mao no hablaba de los errores políticos de Gao Gang. Lo que lo tenía fascinado, en cambio, era que Gao por lo visto había tenido relaciones sexuales con más de cien mujeres. Y «le interesaban mucho los medios utilizados por Gao para atraer a tan gran número de mujeres», comenta el médico. El Gran Timonel se muestra admirativo: «Hizo el amor dos veces la misma noche en que se suicidó», dice Mao. «¿Es imaginable semejante lascivia?».

De la admiración a la práctica no hay más que un paso. Mao basará su práctica —intensiva— de la sexualidad en la doctrina taoísta. El confucianismo, que se basa en reglas estrictas de separación de los sexos, ya no lo convence. El taoísmo parece mucho más atractivo: hace de la sexualidad uno de sus fundamentos. Parece que el sexo confiere la fuerza y la longevidad, ¡vaya doctrina! El Gran Timonel teorizará meticulosamente el papel del sexo en su vida y su obra política con algunas adaptaciones personales, cuyo gusto dejamos a la apreciación del lector.

Jóvenes y sin experiencia, las amantes de Mao piden consejo a su médico personal. Para prepararlas éste les hace leer *Clásico de la vía secreta de la joven ordinaria*. A las chicas parecían gustarles esas enseñanzas. Refiriéndose a las proezas del presidente, una de ellas le confió un día: «Todo lo que hace es fantástico, absolutamente embriagador».

Son muchas las llamadas y pocas las elegidas que llegan hasta el dormitorio de Mao. Servir para el placer sexual del presidente es un honor sin parangón, que supera sus sueños más extravagantes. Se hace una selección rigurosa: lo primero que se garantiza es que las chicas sean admiradoras rendidas de Mao. Todas proceden de familias de campesinos pobres, que se lo deben todo al partido comunista y lo consideran como su mesías.

Para estas jóvenes de origen humilde, ¡qué promoción! Pasar unas horas en el dormitorio del presidente es la experiencia más inolvidable de su vida. Para la mayoría de los chinos ver un instante a Mao, impasible, en la tribuna de la plaza Tiananmen, constituye un privilegio excepcional, un momento casi místico. Durante la revolución cultural los mangos que Mao regalaba a los trabajadores se convertían en objetos de culto; el agua en la cual se había hervido un pedazo de estas frutas era considerada como un elixir mágico. ¡Así que compartir la cama del gran Mao...! Pero había que tener un estómago a prueba de bomba. En efecto, el presidente no era muy escrupuloso con su higiene corporal. Jamás se cepillaba los dientes, se contentaba con enjuagarse la boca con té por la mañana, masticando las hojas después de beberse el líquido. Se había resistido a todos los que querían que lo examinara un dentista. Peng Dehuai, un cuadro del partido y ex ministro de Defensa, nos describe las consecuencias catastróficas: «Se diría que los dientes del presidente están recubiertos de una capa de pintura verde[134]».

Tampoco se lavaba, considerando que era una pérdida de tiempo. En lugar de eso, sus asistentes lo frotaban con toallas calientes y húmedas cada noche mientras estudiaba documentos, leía o charlaba con alguien. Su médico observa que tampoco se lavaba los órganos genitales. «Me limpio en el cuerpo de las mujeres», replicaba.

A pesar de todo Mao es un hombre de buen gusto. No le interesan, en efecto, todas las mujeres jóvenes. Su apetencia se centra en las bailarinas. Para asegurarse de estar siempre bien provisto encarga a su secretario particular[135] que reclute a mujeres dentro de las organizaciones de arte comunistas. Se quedarán en casa de él esperando que la mujer del Timonel se duerma. Luego serán llevadas a escondidas a sus aposentos y deberán irse sin hacer ruido en cuanto el presidente las haya disfrutado. Y es que Mao teme las escandaleras de su mujer.

Para la selección está todo previsto. Se organizan bailes en la Gran Sala del Pueblo. Un centenar de invitados bailan el foxtrot o valses. Se dice a las chicas que se las escoge para ser las parejas de baile de Mao. Hay miembros del partido que lo ven como un honor tan grande que llevan allí a sus propias hijas o hermanas. Mao creará incluso su propia compañía de bailarinas para poder aprovisionarse a placer: la Compañía de Acción Cultural de la Unidad de la Guarnición Central. El 9 de julio de 1953 el ejército recibe la orden de seleccionar a chicas en sus compañías de espectáculos. Peng Dehuai, comandante en jefe, lanza la operación «selección de las concubinas imperiales».

Con el tiempo la naturaleza de esas veladas y el papel desempeñado por algunas de las chicas que participan en ellas no podían evidentemente ser ignorados por nadie. Bailaba con ellas hasta las dos de la mañana antes de reunirse con la Sra. Mao. A veces.

La atracción que siente Mao por las jóvenes enfermeras y las bailarinas de turno la exaspera. Ve desfilar a las candidatas con ocasión de esas «veladas danzantes». Jiang Qing, aunque mantenga su rango en público, no se deja engañar. Un día en que está diciendo pestes de una de esas nuevas adquisiciones le confía al médico de Mao: «Usted no conoce al presidente, doctor. Tiene una vida amorosa muy libre. En él el placer físico y la actividad mental están separados, y siempre hay mujeres dispuestas a ser su presa».

Ya no son dudas, sino certidumbres lo que obsesiona a Jiang. Varias veces desde el incidente de la enfermera lo ha sorprendido en la cama con otras mujeres. Ella, que siempre había sido deseada por los hombres que había conocido, se siente terriblemente humillada. No puede hacer nada ante sus infidelidades. Un día el médico de Mao la encuentra sentada en un banco, llorando, a la puerta de la residencia. «Me hizo jurar que no le hablaría a nadie de sus lágrimas. Nadie, ni siquiera Stalin, dijo, podía salir vencedor de una lucha política con su marido al igual que ninguna mujer podría jamás conquistar su corazón». Su gran terror, a medida que su marido disimulaba cada vez menos su afición por las chicas jóvenes, era que la abandonase.

Una vez que Jiang Qing estuvo ingresada en el hospital, Mao conoció a una nueva empleada de la Oficina de Asuntos Confidenciales. Una joven de tez muy clara, de ojos oscuros y brillantes y cejas finamente dibujadas, tal como a él le gustan. Ésta llamó la atención del presidente contándole que en la escuela primaria lo había defendido cuando unos camaradas lo criticaban, y que por eso la habían castigado. Empezaba a vérseles juntos a todas horas, tanto de día como de noche. La muchacha incluso acompañó a Mao a un viaje a Shanghai. Era la primera amante que no intentaba ocultar. Eso fue lo que más la hirió. Orgullosa de ser la concubina de Mao, la pelandusca se mostraba amable y amistosa con la mujer del presidente. Jiang Qing, dulcificada por la ambición política, disimulaba bien. Había acabado aceptando lo inevitable.

En la década de 1970 Jiang se permitió una discreta revancha en el terreno sexual. Cuando Mao tomó como amante a una tal Zhang Yufeng, que era revisora de tren y que había conocido en un viaje, ella tuvo la audacia de permitirse unos encuentros efímeros con un joven campeón de ping pong muy seductor, cuya recompensa fue ser ascendido en un periquete al puesto de ministro de Deportes[136].

El tiempo jugaba a favor de ella. Mao envejecía, Jiang llevaba un gran tren de vida. En 1974 se envalentonó públicamente: «¿Por qué no puede una mujer tener concubinos?», dijo delante de un público de mujeres aquel verano en Tianjin.

Mao y Jiang tenían gustos amorosos diferentes. Mao, de viejo, no buscaba chicas inteligentes o conocidas; le bastaba con que fueran bonitas e inocentes. A Jiang le gustaba que sus amantes no le ofrecieran sólo el placer físico. Escogía a un pianista o a un joven escritor en ciernes. Jiang acabará así ganando con paciencia la batalla del sexo. En el momento culminante de la revolución cultural, la pareja había abandonado desde hacía tiempo toda relación sexual, pero él seguía cumpliendo con las jóvenes que se llevaba a la cama. En esa época estaba obsesionado por la idea de la impotencia que lo amenazaba. Le recetaron inyecciones de polvos de astas de ciervo. Un médico rumano, el Dr. Lepshinskaya, propuso un método más científico y Mao se enteró. Su fórmula, llamada «vitamina H3», se inyectaba a diario. Inyectaron la fórmula en el trasero presidencial durante aproximadamente tres meses. «Al no ver ningún resultado pusimos fin al tratamiento[137]», dice su médico.

Pero la hegemonía de Jiang Qing, conquistada con abusos y traiciones a sus amigos y a miembros influyentes del partido, ¿podía durar? En la cumbre de la jerarquía china las peleas son terribles. Jiang sigue despejando el campo alrededor de Mao y pone los ojos más arriba todavía. ¿Por qué conformarse con ser la esposa del jefe supremo? ¿Por qué no ser su sucesora?

Funesta sucesión

A la muerte de Zhou Enlai, el 8 de enero de 1976, Jiang Qing ataca la fase final de un recorrido digno de los más grandes estrategas. Uno de sus antiguos colaboradores de 90 años, viendo que Jiang no se descubre a la cabecera del difunto, no puede contenerse: «¿No has hecho ya bastante daño a la gente? ¿Y a la Revolución?», le espeta a Jiang en la antesala donde los dirigentes se dispersan. «¿Ya no te acuerdas de cuando en Yanan, Mao y tú vinieron a verme una noche, suplicándome que les permitiera casarse, diciéndome que jamás te meterías en política?». Jiang se calla. «Ni siquiera eres un ser humano[138]», concluye el viejo héroe, ahogándose de rabia.

Su juicio no es el de un senil. Lo comparte el pueblo, que ve en el primer ministro difunto a un moderado al miembro más eminente del gobierno y a un valladar frente a la locura destructora de Jiang. Las manifestaciones de homenaje a Zhou Enlai invaden la ciudad, revistiendo un carácter especialmente solemne. Pero los años pasados en intrigas de pasillos en la corte de Mao han alejado a Jiang del pueblo y de sus sentimientos.

En la plaza de la Puerta de la Paz Celeste, la gente escribe poemas contra Jiang Qing: «Sra. X, usted está loca. Tiene la ambición de ser emperatriz/ Tome este espejo/ Y mire lo que parece.../ Usted engaña a sus superiores/ Y abusa de sus subordinados/ Pero para la gente como usted/ Los días felices no han de durar».

Ella comete el error de mandar retirar las coronas mortuorias y los textos que adornan el monumento a los Héroes del Pueblo. Resultado: esa manifestación a la memoria de los desaparecidos, apasionada pero sin desórdenes, se convierte en motín y dura catorce horas, reúne a más de cien mil personas. Se queman coches, hay muchos heridos y unos cuantos muertos.

Ella aprovecha el motín para acusar a otro adversario político, Deng Xioaping: «¡Deng Xiaoping quiere aparcarme en el infierno! ¡Es peor que Kruschev! ¡Ese hombre quiere hacerse coronar, proclamarse él mismo emperador[139]!», grita Jiang.

Jiang quiere impedir el nombramiento de Deng como primer ministro en sustitución de Zhou Enlai. Así mataría dos pájaros de un tiro deshaciéndose de Zhou Enlai y de Deng Xiaoping a la vez. Mao, convencido por los alegatos de su mujer, aparta a Deng Xiaoping del poder.

Por lo visto, ella se pasa más tiempo que nunca en su antiguo apartamento, contiguo al de Mao. Éste, enfermo, prácticamente ya no sale de casa. La influencia de Jiang aumenta. Ella lo aísla de forma progresiva de sus colaboradores. Marca los teléfonos, examina cada documento antes de que llegue a sus manos y sustituye a los intérpretes que no le gustan.

Una vez muerto Zhou y apartado Deng, Jiang Qing se va afirmando en su posición de sucesora de Mao. Éste la legitima mediante un poema, enviado durante el verano de 1976: «Has sido maltratada. Hoy nos separamos en dos mundos. Que cada uno esté en paz. En los combates de los diez últimos años he intentado alcanzar la cumbre de la Revolución, pero no lo he logrado. Pero tú sí podrías alcanzar la cumbre[140]». Ya nada puede detenerla.

A la muerte de Mao, el 9 de septiembre de 1976, Jiang Qing parece ser la mejor situada para sucederlo. Pero tiene dos rivales:

Hua Guofeng, designado por el líder como sucesor oficial; y Deng Xiaoping, oficialmente en desgracia, pero que goza de un respaldo considerable entre los militares. Su primer gesto es hablar con Hua Guofeng para pedirle que reúna al Comité permanente del Buró Político a fin de excluir a Deng Xiaoping del Partido Comunista. Hua se niega. Será la guerra. Jiang recurre a escondidas a su sobrino, Mao Yuanxin, que hace venir a Pekín a diez mil hombres del Nordeste.

Al mismo tiempo las dos facciones se preparan para la batalla: Hua Guofeng y Deng Xiaoping movilizan hombres a su vez. Despliegan una unidad de infantería y dos divisiones blindadas cerca de la Gran Muralla, y otra a las afueras de Pekín. Se están tramando dos golpes de Estado. La única pregunta es cuál será el primero en madurar.

Jiang Qing es finalmente arrestada la noche del 6 de octubre. Sus colaboradores más cercanos han sido detenidos una hora antes. La reacción del pueblo al conocer su detención no se hace esperar. Surge una verdadera epidemia de caricaturas, en las que el nombre de Jiang Qing no está escrito con pinceles, sino con huesos de esqueletos. La viuda de 62 años está representada como una bruja, sacando la lengua, con la mano izquierda aferrada a la verdad y la derecha a las mentiras. Se la muestra ante un espejo con una cola de sirena y los labios entreabiertos imitando una felación. La gente desfila por las calles de Pekín gritando: «¡Diez mil cuchillos en el cuerpo de Jiang Qing!».

En 1980 se abre el tan esperado proceso contra la traidora. Durante la audiencia se permite algunas extravagancias. Cuando el juez empieza a interrogarla sobre las detenciones de Liu Shaoqi y de Wang Guangmei, se enfrasca en un largo discurso para justificarlas. Se interrumpe a la mitad y pide que la acompañen al lavabo. Desaparece entonces detrás de la puerta del retrete, se encierra allí y al cabo de quince minutos aún no ha salido. Las mujeres que la han acompañado se preocupan: ¿se habrá suicidado? Finalmente Jiang Qing reaparece, sin darse prisa, y es devuelta al banquillo[141]. Una vez que ha conseguido con esa entrada que toda la atención esté concentrada en ella espeta al presidente del tribunal: «¿Por qué me cortas siempre la palabra? ¡La cabeza es lo que te gustaría cortarme!».

Su defensa es cuando menos sorprendente: «Jamás he tenido un programa propio. No he hecho más que aplicar y defender las decisiones y las directrices del Comité Central del Partido. No he hecho más que aplicar y defender la línea revolucionaria proletaria del presidente Mao. [...] ¡Están buscando realmente los tres pies al gato! [...] Osan amalgamar a los asesinos con los que fueron sus víctimas. Pero la víctima que ustedes pretenden que es una asesina, no lo olviden, ¡fue la mujer del presidente Mao durante treinta y ocho años, día tras día! ¡Y eso sin contar los años en que ya estábamos juntos antes de nuestro matrimonio! Durante todo este tiempo compartimos lo bueno y lo malo. Durante los años de guerra ¡yo fui la única mujer que siguió al presidente Mao al frente! Y ustedes, ¿dónde estaban escondidos en aquel momento, eh?».

Delante de treinta y seis magistrados y un público de seiscientas personas Jiang Qing es condenada a muerte el 25 de enero de 1981. La sentencia ha sido decidida por Deng Xiaoping, que ha tomado el poder. Le conceden dos años de reflexión; si se arrepiente, salvará la vida. En vista de su negativa le conmutan la pena por cadena perpetua. Tal vez el tiempo devuelva la razón a esa mente atormentada. Pero Jiang ha previsto otra cosa, un mutis más glorioso. Quiere un último acto trágico. Se suicida el 14 de mayo de 1991. Para arrebatarle cualquier gloria fúnebre Deng Xiaoping no anuncia su muerte hasta dos años más tarde. El mutis lo ha hecho entre bastidores.

VII

Elena Ceaucescu, lujo, calma y Securitate

«Hoy Rumanía es más conocida en Occidente que la
Torre Eiffel y más respetada que la reina de Inglaterra.
Y todo esto gracias al Camarada y a mí».

Elena Ceaucescu

UNA ÚLTIMA JERINGA PARA EL CAMINO

Bucarest, día de Navidad de 1989[142]. En el edificio del Ministerio
de Defensa, reconvertido sumariamente en tribunal, el fiscal general lee el acta de acusación: «Crímenes contra la humanidad. Han
cometido actos incompatibles con la dignidad humana y el pensamiento social. Han actuado de forma despótica y criminal. Han
destruido al pueblo del cual se decían los líderes. A causa de los
crímenes que han cometido contra el pueblo pido, en nombre de
las víctimas de estos dos tiranos, la pena de muerte para ambos
acusados[143]».

Poco antes el fiscal había acusado a la pareja Nicolae y Elena
Ceaucescu de haber organizado fiestas suntuosas en su casa de vacaciones. Se conocían los detalles, dijo: comidas y trajes lujosos
venidos del extranjero, «peor que en tiempos del ex rey de Rumanía». El fiscal recuerda que al mismo tiempo, fuera del palacio, la
gente recibía una ración de doscientos gramos de alimentos al día.

Y continúa: «Todos los ciudadanos honrados saben muy bien
que no tenemos médicos, que han matado a niños y a otras personas de la misma manera, que no hay nada que comer, que no hay
electricidad».

La pareja está presa al fondo de la sala desnuda. Dos mesas colocadas formando ángulo materializan su estatus de acusados, como una estrecha prisión en torno a ellos. A Elena parece que la han sacado de la cama. Envuelta en su grueso abrigo de cuero beige con unas pieles de color marrón alrededor del cuello como único adorno y el pelo vagamente recogido en un moño. Es una anciana azorada y con la mirada perdida la que comparece. El aspecto del dictador depuesto es más imponente; todavía lleva un traje de tres piezas y un elegante abrigo negro. Sólo sus facciones denotan la gravedad de la situación. Ante ellos, sobre la mesa de contrachapado, un solo objeto puesto en evidencia: un sobre, delante de Elena. Ella no puede evitar mirarlo y tocarlo de vez en cuando, como para asegurarse de que sigue allí.

Las acusaciones se hacen más concretas: «¿Quién fue el autor del baño de sangre de Timisoara?». Nicolae se niega a responder. «¿Quién dio la orden de disparar contra la multitud? ¡Díganoslo!». Elena murmura: «Olvídalos. Ya lo ves, no hay modo de hablar con esa gente».

El fiscal prosigue: «Que se sepa, hubo treinta y cuatro víctimas».

Elena se lamenta: «Y a eso lo llaman genocidio...». Baja la cabeza, despechada.

El fiscal trata de desestabilizar a la demasiado vindicativa camarada Elena: «Ahora ya nadie quiere hacer nada por ustedes». Ella cuchichea algo al oído de su marido. El fiscal se burla: «Elena siempre ha sido charlatana, pero no sabe gran cosa. He visto que apenas sabe leer correctamente, pero dice que es universitaria».

Nicolae está allí para protegerla; poniendo la mano delante de su rostro, la separa simbólicamente de sus acusadores y le dice que no conteste. Adelantando luego las dos manos, expresa todo el desprecio que le inspira ese proceso «organizado por los traidores de Occidente».

Elena: «La intelligentsia de este país oirá de qué nos acusan».

El fiscal: «El mundo ya sabe lo que está pasando aquí».

Nicolae, levantando un dedo acusador y señalando a sus jueces: «Les hablo como simple ciudadano, y les digo que soy el presidente de Rumanía. [...] Soy el presidente del pueblo, no hablaré con provocadores y tampoco hablaré con los insurrectos y los mercenarios».

El fiscal: «Sí, pero ustedes pagan a los mercenarios».

Elena: «Es increíble lo que están inventando, es increíble».

Nicolae: «¿Cómo es posible que nos acusen así?».

Un aire condescendiente subrayado por una ancha sonrisa de desprecio no lo abandona más que cuando mira a Elena. La cubre con su mirada, intenta tranquilizarla. A menudo le coge la mano y la estrecha unos instantes. Prosigue el duelo.

El fiscal: «Hablemos ahora de sus cuentas en Suiza, señor Ceaucescu».

Elena: «¿Cuentas en Suiza? ¡Dénos pruebas!».

Nicolae: «No teníamos cuentas en Suiza. Nadie ha abierto ninguna cuenta. Eso demuestra hasta qué punto se equivocan. ¡Qué difamación, qué provocaciones! Esto es un golpe de Estado».

Elena, que hasta entonces ha sido espectadora, sale de su modorra y amenaza a los jueces con la mano, como una madre amenaza a un niño travieso con darle una paliza. Y siempre ese sobre delante de ella, que no escapa a su atención. ¿Tal vez los números de las cuentas en Suiza? ¿Una lista de los traidores al régimen? El cerco se va estrechando. El fiscal ahora se dirige a Elena.

El fiscal: «Usted siempre se ha mostrado dispuesta a hablar, una científica. Era la ayuda más importante, el número dos del gobierno. ¿Sabía algo del genocidio de Timisoara?».

Elena: «¿Qué genocidio? De todos modos no responderé a ninguna pregunta», dice, barriendo con la mano esas acusaciones.

El fiscal: «¿Sabía algo del genocidio o es que, como química, usted sólo se ocupaba de los polímeros? ¿Usted, una científica, sabía algo?».

Ante el mutismo de la ex número dos del régimen rumano el magistrado decide atacarla donde más le duele. Conoce su talón de Aquiles: su reputación de científica. La defensa de aquel título del que se enorgulleció durante todo el régimen es más acérrima aún que la lucha por su vida.

El fiscal: «¿Y quién escribía sus papeles, Elena?».

Elena: «¡Qué insolencia! Soy miembro de la Academia de Ciencias. ¡Usted no puede hablarme así!».

El fiscal: «Es decir que, como viceprimer ministro, ¿no sabía nada del genocidio? [...] ¡Así es como trabajaba con el pueblo y ejercía sus funciones! Pero ¿quién dio la orden de disparar? ¡Responda a esta pregunta!».

Elena: «No responderé. Le he dicho desde el principio que no contestaría a ninguna pregunta».

Nicolae: «Ustedes, oficiales, deberían saber que el gobierno no puede dar la orden de disparar. Pero los que mataron a los jóvenes eran los terroristas».

Elena: «Los terroristas de la Securitate».

El fiscal: «¿Los terroristas de la Securitate?».

Elena: «Sí».

El final de la acusación vira abiertamente hacia el insulto.

El fiscal: «¿Ha tenido alguna enfermedad mental?».

Este ataque a la dignidad mental de Elena pone a Nicolae fuera de sí. Por primera vez desde el comienzo de la justa verbal se pone rojo y los ojos se le inyectan en sangre.

Nicolae: «¿Qué? ¿Qué es lo que nos pregunta?».

El fiscal: «Si han tenido alguna enfermedad mental».

Elena: «¡Déjeme en paz!».

El fiscal: «Esto ayudaría a su defensa. Si hubieran tenido una enfermedad mental y lo admitieran, no serían declarados responsables de sus actos».

Elena: «¿Cómo puede decirnos algo así? ¿Cómo puede alguien decir una cosa así?».

Es el momento de las conclusiones. Nicolae persiste en denunciar la ilegalidad de aquel tribunal militar. A su lado Elena se ha ido desencajando poco a poco y ahora se mantiene completamente inmóvil, con la mirada perdida. Ha comprendido lo evidente: han perdido el poder.

Nicolae: «No, no firmaremos. Y tampoco reconozco a la defensa».

Elena: «No firmaremos ninguna declaración. Sólo hablaremos ante la Asamblea Nacional, porque hemos trabajado duro por el pueblo durante toda la vida. Hemos sacrificado toda nuestra vida por el pueblo. Y no traicionaremos al pueblo aquí».

El fiscal recita ante sus ojos unos artículos del Código Penal de los que ella no tiene la menor idea. Todo es completamente absurdo a sus ojos... Salvo él. Lo acusan de haber malversado mil millones de dólares... Todo eso es realmente aberrante, parece pensar ella, mientras van enumerando uno a uno los cargos. «Por todo eso solicito la pena de muerte». Ella contempla la sala y a sus adversarios, y luego se vuelve hacia Nicolae: «Míralos, nuestros hijos, nosotros los hemos criado». La defensa capitula[144].

Al guardia que le ata las manos a la espalda para llevársela le dice gimiendo: «Hijo mío, me haces daño». Es y sigue siendo la madre de ese país, y de todos los que pisan la tierra de Rumanía. ¿Cómo osan sus propios hijos levantar la mano a su madre? Intenta resistirse por última vez, pero las ataduras son muy fuertes. Luego implora la compasión de sus verdugos. Las lágrimas corren por el rostro de Nicolae. Habían previsto morir juntos.

El pelotón de ejecución no tiene rostro. Elena todavía pronuncia algunas palabras antes de que la fusilen, unas palabras tan célebres como legendarias. A Nicolae, en una última comunión que marca el final brutal de una unión de cincuenta años, le espeta: «Nicule, ¿nos asesinan? ¿En nuestra Rumanía[145]?».

Cuando los soldados se disponen a ejecutar la sentencia, él grita: «¡Viva la República Socialista de Rumanía libre e independiente!». Elena, con el pañuelo cubriéndole ahora la cara, escenificando su último sacrificio, dice: «¿No he sido una madre para ustedes? ¡Disparen, hijos míos![146]».

En el sobre que ella no había dejado de vigilar descubrieron no los números de sus cuentas en Suiza ni la lista de los traidores al régimen, sino una jeringa con una dosis de insulina. Nicolae era diabético e insulinodependiente. Hasta el final ella le administró su dosis. No habría podido vivir sin ella.

Itinerario de una camarada avispada

Bucarest, 13 de agosto de 1939. La morenita de 23 años, de labios finos y fruncidos, Lenuta Petrescu, se prepara para ir al baile del «parque de la alegría», el parque Veselie.

Poco dada a las coqueterías de las jóvenes de entreguerras, Lenuta es una rebelde. Una chica con mucha labia. Con gran sorpresa por su parte es elegida reina del baile de la ciudad en presencia de su nuevo enamorado, Nicolae.

La reina de la noche es una campesina originaria de Petresti, un pueblecito de la Valaquia del Norte, donde nació el 7 de enero de 1916. Lenuta recibió allí una educación sumaria, interrumpida antes de empezar la secundaria. Apenas aprendió a leer y escribir y algunas nociones de cálculo. Seducir, ésta es la manera de disimular esa carencia de educación que a ella la acompleja. Su físico, sin embargo, tampoco es su punto fuerte. No importa, Lenuta sabe compensar su falta de refinamiento con su tesón y a los 23 años ya es capaz de tomar la palabra en público y arengar a las masas. Ahora además es la reina del baile. Nicolae se le rinde.

Sus padres la han enviado a la capital con la esperanza de que encuentre un empleo en las industrias rumanas nacientes; y la han contratado efectivamente en una fábrica textil. Nada más llegar su personalidad intransigente combinada con su espíritu rebelde le han permitido llamar la atención en las luchas entre los obreros y la patronal.

Así se va acercando a los círculos de obreros sindicados y participa con regularidad en sus reuniones ilegales. Desde 1936, en efecto, el Partido Comunista Rumano es perseguido por el rey Carol. La guerra de España ha hecho más tenso el clima político en Europa y la lucha contra los comunistas se intensifica al tiempo que la Guardia de Hierro aumenta su dominio sobre el país. El proceso y la condena a diez años de Ana Pauker, mascarón de proa de la lucha proletaria de entreguerras, ha iniciado un clima de persecuciones. Los comunistas pasan a la clandestinidad.

Lenuta se une a los disidentes en 1937 y participa en sus acciones subversivas aunque hoy no tengamos constancia de ello. Tal vez porque entonces emplea el seudónimo de «Florina[147]». O quizá es que este turbio pasado es producto de su imaginación. Para inventarse un destino no teme la mitomanía. Lenuta ha comprendido muy pronto que no basta vivir la vida para existir; hay que crearla a la medida de las propias ambiciones. Ella se ve a sí misma como una musa del socialismo. ¡La nueva Ana Pauker será ella!

El 1 de mayo de 1939 el rey Carol quiere aprovechar la fiesta del trabajo para hacerse popular entre los obreros y organiza un gran desfile. Lenuta acompaña a su hermano Martin. Error de estrategia. La izquierda laborista lo ve como una ocasión para levantarse contra la tiranía real y se hace con el control del imponente desfile. A la cabeza del cortejo, Lenuta grita con fuerza: «¡Pan y justicia[148]!».

Su mirada se cruza con la de un joven. Él queda inmediatamente seducido por esa exaltación un poco brutal, esa chica tan decidida. Es Nicolae Ceaucescu. Lo han soltado de la cárcel de Doftana hace unos meses, y desde entonces vive en la clandestinidad. Los agentes de la policía secreta están al tanto. Pero es impensable no asistir a la manifestación.

La historia oficial pretende que Nicolae fue condenado en esa época por sus posiciones comprometidas. En realidad parece que el aprendiz de zapatero de Bucarest fue un preso común. En Doftana conoció por lo visto a unos presos comunistas y se hizo amigo de esos agitadores. Como muchos marginales, su participación en el movimiento revolucionario viene determinada por su ociosidad.

Nacido en la misma región de Valaquia que Lenuta el 26 de enero de 1918, Nicolae se fue solo en busca de trabajo a Bucarest a los 10 años. En 1939, cuando está a punto de estallar la guerra, todavía no es más que un chico muy joven y no tiene ni idea del destino que le espera.

Cuando aquella primavera de 1939 conoce a Lenuta, comprende que comparte con ella la inestabilidad del disidente y la determinación de los que quieren cambiar el orden del mundo. En adelante aquellos dos «huérfanos» que la vida ha empujado a los caminos deciden unir su existencia para enfrentarse a las tormentas que están por llegar.

Los primeros tiempos del idilio están marcados por la incertidumbre. A Nicolae lo buscan. Cada día tienen que despistar a los confidentes, mudarse continuamente, no confiar en nadie. En otoño él es condenado en rebeldía a tres años de cárcel. No se entregará. La pareja, siempre huyendo, vive acosada. Capturado en junio de 1940 por los secuaces del mariscal Antonescu, Nicolae se pasa la guerra internado en el campo de Targu Jiu. Allí conoce a una persona determinante, que decidirá su futuro político. Gheorghiu Dej, ex ferroviario, entonces jefe de «la facción carcelaria», está encerrado con él. Nicolae se convierte en el protegido de aquel líder temido y respetado. Cuando el ejército soviético invade el país en agosto de 1944 e impone su constitución a Rumanía, Gheorghiu ya se ha escapado del campo de concentración. No se ha olvidado de su joven compañero de fatigas. Próximo al poder soviético con mando en plaza, Dej se convierte en el hombre fuerte del país. Nicolae se encuentra propulsado como secretario de la Unión de las Juventudes Comunistas sin haber tenido que pronunciar un solo mitin.

Los cuatro años de cárcel no han borrado el recuerdo de la bella Lenuta, que compartió aquel año intenso en que huía para escapar de la policía. Debe encontrarla como sea. Durante esos años ella se ha hecho una reputación de mujer fácil. No importa, los lazos tejidos entonces ya no se pueden romper.

El 23 de diciembre de 1947 se han convertido en marido y mujer. En el contrato de matrimonio la partida de nacimiento de la novia se retoca discretamente a petición de Nicolae, que es muy previsor. El nombre de Lenuta, literalmente «la dulce», es demasiado popular, según él, demasiado poco respetable. Si un día se ve llamado a asumir altas responsabilidades, sería impropio de un líder que todo el mundo llamara «mi dulce» a su mujer. Lenuta se convierte, pues, oficialmente en Elena.

Con esta nueva identidad Elena se siente como rejuvenecida. De hecho, en el registro civil le quitan dos años. Como tiene dos más que su marido, modifican su fecha de nacimiento para que sea más joven que él. Elena Ceaucescu, nacida el 7 de enero de 1919, hace su aparición.

Santa Elena de Petresti

Lo que quieren las mujeres...

Junio de 1975, golfo de Aqaba, a orillas del mar Rojo. Los Ceaucescu son los huéspedes del rey Hussein de Jordania, que los aloja en su residencia de vacaciones. Es la primera vez que Elena sube a un yate. Este lujo flotante le encanta. Durante un paseo por la playa, después de cenar, empieza a lloriquear: «Quiero este yate. [...] No me iré sin él[149]». La idea seduce a Nicolae. ¿Por qué no poseer su propio yate en el mar Negro? ¿Qué gran país sería Rumanía si no pudiera ofrecer a su líder una fruslería como ésa? Confía inmediatamente una misión importantísima a su intérprete: convencer al rey Hussein para que les ceda el barco. Al día siguiente la pareja recibe una llamada del rey, visiblemente embarazado por la insistencia de Elena: «Debe comprender que este yate es un regalo que hice personalmente a Alya [su hija, princesa de Jordania]». Se hace un silencio. Está a punto de producirse una ruptura diplomática. Hussein encuentra una solución de compromiso: «Ordenaré hoy mismo que traigan uno de Estados Unidos. Propongo que se llame *Amistad*».

Ya hace diez años que su marido ocupa el cargo de número uno del Partido Comunista. Los deseos de Elena son órdenes. Incluso los más insensatos: «Miremos las cosas tal como son», podía declarar con aplomo. «Hoy Rumanía es más conocida en Occidente que la Torre Eiffel y más respetada que la reina de Inglaterra. Y todo esto gracias al Camarada y a mí».

Cuando la pareja viaja, sus anfitriones hacen lo posible por satisfacer sus ansias de regalos. ¿Elena quiere aumentar su guardarropa? ¿Los hijos necesitan un nuevo coche deportivo? Nada más sencillo, basta solicitarlo a las cancillerías francesa o alemana. Porque Elena ha adoptado unas reglas de vida muy estrictas: todos los vestidos deben ser franceses y todos lo coches, alemanes. «Acuérdate de los alemanes», le dice un día a su marido delante del general Ion Pacepa, a la sazón asesor personal de Ceaucescu y responsable de la Securitate, «no tuviste más que pronunciar la palabra coche en una alusión y todo el mundo nos dio coches. ¿Cuántos nos han dado ya? La limusina Mercedes 600 para el Camarada, el 450 [...], un cupé para Zoia [la hija de la pareja], y dos Audi para Nicu. Y un *mobile home* de casi diez metros para que el Camarada lo utilice como despacho sobre ruedas».

Todas estas atenciones no bastan para colmarla. Los intercambios diplomáticos parecen ser un juego del que finge estar de vuelta: «¡Y ese idiota de Hussein, querido! ¿No te acuerdas de la historia del yate?».

De hecho, un año después de su estancia en el mar Rojo invitados por el rey Hussein, llegaba a Estambul un yate idéntico y era puesto a buen recaudo en la base secreta de Mangalia. Hoy una agencia de viajes que ofrece una estancia siguiendo las huellas de Drácula en Rumanía propone entre sus opciones una inolvidable velada en el yate del *Conducator*.

Estamos muy lejos de la imagen de santa Elena que han logrado construir poco a poco desde que han accedido al poder.

Al día siguiente del acceso de Ceaucescu al puesto de secretario general del Partido Comunista Rumano, en marzo de 1965, la pareja adopta una estrategia política ambiciosa. Su poder debe irradiar a todos los niveles de la sociedad. Para ello tienen un plan, una partitura que tocan a cuatro manos. Cada uno tendrá su terreno y deberá hacerlo suyo: Nicolae quiere que Rumanía exista en el tablero diplomático internacional, Elena quiere conquistar una credibilidad intelectual.

Los primeros gestos de Ceaucescu en el poder están, por tanto, destinados a halagar el espíritu de independencia de los occidentales, mostrando su autonomía respecto al vecino soviético. Condena al protector ruso, denunciando como un «grave error» la represión de la Primavera de Praga en 1968, cuando las divisiones blindadas rusas invaden la turbulenta República socialista checoeslovaca. Dentro de la misma línea Ceaucescu se alía con la Yugoslavia de Tito y empieza a mirar en dirección al otro gigante comunista: la China de Mao Zedong. El amable títere nombrado al salir de la cárcel por los nuevos jefes comunistas de Bucarest se ha impuesto en poco tiempo como un precioso intermediario en el diálogo Este/Oeste. Da la imagen de un líder responsable y respetable, con el cual es de buen tono hablar.

Al lado de ese «genio de los Cárpatos» reina Elena Ceaucescu. Como Nicolae ha abierto un puente hacia Europa, ella decide convertirse en una «gran científica de renombre universal». Su primera obsesión será torcer el cuello a la antigua «Florina», la joven pelandusca descarada e inculta que fue. Los rumores de prostitución que habían circulado sobre aquella joven obrera provinciana no podrían alcanzar a una académica de renombre. Sólo le falta encontrar una vía en la que brillar. Puesto que en su juventud había trabajado algún tiempo como auxiliar de laboratorio, elegirá esta competencia para penetrar poco a poco en los centros de poder.

Completamente invisible durante los primeros años en que su marido ocupa el poder, adquiere su primera responsabilidad científica en 1967 al convertirse en presidenta de la sección de química en el Consejo Supremo para la Economía y el Desarrollo Soviético de Rumanía. Empieza entonces una conquista de títulos a cuál más oscuro, que no tienen más valor que el prestigio del nombre: miembro del comité municipal de Bucarest del Partido Comunista Rumano, presidenta del Consejo Nacional de Ciencias y Tecnologías, que acaba de crear su marido expresamente para ella, etcétera. Poco importa la función, lo importante es el título.

Sin embargo, detrás de los cargos hay una realidad: Elena dirige ahora toda la planificación del Estado rumano en materia de investigaciones científicas y equipamiento industrial puntero. Su sombra planea sobre todos los institutos de investigación del país. Ella es quien da, en última instancia, las órdenes en este campo, concediendo personalmente las becas de investigación y decidiendo de forma arbitraria las carreras. Por desgracia la camarada Elena se convierte pronto en el hazmerreír de sus «colegas». Su incompetencia es flagrante. Los químicos que escriben sus discursos científicos introducen en ellos «fantasías», ya que el placer de tenderle alguna trampa es demasiado tentador. Las hojas que debe leer en público contienen en efecto muy a menudo fórmulas totalmente inventadas. El mejor chiste que circula entonces por los laboratorios de Bucarest es su pronunciación de la fórmula del dióxido de carbono —CO_2— que ella lee uniendo las letras. El resultado en rumano es cómico: leída así, la fórmula se pronuncia «codoi», que significa «cola[150]». Pero los chistes no alcanzan a la blanca

Elena ni impiden su progresión política. La mujer que entra en 1973 en el gobierno es una mujer cubierta de diplomas.

Puede, por tanto, asistir legítimamente a todas las reuniones, no ya sólo como esposa del jefe, sino como eminente científica.

Esto no basta. Elena quiere más: quiere ser tratada en pie de igualdad con los más altos funcionarios mundiales. Prosiguiendo con su plan, sabe que debe llegar a la cumbre de su carrera universitaria antes de poder aspirar legítimamente a las más altas responsabilidades.

Se propone así ser catedrática. Ahora bien, para ello tiene que defender su tesis doctoral. Elena es totalmente incapaz de realizar ese trabajo, que requiere años de abnegación e investigaciones. Pero lo que sí tiene es el tema: desde que trabajó en una fábrica textil alberga una extraña pasión por los polímeros. Esas moléculas de grandes dimensiones descubiertas a finales del siglo XVIII intervienen en la composición de los plásticos. Y ella es consciente de su papel crucial en el desarrollo de la industria.

En 1975 la camarada Elena Ceaucescu entrega una tesis doctoral titulada «La polimerización estereoespecífica del isopreno en la estabilización de los cauchos sintéticos». Todo el mundo espera con impaciencia asistir a la defensa para ver a la camarada contestando a las preguntas del tribunal. Los curiosos no tendrán, no obstante, la suerte de verla defender su tesis, puesto que cuando se presentan en la universidad para oírla se encuentran con la puerta cerrada. Un rótulo indica que el peligroso ejercicio tuvo lugar la víspera. Más tarde se sabrá que esa tesis fue en un principio rechazada por insuficiente por un eminente profesor de la universidad de Iasi, Christopher Simionescu, antes de ser aceptada por un colega complaciente de Timisoara, Coriolan Dragulescu, que saludaba la inteligencia de la obra y el genio aun mayor de su autora. Al primero, degradado con rapidez, se le prohibió publicar y vio desaparecer su nombre del diccionario mientras que el segundo hacía en él su entrada y enseguida era ascendido a rector de su universidad.

Privados del espectáculo de ver a Elena defender su tesis ante sus colegas, los profesores y estudiantes de la universidad tuvieron sin embargo la ocasión de saborear su trabajo. El tema de la tesis eran los polímeros. «Mere» significa «manzana» en rumano. Algunos se hicieron los graciosos cambiando el título de la tesis por «políperos», literalmente «varias peras».

La tesis enseguida da sus frutos: Elena es nombrada presidenta del Consejo Nacional de la Cultura Socialista y de la Educación en 1975. Reina de las peras y ministra de Cultura. Nadie se acuerda ya de la antigua Florina de las barricadas. Se ha superado la primera etapa, pero eso no basta todavía para hacer de ella un verdadero icono. Elena no quiere simplemente el reconocimiento intelectual, o el ejercicio del poder político en sí. Quiere ser una mujer modelo, el único modelo de la mujer rumana, respetada, deseada y envidiada. La consagración total o nada.

La blanca paloma levanta el vuelo

El ascenso de Elena empezó en junio de 1971. La pareja hasta entonces no había ocupado sino discretamente la escena. Por un lado estaba Nicolae, líder patriota y comunista de una Rumanía regenerada e independiente, y por otro estaba Elena, símbolo del progreso científico e industrial. No obstante, más allá de los títulos, su papel tan sólo era honorífico. Ella figuraba al lado de su marido simplemente para completar su imagen. Esta etapa ya ha pasado.

El 2 de junio de 1971 la pareja presidencial parte para una gran *tournée* por Asia, con China como principal destino antes de aterrizar en Corea del Norte. El matrimonio es recibido en Pekín por Mao y su mujer, la temible Jiang Qing. El encuentro es una verdadera revelación para el líder rumano y su esposa. Cada uno vive allí su particular epifanía política.

Durante esa larga estancia oficial los Ceaucescu escucharán con atención las lecciones del Gran Timonel y admirarán los homenajes que le rinden las masas mediante el culto a la personalidad.

Desde su llegada al poder Nicolae ha multiplicado las bravuconadas y las manifestaciones de independencia frente al protector ruso. Tan es así que éste ha dejado de reconocer su régimen. La pareja debe buscar una nueva vía para guiar a Rumanía hacia la modernidad socialista. Nicolae se vuelve, por tanto, hacia Mao y su política ambiciosa.

Para Elena el viaje constituye una formación acelerada de cómo saber utilizar el estatus de esposa de jefe comunista. Jiang Qing le expone su papel en el seno de la República Popular de China: ella dirige con maestría la propaganda y sabe promocionar su imagen.

Prosiguiendo su visita, la pareja aparece los días siguientes en portada de los diarios chinos y rumanos en una foto que los representa acompañados de Zhou Enlai en la plaza de Tiananmen. Elena ya está aplicando los consejos de Jiang Qing: ganar popularidad y audiencia poniéndose hábilmente en escena al lado de su marido. Una vez acrecentada su influencia, podrá pretender dirigir su país codo a codo con Nicolae por la vía del cambio.

Ahora que ha saboreado los grandes desfiles populares y las sesiones de alabanzas públicas que el régimen impone a la población ha decidido que en adelante participará en todos los viajes oficiales.

De regreso a Bucarest el 25 de junio, los ciudadanos rumanos se sorprenden del cambio que se ha producido en el estilo de Elena. Mejor vestida y con un nuevo peinado, se deja fotografiar con frecuencia y empieza a llevar una vida distinta de la de su marido en el campo de la propaganda.

El 23 de agosto aparece por primera vez en el escenario de un gran mitin. Ocupando primero un segundo plano, hace un signo con la mano antes de afirmarse y saludar a la multitud con la mirada decidida y la cabeza alta. Luego el 4 de octubre el diario oficial del país, *Scinteai*, «La Chispa», consagra su nuevo estatus: de forma sutil ya no se la describe como la mujer del *Conducator*, sino como la camarada Elena, «honorable ingeniera, doctora, dirigente del Consejo Nacional de Ciencias y Tecnologías». La táctica es hábil: en menos de dos años obtiene su primer cargo en el gobierno.

¿Revolución cultural o sexual?

A Nicolae, por su parte, lo que más le ha impresionado es el arte con el que Mao considera y domina al sexo débil. La transfiguración de Rumanía no puede producirse sin una Mujer Nueva. Para Nicolae «el mayor honor de las mujeres es parir, dar la vida y criar hijos. No puede haber otro objetivo para una mujer más que convertirse en madre[151]». La novedad, pues, es muy relativa. Desea reproducir lo que ha visto en China, una mujer liberada de sus vicios y de su comportamiento sexual anárquico. Allí las mujeres no van maquilladas, al contrario que las presumidas rumanas, que suelen ir pintadísimas. Las mujeres rumanas aún tienen la manía de quererse perfumar con perfumes franceses. Las que no tienen medios para ello acaban apestando al perfume barato importado de

Bulgaria. ¡Infamia! Nicolae quiere acabar con ello. Y además las chinas son delgadas y no se atiborran de comida.

La tarea no es superficial: orientando su comportamiento estético, Mao ha logrado algo impensable, que es controlar el comportamiento sexual de las mujeres chinas. El dirigente chino ha frenado radicalmente la natalidad mediante una política muy intrusiva y los castigos por tener más de dos hijos constituyen el ejemplo más destacable.

Nicolae quiere una gran nación. Optará, pues, por la solución más literal: aumentar la población incrementando la tasa de natalidad. Pero las rumanas están demasiado europeizadas; abortan de forma clandestina y compran anticonceptivos en el extranjero o en el mercado negro. Nicolae y Elena están decididos a corregir la conducta de las rumanas, a purgar sus comportamientos sexuales de los vicios que la sociedad capitalista les ha legado.

El matrimonio Ceaucescu prescribe cuál debe ser el ritmo de las relaciones sexuales: tres o cuatro veces por semana constituyen una vida íntima «normal». Los excesos están permitidos durante unos meses después de la boda. Fuera de ese contexto toda fornicación abusiva se presenta como algo que puede tener graves consecuencias para la salud (insomnio, nerviosismo, etcétera). A las parejas se las pone en guardia contra la práctica del *coitus interruptus*, amenazándolas con disfunciones importantes, como la impotencia[152].

El 1 de octubre de 1966 uno de los primeros decretos de Ceaucescu en el poder iba dirigido contra las mujeres. Definía el aborto como «un acto grave contra la salud de las mujeres que influye negativamente en el crecimiento de la población». Las mujeres son reducidas a su papel principal: procrear. Las únicas excepciones que se toleran son la violación o el incesto. Este decreto hace de entrada del régimen de Ceaucescu en cuanto a las mujeres uno de los más represivos del siglo, similar a la política de China o de la Alemania nazi. Y sin embargo los comunistas habían liberalizado la interrupción voluntaria del embarazo en 1957.

Pero las muy pérfidas siguen abortando. El control se ejerce a principios de la década de 1980 hasta sobre el cuerpo de la mujer. Ceaucescu hace obligatorias las visitas sanitarias y ginecológicas frecuentes, donde se controlará que no han recurrido a abortos ilegales. Cada mes todas las mujeres son sometidas a un control ginecológico obligatorio en el puesto de trabajo.

El régimen desafía a las mujeres rumanas fijándoles un objetivo de vida: dar cuatro o cinco hijos a la patria.

—¿Cuántos hijos tiene usted, camarada? —preguntó Elena a un joven político delante del general Ion Pacepa.

—Uno, camarada Elena —respondió él.

—Por eso nuestra población no aumenta. Debería tener al menos cuatro soldados para el partido, querido camarada. Añada entre un 10 y un 15 por ciento de la población a sus estimaciones, general. En 1984 Rumanía debería tener al menos treinta millones de habitantes. Me ocuparé de ello.

Y la acción no tardó en seguir a las palabras. Éste es el discurso que los profesores les hacen a las adolescentes: «No hagan caso a sus padres retrógrados. No dejen de hacer el amor y, si quedan embarazadas, mejor que mejor, harán un servicio a la patria. Si eso ocurre, sobre todo no informen a sus padres, escóndanse, díganmelo a mí, yo las aconsejaré cómo pueden desembarazarse del bebé en cuanto nazca. El Estado se hará cargo de él[153]». Los orfelinatos del país no tardaron en llenarse.

Con Nicolae no se tiene derecho al celibato. Las personas solas de más de 25 años y los matrimonios sin hijos pagan un impuesto especial, de manera que todo el mundo busca emparejarse. Así santificada, la mujer es ante todo un vientre, principal contribuyente al esfuerzo demográfico nacional. Las que rechazan ese papel son puestas fuera de la ley y con consecuencias funestas. El aborto se sanciona con una pena de cinco a diez años de cárcel en unas condiciones extremadamente severas[154].

Cuando ocurre un «accidente», es muy difícil encontrar a un especialista que se arriesgue a interrumpir el embarazo. Las denuncias son legión y hay que hacerlo aquí te pillo aquí te mato, sobre una mesa de cocina. Para las desesperadas siempre están las agujas de tejer o las pociones de las viejas curanderas, verdaderos venenos que se tragan de madrugada por si las moscas. Las supervivientes se enfrentan a una práctica no legal pero sí corriente: la prohibición de atender a las mujeres que han abortado a menos que denuncien a sus cómplices.

Esas mujeres expropiadas de su intimidad se vuelven hacia la que pretendía ser su modelo: Elena. ¿Por qué no las ayuda? Como jefa de la investigación científica y de la planificación sanitaria, ésta tiene que ser la inspiradora de todas esas medidas. Para la opinión es culpable. La amargura de las mujeres rumanas con respecto a Elena se refleja en un triste juego de palabras que circula por aquel entonces en Bucarest cuando una nueva enfermedad hace su aparición: el sida. La pregunta es: «¿Qué significan las iniciales que forman esa palabra?». Respuesta: «Sabio, Ingeniero, Doctor, Académico», títulos con los que a Elena le gusta adornarse y que deben enunciarse por este orden. Este chiste macabro refleja una acusación muy real de la población contra santa Elena.

Pero ella hace oídos sordos a los males de sus compatriotas. Nicolae sigue repitiendo que «la constitución rumana garantiza los mismos derechos a las mujeres que a los hombres en todos los campos de actividad, su participación activa en la vida del Estado y en toda la vida política y social del país». En los sellos, las revistas y los cuadros oficiales, en efecto, la mujer se impone a los ojos de todos como símbolo del comunismo nacional. Pero no cualquier mujer: la del *Conducator*. Dar visibilidad a su esposa es una manipulación hábil por parte de Nicolae. Es hacer que las rumanas acepten sus ideas retrógradas de la mujer y al mismo tiempo presentarles la imagen de una mujer libre, intelectual y emancipada, la suya. Las rumanas no perdonarán a la mujer que las ha traicionado.

Símbolo de los símbolos, Elena encarna el progreso. La desvergonzada Florina se ha convertido en la mujer perfecta que cantan los poetas:

¡Bendita seas, mujer inventiva!
El amor de la nación te envuelve,
Erudita, personaje político y madre al mismo tiempo.
Tú, fuerte modelo a imitar, de encanto y sabiduría
Que siempre serás sentida y seguida
¡Dichosa para siempre seas, tú, símbolo eterno
De la heroínas rumanas en que te has convertido
Empujada hacia delante junto al héroe del país
A lo largo de la gran epopeya del pueblo rumano!

Uno de sus más fervientes hagiógrafos, Corneliu Vadim Tudor, no deja de alabar sus hazañas, hasta el punto de que algunos lo interpretan como un idilio o por lo menos como un encaprichamiento:

La mujer más grande jamás vista
De toda nuestra nación
Es de los cielos la estrella más brillante
Vestida a la moda rumana

Es Elena Ceaucescu
Más puro es su vibrante designio
La mejor madre para salvarnos
Viniendo con un cerebro sabio

Sus realizaciones son las más grandes
Y siempre aspira a más, nuestra Guía
Y para apoyar a nuestro Jefe
Está orgullosamente a su lado[155].

DE LOS CELOS...

Después de poner en práctica con éxito las lecciones recibidas de Jiang Qing en 1971 Elena decide tomar como modelo a otra mujer poderosa para refinar su imagen: Isabel Perón. Hace un viaje a Buenos Aires en 1973. Fascinada en un primer momento por la severidad política de Jiang Qing, encuentra en Isabel Perón la imagen de una madre llena de compasión, algo de lo que su personaje hasta entonces carecía. Ha quedado impresionada por el destino de esa ex bailarina que ahora ha ascendido a vicepresidenta junto a su marido en las elecciones de septiembre de 1973 y que luego será presidenta cuando éste muera ocho meses más tarde.

De la misma manera Elena recorrerá la jerarquía socialista hasta convertirse en viceprimer ministro en 1980, el número dos del régimen. Hacer de esas rivales sus inspiradoras, éste es el método: «Si una prostituta de un night club de Caracas puede hacerlo, ¿por qué no una científica[156]?», no pudo evitar decir cuando Isabelita sucedió a Juan Perón en el poder. En caso de que Nicolae falleciera, ¿piensa sucederle como ha hecho Isabel a su marido?

Aunque encuentra su inspiración política en esas dos mujeres emblemáticas son pocas las demás mujeres que se salvan a ojos de la implacable Elena. La Mujer Nueva de Rumanía no tolera a ninguna competidora potencial.

La ambiciosa diplomacia rumana es dirigida por un hombre de envergadura: Corneliu Manescu. Ministro de Asuntos Exteriores de 1961 a 1972, ese hombre respetado y de una estatura intelectual incomparable con la de Ceaucescu se ha casado con una mujer muy hermosa, dotada de una clase y una distinción que no pasan inadvertidas. Durante un viaje rodeado de gran pompa a Turquía el presidente turco comete una torpeza inexcusable. Un verdadero crimen de lesa majestad contra la camarada Elena. El contraste entre las dos mujeres es más que evidente. Pese a su guardarropa exageradamente oneroso y abundante, Elena, una mujer sin ningún gusto, no llega nunca a brillar en las ceremonias oficiales. Es lo contrario de la Sra. Manescu, cuya elegante simplicidad salpica a toda la delegación. Es natural, pues, que el presidente turco la salude primero, creyendo que se trata de la mujer del presidente rumano. Un error que hará algo más que enfriar la visita oficial. El brillante Manescu ha ido demasiado lejos al exhibir a una mujer demasiado hermosa. De regreso a Rumanía unos días más tarde es cesado fulminantemente.

Otro jefe de la diplomacia también sufrirá los celos de la irracional Elena. Stephan Andrei, que ocupa el cargo desde 1978 hasta 1985, está casado con una joven actriz llamada Violeta. Elena enseguida le coge manía a esa «muñequita pintarrajeada» a la que le gusta darse aires de gran señora. Su apariencia y su comportamiento horripilan a Elena. Lo primero es intervenirle el teléfono. Así la camarada primera dama se entera de las pequeñas infidelidades de Violeta, a la que le gustan los jóvenes atléticos y los estudiantes. El general Pacepa es el encargado de dar cuenta de estas escuchas a Elena en persona.

El asunto reviste una importancia de lo más solemne: cada viernes por la mañana se convoca al informador al despacho de Elena. Ella lo recibe instalada en su sillón situado frente a un retrato de Ceaucescu de tamaño natural. La habitación está adornada con los trabajos de su marido, así como con sus obras completas en diez volúmenes. Pese a esa rica bibliografía el general Pacepa no recuerda haber visto otros libros ni otros expedientes alrededor de la dama: leer a los demás no le interesa.

En su escritorio, enmarcadas en oro, fotografías de ella misma en los momentos más gloriosos de su existencia. Ningún papel; cada interlocutor debe aportar sus propios documentos para rendirle cuentas.

El general Pacepa viene a informar a Elena del caso de Violeta Andrei: «Muéstrame», dice Elena a modo de introducción, «¿qué hay de nuevo acerca de Violeta?». El general le describe la relación que ésta mantiene con un joven estudiante. «¡Mira esa pícara!», se ríe Elena con deleite. Luego suelta un comentario lleno de mansedumbre mezquina: «El partido le ha dado uno de sus mejores hombres como marido, pero ella se levanta las faldas cada vez que un Tarzán le dedica una sonrisa». Continuando con la escucha de un cassette que demuestra la relación culpable de la joven actriz, Elena está encantada: «Cuando viene aquí, siempre se pasea la punta de la lengua por los labios, pero en la cassette podría rompernos los tímpanos a fuerza de gemir y llorar[157]». Stefan Andrei es sustituido por un protegido de Elena: Ilie Vaduva.

Las listas negras de Elena siguen sumando nombres. Gracias a las escuchas de Pacepa dispone en exclusiva del único diario sensacionalista de Rumanía.

Su nueva víctima es Gheorge Pana, uno de sus ministros. Es un modesto militante de provincias, excelente redactor de panegíricos que exaltan las hazañas de la pareja, pero ha cometido algún error que le ha valido ser provisionalmente apartado. Como necesita aduladores, Elena lo manda llamar de nuevo y como prueba de su buena fe le regala una bonita casa en el mejor barrio de Bucarest, una casa que ha tenido buen cuidado de llenar de micrófonos. Las escuchas no resultan tan prometedoras como se esperaba: su único defecto sigue siendo estar casado con una judía. La Sra. Pana, que enseña marxismo en la universidad, no comete ninguna infidelidad y se muestra leal hacia el presidente. Elena recurre a la provocación y declara de forma casi desesperada a Pacepa: «Más valdría que le metiera a uno de sus policías bajo las faldas». Luego añade con asco: «El hecho de que pretenda ser la Virgen María me pone enferma».

Pese a los vanos intentos de Elena los cuernos siguen sin crecer en la frente de Pana:

—¿Ha mordido la manzana? —pregunta a Pacepa.

—Aún no.

—Me está cansando. Tiene tres meses para arremangarle las faldas. Tres meses, durante los cuales quiero que se la grabe, se la fotografíe y se la filme. La quiero ver desnuda debajo de uno de sus hombres. Verla menear su precioso trasero hasta alcanzar el orgasmo. Tres meses. ¿Me oye? Dentro de tres meses quiero ver a Pana acabado.

Pacepa no sólo tuvo que preparar expedientes sobre las mujeres de la corte rumana. Porque en la escena internacional había otras rivales. Elena posee entonces expedientes sobre Indira Gandhi y Golda Meir, imaginándose por lo visto que está en disposición de competir con ellas. La mujer del presidente americano Jimmy

Carter es objeto de un desprecio particular debido a una oscura historia de abrigos de visón.

El presidente americano había decidido llevar una política basada en principios éticos sólidos. Los chantajes y los caprichos de los dictadores encontraron de pronto menos eco en la diplomacia americana. Cuando Elena reclamó como de costumbre un diploma universitario, uno de los primeros gestos del presidente Carter fue negar a la científica de renombre internacional un doctorado *honoris causa* por la universidad de Washington. No comprendiendo esta negativa desvergonzada, la camarada sintió enseguida una gran aversión hacia el ex productor de cacahuates: «¡No puede usted hacerme creer que Mr. *Peanut* puede ofrecerme un diploma de Illinois y no de Washington!».

Las relaciones entre Rumanía y Estados Unidos de Jimmy Carter quedaron definitivamente bloqueadas. La cólera y el desprecio de Elena se trasladaron entonces a la Sra. Carter. Habiendo pedido unos abrigos de visón, Elena recibió como regalo el libro de Jimmy Carter *Why not the best*, así como un volumen de fotografías de Rumanía tomadas por satélite.

«Quiero abrigos de visón», le dijo al general Pacepa, «abrigos muy largos, y capas. [...] Estoy segura de que la Sra. *Peanut* no tiene ni idea de lo que se puede hacer con una piel de visón. De ella no puedo esperar sacar más que un cesto de cacahuates, ¿verdad, querido?».

Nicolae defiende a su mujer frente a las críticas que le vale este pequeño capricho. ¿Acaso la mujer del poderoso jefe del Estado rumano tiene que ir vestida como una cenicienta cuando gasta su energía y su tiempo para el bien del pueblo?

Se ha evitado *in extremis* el pugilato con la Sra. Carter. Pero no se puede hacer nada contra la pelea de verduleras que le inspiró a Elena un partido de futbol.

Alexandru Draghici había sido durante más de veinte años un rival político de Nicolae Ceaucescu. Su rivalidad estalló ante todo el mundo con ocasión de un partido de futbol. El equipo del Dinamo, que era el del ministro Alexandru Draghici, se enfrentaba ese día con el de Nicolae Ceaucescu, el CCA. Elena Ceaucescu, al igual que Martha Draghici, la esposa del ministro, se encontraba en la tribuna de honor. Estalló una disputa entre las dos mujeres, que se insultaron groseramente. Todos los espectadores presentes miraron de pronto a la tribuna en lugar de mirar lo que ocurría en el campo[158].

... a la paranoia

La paranoia se propaga generalmente a todo el entorno del sujeto afectado por esa patología. Los más cercanos suelen ser los primeros en sufrir el pánico de los que han perdido la confianza en todo el mundo.

Zoia, la hija del matrimonio Ceaucescu, no fue una excepción a la regla. Cuando llegó a la edad de los primeros amores, Elena no tenía escrúpulos en hacerla vigilar de forma intensiva. Pudo enterarse así de que salía con un joven periodista de la revista *Lumea*, una publicación rumana especializada en política exterior. Mucho antes de que Zoia presentara el pretendiente a sus padres Elena poseía un nutrido dossier sobre él y sobre su familia. Fue definitivamente descalificado porque su origen era insignificante y sus padres, sin educación ni estilo: «Basta ver la forma como caminan. Fíjate en sus piernas arqueadas y su trasero gordo, y sus patas de paloma», decía Elena, estudiando las fotografías clandestinas y las películas de los padres del chico.

Pero lo peor estaba por llegar. Elena descubrió un día una foto imperdonable: aquel desgraciado osaba llevar pantalones vaqueros. «Repugnante», fue el veredicto, prólogo de un odio inexpiable. Poniéndole escuchas, Elena pudo alimentar su resentimiento con expresiones cariñosas y otras alusiones a una sexualidad naciente que pudo interceptar.

«No quiero ver a ese cabrón al lado de ella ni un día más. Podría matarlo como a un mosquito. Un accidente de coche o algo así. Pero mi hija, estrafalaria como es, podría hacer un drama. Quiero que lo manden al extranjero y que se pudra allí», ordenó al fiel Pacepa. Al extranjero, sí, pero ¿adónde? ¿A qué Siberia irá a pudrirse el pobre galán? ¿A Guinea? «¿Recuerdas cuando estuvimos en Conakry? El embajador nos habló de un técnico cuya cabeza había explotado como un melón. Estaba llena de larvas y de gusanos. Recuérdalo, el embajador dijo que allí los insectos ponían los huevos debajo de la piel de la cabeza. Quiero un retrato de su cabeza abierta como un melón», dijo a sus servicios especiales. «El Sr. Vaqueros» debe desaparecer sin dejar rastro, decidió.

Pero la camarada se cuida muy mucho de disimular ese comportamiento tiránico que le es tan connatural. Se fabrica una imagen con toda clase de puestas en escena mediáticas: en las fotos oficiales, distribuidas con generosidad por las instituciones omnipresentes, aparece totalmente vestida de blanco, en general con trajes de chaqueta u otros atuendos severos, rodeada de niños y de palomas.

Cuando la pareja visita los pueblos o las fábricas, un ritual inmutable espera a las cámaras de televisión: unos niños los reciben ofreciéndoles pan y sal. Elena les da las gracias con una caricia. Cada vez más se convierte en santa Elena, madre de la Patria rumana y de sus hijos.

Aunque mantiene el cuidado de su imagen dentro de Rumanía no puede contener sus excentricidades cuando se desplaza al extranjero.

Los pequeños placeres de Elena

El poder de causar daño de Elena se manifiesta efectivamente en las negociaciones diplomáticas. La camarada aprovecha esos viajes para dar muestras de su delicadeza. Sus menús deben estar obligatoriamente redactados en francés. El efecto perseguido es sencillo: se trata de mostrar su refinamiento culinario y su familiaridad con la cultura y el estilo francés cuando en realidad no entiende nada.

De la cultura parisina Elena sólo conoce los frufrús. Desde 1974 su guardarropa debe estar exclusivamente compuesto por los vestidos salidos de la nueva industria textil creada por su marido. Sus armarios están repletos de creaciones rumanas y dispone de una reserva de vestidos para un año. Cansada de esa moda autóctona, la camarada empieza a hacer trampas añadiendo piezas que manda traer especialmente de París. Imagínense el encanto que debía emanar de aquella mujer madura recibiendo a sus amistades con un dos piezas lila de seda adornado con motivos florales y unos zapatitos a juego calzando sus pies huesudos.

Durante la década de 1970 Elena deja una impronta en el extranjero, imponiéndose —por sus caprichos más que por sus ideas— durante los viajes oficiales de su marido. Gracias a los títulos honoríficos que extorsiona a los dirigentes extranjeros mediante las presiones y los sobornos de la diplomacia rumana adquiere un reconocimiento ficticio en el extranjero. Única representante de la ciencia rumana, encarna el progreso y la legitimidad democrática del país. Impone así a los rumanos una imagen respetada en el mundo entero. Es un procedimiento hábil, que consiste en acreditarse primero fuera de su país antes de imponerse en la escena interior como líder indiscutible.

Mujer de la década de 1980

Elena ha alcanzado el objetivo que se había fijado al conocer a Jiang Qing y a Isabel Perón: dirigir el país al lado de su marido. Inauguran la década de 1980 con la noticia de la cogestión de la pareja Ceaucescu.

La primera misa nacional solemne celebrando a santa Elena tiene lugar la semana de su cumpleaños: el 7 de enero de 1979. El 6 de enero el diario *Scantea* publica con tinta roja un «homenaje ardiente del partido y del pueblo». Es la primera celebración pública de la mujer de Nicolae. El artículo da como razón de ese homenaje la grandeza que ha demostrado la «militante al frente de nuestro partido e ilustre hombre de ciencia», la hija del pueblo Elena. El mismo día el Instituto de Química publica una recopilación de sus artículos más importantes con un título de gran sobriedad: *Homenaje de sus colaboradores.*

Al día siguiente, día de su cumpleaños, se celebran los sesenta años de vida y los cuarenta años de actividad revolucionaria de la camarada Elena. Se rinde culto oficial a la «gran mujer intelectual». Se le impone la estrella de la República Socialista de Rumanía de primera clase. Así se recompensan los favores de esa santa de un género nuevo, como «la consolidación de la ciencia rumana» o «la animación de la sociedad socialista multilateralmente desarrollada[159]».

Las portadas de los diarios del 7 de enero prueban su cambio de estatus: ahora es una heroína. Han elegido una foto tomada al recibir el doctorado *honoris causa* que le concedió el Instituto Real de Química de Londres. Luego vienen los telegramas elogiosos enviados por todas las academias y los institutos de investigación rumanos, y hasta por el Consejo Nacional de Mujeres. Dentro del periódico, en la tercera página, figura su currículum vitae, que expone pomposamente sus diecisiete doctorados (al final de su vida atesoraba setenta y cuatro títulos universitarios rumanos e internacionales). También se recuerda que sus obras están traducidas a diecinueve idiomas, el último de los cuales hace muy feliz a esa investigadora a destajo y cubre de honor al genio rumano: en Atenas acaban de traducir su obra completa al griego.

Noviembre de 1979. Se acaba de superar una etapa más en la elaboración del culto de la personalidad de Elena. Por primera vez se dirigen elogios públicos a una mujer. El XII Congreso del PCR agradece a la camarada su obra política. Los poetas oficiales alaban la «prodigiosa actividad revolucionaria», así como «el fundamento de la enseñanza sobre bases científicas» que se han producido por fin gracias a ella. Para esta ocasión Elena saca el primer documento programático de la ciencia y la industria rumanas. Se edicta un plan quinquenal, pero sus visiones proféticas destilan consejos hasta... el año 2000.

A comienzos de 1980 ostenta conjuntamente el cetro de presidente vitalicio que ha recibido su marido en su investidura. La inmensa propaganda fundada en su reputación científica la eleva en menos de diez años a las más altas responsabilidades.

Más allá del título, Elena ha logrado establecer una ruptura con los gobernantes rumanos tradicionales. Ella se ha impuesto por su competencia. Así da la imagen de una élite dirigente reclutada por sus méritos. Su trayectoria parece ya irresistible.

¿Qué se oculta detrás de esa avalancha de títulos y reconocimientos? ¿Una voluntad de convertirse en *Conducator* en sustitución del *Conducator?* Algunos se preguntan entonces si Elena sería capaz de gobernar. A principios de la década de 1980 se extienden las especulaciones sobre las capacidades de Elena para competir con su marido al frente del Estado. El rumor incluso se concreta: Elena podría formar una alianza con su hijo Nicu para derrocar a Nicolae. ¿Es una esperanza nacida de la miserable condición del pueblo que quizá espera una mano menos dura por parte de su Madre?

Elena no ha redactado ningún programa político. Escribe lo menos posible para disimular su gramática vacilante. Sus declaraciones públicas durante ese periodo proporcionan una información muy valiosa para intentar responder a los rumores. «No puedo dejar de recordar que he tenido la gran suerte de trabajar con mi camarada marido desde los tiempos de nuestra actividad ilegal. Alto ejemplo de determinación y de entrega completa en la lucha revolucionaria, él me ha enseñado la confianza indestructible en la justicia de nuestra causa y en la victoria de la clase obrera y de nuestro partido».

La madre Elena da un mensaje claro: mientras Nicolae viva ella se colocará detrás de él.

Ahora que ha alcanzado a nivel institucional el escalón más alto junto a su marido ¿puede ir más lejos sin derribarlo?

Elena encuentra un medio hábil de continuar su ascenso, descubriendo una vía de expresión propia, una causa: la paz en el mundo. De Elena la científica intentando legitimar su instalación en el poder junto a Nicolae pasamos a principios de esta década a una Elena brillante diplomática que milita por la paz.

En el simposium organizado por la Academia de Ciencias de Bucarest en septiembre de 1981 sobre el tema «los científicos y la paz» va más allá de su campo de competencias expresándose con libertad sobre las armas nucleares. Ahora es una antinuclear feroz, que lanza un llamamiento a los intelectuales y a todos los pacifistas del mundo para constituir un comité por la paz que exija el desmantelamiento de esas armas mortíferas. Su iniciativa no se limita al mundo comunista, llama a todos los capitalistas a unirse a ella.

La intervención tiene sus consecuencias. En 1982 su título de mujer modelo es reemplazado por el de Madre que «inspira y moviliza a todos los hombres de ciencia y al conjunto del pueblo».

En su edición de enero de 1983, con ocasión de su 64 cumpleaños, la revista *La Mujer* le dedica una edición especial. Nicolae no figura para nada. Es la primera vez que pasa por delante de su marido. En las páginas de la revista nos enteramos, en un inspirado poema, de que «la dulce energía que aparece en sus facciones es un modelo para las artes».

Los últimos años, a pesar de todo, dan cada vez más razones para creer en el rumor que ve detrás del ascenso de Elena una futura conquista del poder. Se rinde culto de igual a igual a Nicolae y a Elena. Ella recibe a su vez el título más honorífico del periodo comunista: héroe de la patria. Los profesores de todas las escuelas de Rumanía deben celebrar el culto de Elena con sus alumnos, más incluso que el de Nicolae.

Por último, en 1987, con ocasión del aniversario de la liberación de Rumanía el 23 de agosto de 1944, fecha elegida para la celebración de la fiesta nacional, el periódico del partido publica dos fotos distintas de la pareja. Elena hace por primera vez el elogio del ejército soviético que puso fin al régimen fascistizante del mariscal Antonescu. Mientras que su marido siempre ha sido crítico hacia el protector ruso y celoso de su independencia Elena canta las alabanzas de la ocupación, que «trajo sobre sus espaldas la revolución». Es la única, salvo su marido, que puede tomar iniciativas, especialmente en el espinoso campo de la política exterior y de las relaciones con Moscú.

Esta toma de posición tan tajante tiene una finalidad. Rumanía debe intervenir con más energía en la escena internacional. ¿Por qué? ¡Pues para obtener un Premio Nobel! Como su modestia no tiene límites, se siente capaz de obtenerlo para ella o para su marido en varios campos. Jugando la carta de la ciencia al servicio de la diplomacia y de la paz, hace diversos intentos para conseguir sus fines.

El primero es la intrusión de Rumanía en el avispero de Oriente Medio. Ceaucescu trata de restablecer el diálogo entre árabes y judíos, y se vanagloria de ser el gran amigo de Yasser Arafat. Elena, que está en el origen de esa tentativa desproporcionada teniendo en cuenta las fuerzas y la influencia de Rumanía, ve en ello una buena palanca para obtener para Nicu un Premio Nobel de la Paz.

Luego son sus posiciones antinucleares y a favor de la reducción del número de bombas H las que alimentan sus esperanzas. Pero todo es inútil. El jurado sigue sin reconocer los méritos de Elena.

En el terreno científico intenta hacer valer sus espectaculares descubrimientos sobre los polímeros para ser recompensada en la categoría de química. Sin éxito.

Finalmente trata de poner en valor la investigación médica, que también dirige ella. Financia los proyectos más estrambóticos y luego los presenta al jurado de Estocolmo, entre ellos, una improbable nueva terapia anticancerosa con extractos de ajo. La Rumanía regenerada de Ceaucescu no llega a obtener nunca la distinción suprema de los hombres de ciencia.

Lujo, *calma* y *Securitate*

No importa que el mundo no los reconozca en lo que valen; ellos se reconocen el uno al otro. Juntos, se han organizado una intimidad hecha de lujo, calma y seguridad. Su casa blanca del bulevar Primaveri, rodeada de abetos, es su oasis. Entre los hombres de la Securitate que patrullan permanentemente el barrio se puede distinguir la cúpula dorada de la entrada, cuyos brillo y destellos no pasan inadvertidos a los transeúntes. Dentro de la mansión, es de rigor una limpieza absoluta. Nadie debe romper el silencio que le gusta a Nicu. Elena aleja a los que podrían importunarlo: «Tenía la virtud de olfatear a sus enemigos desde lejos como hacen los animales salvajes en el bosque», dice Alexandru Barladeanu, economista y político. Otro de sus enemigos es el alcohol. Elena se esfuerza por limitar el consumo de su esposo.

El estilo de la residencia es más bien orientalizante y cada rincón está ricamente decorado. En las paredes hay tapices de grandes dimensiones, que supuestamente representan la creatividad y el talento humanos. Otros elementos de la decoración, más triviales, han sido elegidos por Elena. De lo que está más orgullosa es de los grifos dorados en forma de cisnes del cuarto de baño, que evocan los palmípedos a los que le gusta dar de comer a orillas del lago.

Cuando el ambiente de Bucarest se hace demasiado pesado, pueden escaparse al lago de Snagov, a unos treinta kilómetros de la capital, ese lugar espléndido que todos los bucarestinos adoran. Aquí dan rienda suelta a su pasión por la limpieza y la pureza. La casa está enteramente construida en mármol blanco y domina el lago de aguas filtradas por el que pasean en yate. Elena y Nicu juegan a ser navegantes, vestidos de un blanco inmaculado.

Estos terrenos de juego no son sino un tímido preludio de lo que será a partir de 1984 su palacio presidencial, último signo de una locura a dúo. La idea primigenia del palacio era reunir las cuatro grandes instituciones rumanas. La Presidencia de la República, la Asamblea Nacional, el Consejo de Ministros y el Tribunal Supremo podrán tener ahora su sede en ese monumento a la gloria del estilo rumano. Un solo edificio, de dimensiones megalomaniacas, en el cual Nicolae Ceaucescu y su mujer podrían reinar como amos absolutos. El pretexto de esa construcción colosal que aún hoy es la segunda más grande del mundo —después del Pentágono— fue el terremoto que devastó Bucarest en 1977.

Esa destrucción salvaje y brutal traumatizó a Ceaucescu, que no soportó la visión de miles de cuerpos ensangrentados yaciendo bajo los escombros. Los médicos a los que visitó en el hospital de la ciudad quedaron impresionados por la angustia que emanaba del dictador, que no quiso dar la mano a nadie ni tocar nada. Debía protegerse como fuera de aquel destino.

Encargó por ello un estudio geológico y sísmico de la ciudad, y eligió aquella parte inmensa de quinientas veinte hectáreas —el equivalente a tres distritos parisinos— como la más segura para construir su residencia presidencial. Expulsaron a cuarenta mil personas y destruyeron treinta iglesias. Uno de los barrios más antiguos de Bucarest, que data del siglo XVIII, fue totalmente arrasado. En 1983 se iniciaron unas obras faraónicas: veinte mil obreros trabajaron día y noche bajo la dirección de Anka Petrescu. Un año y medio más tarde salió de la tierra, ocupando cuarenta y cinco mil metros cuadrados de suelo, un espacio habitable coquetón de trescientos cincuenta mil metros cuadrados. Por fin Nicolae ha conseguido dar forma a una residencia a su gusto, donde no hay corrientes de aire y se tienen los microbios a raya.

Como su casa anterior, el palacio está enteramente construido con mármol de Rumanía, para lo que ha habido que extraer casi un millón de metros cúbicos. En sus aposentos privados Ceaucescu y su mujer, cada vez más obsesionados por la limpieza, se hacen construir numerosos cuartos de baño. Todos están decorados de forma exuberante. En el cuarto del jacuzzi las paredes están recubiertas de azulejos azules y blancos con motivos florales. Otra sala parece unos baños turcos y está adornada con mosaicos de color malva al estilo persa. Por supuesto hay una piscina climatizada y decorada con un gigantesco mosaico de colores chillones que representa unos pavos reales y otros pájaros delante de un arco iris. Desde este auténtico puesto de pilotaje viven en autarquía, aislados cada vez más del resto del mundo, cuidándose al uno al otro y cultivando sus neurosis respectivas.

En el estilo y la organización del palacio Nicolae sin duda se ha visto influido por el imponente palacio de Buckingham, donde visitó a la reina Isabel II. Para vender material militar al ejército rumano el Gobierno británico invitó con gran pompa al que figuraba como resistente en el mundo comunista y lo alojó en el palacio real. Pero Nicolae no había asimilado totalmente el protocolo de la monarquía. Primero, llevó a un catador a la mesa de la reina. Luego, temeroso de cualquier contaminación bacteriana, se negó a estrecharle la mano a pesar de que sus guardaespaldas siempre llevaban frascos de alcohol para que pudiera desinfectarse.

La neurosis de Nicule ya se ha desbordado. Un grupo de jóvenes alumnos pioneros viene un día a entregarle un ramo de flores y dos de ellos han tenido la suerte de ser escogidos para que la pareja los bese públicamente. Como es preceptivo, todos los alumnos han tenido que pasar un control médico completo para determinar cuáles podían ser besados sin riesgo.

La paranoia de Elena, por su parte, ya no conoce límites. El doctor Schekter es su médico personal desde la década de 1970.

Un día, al salir de la residencia de la pareja, comunica al ministro de Sanidad sus dudas acerca de la salud mental de la camarada: «Haría falta una consulta psiquiátrica», le confiesa. Al día siguiente el buen doctor Schekter aparece muerto por suicidio. Se cayó de la ventana de su despacho en el hospital de Bucarest.

Elena vive abrumada por los honores. Esposa, madre, ingeniera, heroína, santa Elena se ha convertido en la encarnación del Hombre Nuevo exaltado por las doctrinas totalitarias. Pero no consigue la paz y sus angustias ahora son mayores que sus preocupaciones. El miedo que transfiere a su entorno enmascara por completo la naturaleza real del peligro que acecha en otoño de 1989.

El régimen comunista de Rumanía es entonces la única isla de estabilidad de toda la zona al otro lado del telón de acero. La *Perestroika* rusa y el movimiento de *Solidarno* —iniciado en Gdansk— han conducido al bloque del Este a disolverse. Alrededor de Ceaucescu los regímenes caen, las fronteras se abren, la RDA vive sus últimos instantes.

Desde el 9 de diciembre los enfrentamientos que se han producido durante una manifestación en Timisoara, en la frontera con Hungría, han degenerado y han provocado una represión desproporcionada. El acontecimiento se filtra a través de los antiguos países comunistas liberados. Las agencias de prensa yugoeslavas, húngaras y alemanas reciben imágenes de las víctimas tendidas en el suelo, y el mundo entero las reproduce. La indignación es máxima, se habla de miles de muertos. El Genio de los Cárpatos se toma en serio la situación y denuncia en sus discursos a los misteriosos provocadores y a los *hooligans* que dirigen la revuelta. A pesar de todo estima razonable abandonar el país y partir para Teherán con la excusa de firmar importantes contratos comerciales con la república islámica de Irán.

A su vuelta dos días más tarde, el 21 de diciembre, el movimiento está lejos de haberse calmado. La contestación se extiende a la capital, y todos los intentos de la policía por contener a la multitud se consideran provocaciones. El pueblo ha notado que la dictadura titubeaba y ha decidido aprovechar esa debilidad. Aquel mismo día los esposos Ceaucescu están en la tribuna de la imponente plaza del Comité Central para pronunciar un discurso destinado a calmar los ánimos. Algunos oradores se han sucedido en la tribuna para convencer a la multitud de que todo va bien. Pero los manifestantes continúan llegando a esa plaza central de Bucarest.

Ceaucescu toma finalmente la palabra a las 12:30 horas para cerrar la ronda de intervenciones. Desde el principio de su discurso se propaga la confusión. La gente corre, grita; por primera vez el discurso del *Conducator* no es escuchado religiosamente. Poco acostumbrado a las interrupciones, Ceaucescu interrumpe su discurso y se queda pasmado ante aquel espectáculo inesperado. Su mirada fija traduce la más profunda incomprensión. Desde el principio su mujer tiene un aire ausente. En contra de su costumbre, cuando el entusiasmo puede leerse en su rostro y aplaude frenéticamente al ritmo de las palabras de Nicule, ahora está inquieta, unos pasos atrás.

Cuando el barullo interrumpe a su marido, la serenidad la abandona definitivamente. Los ocupantes de la tribuna también están nerviosos. Se oyen explosiones en la plaza. Los agitadores, bien decididos a sembrar la confusión por todos los medios, han lanzado petardos. Los ciudadanos rumanos, que recuerdan a la perfección las grabaciones de Timisoara donde se oyen explosiones parecidas de las armas automáticas, ceden al pánico. Detrás del micro Ceaucescu no sabe qué hacer. Uno de sus asesores le murmura «Vine Secu», queriendo decir que la Securitate está preparada para intervenir. Ceaucescu no muestra ninguna reacción. Elena repite las palabras con un nudo en la garganta provocado por el miedo. Finalmente Nicu reacciona, se vuelve hacia ella y se lo hace repetir, desconcertado. «Vine Secu», repite ella de forma obsesiva. Él ha comprendido que es inútil. La corta: «¡No, no!». La multitud está fuera de control. Un objeto aterriza en el balcón. Ceaucescu sale entonces de su azoramiento y empieza a chillar en el micro durante un momento: «Hola, hola, camaradas, vuelvan tranquilamente a sus casas». Elena se acerca al micro y grita a sus hijos agolpados a sus pies: «Mantengan la calma», en un tono de maestra de escuela desbordada. Los insultos estallan.

Los «hijos» han decidido matar al padre, y a la madre también. Las imágenes son retransmitidas en directo por la televisión, desobedeciendo las consignas explícitas de Ceaucescu. Hábil propagandista, siempre había obligado a que hubiera unos minutos de desfase en sus discursos por si se producían cosas de este tipo. Pero la televisión ya no está en sus manos y el discurso se ha seguido en directo. Toda Rumanía se ha enterado de que Ceaucescu ya no dicta nada al pueblo.

En su despacho organiza con urgencia una reunión de crisis, buscando un medio para actuar sobre la muchedumbre. Los militares, los miembros de la policía secreta y hasta los antiguos allegados apartados desde hace años se reúnen por última vez en palacio. Él trata incluso de atraer a los poetas cortesanos que en tiempos normales escriben sus alabanzas y las de su mujer para que recuerden la gloria y la fama del Héroe de la Patria. Pero éstos han sido los primeros en huir. Al atardecer recibe por última vez la visita de sus hijos y sus hermanos. Pasan la noche intentando organizar el contraataque.

Al alba el Estado Mayor de la Securitate recibe del general Iulian Vlad la orden de dejar de disparar contra la gente. Cuando se despierta ese 22 de diciembre, Ceaucescu ha perdido todo el poder. Impotente, declara el estado de guerra, pero no tiene tiempo de firmar el decreto que lo instaura legalmente. En la ciudad, en esos momentos, los obreros que han terminado su turno han venido a engrosar las filas de los manifestantes.

A las 9:30 horas se entera del «suicidio» de su ministro de Defensa, el fiel Vasile Milea. En un postrer intento recibe a los agregados militares de los protectores ruso y chino. Los señores feudales ya no protegen a su vasallo, lo han dejado caer. La multitud se ha reunido de nuevo en el lugar donde el dictador ha vacilado. Unas cien mil personas se agolpan ante el Comité Central.

A las 12 horas Nicolae y su mujer suben a un helicóptero. Aterrizan a treinta kilómetros, en Targoviste. Son arrestados de inmediato por los soldados que se han amotinado. La huida a Varennes por vía aérea habrá durado un suspiro. Con el depósito del helicóptero lleno habrían podido abandonar el país y refugiarse en un país aliado. Pero ¿cuál? Los soviéticos lo habían abandonado durante la última entrevista de la mañana, las democracias populares se habían hundido, sus aliados se habían evaporado. ¿Por qué no utilizar entonces los kilómetros de galerías subterráneas que había hecho excavar debajo de la ciudad para protegerlos en su huida?

A las 14:30 horas Ion Iliescu aparece en la televisión como el liberador de Rumanía y anuncia el final de una represión que Ceaucescu había sido totalmente incapaz de organizar. Dos días después el nuevo hombre fuerte, Iliescu, instaura por decreto un tribunal militar de excepción encargado de juzgar a Elena y a Nicolae.

Están cogidos de la mano, acorralados en esa sala del tribunal, frente a una acusación sin rostro y sin nombre. Nicule no comprende cómo se les puede faltar así al respeto y calumniar a la madre de todos, a la ideóloga, la científica, la primera dama, la reina del baile que él eligió en 1939. «No te merecen», le repetía ella a menudo cuando debía enfrentarse a sus detractores. Nadie lo merece, salvo ella.

Se pronuncia la condena a muerte y se prepara el paredón. El fiscal les dice, irónico, que más les habría valido quedarse en Irán en lugar de regresar. A la injuria ellos responden con una risa desafiante. Nicolae y Elena se ríen: «No vamos al extranjero. Ésta es nuestra casa», suelta ella antes de abandonar la escena definitivamente.

VIII

Un Führer llamado Deseo

«En política hay que buscar el apoyo de las mujeres;
los hombres te siguen solos».

ADOLF HITLER

LA EDUCACIÓN SENTIMENTAL

En nombre de la rosa

«Las mujeres siempre dicen que quieren ponerse guapas para el hombre al que aman, luego hacen todo lo contrario de lo que a él le gusta. Se desviven para conquistarlo y luego ya sólo son esclavas de la moda y únicamente piensan en dar celos a sus amiguitas[160]».

Hitler tiene una idea muy clara de la seducción femenina. De ahí a decir que no está del todo cómodo con el otro sexo no hay más que un paso, que es fácil dar si examinamos las conquistas femeninas de este impotente. ¿Cómo puede ese hombre ideal para las jóvenes alemanas de la década de 1930 llegar a una constatación tan definitiva, tan desengañada, y con una pizca de amargura?

Linz, en los confines entre Alemania y Austria, 1905. Hitler tiene 16 años. Su carrera de seductor no empieza muy brillantemente que digamos. Se imagina desde hace tres años una historia de amor con Stefanie Isak, una compañera de instituto. Sus métodos son entonces rudimentarios. El joven Adolf, futuro jefe militar del III Reich, se está iniciando en las aproximaciones indirectas.

267

Queriendo aparecer por sorpresa en los lugares de paseo de su musa juvenil, inquiere cuáles son sus desplazamientos, la observa y trata así de establecer contacto.

El amigo de infancia de Hitler, August Kubizek, tiene ocasión de observar muy de cerca las maniobras sentimentales del estudiante de bachillerato en Linz. Adolf le tira un día de la manga y le pregunta qué piensa de esa chica rubia y delgada que camina por la Landstrasse cogida del brazo de su madre. Para Adolf todo está ya muy claro: «Debes saber que estoy enamorado de ella[161]».

Stefanie atrae en efecto las miradas y seduce. Tiene un aire distinguido, es alta y delgada, lleva su hermosa cabellera peinada con un moño. Sus ojos son brillantes y expresivos. Va excepcionalmente bien vestida y su porte indica que es de buena familia. Hitler, en esa época, también se viste con esmero. Bastón negro con puño de marfil, sombrero negro de ala ancha, camisa blanca, guantes negros de piel y abrigo negro forrado de seda. Una especie de Arsenio Lupin a las orillas del Schmiedtoreck, el río que pasa por Linz, donde la joven se pasea cada tarde a las cinco con su madre.

Aunque él está incondicionalmente allí para admirarla, Hitler no la saluda y sólo se atreve a intercambiar con ella unas miradas. Pronto un joven se suma al paseo con gran irritación del admirador a distancia. Kubizek le dice que se trata del hermano de la bella Stefanie, con lo cual lo tranquiliza. Pero Adolf sigue sin entrar en contacto con ella. La mira más largamente y ahora ella a veces responde con una sonrisa a ese admirador tenaz. Cuando recibe esta pobre recompensa, «todas las cosas del mundo se vuelven buenas, bellas y bien ordenadas». Entonces Hitler es feliz, realmente feliz. Por el contrario, cuando ella lo ignora, se siente desesperado, dispuesto a destruirse y a destruir el mundo también.

Ya es un entusiasta de Wagner; ella es su Walkiria, a la que adorna con todas las virtudes. Le escribe innumerables poemas, entre ellos, un «himno a la amada», que tan sólo le lee al amigo. La describe como una «damisela de alta alcurnia, envuelta en una graciosa toga de terciopelo azul oscuro, cabalgando un blanco corcel por floridas praderas con el cabello suelto, cayéndole en bucles dorados sobre los hombros». Con ella todo es puro y Hitler se siente invadido por una «alegría radiante». Cuando lee estos pocos versos, su cara de poeta tímido brilla de éxtasis.

Empieza a hacer planes centrados en ella y está convencido de que, cuando al fin la conozca, ella conocerá todos los pensamientos que lo habitan: «Los seres humanos extraordinarios se comprenden por intuición». Al preguntarle irónicamente si sus pensamientos en realidad pueden transmitirse a través de simples miradas furtivas Kubizek recibe una respuesta indignada: «¡Claro que es posible! Estas cosas no se pueden explicar. Lo que está en mí también está en Stefanie».

¿Cómo se atreve su amigo a dudar del poder de sus sentimientos? Hitler está furioso. Chilla que sencillamente el amigo no comprende, que no puede comprender el verdadero sentido de un amor extraordinario.

Ella tiene que amarlo, está seguro. Hitler no duda en interpretar las muestras de evidente desinterés hacia él como una «distracción deliberada para disimular sus propios sentimientos impetuosos». Ya en el amor, interpreta el mundo según sus propias veleidades. Pero todavía no se decide a abordarla. ¿Qué le diría? «Buenos días, me llamo Adolf Hitler, no tengo profesión»... Eso le parece absurdo.

Remite su proyecto a una fecha lejana, cuando se haya convertido en un pintor académico. Está convencido de que Stefanie no tiene más deseo que esperar a que él vuelva para pedir su mano.

Para conquistar a su amada Adolf deberá pasar una prueba insuperable. Kubizek observa que a la joven le gusta bailar. Una Walkiria danzando en una sala de baile en brazos de un «bobo», todo eso le parece inimaginable, a él que odia bailar. Su amigo lo anima a probar suerte: «Debes tomar clases de baile, Adolf». El enamorado no sabe qué hacer.

El baile se convierte entonces en su obsesión y todas las conversaciones giran alrededor de eso. Al cabo de un tiempo llega a una conclusión definitiva: «Piensa en un salón de baile abarrotado e imagínate que estás sordo. No oyes la música que aquella gente sigue en sus movimientos. Y miras aquellas evoluciones desprovistas de sentido, que no conducen a ninguna parte. ¿No te parecerían todos locos?».

Éste es el concepto del baile que tiene Adolf Hitler. Un universo al que será completamente hermético durante toda su vida. Ante la insistencia de su amigo se desencadena otro ataque de furia: «¡NO! ¡NO! ¡No pienso bailar jamás! ¿Entiendes? Stefanie sólo baila porque se siente obligada por la sociedad, de la que por desgracia depende. Una vez que sea mi mujer no tendrá ningún deseo de bailar».

Luego nacen proyectos absurdos. Primero piensa en raptarla, pero no sabe adónde llevarla ni de qué vivirán después. Luego piensa en el suicidio, en el cual evidentemente Stefanie lo acompañará. Ya lo ha previsto todo, y hasta le ha dictado a Kubizek lo que tiene que hacer como único superviviente de esa hipotética tragedia.

Último episodio de este amor de lejos durante el festival de las flores de Linz, que se celebra cada primavera. Stefanie desfila en una carroza y le ofrece un capullo de rosa. A Adolf el mundo no le ha parecido nunca tan hermoso. «¡Me ama! ¡Has visto! ¡Me ama!». Se guarda la flor en su armario, como una reliquia. En el momento de abandonar la ciudad, encuentra finalmente el valor de escribirle una carta en la cual le anuncia solemnemente que se va a la capital del imperio de Austria donde espera continuar sus estudios de pintura. Estamos en 1907.

Jamás regresará a Linz, pues en Viena le espera la vida bohemia.

Stefanie recibe en efecto esa carta, en la cual un futuro pintor le propone casarse con ella pronto..., pero se queda atónita porque no conoce a su autor. Hitler no la ha firmado. Ella no se acuerda para nada de él, de aquel hombre que la seguía pacientemente por las calles de Linz y que nunca llegó a abordarla. «Le debo el sueño más puro de mi vida», dirá Hitler. Una confesión sincera a propósito de un amor irreal, un frágil edificio de cristal que no podía soportar la confrontación con la realidad so pena de romperse en mil pedazos.

Adolf pierde a su madre aquel mismo año por un cáncer de mama tres días antes de Navidad. Tiene 18 años. La que lo reconfortaba siempre con un amor y una presencia incondicionales lo abandona. Eso hacen las mujeres. Hitler no cesará a partir de entonces de buscar la compañía femenina, de consolarse de sus males con las mujeres. Según él, ellas son todo dulzura y los hombres, dureza.

El aprendiz de pintor de antes de la guerra no ha logrado asumir la sexualidad como una parte normal de su vida de adulto. Interpretando literalmente la moral católica en la cual ha sido educado, la ve como algo vergonzoso si tiene lugar fuera del matrimonio. Le abre la vía a la prostitución, esa «afrenta a la humanidad». ¿No es una miseria ver cuántos «jóvenes débiles de cuerpo y podridos de espíritu son iniciados al matrimonio por una prostituta de la gran ciudad[162]»?

Sin poder afirmar que Hitler haya sido desvirgado por profesionales, su amigo Kubizek nos cuenta cómo un día del año 1918

Hitler lo llevó al barrio de las putas de Viena. Él le preguntó la razón de aquel paseo: «Hay que haber visto esto al menos una vez en la vida», le respondió Adolf. ¿Aquel soldado que desde hacía cuatro años no había conocido otra cosa más que el frente acaso cedió? Lo más probable es que el «querer vivir» fuera demasiado acuciante para aquel lector asiduo de Schopenhauer y que no tuviera la paciencia de esperar a casarse.

El Hitler de después de la guerra está transfigurado y su miedo a las mujeres se ha calmado. Es lo que constata Emil Maurice, su chofer a comienzos de la década de 1920. Antes incluso de su entrada en la escena política recibe a bonitas muniquesas en su modesto apartamento de la Thierschstrasse. «Siempre regalaba flores, incluso cuando no tenía un céntimo. Y siempre íbamos a admirar a las bailarinas de ballet[163]». A veces van a la academia a contemplar a las modelos que posan para los desnudos. Hitler se siente allí como en su casa. Tiene entonces algunas relaciones superficiales y sin importancia para él, persuadido como está de que le espera un papel político de primer orden. ¿Qué tienen todas en común? Son jóvenes, de una belleza adolescente y parecen subyugadas por las ideas radicales del agitador Hitler.

Unas tutoras benévolas

Hitler aún no es más que un simple soldado. No es nada, pero tiene ambición. Sabe a ciencia cierta que no son las modelos desnudas que ha visto en los talleres las que lo ayudarán a realizarse. Ahora lo que debe hacer es educarse, introducirse en los salones y asimilar los buenos modales de la burguesía weimariana. Debe aprender a seducir a las masas y a las mujeres. En pocas palabras: carece todavía de las cualidades necesarias del líder en el que ha decidido convertirse. Y son justamente las mujeres las que modelarán la inteligencia de aquel joven veterano del ejército. Unas extranjeras que serán para él una matriz femenina y cerca de las cuales encontrará la confianza en sí mismo que hasta entonces no ha tenido.

Ernst Hanfstaengl, un miembro de primera hora del partido nazi, acompañaba a Hitler como jefe del servicio de prensa. Al observarlo de cerca se formó una idea precisa de sus métodos: «Hitler era un tipo narcisista, para el cual la multitud representaba un sustituto de la mujer que parecía incapaz de encontrar. Para él hablar era una forma de satisfacer un deseo violento y agotador. Así, el fenómeno de su elocuencia se me hizo más comprensible. Los ocho o diez últimos minutos de un discurso parecían un orgasmo de palabras[164]».

Y las mujeres no son indiferentes a ese diluvio verbal. Un artículo de fecha 3 de abril de 1923 del *Münchener Post* está dedicado a las mujeres «enamoradas de Hitler». Cuando sólo hace dos años que es el jefe del NSDAP, ya ha conseguido atraer las miradas y despertar verdaderas pasiones entre sus partidarios. En realidad se trata sobre todo de partidarias, que se hallan literalmente hechizadas por aquel hombre que les produce unas sensaciones tan fuertes.

Así, Leni Riefenstahl, que siempre se ha declarado apolítica, nos deja una impresión compartida por otras muchas mujeres: «En ese mismo instante me sentí subyugada de forma asombrosa por una visión apocalíptica que ya no me abandonaría nunca más: tuve la impresión muy física de que la tierra se abría ante mí, como una naranja súbitamente partida por la mitad y de la cual brotaba un surtidor inmenso, tan poderoso y tan violento que alcanzaba la cima del cielo y que la tierra temblaba en sus cimientos[165]». Los términos elegidos para describir el encuentro están cargados de sobreentendidos.

Antes de poder «brotar» sobre Alemania, lo primero es su formación en la corte de las mujeres de la buena sociedad. La antigua aristocracia prusiana y la burguesía decepcionada de Weimar ofrecerán a Hitler verdaderas fortunas de forma espontánea en dinero, joyas y hasta en obras de arte. Gracias a lo cual se puede financiar copiosamente el partido nacionalsocialista. El inventario del botín de sus mítines es revelador: un colgante de platino con diamantes y una esmeralda montada en una cadena de platino, un conjunto de sortijas con zafiros y diamantes, un solitario, un anillo de oro de diecicoho quilates con diamantes engastados en plata, un tapiz veneciano de varios siglos de antigüedad y un tapete de seda rojo incrustado con bordados de oro procedente de España.

En marzo de 1920, por ejemplo, conoce en Berlín a una mujer que cambiará su vida. Es Helen Bechstein, la rica esposa del heredero de los pianos Bechstein, cuyo éxito han consolidado las famosas actuaciones del compositor Liszt. Ella financia ya el periódico de un futuro compañero de Hitler, Dietrich Eckart, *Auf gut Deutsch*. Impresionada por la fuerza de convicción del fogoso orador, decide hacerse cargo de él y darle las claves que le permitan abrirse las puertas del gran mundo. Empieza por renovar su vestuario. Su uniforme de campaña será en adelante el smoking negro de chaqueta cruzada y cuello de satén, con una corbata de pajarita. Helen le enseña sobre todo a escoger la ropa según las circunstancias. Hasta entonces parecía un campesino austriaco que siempre y en todas partes llevaba los mismos pantalones cortos de cuero. Ahora lo vemos vestido con un traje beige, corbata y zapatos de piel.

Luego lo inicia a los buenos modales. De esa época conservará una galantería amanerada que le hace besar la mano de todas las mujeres que se le ponen delante. Le enseña a comer bogavante* en sociedad con distinción y sin mancharse, cosa que incomodaría a sus nuevos acompañantes. Helen organiza en torno a él una serie de recepciones en el hotel Cuatro Estaciones de Múnich, en las cuales se reúne la futura intelligentsia de la extrema derecha bávara. Así puede entrenarse en la conversación cordial y las cenas mundanas. Considerándolo preparado, le confía la misión de recoger fondos en julio de 1921 para el periódico que acaba de lanzar el futuro partido nazi (NSDAP), el *Völkischer Beobachter*, el «observador del pueblo».

A Helen no le importaría que Adolf fuera su yerno. Abriga el proyecto de casarlo con su hija Charlotte, que sólo tiene entonces 17 años. Él se deja convencer. Pero, por desgracia, esta última no responde a las insinuaciones del ídolo de la familia porque «no sabe besar[166]». Poco importa esa falta de interés, Hitler conocerá en el círculo de Helen Bechstein a una persona que será determinante. La que fue durante un periodo muy corto su «Reina».

El círculo de Wagner

Unos años antes de la primera Guerra Mundial Winifred Williams es una joven estudiante inglesa en el Instituto de Berlín procedente de una familia de artistas. Empieza a llamar la atención en los ambientes musicales por su talento y así conoce al matrimonio Bechstein. Hija de un escritor y una actriz inglesa, Winifred Williams nace en 1897 en Hastings, en Inglaterra. Huérfana a los 3 años, conoce varias instituciones para jovencitas en las cuales su salud se deteriora con rapidez. Un médico le aconseja el clima más seco de

---

* Crustáceo marino muy semejante a la langosta con pinzas grandes y robustas.

Alemania. Justamente ella tiene unos parientes lejanos que viven en Berlín. Los esposos Klindworth acogen a la chica y pronto la adoptan. Karl, el marido, ha sido músico y ha formado parte de los amigos de Richard Wagner. Es íntimo de sus herederos de Bayreuth, ciudad en la cual el compositor había mandado construir la imponente villa Wahnfried. Tras un periodo de aprendizaje musical y político la presentan a la viuda de Wagner, Cosima, que no es otra que la hija de Franz Liszt. Cuando asiste a su primera ópera en verano de 1914, conoce en ese feudo familiar al hijo del dueño, Siegfried. No tardan en hacerse íntimos, y en septiembre de 1915 se casan. No se puede hablar realmente de flechazo. Siegfried, en efecto, tiene treinta años más que ella y los hombros un poco estrechos para llevar el imponente legado familiar. Habiendo perdido a su padre a los 14 años, lleva una existencia frívola, coleccionando amantes de uno y otro sexo. Es un matrimonio de conveniencia con la única finalidad de dar herederos a la casa Wagner. Deber que cumple perfectamente Winifred, que le da cuatro nietos a una Cosima muy satisfecha. Así se gana un puesto en el seno del clan Wagner. Esta mujer ahora ya segura de sí misma y ese nuevo estatus de jefe de clan de la familia Wagner es lo que impresionará a Hitler. Durante toda su juventud ha admirado las óperas de Wagner, obras como *El barco fantasma* o *Los maestros cantores*. Para él frecuentar a un miembro de la familia del maestro constituye una especie de reconocimiento supremo.

Friedeling, la hija de Winifred, recuerda que fue durante una de las visitas a casa de los Bechstein en Múnich cuando su madre «fue contaminada por esa fiebre» del nazismo. No sabemos nada de la naturaleza de su relación durante ese periodo y no es hasta octubre de 1923 cuando se muestran oficialmente en público en Wahnfried con ocasión de una visita de Hitler al clan Wagner. Después de dar un mitin y ser aclamado por miles de personas en Bayreuth la tarde anterior Hitler quiere visitar al día siguiente el «suelo sagrado» sobre el cual el amado compositor acabó sus días. Acogido por Winifred, visita la casa y atraviesa el jardín para meditar sobre la tumba del que considera como el alemán más grande de todos los tiempos.

Ella ya ha sucumbido a su encanto: Hitler tiene «tales ojos», «tal carisma»... Algunas viejas tías teutonas y quisquillosas se sienten literalmente ultrajadas por la visita de ese joven pretencioso vestido de forma cómica. Friedeling recuerda la primera visita de

Adolf: «Llevaba unos pantalones de cuero al estilo bávaro, gruesos calcetines de lana, una camisa a cuadros rojos y azules y una chaqueta corta azul sobre su flaca carcasa. Sus pómulos duros sobresalían de sus mejillas pálidas y chupadas; tenía los ojos azules y extraordinariamente brillantes. Parecía medio muerto de hambre, pero en él había algo fanático[167]».

Este atuendo poco habitual en los círculos de la alta burguesía no es casual. Hitler lo ha descrito de forma enfática, y estaba convencido de que se trataba de la vestimenta que convenía a un hombre libre y seguro de su masculinidad. «No cabe ninguna duda de que la ropa más sana son los pantalones cortos de cuero. Zapatos y medias de lana. Tener que llevar pantalones largos siempre ha sido para mí una desgracia; incluso con una temperatura de menos de diez grados acostumbraba a pasearme con pantalón corto de cuero. Te da una maravillosa sensación de libertad. Abandonar mi pantalón corto fue uno de los mayores sacrificios que tuve que hacer. Lo hice tan sólo por consideración hacia la Alemania del Norte[168]».

El nuevo Adolf

El 9 de noviembre de 1923, tras un discurso regado con sus seis pintas habituales, Hitler lanza el putsch de la cervecería de Múnich. Los recién convertidos al hitlerismo toman parte personalmente en los hechos. Cuando desfila con sus secciones de asalto por la ciudad, Hitler ve cómo la policía abre fuego sobre él y sobre sus hombres. Se salva milagrosamente de las balas gracias al sacrificio de uno de sus secretarios. El heroico aviador de la Gran Guerra, Hermann Goering, resulta gravemente herido.

Winifred se siente arrebatada por el entusiasmo de ese día loco: un testigo asegura haberla visto, excitadísima, subirse a una mesa de la posada *Lieb* («amor») para hacer el elogio de Hitler. Pese al apabullante fracaso y a la detención de su líder continúa mostrando simpatía por su partido, el Partido Nacionalsocialista. «Admito sin rodeos que estamos subyugados por esa personalidad, que hemos estado con él en los días felices y que seguiremos siéndole fieles en estos días difíciles», declara a un periódico local.

Winifred permanece fiel, en efecto, a su nuevo guía espiritual, cuyas peroratas inflamadas aprecia, y se muestra muy atenta a hacer que la estancia de Hitler en la cárcel sea más soportable. Le hace llegar paquetes con alimentos y le manda cartas afectuosas: «Usted sabe que está con nosotros en espíritu[169]». Además le da el papel y el material necesarios para que pueda escribir sus pensamientos, que pronto tomarán la forma de una confesión apasionada y de un programa político, *Mein Kampf*. Helen Bechstein también se ocupa de él durante su cautiverio, procurando distraerlo con un fonógrafo que le envía acompañado de sus músicas preferidas: valses, marchas militares, sin olvidar una gran parte de la obra de Wagner. En 1924, Hitler no sale de la cárcel como un recluso ni como un apestado, sino todo lo contrario. Una berlina Mercedes nueva a estrenar lo está esperando. No hará falta que se tome la molestia de conducirla, ya que se la entregan con chofer. Helen se ocupa de todo.

La relación ente Hitler y Winifred se vuelve más estrecha, hasta el punto de provocar habladurías.

Hitler intenta apoderarse del santuario de Wagner a través de Winifred, a la que parece haber hipnotizado, en un momento en que las relaciones entre la pareja oficial son cada vez más tensas. Su marido le espeta un día en la mesa, delante de los invitados, que se apresuran a contárselo a todo el mundo: «¡Wini, no comas tanto[170]!». Es más, Siegfried cuida de separar a los eventuales amantes después de su muerte. Para prevenir la estrategia de Hitler hace redactar un testamento muy astuto: su mujer se convierte en heredera universal, pero si se vuelve a casar son los hijos los que recibirán la propiedad de Bayreuth y el dinero necesario para mantenerla. Hitler queda, pues, excluido de la sucesión. La idea de la boda, que acarició un momento, se ha evaporado. Hitler ha dado a entender muy claramente que estaba casado con Alemania. Incluso le dice a su ferviente admiradora que, si quiere seguir siendo su «reina», deberá permanecer soltera. Pero es que Hitler tiene otro amor. Otra mujer ocupa sus días a finales del año 1927. Bueno, en realidad, son dos mujeres...

LAS SUICIDAS

Mitzi y el Lobo

Baviera, 1927. Hace mucho que Maria espera noticias suyas. Desde que se conocieron hace un año en la calles de Berchtesgaden, ella se pasa la vida confeccionando medias para las varices en la tienda de ropa de sus padres, esperando cada día una visita una nota de su mano. Herr Wolf posee una residencia alpina no lejos de allí, en la campiña, el Berghof. Sus visitas son imprevisibles, igual que su comportamiento. ¿Será apasionado hoy o se mostrará esquivo? Ella relee la nota que le ha dado durante su último encuentro: «Querida niña, me gustaría mucho tener tu gracioso talle delante para decirte de viva voz lo que tu fiel amigo no puede escribirte[171]».

Educado por sus madres de sustitución, Hitler ha aprendido a conmover el corazón de las mujeres. La joven de 16 años no necesitaba más para sucumbir al encanto de aquel hombre tan intenso, que sabe mezclar el deseo con el romanticismo: «Luego me gustaría tanto estar cerca de ti, mirarte a los queridos ojos y olvidarme de todo lo demás. Tu Lobo».

Durante mucho tiempo ella se ha imaginado su primer beso, que ha superado en mucho sus esperanzas. Hitler la ha llevado a dar un paseo junto al lago. Se sienta a su lado. Es un instante íntimo. El que más tarde aplicará el Blitzkrieg tiene entonces una técnica de aproximación muy particular. Él tiene 37 años; ella, 17. Ella lo rechaza o finge rechazarlo. Las dos opciones no hacen más que aumentar el deseo de Adolf: «Me estrechaba, decía "¡quiero destruirte!", era un torrente de pasión[172]». Quizá demasiado para la joven Maria Reiter. Al mismo tiempo que la atrae la asusta.

Le manda dos ejemplares de *Mein Kampf* dedicados para tratar de tranquilizarla: «Léelo de principio a final y creo que me comprenderás mejor». No es seguro que aquel panfleto diabólico apacigüe a la muchacha. Ella no tiene ganas de tragarse la indigesta autobiografía y no puede entender la personalidad oculta de su enamorado. Se adueña de ella la incomprensión.

Maria vive desde que se conocieron en una permanente espera. ¿Vendrá hoy? No, todavía no. ¿Le enviará una nota? No, claro que no, está ocupado con otras. Al menos eso dicen en Berchtesgaden.

Durante el verano de 1927 un rumor que circula sobre la vida privada de Hitler reaviva sus esperanzas: dicen que va a casarse con una chica del pueblo. Como la interesada aún es menor de edad, eso podría llevar a Hitler, que está en libertad condicional, de nuevo a la cárcel. El asunto es lo bastante grave como para que él se tome la molestia de desmentirlo en un diario de propaganda del partido nazi, el *Völkischer Beobachter*: «*Las Últimas Noticias* de Leipzig pretenden que estoy prometido. La noticia es pura invención». Hitler llegará incluso a enviar a uno de sus allegados a Maria para que declare ante notario que no se ha acostado con él y que nunca han pensado en casarse. Jarro de agua fría para Maria. Adiós, terneros; adiós, vacas; adiós, Adolf.

Desesperada, la joven Mitzi se dirige con calma al patio de la casa familiar. Allí encuentra una cuerda de tender, la ata con mucho cuidado al pilar del porche de la casa. Mejor morir que vivir sin Adolf. Maria se cuelga después de haber hecho un nudo bien sólido. Está decidida a poner fin a su vida. Al borde de la asfixia es salvada por sus padres.

La vida debe seguir, si no por gusto, al menos por obligación. Para olvidar a su enamorado Maria se casa rápidamente. A los 18 años la encontramos viviendo de manera apacible con su marido en esa campiña que tanto le gusta. La vida continúa unos años mejor y otros peor, pero no totalmente sin Adolf. Ella le escribe en secreto. Él no le contesta. Tiene la cabeza en sus asuntos políticos y en otras aventuras. En las Navidades de 1928 ella le envía un regalo. Hitler hace el esfuerzo de responder, pero marcando distancias:

«Mi querida y encantadora niña,
Al leer tu carta, tan emotiva, he comprendido por fin que había cometido un error al no escribirte nada más volver... Antes de abordar el contenido de tu última carta quiero darte primero las gracias por el delicioso regalo con el que me has sorprendido. Me he alegrado muchísimo de recibir ese testimonio de tu tierna amistad hacia mí. Esto me recordará siempre tu talle descarado, y tus ojos. En cuanto a tus angustias íntimas, puedes estar segura de que tienes toda mi simpatía, pero no deberías dejar que ninguna tristeza agobiara tu bonita cabecita. [...] Por muy feliz que me haga tu amor, te pido desde el fondo del corazón, por tu bien, que sigas haciendo caso a tu padre.

Y ahora, tesoro mío, recibe los pensamientos más afectuosos de tu Wolf que piensa continuamente en ti. Adolf Hitler».

Maria no es feliz en su matrimonio y se divorcia en 1930. Tiene 20 años. Siempre enamorada de su Lobo, consigue contactar de nuevo con él. Ahora ya es una mujer y sabe cómo doblegar la voluntad de un hombre. Confiesa al periodista Günter Peis que fue en esa época cuando tuvieron su primera relación sexual. Aquella noche

278

no tendrá continuidad. Mitzi desaparece de la vida de Hitler, que tendrá hacia ella una última atención al final de la guerra: cien rosas rojas enviadas en persona para aquella antigua amante de ojos tiernos y talle descarado.

Tío Adolf

Los temores de Mitzi respecto a las otras aventuras de Adolf eran fundados. Desde el otoño de 1927, en efecto, vive con la única chica «que sabe reír con los ojos[173]». Angelika Raubal, su sobrina de 19 años, se ha ido a vivir con él a su nuevo apartamento de Múnich a fin de continuar sus estudios de medicina. Tal vez un pretexto para salir de las faldas de su madre; su padre murió cuando ella tenía 2 años. Su madre, una maestra de mucho carácter, gestiona en efecto la vida de la joven como si todavía fuera una niña. La medicina queda pronto abandonada y Geli decide quedarse a vivir con el tío Adolf.

Su primer encuentro tiene lugar tres años antes, en 1924, en la cárcel de Landsberg, adonde ella ha ido acompañando a su hermano Leo y a su madre que han ido a hacerle una visita. Ella entonces tiene 16 años y Hitler descubre a una adolescente rolliza y jovial, llamada a ocupar un lugar que él creía inexistente en su vida íntima.

Vuelven a verse con ocasión de un viaje de estudios organizado por el profesor de historia de Geli en abril de 1927 a Múnich. Este último sueña con hacer carrera política y, al enterarse de que Geli es la sobrina del famoso Hitler, aprovecha la ocasión y lleva a su clase a la ciudad donde reside su ídolo. Allí Angelika queda más seducida por la personalidad de su tío que por su programa político, como atestigua Alfred Maleta, futuro presidente del Consejo austriaco, que entonces forma parte de la expedición: «Ella no entendía nada. Para ella Hitler era simplemente su querido tío y sólo por azar un gran hombre político».

Al alojarse durante la visita escolar en casa de Helen Bechstein, la abnegada benefactora de Hitler, la joven aprecia el lujo en el cual se mueve su tío, codeándose con la alta sociedad y desplazándose siempre con chofer y guardaespaldas. Seis meses más tarde, una vez terminado el bachillerato, se va a vivir con su tío a Múnich.

Angelika no ha quedado totalmente subyugada por Adolf. Se ha fijado en el chofer de Hitler: Emil Maurice. El chofer que con-

duce entonces el rutilante Mercedes descapotable es un joven seductor de origen francés, cuyo encanto hace mella en todos los que
lo conocen. Su mirada es su arma principal, igual que Hitler, pero
en un registro más melancólico. Lleva una barbita bien cuidada
y sabe divertir a sus compañeros.

Los días muniqueses de Angelika transcurren entre alegres
comidas en el campo con Adolf y Maurice. Se llevan unas mantas
de lana de cuadros y unos cestos con el picnic. Maurice saca la
guitarra y entona cantos populares irlandeses. «Las chicas nos ale-
jábamos hacia un lugar oculto tras los arbustos para bañarnos...
Nadábamos desnudas y nos secábamos al sol. Una vez una nube de
mariposas se posó sobre Geli totalmente desnuda[174]».

Para Geli fue sin duda el descubrimiento de su sensualidad, al
contacto con dos hombres muy distintos, entre los cuales no sabe
a cuál elegir.

Para Hitler también esos tiempos bucólicos y alegres figuran
entre los mejores de su vida: «Puedo encontrarme junto a mujeres
jóvenes que me dejan de piedra. No siento nada o en realidad me
agobian. Pero chicas como esa niña [...] Geli, con ella, me vuelvo
alegre y animado. Y cuando he pasado una hora escuchando su
charla, por ligera que sea (me basta incluso estar a su lado), entonces me siento liberado de toda preocupación y de toda indolencia».

La rivalidad perturbará pronto al pequeño grupo. Hitler había
animado muchas veces a Emil a casarse: «Vendré a comer cada día
a *tu* casa si tomas esposa», le decía. Pero ese «tu» no significaba
a sus ojos la casa de la pareja formada por su sobrina y su compañero de viaje. Envalentonado por lo que él cree una aceptación tácita,
Emil se atreve a pedir la mano a Angelika. «Para mí no podía ser
más que ella», escribe. Angelika acepta sin pensarlo. Ahora hay que
anunciar la buena noticia al tío Alf. Benévolo hasta entonces, éste
se pone hecho una fiera y abruma con insultos a su ex amigo. Luego prohíbe formalmente a Geli acercarse a su pretendiente.

Estamos en Navidades de 1927. Esto es lo que ella escribe a su
querido Emil: «He sufrido en dos días como no había sufrido nunca. [...] Ahora tengo la sensación de que esos días nos unieron para
siempre. Hay algo que debemos empezar a comprender, el tío Adolf
exige que esperemos dos años. ¡Imagínate, Emil, dos años enteros
en que no podremos besarnos sino de vez en cuando y siempre bajo
la vigilancia de OA! [...] Sólo puedo regalarte mi amor y serte fiel
sin condiciones. ¡Te amo tan infinitamente!».

En adelante él dictará las condiciones de su vida diaria y también las de su vida sentimental. Para poder estar en Múnich cerca de Emil Geli acaba de renunciar a su libre albedrío y se ha puesto bajo la férula de Adolf. «Ahora el tío A es terriblemente amable. Me gustaría hacer algo que le gustase, pero no sé qué».

La injusticia de Adolf no se limita al partido; en su círculo íntimo también sabe manipular y exigir grandes sacrificios a la gente que lo rodea.

Los lugares favoritos de Hitler en Múnich se vuelven poco a poco los de Geli: el Café Heck y la Osteria Bavaria, centros neurálgicos de la naciente red nazi. Ella se convierte en la niña mimada de los futuros dignatarios en esos lugares donde se reúnen. Cuando está en la mesa con ellos, todo gira a su alrededor y Hitler ya no trata de monopolizar la conversación. Con sus maneras naturales, desprovistas de toda coquetería, ella pone de buen humor a todos los comensales con su sola presencia. «Todo el mundo estaba medio enamorado de ella», escribe Heinrich Hoffmann, el fotógrafo oficial de Hitler.

Geli consigue arrastrar a su tío A a actividades femeninas muy alejadas de sus preocupaciones. La acompaña a ver escaparates, la sigue a tiendas de sombreros que a ella le encantan, mira con paciencia cómo se prueba todos los modelos y acaba decidiéndose por una boina[175].

En el verano de 1928, seis meses después de la pelea con Maurice, ya no se habla oficialmente del imprudente chofer. Pero Goebbels anota en su diario los rumores que circulan: «Se cuentan cosas locas sobre el jefe. Él, su sobrina Geli y Maurice. ¡Qué tragedia es la mujer! ¿Hay que desesperarse? ¿Por qué deberíamos sufrir todos a causa de la mujer? Creo firmemente en Hitler. Lo comprendo todo. Lo verdadero y lo falso[176]».

Hitler no es un hombre que permita que circulen esas habladurías y decide deshacerse de Emil, que se ha vuelto un estorbo. Le anuncia con brusquedad que está despedido. Ahora bien, seducir a la sobrina del patrón no constituye un delito según la ley, y Emil Maurice lleva a Hitler a los tribunales. Recibe una importante indemnización que, como es fácil comprender, acaba irritando aún más al tío A. Pero Emil puede establecerse por su cuenta como relojero. Ya nadie volvió a saber de él.

Hitler se justifica diciendo que lo que quería era impedir que Geli cayera en manos de alguien indigno. Lo que quiere evitar sobre todo es que caiga en unas manos que no sean las suyas. Lúcido en cuanto a las intenciones de su antiguo patrón, Emil Maurice ha comprendido, quizá antes que él mismo, de qué va la cosa: «La amaba, pero era un amor extraño, inconfesado».

Las relaciones incestuosas se harán más íntimas. Hitler empieza a dibujar a su sobrina, tomándola como modelo y haciéndola posar desnuda. Sus dibujos, sin embargo, no están ni fechados ni firmados por el que en otro tiempo quiso entrar en la Academia de Bellas Artes en Viena. Podían comprometerlo y los puso a buen recaudo bajo la vigilancia de un hombre discreto: Franz Schwartz, tesorero del NSDAP.

En contacto con esa vida fácil Geli cambiará sus planes para el futuro. Decide dedicarse a la canción. A partir de 1929 toma lecciones de canto y se prepara de forma intensiva para actuar en los escenarios. Hitler, que posee numerosas relaciones, convence al director de orquesta Adolf Vogen así como a Hans Streck para que den clases particulares a la principiante. Así pues, Geli reparte su tiempo entre los desplazamientos con su tío, los momentos distendidos de la Osteria y las clases de canto con la flor y nata de los escenarios muniqueses. «Puede abandonar cualquier ocupación más seria por el peluquero, los vestidos, el baile y el teatro. Lo único que todavía lee son periódicos y novelas. Y Geli puede leer al mismo tiempo los folletines de doce revistas y diarios diferentes». He aquí cómo el propio Hitler describe la vida despreocupada que lleva su sobrina a su lado.

En 1929 él goza en efecto de un tren de vida agradable. Dispone no sólo de las donaciones de numerosos benefactores y sobre todo benefactoras, sino que además se ha convertido en un autor de éxito, con su famoso *Mein Kampf*, cuyos derechos de autor le aseguran una existencia confortable.

Geli, que había alquilado una pequeña habitación en una pensión para chicas en el número 43 de la Königinstrasse, se muda definitivamente a casa de su tío. El enorme y hermoso piso de la plaza del Príncipe Regente acoge a una nueva inquilina que se instala en la habitación más bonita. Se trata de una pieza en ángulo, que es lo que más gusta a principios del siglo XX. Y para la decoración Geli elige mobiliario rural, que manda traer especialmente de Salzburgo. Sus accesorios femeninos y su guardarropa ocupan los armarios, los cofres y las cómodas de estilo rústico completados con cortinas verde pálido en una hábil asociación de colores.

Por último cuelga en la pared la obra maestra: una acuarela firmada por el soldado Adolf Hitler que representa un paisaje de Bélgica que éste pudo admirar cuando estaba en las trincheras.

La joven vienesa descubre con más placer aún el Berghof. Puede adueñarse de la casa, jugando a ser la señora de aquel Versalles de pacotilla. Una casita de madera agradable, con un amplio tejado formando un alero y unas habitaciones modestas. Un comedor, un pequeño salón y tres dormitorios. Los muebles rústicos dan a la vivienda un carácter de pequeña burguesía confortable. Una jaula dorada con un canario y un cactus acentúan esa impresión[177]. Hay cruces gamadas sobre los bibelots. Al abrigo de las paredes de aquella residencia aislada en la cumbre Hitler instala a la sobrina de la cual empieza a estar seriamente enamorado.

Los empleados tienen órdenes de satisfacer sus caprichos de jovencita llevándola siempre que quiera a Múnich, o incluso a Viena, a comprar los últimos artículos de moda. Cosa de la que no se priva. «Ella es lo más precioso que tengo», dice Hitler en esa época a Heinrich Hoffmann.

Gozan de todos los placeres de la popularidad sin los inconvenientes. De día él se pasea por el Berghof vestido con pantalón corto de cuero. Por la noche va al teatro de smoking. Le gusta llevarla a la ópera a oír las obras de Wagner que lo llenan de orgullo. Goebbels anota en su diario: «El jefe está aquí con su bonita sobrina de la que a uno casi le gustaría enamorarse. Cerca de él para oír *El oro del Rin*». Luego terminan la velada en compañía de los actores en el restaurante. «Mi Mercedes supercompacto encantaba a todo el mundo», se felicita él.

1930 y 1931 son los años en que el partido nazi conoce su gran ascenso y empieza a tener un gran peso en la vida política alemana. Hitler siente que el poder está al alcance de la mano; la tensión nerviosa de ese jefe tan excitable alcanza su punto culminante. Lo que sus oponentes no saben es que por el momento conoce la felicidad doméstica en compañía de la «arrebatadora Geli». A medida que los éxitos electorales se van encadenando y que el partido continúa su ascenso inexorable Hitler está cada vez más acaparado por sus actividades políticas. Cada vez le dedica menos tiempo a Geli. Sus estancias en el Berghof, donde ella reside, se van espaciando. Menos abierto a las frivolidades, Hitler se vuelve cada vez más mandón.

Ahora le niega muchos caprichos. El 15 de septiembre de 1931 las cosas parecen deteriorarse brutalmente. Geli exige ir a Viena sola a tomar clases con un profesor muy famoso y seguramente a pasarlo bien. Sin duda también quiere alejarse de la tutela molesta de su tío. Ante la negativa obstinada de este último toma una decisión radical.

El 18 por la mañana entra discretamente en el dormitorio personal de Adolf y coge una Walter 6,35 milímetros que éste guarda siempre en una cómoda al alcance de la mano. Hacia las 15 horas los empleados de Hitler oyen un ruidito que no les llama la atención. A las 22 horas encuentran la puerta de la joven cerrada. A la mañana siguiente, como no se oye ningún ruido, deciden forzar la puerta. Hitler está saliendo de Múnich cuando un taxi a toda velocidad lo alcanza y le anuncia que debe regresar de urgencia a la ciudad porque se ha producido un hecho muy grave. Al teléfono le dicen que le ha ocurrido algo a Geli pero sin dar detalles.

Hitler fuerza la máquina de su Mercedes para volver lo antes posible a su domicilio. Corre tanto que en un control de policía le ponen una multa. Cuando llega a casa, le anuncian la muerte de su sobrina.

El informe policial nos cuenta el drama. El doctor Müller, médico forense, constató que la muerte era debida a un disparo en los pulmones y que la rigidez cadavérica se había producido hacía unas horas ya. Se trataba de un tiro a bocajarro aplicado directamente sobre el cuerpo en el escote del vestido. La bala penetró por encima del corazón, que no resultó tocado; y aún se la veía bajo la piel en el lado izquierdo de la espalda. Según el doctor Müller, se trata sin duda alguna de un suicidio. Geli quiso dispararse una bala en pleno corazón, pero falló por pocos centímetros. La bala traspasó en toda su longitud el pulmón, que pronto se llenó de sangre, y la muchacha falleció por una lenta asfixia. El gesto pretendía una muerte instantánea, pero provocó una larga agonía de la cual se la hubiera podido salvar. La encontraron con su camisón azul, bordado con rosas rojas. Según los testigos concordantes, el ruido de la detonación se oyó alrededor de las 15 horas. La autopsia sitúa el fallecimiento entre las 17 y las 18 horas. Pero nadie entonces sospechó el gesto de Geli[178].

Y es que los motivos parecen terriblemente fútiles. Annie Winter, una de las criadas, lo recuerda así: «Me contó que el tío Adolf no quería que se comprara un vestido nuevo y que se negó a dejarla ir a Viena; ella ya sólo se vestía, en efecto, en Viena o en Salzburgo». Una de sus amigas a la que telefoneó ese día fatídico confirma la decepción del vestido, que le describió con detalle al teléfono sin mencionar para nada su terrible decisión.

Un diario local da algunos indicios suplementarios sobre el desarrollo de los acontecimientos: «Suicidio. La policía nos comunica que una estudiante de 23 años se ha disparado una bala de revólver en pleno corazón en su domicilio del barrio de Bogenhausen. [...] El viernes por la tarde los propietarios del piso oyeron un grito, pero no se imaginaron que procedía de la habitación de su inquilina».

Otro periódico, el *Münchener Post*, publica algunos días más tarde un artículo que vuelve a mencionar ese «grito» oído por los vecinos. Se alude a una disputa entre Hitler y su sobrina, y se dice que este último habría prohibido el noviazgo de Geli con un hombre al que amaba. Descrita como violenta, la escena se supone que acabó con el asesinato de Geli. El periódico afirma que la difunta tenía la nariz rota y contusiones en el cuerpo. Sin embargo, el doctor Müller afirmó que estas acusaciones eran falsas y se tomó declaración a las dos empleadas que se ocuparon del aseo mortuorio. Fueron categóricas. No se observaron huellas de este tipo. La multa de Hitler fue considerada una prueba de su buena fe, ya que no estaba en el lugar de los hechos en el momento fatídico.

Él se lamenta de su condición de viudo: «La mujer desempeña un papel más importante en la vida del hombre de lo que uno está dispuesto a reconocer cuando prescinde de ella. Es cierto que he superado la necesidad de poseer físicamente a una mujer. Pero el valor para mí de una mano femenina amorosa, que estaba siempre cerca de mi corazón, y lo que representaba para mí la solicitud constante con la que me rodeaba, eso es lo que ahora noto que he perdido. Una carencia enorme, un vacío inmenso, eso es lo que noto cuando por la mañana me siento a desayunar o cuando vuelvo para comer al mediodía o por la noche, y estoy literalmente solo, muy solo [...]. Bastaba que estuviera tranquilamente sentada a mi lado haciendo crucigramas para sentirme rodeado de un bienestar que ahora se ha convertido en una sensación glacial de soledad[179]».

Geli es enterrada en Viena el 23 de septiembre de 1931. Hitler escribe: «Ahora me lo han quitado todo. Ahora soy totalmente libre, interior y exteriormente. Tal vez tenía que ser así. Ahora ya sólo pertenezco al pueblo alemán y a mi deber. La pobre Geli ha tenido que sacrificarse por mí».

Sin embargo, Hitler el desconsolado encuentra sin demora recursos para retomar su actividad frenética. Al día siguiente celebra un mitin en Hamburgo, donde es aclamado por más de diez mil simpatizantes.

Eva, esperando a Adolf

Cien años de soledad

Berghof, residencia privada de Hitler. Abril de 1935. Llaman a la puerta que separa el dormitorio de Hitler de su despacho. El Führer no lo oye. Llaman otra vez. De nuevo nada. De pronto la puerta se abre y ella entra. Mira a Döhring, el administrador, asombrada, y le dice: «¿Todavía no se ha marchado? ¿Qué hace aquí?». Se acerca a Hitler y le dice algo en voz baja. No obtiene respuesta. Le habla por segunda vez; de nuevo nada. Y de repente él se enfurece: «¡¿Otra vez aquí?! ¿No ves que tengo trabajo, muchísimo trabajo? Siempre vienes a unas horas absolutamente imposibles; en este momento tu presencia aquí no es de ninguna utilidad[180]». Ella, roja de furia, levanta la cabeza y mira fijamente a Döhring; luego sale dando un portazo que hace temblar el marco de la puerta. Y entonces es cuando el administrador descubre la cara del Führer: una sonrisa cínica expresa su gozo. La joven, que se permite entrar en la habitación de Hitler sin haber sido expresamente invitada y que él se da el gusto de despachar con orgullo no es otra que Eva Braun. Sabemos que Hitler era capaz de fingir sus enfados, sobre todo en la intimidad. La escena, verdadera escena de pareja teatralizada por la presencia del observador Döhring, no es anodina. Eva es, por una parte, la joven a la que Adolf le gusta aterrorizar para calmar sus propios nervios y, por otra, la mujer audaz que da un portazo en las narices al implacable jefe del Estado nazi.

Lo que la escena no dice es que una vez cerrada la puerta Eva se derrumba: «Por más que me canto *Tout va très bien madame la marquise** la verdad es que no me ayuda mucho. [...] Ha tachado el amor de su programa. Ahora que ha vuelto a Berlín estoy un poco más relajada. Pero hubo días, la semana pasada, en que lloré cada

---

* *Todo va estupendamente, señora marquesa.* Canción francesa muy conocida y de gran comicidad con música de Ray Ventura y letra atribuida a Paul Misraki.

noche al aceptar mi "deber". Cuando me quedé sola en casa para las fiestas de Pascua, vomité[181]».

Desde principios del año 1935 Eva, que normalmente está risueña, animada y llena de ilusiones, se encuentra triste y melancólica. Hace casi seis años que ama en secreto a ese hombre del todo o nada, que la entusiasma y la aniquila con sus ideas y sus palabras. Su malestar empieza a hacerse más presente, más físico.

El 6 de febrero, día de su cumpleaños, deja este comentario amargo: «Acabo de alcanzar felizmente mis 23 años. Que sea una felicidad es otra cuestión. Por ahora lo que se dice feliz sin duda no lo soy».

Sus ausencias interminables, las noches de espera... ¿Qué hace por las noches? ¿Piensa en ella? ¿Entonces por qué no viene? Seguro que ha encontrado a una sustituta. Una joven modelo... «Pero a él lo que le gustan son las redondeces. Si eso es cierto, pronto le habrá hecho perder quince kilos a fuerza de preocupaciones, a menos que posea la virtud de engordar con la desdicha[182]».

La soledad en la cual la ha encerrado esa relación se le está haciendo insoportable. Eva carece cruelmente de afecto. Busca una criatura de sustitución para mimarla: «Si por lo menos tuviera un perro, no estaría tan sola». Eva le ha pedido a Hitler un pequeño basset para su cumpleaños. «Y mira, nada todavía. Quizá el año que viene, o más tarde aún». Contemporizar, eso es lo que está aprendiendo a hacer a base de decepciones y promesas no cumplidas desde que está con él. «Sobre todo, no desesperar, debo aprender a ser paciente». Lo esperado no llega. «Tal vez en el fondo soy ingrata», acaba pensando. Culpabilizarse antes que reconocer la inconsistencia de la persona amada; dura ley del amor a la cual se enfrenta a diario.

El día en que cumple 23 años, más triste que nunca, Eva pierde toda esperanza de felicidad. Y sin embargo lo ama. Lo ama a medida que se va marchitando. Incluso las flores que le han regalado ese día huelen a muerto. Compra dos billetes de lotería, como para invocar la suerte, convencida de que algo milagroso vendrá a salvarla de ese amodorramiento. «No seré nunca rica, ¡no hay nada que hacer!» Decididamente, todo se desmorona a su alrededor y aquel inverno muniqués no se acaba nunca.

La esperanza es lo último que pierde una mujer enamorada. Quizá Hitler la cubrirá de regalos. Unos días antes ¡le había dado la sorpresa de venir! «Estaba allí. Pero dice que no al perrito, que no a los armarios llenos de vestidos. Ni siquiera me ha preguntado si deseaba algo para mi cumpleaños. Pero yo sola me he comprado las joyas. El collar, los pendientes y el anillo por cincuenta marcos. Todo muy bonito. Esperemos que le guste. Si no, que me busque algo él mismo».

Hitler no vendrá. Al menos ella encuentra un consuelo en la perspectiva de una excursión con sus amigas y sus hermanas, Gretl, Herta, Ilse y Mutti, al monte Zugspitze, en los Alpes bávaros. Tomar el aire, pasar el día al calor y a la luz del sol... Pero su prometido secreto no quiere ni oír hablar de semejantes distracciones. Hitler no tolera que se divierta sin él. También dice que no al viaje. Y los deseos de «Alfi» son órdenes.

Le promete instalarla en una casita; siempre rechaza sus visitas. Eva se encomienda a Dios: «Haz que eso se cumpla y que no tarde mucho en realizarse».

Ni Dios ni Adolf parecen escuchar sus ruegos. No importa. Si Alfi no viene a Eva, Eva irá a Alfi. Se propone ir a verlo a la capital. Pero él le ha prohibido ir a Berlín. Ella se avergüenza de presentarlo a sus amigas. Charlie, que debía acompañarla, cae enferma. «Quizá sea mejor así. Él a veces se comporta con grosería y eso aún la haría más desgraciada». Nueva decepción para Eva, Hitler le cierra la puerta de su cancillería. Debe seguir siendo la amante muniquesa. «No tengo permiso para escribirle, este cuaderno debe estar ahí para aceptar mis lamentos». Amordazada, se siente mortalmente infeliz.

Los breves encuentros son de una intensidad que le hace olvidar todo lo demás: «Vino el sábado por la tarde. [...] Pasé en su casa hasta la medianoche dos horas maravillosamente hermosas».

La vida con el canciller de un Reich en pie de guerra no transcurre de forma previsible. «Me había prometido que lo vería el domingo, pero aunque le telefoneé y pregunté por él en la Osteria donde dejé un mensaje diciendo que esperaba noticias suyas tomó el avión para Feldafing (el aeropuerto cerca del Berghof). [...] habría podido informarme. Yo lo esperaba en casa de Hoffmann ardiendo de impaciencia y me imaginaba que iba a llegar en cualquier momento».

Hitler no volverá antes de dos semanas y hasta entonces ella no hará más que esperarlo. «Ya no tengo tranquilidad», constata, lúcida. Los caminos del Führer son en efecto impenetrables y los días para la pobre Eva transcurren haciéndose preguntas estériles y esforzándose por encontrar las razones de la conducta de su despiadado amante. «No sé por qué está enfadado conmigo, debe de ser por el baile. Pero fue él mismo quien me dio permiso... ¿Por qué se ha ido sin decirme adiós?».

Los nervios de la joven son puestos duramente a prueba. Está tan carente de sueño como de distracciones. «Ahora he vuelto a comprarme somníferos; así me encuentro en un estado de semilocura y ya no necesito pensar tanto en estas cosas». Más que un objeto de deseo, Alfi se ha vuelto una obsesión permanente de la que nada puede aliviarla. «Sólo deseo una cosa: caer muy enferma y no oír hablar más de él durante al menos ocho días. ¿Por qué no me pasa nada? ¿Por qué debo soportar todo eso? ¡Ojalá no lo hubiera conocido[183]!».

El 11 de marzo es el golpe de gracia. Eva espera a su amante durante tres horas delante del hotel Carlton. De pronto lo ve acercarse, comprar unas flores. Cuando siente un estremecimiento, se da cuenta de que al lado de Adolf camina una actriz de origen checo, la bella Annie Ondra. Se va a cenar con su nueva conquista. Con perspicacia la joven Eva descubre aquel día de 1935 lo que los políticos europeos descubrirán demasiado tarde: Hitler no cumple sus promesas.

Todos los elementos se han reunido para que aquella Penélope decida a su pesar organizar un escándalo que haga tomar conciencia a Hitler de sus incumplimientos.

Cada vez más decaída, la mañana del 28 de mayo de 1935 escribe: «Acabo de enviarle una nota decisiva para mí. ¿Se la tomará en serio? Bueno, ya veremos. Si no obtengo respuesta antes de las diez de la noche, me tomaré simplemente mis veinticinco somníferos y me dormiré dulcemente». ¿Es éste el *amour fou* que Hitler le había prometido? ¡Lleva tres meses sin enviarle ni una nota! De acuerdo, ha estado muy ocupado estos últimos tiempos con sus problemas políticos, pero algún descanso se habría podido tomar.

Para Eva la depuración de las SA, el asesinato del canciller austriaco Dollfuss y la preparación de un acuerdo con la Italia de Mussolini son excusas de Alfi para alejarse de ella. Después de todo «algunas palabras amables en casa de Hoffmann o en otra parte no lo habrían distraído tanto. Temo que detrás haya otra cosa».

Eva pone en la balanza sus problemas sentimentales y la política exterior del Reich, y sabe ser para Hitler, también ella, un tirano doméstico. Por ceguera, por capricho, por amor, tal vez por inconsciencia. Antes que abandonarlo simplemente lo acorrala para que reconozca sus errores ofreciéndole el espectáculo de su propia muerte. Aquel 28 de mayo de 1935, no habiendo recibido respuesta a la carta que le ha enviado por la noche, ha definido el método del chantaje: «Me he decidido por veinte pastillas. Esta vez tiene que ser absolutamente "seguro como la muerte". Ojalá mandara telefonear».

Con todo, una vidente le había dicho una vez: «El mundo entero hablará de ti y de tu amor».

Unas horas más tarde su hermana Ilse encuentra a Eva en coma en su apartamento de Múnich. Es enfermera, le administra los primeros auxilios y llama a su jefe, el doctor Levi Marx. Durante su inconsciencia Ilse arranca las páginas del diario que acabamos de leer. Se las devolverá a Eva después de copiarlas cuidadosamente. Son las únicas que se han conservado.

¿Cómo ha podido hundirse así, en un solo año, aquella mujer joven, alegre y frívola, que sueña con ser actriz? Debemos volver al mes de septiembre de 1929. El principio del fin.

La sirena de la casa de Hoffmann

Septiembre de 1929, calle Schelling número 50, Múnich, estudio del fotógrafo Heinrich Hoffmann. Este último ayuda a Hitler a adoptar poses que le favorezcan en las fotos. Es un amigo en casa del cual almuerza a menudo y ensaya nuevas actitudes y nuevas iluminaciones halagadoras. Eva es la asistente del maestro Hoffmann.

Aquel día el jefe entra acompañado de un hombre «de cierta edad, con un bigote raro, un abrigo inglés de paño claro y un gran sombrero de fieltro en la mano». Ella los mira desde el taburete en el que está encaramada sin girarse. Constata que el hombre la observa. No le mira la cara, sino las piernas. «Aquel día justamente me había acortado la falda, y no me sentía muy segura porque no sabía si el dobladillo me había quedado bien». El hombre se presentó: Herr Wolf.

La muchacha tenía 17 años y había nacido el 6 de febrero de 1912 en el seno de una familia típica de los suburbios de Múnich, relativamente modesta sin ser pobre. Su padre es más bien hostil a las nuevas ideas nazis. Su madre, costurera, es católica practicante. Ambos forman una pareja conservadora. Eva es la menor de tres hermanas, la mimada de la familia, sobre todo por el padre. Las chicas Braun se han educado en una escuela religiosa donde Eva, poco dotada para los estudios, ya se muestra seductora. Cuesta bastante inculcarle algunas nociones de francés, de mecanografía, de contabilidad y unos rudimentos de economía doméstica para hacer de ella una buena ama de casa.

Ilse, la mayor, demuestra más interés por los estudios, pero Eva lo compensa con un encanto del que sabe sacar partido. «Vivió toda la vida en el mundo de los sentimientos y se cerró completamente al universo del saber», recuerda Ilse.

Su interés se dirige de forma más natural al deporte y a la moda, que son el centro de su vida. Quiere ser actriz de cine. Colecciona revistas, fotos de actores y actrices de la época, y le gustan sobre todo las películas románticas. Todos sus allegados observan muy pronto una gran propensión a trabajar su porte y su peinado, que es casi una obsesión.

Después de las miradas que le ha dedicado ese misterioso aunque elegante Wolf Eva es enviada a buscar salchichas y cerveza a la cervecería más próxima. «Estaba hambrienta y devoré mi salchicha. Bebí dos dedos de cerveza por educación. El viejo señor me dedicaba piropos. Se habló de música y de una obra que ponían en el teatro estatal. Él no cesaba de devorarme con los ojos. Luego, como era tarde, me fui corriendo. Rechacé su ofrecimiento de acompañarme a casa en su Mercedes. ¡Imagínate la cara que habría puesto papá!», le escribe a su hermana. Antes de irse Hoffmann se la lleva a un rincón del cobertizo y le pregunta:

—¿No has adivinado quién era ese señor?

—No.

—¡Es Hitler! ¡Adolf Hitler!

—Ah...

En realidad ese nombre no le dice nada. Hitler tratará de hacerse inolvidable para su «bella sirena de la casa de Hoffmann». En Navidad de 1929 le regala su primera flor, que ella conservó piadosamente toda su vida. Una orquídea amarilla.

Él aprecia el candor de aquella joven empleada veintitrés años más joven que él. La muchacha participa en las sesiones de fotografía en casa de Hoffmann en su calidad de asistente y conserva en su álbum una foto en la que estrecha la mano del líder. «Si la gente supiera que me conoce muy bien», ha escrito debajo de forma sugerente...

Pero Hitler todavía está muy apegado a su sobrina Geli, que en 1929 vive con él en Múnich. Los intercambios aún son alusivos y sublimados durante varios meses. La sirvienta de Hitler, Annie Winter, encontró a mediados de septiembre de 1931 una nota muy explícita de Eva: «Apreciado señor Hitler, le doy las gracias una vez más por la maravillosa invitación al teatro. No olvidaré esa velada. Le estoy muy agradecida por su amabilidad. Cuento las horas hasta tener el placer de volver a verlo. Su Eva».

Es entonces cuando Geli se suicida. ¿Fue acaso por celos de esa nueva enamorada de Adolf que empezaba a acapararlo?

Parece evidente que el Sr. Wolf y la joven Eva aún no son íntimos aunque se conocen desde hace casi dos años. Tras la pérdida de su sobrina Hitler se acerca a esa joven que escucha con devoción sus peroratas aunque le confiesa a una amiga que «la aburren mortalmente», y que a menudo tiene que consultar el diccionario para comprender lo que dice.

Así pues, el vacío dejado por Geli es colmado por Eva bajo el patrocinio del fotógrafo Hoffmann, que hace de casamentero. «Por así decir, le sirvió a Eva Braun en bandeja de plata hasta que él mordió el anzuelo[184]», anota Döhring.

La relación parece consumada a finales del año 1931 a juzgar por lo que dice una amiga íntima de Eva, Margarete Mitlstrasser: «Sé perfectamente que eran pareja: cuando él venía a verla y ella tenía la regla, el doctor le daba algo para pararla». Margarete sabe de lo que habla, puesto que va personalmente a buscar la medicación de la joven amante. Hitler dicta así su voluntad al cuerpo de Eva, el tiempo de sus deseos debe imponerse al ritmo íntimo de la joven.

Ella parece asumir a la perfección este papel de sustituta de la difunta, gustando de repetir que «la muerte de Geli ha sido para él una catástrofe, debía de ser para él una mujer excepcional». Por tanto, no hay ni rastro de celos. Al contrario, vemos asomar una cierta imitación, sin duda influida por las numerosas fotos, esculturas y pinturas de su sobrina que rodean a Hitler. Eva la rubia lleva un peinado más corto, a la manera de Geli, naturalmente con su inseparable permanente ondulada.

Los testimonios de los criados de Hitler recogen las visitas más frecuentes de Eva con su «maletita para la cama» a partir de 1932. El hombre que llegará a declarar: «Las mujeres tienen una técnica: son primero muy amables para captar la confianza del hombre, luego empiezan a tirar de las riendas y, cuando tienen las riendas sólidamente agarradas, hacen caminar al hombre como quieren» aprecia la compañía de aquella joven que pronto no tendrá más objetivo en la vida que el siguiente encuentro con su Alfi.

Pero la muchacha sólo puede serle de una utilidad provisional, él ya tiene una meta, que es convertirse en canciller del Reich. Para lograrlo todos los medios son buenos, y la chica a menudo es un estorbo. Le pone palos en las ruedas, le dice que no le hace caso, a él, que se rodea de las mujeres más hermosas del cine y de la buena sociedad. Para Eva, la chica menor de edad seducida, es un infierno, sobre todo porque no puede hablar de ello con nadie. Alfi se lo tiene prohibido.

Ella es su encantadora «cabeza de chorlito», a la que puede abandonar siempre que haga falta, y que por nada del mundo se atrevería a contrariarlo. Sin embargo, Hitler caerá muy pronto en la trampa de esa cabeza de chorlito.

El 1 de noviembre de 1932 Eva inicia la estrategia que la convertirá en la compañera del Führer. Igual que Geli, intenta dispararse una bala en el corazón. Es un suicidio perfectamente fallido hasta el punto de que es ella misma la que alerta a su hermana con sus gritos. El médico no tiene ningún problema en extraer la bala que se le ha alojado en el pecho. Pero ha conseguido lo que quería: Hitler aparece inmediatamente después de haber sido avisado. Ahora ya sabe que la pasión de Eva es total, y accesoriamente masoquista.

Sobre todo ella le demuestra que una falta de atención se paga necesariamente con la muerte, haciendo reaparecer el fantasma de Geli. Este personaje público no olvida tampoco que en aquel periodo político tan agitado —él accederá a la cancillería menos de dos meses después de los hechos— no puede dar la imagen de un provocador de muertes. Sus palabras de enamorado se pueden interpretar, por tanto, de otra manera: «En el futuro deberé ocuparme más de ella aunque sólo sea para evitar que vuelva a cometer una *tontería* de este tipo. ¿La tontería es que Eva muera o que el asunto perjudique su carrera política? Cándidamente, ella ha tocado a Hitler donde más le duele: en su imagen, tan trabajada. Ha encontrado un medio para conservarlo a su lado. Utilizará pues la misma estratagema tres años después, optando esta vez por los medicamentos en lugar del arma de fuego.

Las mismas causas producen los mismos efectos. Hitler, que ahora ya es canciller, se muestra muy solícito hacia Eva después de su segunda tentativa. La autoriza a quedarse a su lado en calidad ficticia de secretaria. En el Berghof, aunque siempre apartada del protocolo —por expreso deseo del Führer—, se comporta a partir de entonces como la dueña de la casa. Allí, en el círculo íntimo de Alfi, obtiene ahora la atención y el reconocimiento que reclamaba. Adolf no transige en un detalle: la mantiene alejada de la vida política y de sus colaboradores, que ignoran hasta su existencia. Su llegada al retiro alpino de Hitler provoca algunas fricciones. La hermanastra de Adolf, la madre de Geli, la apoda «la vaca estúpida». Eva se deshace con rapidez de ella.

En marzo de 1936 Eva y su hermana abandonan el apartamento que habían alquilado junto al de Hitler en Múnich, en la plaza del Príncipe Regente. Él mismo echa mano de sus ahorros para regalarle una casita en las afueras. Por primera vez cumple su promesa. La nueva casa de Eva está en el número 12 de la Wasserbürgerstrasse, en el barrio de Bogenhausen. El aspecto de la casa no tiene nada de particular, sus visitantes dicen que incluso es más bien fea. De construcción moderna, ese edificio de dos pisos, de hormigón gris, anónimo, desnudo, perdido en las afueras, posee, no obstante, todo el confort posible en aquella época. El interior revela que su ocupante es un personaje de alto rango. Hitler ha decidido dotar la casa de un refugio antiaéreo comodísimo, señal de que ya entonces piensa en una guerra. Los poderosos cimientos esconden en efecto un gran refugio cerrado por una puerta blindada, alimentado por un sistema de ventilación muy eficaz, un generador eléctrico y armarios que contienen provisiones no perecederas y grandes reservas de medicamentos. Un segundo túnel permite salir del refugio incluso en la hipótesis de que la residencia quedara totalmente destruida. Una atención conmovedora de Alfi hacia su dulcinea: un Mercedes con chofer está siempre a su disposición delante de la casa.

Hitler le dice a Goering, que lo confía a su diario: «Eva es demasiado joven, demasiado inexperta para ser la primera dama. Sin embargo, es la única mujer de mi vida y después de la guerra, cuando me jubile, será mi esposa». Quizá pensaba vivir un final apacible en aquella casita de las afueras con su tierna «cabeza de chorlito».

Eva prefiere el Berghof. Allí encuentra una sociedad sobre la cual puede reinar, al menos de manera ficticia. Un primer indicio de su dominio sobre el lugar es que en la mesa se sienta a la derecha de Hitler, mirando a la ventana. Dentro de esa etiqueta tan estricta ella puede adaptar la decoración a sus fantasías y se ocupa sobre todo de disponer las flores. Algo es algo. Al contrario que en las cenas oficiales en las que debe permanecer en silencio y fingir que es la secretaria, aquí es la dueña de la casa. La tarea es ardua.

Porque Adolf impone unos modales muy rígidos a sus invitados. La cena empieza con una fórmula ritual pronunciada por el mayordomo, Tony Dantzig: «Mi Führer está servido». Luego el secretario particular de Hitler, Bormann, lo lleva del brazo hasta su silla, un detalle significativo cuando sabemos que los dos personajes se odian cordialmente. El régimen alimenticio de Hitler les parece a muchos extravagante. Los boniatos al horno cocidos en crema de leche y regados con aceite de linaza a muchos se les atragantan y las tisanas de rabos de manzana no facilitan mucho su digestión.

Con frecuencia se ha dicho que la muerte de Geli lo había convertido en vegetariano estricto, lo cual no es cierto. Los menús y los testigos nos confirman que Hitler hacía una excepción en su dieta para el Leberknödel, un plato de carne en salsa típico de Baviera. Asimismo, no dejó totalmente el alcohol aunque sí mira con desaprobación a la gente que lo toma en su mesa. Él se conforma con la sidra o con una cerveza especialmente elaborada para él en Holzkirch que sólo tiene dos grados de alcohol, y una copita de Fernet Branca para la digestión. Si está resfriado, a veces toma una copita de coñac. Es cierto que sus menús son en general vegetarianos y propone a todo el mundo que comparta sus comidas no cárnicas. Si la gente no quiere —que suele ser lo habitual— tienen que aguantar un sermón sobre lo salvaje que es matar y descuartizar a los animales. Por último, aferrándose a sus principios, Hitler impone a sus invitados que se lo terminen todo y prohíbe al mayordomo que retire los platos mientras quede algo de comida en ellos.

Tampoco le gusta que las mujeres presentes se maquillen, y usa entonces los mismos métodos que para fustigar a los que comen carne. A estas mujeres «pintadas para la guerra» les espeta la siguiente broma: «¡Si supieran, señoras, que los lápices de labios franceses están fabricados con la grasa de las sobras de cocina!».

Eva hace lo que le da la gana: sigue consumiendo alcohol y carne, y se maquilla. Es coqueta y tiene verdadera pasión por los zapatos de última moda. Su guardarropa es inmenso y se cambia hasta seis veces al día. Le gusta viajar por Italia y comprarse vestidos y zapatos, sobre todo en la casa de modas Ferragamo. Eva mantiene al día un catálogo de sus vestidos.

Ni hablar de ir bien vestida pero mal peinada. Dispone de una peluquera a domicilio que le arregla el pelo de una forma distinta cada día. Lo cual le vale los mismos reproches de Adolf: «¡No te reconozco con tu nuevo peinado!».

Sus excentricidades en la indumentaria tampoco son de su agrado. Preferiría que llevara cada día el vestido que a él le parece el más bonito. Alfi no soporta el cambio y menos en sus mujeres. ¿A qué viene tanta coquetería para estar encaramada allá arriba, en la montaña, sin poder salir? No importa, el afán de reconocimiento de Eva halla satisfacción en el grosor de su catálogo. Su universo no excede de su vestuario.

Ella, que no tiene más pasatiempos que el deporte y la moda, ha perdido sus redondeces de adolescente y ahora posee un cuerpo esbelto. Veredicto del amante: «Cuando te conocí, eras redondita, pero ahora eres seca como una sardina». Ella no se queda atrás y es «increíblemente exigente» con él, según observa Albert Speer[185].

A veces Alfi se deja ir y silba una de sus melodías favoritas, la *Donkeyserenade*, pero Eva lo corta afirmando: «¡No es así!». Alfi protesta: «¡Pues claro que sí!». Eva, segura de sí misma, no teme ir a buscar el disco y enfrentar a Hitler con su error. «¿Ves como no tienes razón?», exclama triunfante. Hitler, furioso y con mala fe, tiene la osadía de responder: «Sirena, el compositor es el que se ha equivocado». Otra pelotera a cuenta de la música: un día Eva está escuchando un disco americano cuando Hitler entra en la habitación y le dice: «¡Es bonito esto que estás escuchando!». Y Eva le responde con todo el aplomo: «Sí, ¡pues tu amigo Goebbels acaba de prohibirlo en todo el Reich!».

Más grave aún es la pequeña afrenta que Eva le ha impuesto a Adolf: la compañía canina. Al mudarse al Berghof él le ha dado permiso para tener un perro. Ella ha elegido dos pequeños terrier escoceses llamados *Stasi* y *Negus*. Pero el orgulloso pastor de Hitler, la perra *Blondie*, no soporta su compañía. Y eso hace que se vea relegada a la habitación de Hitler por el juicio inapelable de Eva: «Tu perra *Blondie* es un ternero». Ofendido, Hitler se niega como represalia a figurar en una fotografía acompañado de los terrier escoceses y prohíbe formalmente a su compañera que les haga fotos con él. No obstante, Hitler logra engatusarla de vez en cuando con alguna joya bonita o algún otro regalo caro. Entonces curiosamente se permite pedirle: «Effie, ¿dejas que la pobre *Blondie* esté con nosotros media hora?».

Los residentes ocasionales del Berghof pueden pasar algunos momentos distendidos en compañía del infatigable dirigente y su compañera, especialmente el día de Año Nuevo, la única fiesta que el régimen nazi mantuvo. Hitler va de frac, según su costumbre. Eva ha insistido mucho para que se vista con un poco de gusto. «Mira Mussolini, le decía, ¡tiene un uniforme nuevo! ¡Y tú, con tus gorras de cartero!». Ella tiene declarada la guerra a sus eternas corbatas oscuras y a sus zapatos negros e insiste a los ayudas de cámara para que planchen sus trajes cada día. Día tras día le reprocha que vaya mal peinado —su mechón no le gusta— o que se corte al afeitarse. Hitler le responde: «¡Se ha vertido más sangre en los rasguños del afeitado que en los campos de batalla de todas las guerras!».

Ilse Braun, la hermana de Eva, es invitada al revellón organizado para partir el año en 1939. Descubre a Adolf detrás de Hitler, un hombre que le besa la mano y conversa con ella con una voz contenida. «Cuando me miraba, sentía las gotas de sudor bajar entre mis pechos. Ni siquiera me atrevía a dar las gracias, yo que me había prometido hacerle un gran discurso». El encanto de Hitler actúa como siempre. «Los ojos de Hitler no eran azules, sino del color del cielo, grandes, mirándote fijamente y con intensidad, impresionantes, pero siempre inmóviles. Y yo estaba un poco decepcionada, pues me había imaginado un hombre más imponente, como en los retratos que vemos por todas partes. Hacía continuamente gestos teatrales con las manos, unas manos muy blancas, nerviosas, como las de un músico, no muy viriles, pero bonitas».

Ilse se fija sobre todo en la abundancia del caviar que hay en la mesa. A Hitler le gusta especialmente. Los platos llevan las iniciales AH en oro, y los cubiertos son de oro macizo. Por supuesto, no se baila. Eva intentó en vano arrastrarlo a bailar un vals un día en que estaban solos. Pero él no permite esa diversión. Cuando Hitler se despide, el ambiente se relaja un poco. Se sirven un poco más de champán y de coñac. Como nunca hay orquesta en el Berghof, ni siquiera la noche de fin de año, tocan el acordeón. Improvisan una partida de bolos en la bodega. Porque cuando Hitler desaparecía del mapa Eva era otra. Volvía a ser divertida, alegre, libre.

Es el último día del año en tiempos de paz que conocerá el Berghof. Los acuerdos de Múnich no han traído la paz prometida por Hitler y la guerra estalla al final del verano con la invasión de Polonia. Como de costumbre, Eva ha sido excluida de toda decisión política y hasta de toda conversación. Las negociaciones de 1938 entre Hitler, Chamberlain y Daladier, los jefes de los gobiernos inglés y francés, han continuado en el apartamento privado de Hitler en la plaza del Príncipe Regente. Eva se ríe un día con una amiga viendo una foto de Chamberlain y Hitler en uno de los sofás del salón: «¡Si Chamberlain supiera la historia de este sofá!».

Cuando recibe invitados prestigiosos, ella desaparece instantáneamente del mapa. Se le confina en su habitación y no se le permite salir. Así ocurre durante la visita de Galeazzo Ciano, ministro de Asuntos Exteriores italiano, en octubre de 1936. Como de costumbre, ella toma varias fotos desde la ventana cuando llega el coche oficial. El apuesto ministro de Mussolini se fija en ella en ese momento. Hitler da de inmediato la orden de cerrar las contraventanas. Pero ella sigue tomando fotos con un zoom. Este papel de reclusa a la que esconden detrás de un postigo es una pequeña humillación más para ella. La puesta en escena que adopta en su álbum de fotos lo demuestra: debajo del cliché que ha tomado escondida detrás de la cortina ha puesto este comentario: «Orden: ¡cerrar la ventana! O cómo dar la vuelta a las cosas». En la misma página está la foto de Ciano mirándola desde abajo, tomada en el mismo momento por el fotógrafo oficial Hoffmann. «Allá arriba hay algo prohibido que merece la pena ver: ¡Yo!», añade, juguetona.

Guerra y paz

Durante el primer año del conflicto mundial Eva ha logrado por fin que Hitler le asigne un pequeño apartamento en la cancillería del Reich en Berlín. Pero la victoria es amarga: debe pasar por la entrada del personal y comer sola en su habitación. Pero no tiene tiempo de acostumbrarse cuando ya se produce la sentencia: «Eva, tú no estás hecha para esta vida mundana, eres demasiado preciosa para mí, debo proteger tu pureza. Berlín es la ciudad del pecado. El mundo exterior es sucio y vulgar». Aureolada por su pureza y su soledad, Eva regresa al Berghof a completar su catálogo de vestidos y a imaginarse extrañas películas para después de la guerra.

Sus sueños de cine y de notoriedad mundial cristalizan entonces en una hipotética epopeya rodada en Hollywood, que contaría sus amores malditos con Alfi y que el mundo descubriría cuando el Reich hubiera triunfado sobre Europa, la Unión Soviética y Estados Unidos. Así, ella accedería al rango de musa de ese nuevo mundo dominado por Alemania.

Poco afectada por el conflicto, el administrador recuerda sus menús refinados mientras el resto de la población está sometido al racionamiento y se alimenta gracias a los tickets que el régimen distribuye. Incluso en el Berghof, todo sufre el racionamiento, pero Eva no quiere renunciar a nada. Continúa pidiendo sus naranjas, no para comerlas, sino para exprimirlas, lo cual sorprende. La sopa de tortuga sigue siendo su plato preferido, entre otras viandas exóticas.

Consultando su álbum de fotos de los años de guerra, se comprende la mentalidad de aquella mujer joven que vivía totalmente fuera de la realidad histórica. En 1941, cuando empieza la Operación Barbarroja y Hitler acaba de lanzar el programa de exterminio de los judíos, Fräulein Braun posa con sus vestidos de última moda y practica deportes de alta montaña. Mientras la guerra arrecia en el frente ruso y los campos de concentración se llenan, ella se baña en los maravillosos lagos de Baviera.

Sus relaciones con Alfi parece que se han distendido estos últimos tiempos. El administrador Döhring asegura que al comienzo de la guerra Hitler sintió la necesidad de suprimir el elemento femenino de su vida. Sin embargo, cuando las fuerzas aliadas lo interroguen, el médico personal de la pareja declarará que en esa época recetó a Hitler estimulantes sexuales.

Mantenida voluntariamente en la mentira, Eva ya no tiene ningún contacto con el exterior por orden del Führer. Un día se entera por uno de los empleados de que un bombardeo ha ocasionado más de doscientos cincuenta muertos en Múnich. Hitler recurre a un truco barato para tranquilizarla: le asegura que simplemente han puesto un cero de más sin darse cuenta. «Te equivocas, sólo ha habido veinticinco muertos, es lo que ha dicho Bormann». Los reveses militares no se le pueden ocultar por más tiempo. Presintiendo lo peor, ella interroga a los empleados, que la rodean con su silencio: «¿Creen ustedes que esto acabará bien?».

A finales de 1942 la realidad de pronto se le impone. «Evidentemente, yo no contestaba con claridad. Un día le dije "una vez más, no hemos alcanzado el objetivo militar". Entonces ella se deprimió. Y después vino Stalingrado; esto fue la puntilla», recuerda Döhring.

Después de la retirada de las tropas alemanas en territorio soviético su hermana Ilse afirma en público que de todas formas la guerra está perdida. Eva reacciona propinándole una bofetada. El mundo puede derrumbarse, pero el Berghof se mantendrá. Para consolarse Eva ve *Lo que el viento se llevó*, que sin embargo está prohibida en el Reich.

Su «Zeus Alpino» tiene a la pequeña Effie tan bien escondida del mundo que ni siquiera sus colaboradores más íntimos saben de su relación. Goebbels, con quien Hitler trabaja todos los días desde hace veinte años, no la menciona en su diario hasta el 25 de junio de 1943. «Durante la pausa tengo ocasión de hablar largamente con Eva Braun. Me causa una excelente impresión. Es muy culta, su juicio sobre las cuestiones artísticas es de una claridad meridiana y de una gran madurez; sin duda será un apoyo valiosísimo para el Führer». Uno de los colaboradores más próximos de Hitler descubre a la mujer que comparte su vida desde hace catorce años y su villa del Berghof desde hace ocho cuando faltan menos de dos años para que acabe la guerra.

Último acontecimiento feliz antes del cataclismo final: la boda suntuosa de su hermana Gretl, que se casa en el Berghof con el general de división de las SS Hermann Fegelein. Ella tiene mucho interés en que esa boda sea un éxito y le confiesa de forma sugerente a su amante: «Quisiera que todo transcurriera como si se tratara de mi propia boda». Estamos a 3 de junio de 1944 y los americanos están a punto de desembarcar en la costa de Normandía. Pero eso Eva lo ignora olímpicamente. Lo único que importa ese día es la vida sentimental de los asiduos al Berghof. Al final de la ceremonia confiesa a su prima Gertrud Weisker: «Ahora mi hermana es una mujer casada y yo, al cabo de dieciséis años, sigo siendo la querida».

Los acontecimientos se precipitarán durante el último año. Poco después de la boda se desencadena la Operación Walkiria. El 20 de julio de 1944 el maletín bomba del coronel Von Stauffenberg está a punto de decapitar al imperio alemán. Eva se entera de la noticia mientras se está bañando en el Königsee. Vuelve precipitadamente y ordena a su ama de llaves que prepare las maletas: «Me voy a Berlín», le dice. La respuesta es inflexible: «Señora, no es posible. El Führer nos ha dicho que debe quedarse en el Berghof pase lo que pase». Las intenciones de Hitler no pueden ser más claras. Eva debe permanecer alejada hasta el final de los asuntos serios. Ella le hace llegar esta nota: «Amado mío, ya no soy yo misma. Estoy muerta de angustia, me siento enloquecer. Aquí hace tan buen tiempo, todo parece tan apacible que siento vergüenza... tú sabes que sólo vivo por tu amor. Tu Eva». El despertar es brutal, pero Hitler se cuida de tranquilizar a su amiga: «Mi querida cabeza de chorlito, estoy bien, no te preocupes. Quizá esté un poco cansado. Espero poder volver pronto y descansar en tus brazos».

Hitler acompaña la nota con un regalo que pretende que sea tranquilizador: el uniforme que llevaba el día del atentado. Luego le da noticias con regularidad, al menos una vez al día, pero sigue prohibiéndole ir a Berlín. Las cosas se tuercen a partir de enero de 1945. Los soviéticos se acercan peligrosamente a la capital y la ciudad está sitiada. Ella desobedece. Su amiga Margarete relata las condiciones de su partida: «Partió por voluntad propia hacia el Berlín asediado el 7 de marzo de 1945 en un tren especial. [...] Hitler, horrorizado, quiso mandarla de inmediato de vuelta. Pero ya no le pudieron hacer cambiar de idea».

Los cuadernos de Albert Speer nos informan del papel que desempeñó Eva durante aquellos dos meses funestos en la ciudad sitiada: «Eva Braun era la verdadera personalidad capaz de enfrentarse a la muerte en aquel búnker». Demuestra una calma admirable y reflexiva. Mientras todos los demás se dejan llevar por una exaltación heroica, como Goebbels, o intentan salvar la vida como Bormann, o están apagados, como Hitler, Eva Braun demuestra una tranquilidad casi jovial.

El 18 de abril de 1945 escribe a su hermana una nota de una ceguera asombrosa: «Todavía hace fresco. Cuídate. Te telefoneé ayer tarde. Imagínate que la costurera me pide treinta marcos por mi blusa azul. ¡Está completamente loca! ¿Cómo puede atreverse a pedir treinta marcos por esa insignificancia?».

¿Será que Eva simplemente quiere tranquilizar a su familia? A su amiga Herta parece que al día siguiente le da una versión más realista de lo que es el Berlín sitiado. Tras felicitarla por su cumpleaños, deplorando de paso las malas comunicaciones, le dice: «Estoy contenta de que hayas decidido acompañar a Gretl en el Berghof. Desde que han bombardeado Traunstein, ya no sé si están tan seguras. Gracias a Dios mi madre se reunirá con vosotras mañana. Ya no tengo que preocuparme». El Berghof fue bombardeado la víspera, su amiga y su madre llegarán cuando el pillaje ya haya comenzado.

Más lejos, cerca del búnker en el cual se ha refugiado el grupo de los fieles de Hitler, ya se oyen los disparos de la artillería rusa. Los ataques aéreos son diarios. Desde el oeste, desde el este, por todas partes. Todos llevan días sin dormir y el confinamiento pesa en las mentes y en los cuerpos. «Pero soy muy feliz, muy especialmente en este momento, a SU vera. No pasa día en que no me exijan que me ponga a resguardo en el Berghof, pero hasta ahora siempre he ganado yo», relata. Entrenan a las mujeres a disparar con pistola, por si acaso... «Nos hemos vuelto unas campeonas, hasta el punto de que ningún hombre se atreve a desafiarnos». El espíritu deportivo de la señorita Braun va decididamente más allá de la lógica. O tal vez sea la única que no sufre por el aislamiento, porque ha tenido años para acostumbrarse. Cuando el mundo tiembla, cuando el búnker se desmorona, ella parece más serena que nunca: «Ayer hablé por teléfono probablemente por última vez. A partir de hoy ya no hay comunicación telefónica. Sin embargo, estoy convencidísima de que todo ira mejorando. Hay más esperanzas que nunca».

La noticia de la ejecución de Mussolini y su amante siembra un poco más de inquietud. Los ocupantes del búnker sienten que ya no tienen el respaldo de los alemanes y que salir es peligroso. Eva sólo piensa en el hombre al que ama: «Pobre Adolf, todos lo han abandonado, todos lo han traicionado».

Tres días más tarde parece que por fin ha tomado conciencia. «Querida Herta, escribe, éstas son las últimas líneas y también la última señal de vida por mi parte». Estamos a 22 de abril, una semana antes del final. «No me atrevo a escribir a Gretl, pero debes hacerle comprender todo eso teniendo en cuenta su estado». Eva toma sus disposiciones. Aquel pequeño universo de joyas y cosas preciosas que ha reunido con meticulosidad debe sobrevivirle. «Les enviaré mis joyas y les ruego que las distribuyan según las instrucciones de mi testamento, que se encuentra en la Wasserbürgerstrasse», la casa de Múnich que Hitler le ha regalado. En esos instantes trágicos se descubre que tiene una fuerza que nadie sospechaba, la de enfrentarse a la muerte. «Lucharemos hasta el final, pero me temo que el final se acerca peligrosamente. Hasta qué punto sufro viendo al Führer es algo que no puedo describir. [...] No puedo comprender que todo eso haya sucedido. Ya no se puede creer en Dios. Un hombre espera esta carta. Todo, todo, cariño y cosas buenas, para ti, mi fiel amiga. Saluda a mi padre y a mi madre... Saluda a todos los amigos, muero como he vivido. No es difícil, sabes. Un saludo de todo corazón y un beso. Tu Eva».

Finalmente, el 23 de abril, tenemos la última carta dirigida a su hermana, que confirma su determinación: «Es evidente que no dejaremos que nos cojan vivos». Le comunica su intención de llevar en los últimos momentos la pulsera de oro con la piedra verde que Hitler le regaló al poco de iniciar su relación. El brazalete de diamantes y el colgante de topacios, regalos de Hitler para su último cumpleaños, son para ella.

A medida que se suceden las malas noticias el final se va confirmando. El 28 de abril de 1945 Hitler lanza sus dos últimos comunicados. Uno es político y está lleno de odio; es una última acusación contra el «judaísmo internacional». El otro es privado y se refiere a Eva: «Aunque durante los años de combate consideré que no podía asumir la responsabilidad de un matrimonio, he decidido, poco antes del final de mi vida, casarme con la mujer que, tras muchos años de una amistad verdadera, ha venido a reunirse conmigo en un Berlín casi totalmente sitiado para compartir mi destino. Siguiendo su propio deseo, me seguirá en la muerte después de haberse convertido en mi esposa».

La ceremonia es escueta. La noche del 28 de abril un funcionario del registro civil, que han hecho venir desde las últimas unidades todavía presentes en Berlín, recoge el consentimiento de los dos esposos. Los testigos son Goebbels y Bormann. Uno la conoce desde hace apenas dos años, el otro la detesta cordialmente. Emocionadísima, Eva empieza a firmar con su apellido de soltera, traza una B, luego la tacha y pone finalmente su nuevo apellido... Eva Hitler, nacida Braun. Apenas se ha secado la tinta, Hitler habla del suicidio previsto para el día siguiente.

Pero no es hasta un día después, el 30 de abril, hacia las tres y media de la tarde, cuando la historia de amor de Effie y Alfi se acaba. Los últimos ocupantes oyen un tiro de revólver, y luego nada. Los dos han tomado una cápsula de ácido prúsico y la mastican. Es un veneno de efecto inmediato. Hitler se ha disparado al mismo tiempo una bala en la cabeza, por seguridad.

Al cabo de diez minutos los últimos fieles abren tímidamente la puerta de su dormitorio en el búnker y encuentran a la pareja tendida. Adolf Hitler está sentado en el lado derecho del sofá con el busto ligeramente inclinado y la cabeza hacia atrás. Eva se ha desplomado sobre el sofá a su lado con los ojos cerrados. En su rostro no hay ninguna expresión de miedo o de tristeza. Da la impresión de estar dormida.

En la habitación de al lado otra mujer se prepara para reunirse con el Führer en la muerte. Sola en su mesa, va cumpliendo a la perfección el guión de sus últimas horas.

MAGDA, LA PRIMERA DAMA

Berlín, 27 de abril de 1945. La ciudad está en ruinas, asediada desde hace tiempo por los soviéticos que han lanzado el asalto final. Los combates callejeros han empezado, enzarzando a los ejércitos triunfantes de Stalin con los últimos partidarios fanáticos de Hitler. A la euforia soviética se opone la rabia nazi de destruir, se ha perdido toda esperanza, pero aún se lucha. Dentro de dos días Hitler se dará muerte allí, en el búnker del número 77 de la Wilhelmstrasse, enterrado a más de ocho metros debajo de la «nueva cancillería» del Reich, último refugio de un Führer acorralado.

Por el momento está realizando una extraña ceremonia. Está frente a una mujer y la mira durante un buen rato. Su cara está agitada por mil tics. Con un gesto brusco que sorprende a los asistentes se quita la insignia de oro del partido que lleva en la chaqueta del uniforme. Tan de prisa como se lo permiten todavía sus manos temblorosas prende el pequeño objeto en la solapa de la chaqueta hecha a medida de Magda. Y aquella mujer que siempre se controlaba, aquella rubia glacial, rompe a llorar. La insignia de oro es la más alta distinción del Partido Nazi. Está reservada a los miembros que se afiliaron antes del putsch de 1923, a los fieles. La han recibido muy pocos hombres. ¡Mujeres, ninguna! Pero la insignia del propio Führer, ésa es la más preciosa de todas, una reliquia. ¿Quién es aquella mujer de los últimos instantes, lo bastante importante a los ojos del Führer como para merecer semejante distinción?

«Me siento orgullosa y feliz», escribe ella a la mañana siguiente. «Ojalá Dios me conceda la fuerza para realizar el acto final [...]. El hecho de que podamos terminar nuestras vidas con él es una bendición del destino que jamás nos habríamos atrevido a esperar[186]». Con aquel gesto Hitler quiere entregar la última recompensa a una mujer que ha decidido acompañarlo, también ella, hasta la muerte. Al dar su propia insignia a Magda, ¿quiere acaso mostrar ante todos que una relación especial lo ligaba a esa mujer? ¿Es una especie de oficialización tardía para la que desde hace trece años es la Sra. Goebbels?

La estrella de Magda

Johanna Maria Magdalena Behrend nace el 1 de noviembre de 1901 de una unión ilegítima entre Auguste Behrend y Oskar Ritschel. Ella es de origen muy modesto, incluso ha sido sirvienta. Él es un ingeniero del Ruhr y pertenece a la alta burguesía. Se casan poco después del nacimiento de Magda, pero se divorcian al cabo de menos de dos años. El padre, incapaz de abandonar a su hija pero también de criarla, estará semiausente durante toda su vida, pero no la perderá de vista. Preocupado por darle una educación, coloca a Magda en una institución de monjas en Vilvoorde, en las afueras de Bruselas, donde ésta recibe una enseñanza estricta en francés. Las monjas le inculcan sobre todo el autocontrol y unas formas que forjarán su carácter y sobre las cuales construirá su identidad.

Su madre, que no soporta la separación, se reúne con ella en Bruselas a los pocos meses, acompañada por el hombre que desempeñará un papel esencial en su joven existencia. Un hombre que ella aún no conoce, Richard Friedländer, un judío poco practicante. Éste considera a Magda como su hija y la educa con el afecto masculino del que hasta entonces ha carecido. Era un primer paso hacia la cultura judía, con la cual entraba en contacto a través de la persona de Richard.

Cuando en agosto de 1914 se ven obligados a huir de Bélgica tras los motines antialemanes que provoca la declaración de guerra, la familia vuelve a instalarse en Berlín. Magda se matricula en el instituto progresista Werner van Siemens. Allí conoce a un joven carismático y voluble, que atrae de inmediato su atención.

Victor Arlosorov tiene entonces 15 años y Magda, dos menos. Primero se hace amiga de su hermana y poco a poco se convierte en una asidua de la casa de aquellos judíos rusos emigrados de Königsberg. Aquel chico, pese a que el alemán es para él una lengua extranjera, se impone a sus compañeros gracias a su elocuencia y su talento oratorio. Magda queda seducida por su fogosidad. Victor es un apasionado del sionismo y sueña con trasladarse a Eretz Israel. Organiza reuniones en las que se discute con buen humor y entusiasmo. Magda participa en los debates e incluso recoge donaciones en su barrio de Schönberg. Se une al grupo de fieles que se constituye alrededor de Victor, Tikvat Zion, «la liberación de Sion». Estamos en 1918. Él le ha regalado una estrella de David, que Magda lleva colgada al cuello en señal de adhesión a las ideas de su fanático amigo.

En otoño de 1919 Magda no sabe qué hacer. Su padre, Oskar Ritschel, acaba de proponerle entrar en un internado de señoritas donde aprendería los modales de las damas de la buena sociedad. Ella duda entre dos caminos: el de los placeres simples, que comparte con Victor, sus excursiones a la montaña, las obras de Beethoven, Schubert, y la música tradicional rusa que todos saben interpretar en casa de los Arlosorov; o perfeccionar su educación, lo cual es necesario para hacer una buena boda que le abra las puertas de la opulencia a la cual ella secretamente aspira.

Su última velada en casa de los Arlosorov le da la respuesta: jamás estará totalmente integrada en ese ambiente judío. Sólo es la espectadora de un folclore del cual irremediablemente no forma parte. Además no se atreve a declarar su amor a Victor, un amor que sin embargo es evidente para todo el mundo. Mientras éste cada vez se siente más tentado a partir hacia Palestina, Magda escoge el internado para señoritas ricas.

El camino del internado es el que la pone en contacto con ese ambiente con el que ya sueña. En el tren abarrotado que la lleva a Goslar un hombre que se ha fijado en sus ojos azules en medio de la muchedumbre le ofrece un asiento en primera clase.

El desconocido del tren expreso

El hombre se presenta con una reverencia, Günther Quandt. Enseguida las buenas maneras y el aspecto elegante del desconocido despiertan la curiosidad de Magda. Traje de tweed de buen corte, camisa de cuello perfectamente almidonado, realzada por unos gemelos de oro, perfume refinado. En aquellos años de inflación y de penuria de la posguerra ese tipo de hombre mundano impresiona mucho. Lo suficiente, en todo caso, para perdonarle una importante calvicie, que trata de disimular dejándose un largo mechón que le cae sobre la frente. Günther es, en efecto, un rico empresario que, pese a la crisis económica, ha sabido transformar la empresa textil familiar que ha heredado en una imponente compañía implantada en toda Alemania. Está al frente de una de las primeras fortunas del país.

«Tenía ante mí una aparición extraordinariamente bella: ojos azul claro, hermosa cabellera rubia, un rostro bien dibujado con unas facciones regulares, una silueta fina[187]», escribe él en su diario íntimo. Sintiéndose cortejada, Magda mantendrá una conversación animada durante todo el trayecto. Hablan de teatro y de viajes durante una parte de la noche. «El tiempo pasó en un suspiro», confiesa Günther. Aquel viudo que había perdido a su mujer el año anterior queda inmediatamente subyugado. El tren se detiene por fin en la estación de Goslar hacia la una de la mañana. Ella le hace una confesión: va a un internado para señoritas. Ante tanto aplomo en la conversación, ante un físico tan maduro, Quandt creía que era toda una mujer. Pero Magda todavía está lejos de ser mayor de edad, puesto que sólo tiene 18 años. Él está lo bastante seducido como para tentar al diablo. Cuando ella baja en Goslar, la ayuda con el equipaje y así se entera discretamente de su dirección.

Le escribe que al cabo de dos días se detendrá hacia las tres de la tarde en Goslar para presentar sus respetos a la directora del internado, «haciéndome pasar por un amigo de su padre», le dice como hombre prevenido. Él tiene 38 años. Magda le da entonces algunos detalles para engatusar a la directora.

Cuando llega a Goslar, él compra un ramo de magníficas rosas Mariscal Niel no para la joven dama, sino para la directora y, armado con las rosas, se presenta en el internado. «En tanto que amigo del padre al que naturalmente no conocía, fui recibido con mucha amabilidad», cuenta.

Tras una conversación de aproximadamente una hora la directora manda llamar a la muchacha. «Nuestros saludos estuvieron llenos de sentimientos contradictorios: mesurados, como entre personas que se conocen poco; amistosos, como entre seres que vuelven a encontrarse con placer; cordiales, como entre una jovencita y un amigo de su padre». Este segundo encuentro convencerá aún más a Quandt de que ha encontrado a una mujer excepcional. Redoblará los esfuerzos para seducirla.

Cuando vuelve al internado, lleva a todas las chicas a una pastelería muy famosa de la ciudad. Así engatusada, la directora, que sigue pensando que se trata de un amigo de la familia, permite que Magda salga varias veces con el rico industrial. Al volante de su limusina, la lleva a pasear por el Harz y no tardan en intercambiar el primer beso. Las relaciones se van haciendo más intensas.

Después de varias excursiones Günther le propone el matrimonio. Magda duda, como mujer pragmática. ¿Debe permanecer en el internado para perfeccionar su educación o aprovechar esta ocasión probablemente única? Pide a Quandt un plazo para reflexionar. Al cabo de unas semanas va a ver a su madre. No va a buscar consejo, sino a anunciarle su decisión. «Haz lo que quieras, pero no volveré a Goslar». Incluso se permite una pequeña insolencia: «Según tú, ¿qué he visto del Harz durante todo este tiempo? Sólo los zapatos de la chicas que caminaban delante de mí». La bofetada es inmediata.

Al día siguiente Günther se dedica a conquistar a su futura suegra. Las dos mujeres, que siguen enfadadas, son cordialmente invitadas a visitar su suntuosa villa de Babelsberg, en un barrio muy elegante de Berlín. Él saborea la jactancia de su joven prometida. Decididamente, no se ha equivocado.

Auguste no puede por menos de quedar impresionada por la propiedad del nuevo pretendiente de Magda: desde el salón la vista sobre los jardines cuidados hasta el detalle, al borde del lago, es absolutamente maravillosa. Magda, delante del inmenso ventanal que va del suelo al techo, no pierde la ocasión para hurgar en la llaga: «Mamá, no te equivoques; si no lo amara, no me casaría con él».

El 1 de julio de 1920, en la magnífica residencia de Babelsberg, se celebra a la vez el 39 cumpleaños de Günther y su noviazgo con Magda. Para la ocasión él se ha dejado crecer el mechón de pelo robado a la calvicie para peinarlo de izquierda a derecha sobre su cráneo pelado. Magda y su madre se refieren a esos cabellos largos como a «las anchoas». El azar hace que un golpe de viento destruya toda la composición. Magda, sentada frente a su futuro esposo, aprovecha la ocasión para darle su opinión sobre el famoso mechón: «No me casaré contigo hasta que no te cortes esa cosa». Al día siguiente, día de la petición de mano, él se presenta a desayunar sin su mechón, que se ha cortado él mismo con unas tijeras para las uñas durante la noche.

Lo que Günther exige a Magda para celebrar esa boda se concreta más. Ella debe convertirse al protestantismo, ya que la familia pertenece desde tiempos inmemoriales a la confesión luterana. Así pues, durante seis meses, Magda se prepara para la ceremonia con un pastor. Eso no es todo. Ella ha recibido el apellido de su padrastro, que suena típicamente judío. Debe adoptar un apellido más decente en esta Alemania en vías de radicalización. Quandt no ahorra esfuerzos. Decide ponerse en contacto con Ritschel, el padre de Magda, para que por fin reconozca a su hija. Magnánimo y a la vez impresionado por el tren de vida y las posesiones del industrial, éste comprende que el nombre de Ritschel se asociará a una de las mayores fortunas del país. Acepta, por tanto, reconocer a su hija cuando ésta tiene ya 19 años.

Quandt, muy quisquilloso en cuanto a las reglas de urbanidad, tiene una idea muy clara del comportamiento que debe adoptar su futura esposa. Magda entra en el clan de los Quandt que se rige por unas reglas inflexibles. El que ha sido durante diez años su padre de sustitución, y que sentía por Magda verdadero afecto, no ha sido invitado. Su madre se acaba de separar, en efecto, de Richard Friedländer, que empezaba a resultar un estorbo. Magda borra así de un plumazo y sin complejos una parte importante de su vida. Con esta demostración de antisemitismo de Quandt entra en un universo típicamente alemán, hostil a los judíos, y ligado a los medios más influyentes de la república de Weimar. Sólo es una primera etapa.

Cuando Magda conoce a Joseph

Una vez más Magda, después de haber bebido más de la cuenta, se queja con sus amigos. Les dice que no puede más, que teme volverse loca, que se muere de aburrimiento. Aquella noche el príncipe Augusto Guillermo de Hohenzollern, miembro de la familia imperial, está sentado a su lado en la mesa de la princesa Reuss. Observa a través del humo de su cigarrillo a las damas que conversan animadamente. Tiene la impresión de que el entorno de ese tal Hitler cada vez es más presentable. Por eso se ha unido a ellos... Se inclina entonces hacia Magda con una sonrisa: «¿Se aburre usted, querida señora? Permítame hacerle una sugerencia: ¿por qué no se une a nosotros? Trabaje para el partido. No será un trabajo muy pesado, naturalmente. ¿Quién podría exigir de una mujer tan bella que se agotara trabajando? Será una especie de cargo honorífico, un poco de ayuda ocasional. El tiempo entonces pasa más deprisa y el aburrimiento desaparece[188]».

Estamos a finales de 1929. Magda se ha separado de Günther a principios de año. La actividad frenética de su marido no compensaba el lujoso tren de vida que éste le ofrecía. Las conversaciones versaban cada vez más sobre su empresa, lo cual la aburría mortalmente. El resto la aburría aún más y su sentido del humor se embotaba. Cuando conseguía arrastrarlo al teatro, él se dormía como un lirón. El pretexto del divorcio fue una aventura que Magda mantuvo con un joven estudiante, Ernst, con el cual se dejaba ver desde hacía un tiempo. No se privaba de viajar y de frecuentar lujosos hoteles en compañía de su joven amante. Hábilmente, negoció su divorcio presentando cartas de admiradoras que Quandt había recibido cuando era viudo. La sospecha del adulterio desapareció del veredicto y recibió incluso una sustanciosa pensión de cuatro mil marcos al mes, además de un piso elegante y muy grande en el número 3 de la Reichskanzlerplatz de Berlín, así como cincuenta mil marcos para decorar su nueva residencia. También se quedaba con su hijo Harald, nacido en 1921. Vencedora en toda regla, a pesar de su culpabilidad, Magda tiene en adelante todas las cartas para continuar su progresión en la alta sociedad y trabar amistad con los mejores partidos.

«¡Ay, los niños, qué cosa tan sosa![189]», se lamenta con su madre, la cual comprende entonces la inquietud que corroe a su hija. «Supe de pronto lo que atormentaba a aquella mujer mimada, que era entonces mi hija, pero que para mí era más enigmática que una desconocida: se aburría y no sabía qué hacer de sí misma[190]». Magda lleva bostezando su vida de mujer ociosa, obsesionada por el riesgo de convertirse en una joven dama inútil y frívola.

La proposición del príncipe de Hohenzollern es quizá una ocasión para hacer su vida un poco más palpitante. Prueba, pues, la política en ese partido de ideas radicales y seductoras, lejos del conformismo de la nueva clase política surgida tras el hundimiento del imperio. Recibe el carné del NSDAP el 1 de septiembre de 1930. Es la afiliada número 297442. Se dejó seducir por ese partido que utilizaba una esvástica como símbolo, el de la sabiduría y la eternidad. Aquella mujer joven y culta conocía perfectamente su significado. Se interesaba mucho por las filosofías indias y en particular por la sabiduría budista. Encuentra en ella un medio para relativizar el valor de la vida humana. Cuando navegan cerca de las costas de Capri, le dice un día a su padre, señalándole un risco: «Ves, papá, es como mi vida, cuando haya llegado arriba de todo, a la cima, desearé caer y desaparecer, pues habré hecho todo lo que quería[191]».

Magda, recién convertida a las ideas nazis, es ahora la jefa de la célula de Berlín Westend, situada en un barrio bastante fino de la capital. No son las damas las que constituyen su público, sino más bien los pequeños empleados, algunos tenderos y los porteros de las casas elegantes del barrio. La asunción del cargo por parte de aquella mujer de aspecto aristocrático levanta expectación. Magda no sabe atraerse la confianza y la adhesión de sus camaradas. El lujo ostentoso de sus numerosos vestidos despierta instintivamente la desconfianza de aquellas mujeres modestas. Su estatus de divorciada que lleva una vida disoluta da pie a las habladurías.

Eso corresponde muy bien a la estrategia del responsable del Partido Nazi en Berlín, Joseph Goebbels. Éste ha elegido en efecto la vía del escándalo y la provocación para llamar la atención sobre su movimiento en ese bastión socialista. Desde este punto de vista los comienzos de la carrera de Magda son un éxito. Después de esta primera campanada le ofrecen un cargo en el cuartel general del partido, donde ella pone sus conocimientos lingüísticos al servicio de los archivos. Es entonces cuando Magda asiste por primera vez en el Palacio de los Deportes de Berlín a un mitin del hombre del cual todo el mundo habla en los salones: Joseph Goebbels.

A pesar de un físico poco agraciado —el orador es bajo, huesudo, padece además una cojera a causa de una osteomielitis juvenil y necesita un aparato ortopédico para desplazarse— este antiguo doctorando en Filología de la Universidad de Heidelberg capta de inmediato la atención de sus oyentes. Su voz profunda y resonante, que sabe modular en los pasajes más acerados y más llenos de odio de sus discursos, conquista la adhesión total del público ante el cual actúa.

Magda se siente como hechizada por el discurso viperino de Joseph y trata de conocerlo. Cuando por fin lo logra, él queda desconcertado por aquella personalidad inusual y la invita a su despacho. Para poder observarla con mayor regularidad la contrata a su servicio. Anota sobriamente en su diario íntimo con fecha 7 de noviembre de 1930: «Una hermosa mujer apellidada Quandt me está creando un nuevo archivo privado». Ella le confía a su madre, entusiasmada: «Creí que iba a arder bajo esa mirada que me paralizaba, que casi me devoraba».

Enseguida se pone a la tarea que le ha confiado aquel hombre de ojos devoradores y pie torcido, ayudándolo a seleccionar fotos y otros papeles. El 15 de febrero siguiente Joseph está totalmente seducido. Anota triunfalmente: «Por la tarde llega Magda Quandt. Se queda mucho rato. Y resulta ser una criatura tierna, rubia y encantadora. ¡Eres mi Reina!... ¡Una mujer guapa, guapísima! A la que sin duda amaré mucho. Hoy estoy casi como en un sueño, lleno de felicidad saciada. Y es que es una cosa espléndida amar a una bella mujer y que ella te ame».

Desde entonces es insaciable, está eufórico. Joseph Goebbels está enamorado, y su diario lo demuestra: «Hermosa velada de felicidad perfecta. Es una mujer espléndida que me da paz y equilibrio. Se lo agradezco mucho. ¡Bella Magda!». Y la semana siguiente: «Es una mujer encantadora y buena, y me quiere con locura».

Ha subestimado sin duda a Magda. Ella sabe que el mejor medio para que un hombre se decida a comprometerse es abandonarlo. Magda sabe hacerse desear. El 26 de febrero parece haber contraatacado: «Me escribe una notita de despedida y luego se va llorando. Siempre la misma canción. Ahora veo hasta qué punto es guapa y cómo la amo». El implacable Joseph ha mordido el anzuelo. Él, que escenificaba su donjuanismo con falsa ligereza, sufre por la ausencia de su nueva conquista. Ella aplica la regla sin titubeos: no telefonear, no responder a los mensajes. Deja que se desespere. «Debo de haber llamado como treinta veces a su casa sin obtener respuesta. ¡Me estoy volviendo loco! Me desespero. Se me presentan las peores pesadillas... ¿Por qué no dice nada? Esta incertidumbre es mortal. Tengo que hablarle, pase lo que pase. Hoy voy a poner todos los medios para conseguirlo. Durante toda la noche no he sido sino un dolor, un grito. Quería chillar. ¡Se me desgarra el corazón en el pecho!».

El hombre casi está maduro. Al edificio le falta un último elemento: ponerlo celoso. La reacción del «hombre de hierro», del hombre que ha arrebatado Berlín a los comunistas, ante la vuelta de un ex amante enamorado de Magda es algo ridícula. Con rabia escribe en su diario algunas alusiones a varias amantes efímeras. Pero el 22 de marzo debe rendirse a la evidencia: «Ya sólo amo a una».

Magda se convierte, pues, en la amante exclusiva de Goebbels y cada vez aparece más en público a su lado. Ha resultado casi demasiado fácil.

Dos hombres y una mujer...

En otoño de 1931 conocerá por fin a aquel cuya autobiografía ha leído con tanta devoción. Tras su divorcio, en efecto, y como las filosofías budistas no le aportaban la sabiduría que esperaba, se ha dedicado a leer toda la literatura radical que le caía en las manos: *Mein Kampf* le insufló el espíritu de exaltación de Hitler por la patria y la raza alemanas.

Esperaba con impaciencia el momento de conocer al Führer. Y eso se produjo por fin, cuando Hitler había instalado la sede del partido en Berlín al abandonar su querida Alemania del Sur. Acaba de perder a su Geli y tal vez necesita distanciarse de la ciudad de sus comienzos, Múnich, donde sin embargo lo espera una mujer locamente enamorada: Eva.

Hitler elige para instalar el NSDAP un gran hotel, el Kaiserhof, que Magda frecuenta de vez en cuando. Un día en que está allí tomando el té con su hijo Harald se entera de que el Führer está en el hotel. Empuja al chico de diez años a ir a presentarle sus respetos. Tras el preceptivo «Heil Hitler» y el saludo de rigor Adolf inicia la conversación con el niño:

—¿Cómo te llamas?

—Harald Quandt.

—¿Cuántos años tienes?

—Diez años.

—¿Quién te ha hecho este uniforme tan bonito?

—Mi madre.

—¿Cómo te sientes con este uniforme?

El chico se yergue cuan alto es y dice:

—El doble de fuerte.

Hitler se vuelve entonces hacia los demás y dice:

—¿Lo han oído? ¡El doble de fuerte con este uniforme! —Luego le dice al chico—: Me parece muy amable que hayas venido a saludarme; ¿cómo es que has venido?

—Me lo ha dicho mi madre.

—¿Dónde está tu madre?

—Abajo, en el hall, tomando el té.

—Pues dale recuerdos a tu madre de mi parte, y ven a verme siempre que quieras.

Al cabo de media hora Goebbels le pide al Führer que reciba en su mesa a su compañera y al pequeño partidario que acaba de conocer. Goering lo pone inmediatamente en guardia calificando a la ex Sra. Quandt de «Pompadour». Veamos quién es esta nueva conquista del ardiente doctor Goebbels. La Sra. Pompadour causa de entrada una excelente impresión. Otto Wagener, el consejero económico de Hitler, que asistió a este primer encuentro entre Magda y el tribuno al que tanto admira, lo cuenta así: «Noté el placer que a Hitler le causaba su inocente vivacidad. También me fijé en cómo los grandes ojos de aquella mujer se aferraban a la mirada de Hitler».

Tan es así que él llega tarde a la Ópera. «Había empezado a establecerse un estrecho lazo de amistad y admiración entre Hitler y Frau Quandt», observa Wagener. Aquella noche, después de la representación, el Führer le hace una confidencia. Desde la muerte de Geli Hitler creía «haber terminado con el mundo». Los instantes pasados con Magda los califica de «momentos divinos» y compara sus sentimientos con los que aún le inspiraba Geli, pero que «nunca había conocido con otras mujeres».

Para él ya no es cuestión de vida sentimental, pues ha «enterrado sus sentimientos a la vez que su ataúd». Para gran sorpresa suya, cuando ha conocido a aquella encantadora divorciada, los sentimientos han reaparecido de forma totalmente inesperada. Habiendo recuperado la sensatez al final de la velada, Hitler acaba por declarar aliviado: «Bueno, no habrá sido más que una breve recaída. Pero la providencia habrá sido clemente conmigo[192]».

Con todo, vuelve a hablar varias veces en términos elogiosos de aquella Magda que conoció en el hotel Kaiserhof, y así confiesa a sus allegados: «Esa mujer podría llegar a tener algún día un gran papel en mi vida aunque no estuviera casado con ella. En mi trabajo podría ser la parte femenina que contrarrestara mis instintos demasiado masculinos». Sus colaboradores buscan en efecto una mujer para «establecer el contacto entre Hitler y la vida», acompañarlo a la ópera, ir al teatro cuando hay conciertos, tomar el té con él en lugares elegantes. Apenas unas días después de ese primer encuentro Otto Wagener describe a Magda el retrato de la compañera ideal que podría encarnar esa vertiente femenina de Hitler. Ella lo mira con sus grandes ojos azules. Magda siente por fin que se está acercando el papel que necesita para llenar su vida. Cuando él le declara a modo de conclusión: «Y usted podría ser esa mujer», ella comprende que hay una condición:

—Pero ¡tendría que estar casada!

—Exacto, y preferentemente con Goebbels.

Ella ya sabe lo que tiene que hacer. Magda asiste al desfile nazi organizado el 17 de octubre de 1931. A los colaboradores de Hitler que han acudido a hacerle la propuesta les anuncia que acepta. Pronto estará casada con Goebbels. En menos de un año de pertenecer al partido se convertirá en la mujer que ocupa una posición más eminente, la que está más a la vista y una de las personas que más influencia tienen sobre Hitler.

Su madre trata de disuadirla: Goebbels es un hombre que vive pobremente y a principios de los años 1930 es más bien un marginal político cuyo ascenso nada hace presagiar. La madre duda de que pueda mantener el tren de vida al que Magda está acostumbrada. Pues su divorcio, ventajoso, estipula que la pensión de la que disfruta será anulada en caso de que vuelva a casarse. Magda se muestra decidida: «Estoy convencida de que sólo quedan dos caminos posibles políticamente hablando para Alemania. O caemos en el comunismo o nos hacemos nacionalsocialistas». Para un espíritu ideologizado la alternativa a menudo es radical.

La boda se celebra unos días antes de Navidad en un lugar inesperado: la propiedad de Günther Quandt el 19 de diciembre de 1931. El testigo no es otro que Adolf Hitler. Cosa sorprendente, la boda la celebra un pastor. Goebbels, sin embargo, es católico y Magda, una neoprotestante que no da ninguna importancia a los ritos ni a las formas del culto. Su indumentaria para la ocasión demuestra una cierta voluntad de desmarcarse de las costumbres manteniendo, sin embargo, una cierta distinción: un vestido de seda negra. El palio nupcial prefigura el poder del Estado nazi sobre esa unión y sobre la vida de los alemanes, ya que se trata de una bandera con la cruz gamada.

La madre de Quandt, que asiste a la boda, no oculta su amargura. «El banquete se distinguió por el desorden en el cual transcurrió. Todos los miembros del partido parecían estar al corriente de la fiesta. En todo caso, llegaban sin cesar personas que querían hablar con Hitler. Él, que no tenía interés en dar conversación y aburría a su vecina y a los comensales, se levantaba de la mesa cada cinco minutos y se iba a conferenciar a otra habitación».

La boda dio mucho que hablar. Un diario llegó incluso a titular: «El pequeño jefe nazi se casa con una judía». Unos días más tarde, a comienzos de 1932, Joseph Goebbels se instala en el apartamento de su esposa, cerca de la cancillería. Desde allí dirigirá impetuosamente la campaña electoral que llevará a los nazis al poder al cabo de un año.

Adolf los visita a menudo. Está como en su casa, y hasta deja que le sirvan platos vegetarianos que Magda ha preparado especialmente para él. Ha sufrido hace poco un intento de envenenamiento y se ha vuelto muy desconfiado. Es, pues, su nueva musa la que prepara en persona la mayor parte de sus comidas.

Hitler perfeccionará sus modales al contacto con la elegante Sra. Goebbels; de esa época data su gusto pronunciado por el caviar. Ella le hace escuchar músicas contemporáneas en pequeño comité, sacándolo de su universo wagneriano. En cierto modo acaba de pulir a aquel provinciano inculto. La función de Magda es compleja: es la última de sus tutoras benévolas y al mismo tiempo hace el papel de acompañante. Él, que no transige jamás con los cigarrillos y la bebida, acepta sin rechistar los excesos de tabaco y de alcohol de Magda.

Queda enseguida embarazada y da a luz su primer hijo diez meses después de la boda. Su embarazo no impide, sin embargo, que Magda participe en las iniciativas del partido. Dos días antes del nacimiento de su hija Helga el 1 de septiembre de 1932 se celebra en su casa una reunión importante. En el apartamento de la plaza de la cancillería Hitler, rodeado de Goebbels, Goering y Röhm, decide el asalto final contra las instituciones consideradas débiles. El Partido Nazi acaba en efecto de ganar las elecciones legislativas de julio y es ahora ya el primer partido de Alemania aunque un cordón sanitario de los demócratas todavía le impide acceder a la magistratura suprema.

Magda continúa con su función representativa junto a Goebbels. Sus apariciones públicas tienen una finalidad concreta: ser la portavoz de la política nacionalsocialista en todo lo referente a las mujeres. Y, al mismo tiempo, dar un poco más de lustre a la camarilla nazi.

El 16 de diciembre de 1932 da un baile en el marco de esa nueva misión. La periodista Bella Fromm asiste y la describe en términos elogiosos: «Esta noche en el baile Magda estaba realmente guapa. Sin joyas, salvo una vuelta de perlas auténticas alrededor del cuello. Sus cabellos dorados no son teñidos, es su verdadero color. Sus grandes ojos centelleantes, cuyo color puede variar del gris acero al azul oscuro, brillan con una determinación absoluta y un orgullo fuera de lo común[193]». Uno de los diplomáticos presentes, André François-Poncet, matiza el retrato: «Jamás he visto a una mujer con unos ojos tan heladores».

Pero pese a esa aparente serenidad las convicciones de Magda se tambalean. El partido está arruinado y se lo juega todo a una carta. El poder o nada. Habiendo comprendido muy bien la alternativa que se le presenta, Hitler habla de nuevo de suicidio. Los nervios de Magda se alteran.

En casa de los Goebbels reina la tensión. Una tarde, su madre encuentra a Magda delante de una botella de coñac medio vacía. Sus ojos están vidriosos, y habla más despacio que de costumbre. Le dice que ha bebido coñac para curarse un resfriado que ha pillado haciendo una limpieza a fondo. Porque está obsesionada por la limpieza. A intervalos regulares pone la casa patas arriba, cambia los muebles de sitio, cuelga los cuadros en paredes distintas, frota el parqué con cepillos y mucha lejía, como la más hábil de las mujeres de la limpieza. Aquella tarde divaga. Mirando a su madre, sonríe y levanta el dedo índice: «Lo he mirado otra vez con cuidado. Las estrellas no mienten. 1933 será el año de la victoria».

La víspera de Navidad sus nervios ceden totalmente. Goebbels anota en su diario: «Magda no se siente bien. Fuertes dolores. Viene Stoeckel y ordena su traslado inmediato a la clínica... El año 1932 es una sucesión de catástrofes. Debemos acabar con él. Me quedo sentado hasta tarde en la noche cavilando. Todo es tan vacío y monótono. Cuando Magda no está, la casa parece vacía».

Al día siguiente está a su lado. En el pasillo de la clínica prepara un árbol de Navidad, enciende las velas y cuelga los regalos de Magda. Luego lo empuja dentro de la habitación, y la adorable Magda ríe y llora. «Nos quedamos todos una hora, pero tenemos el corazón deshecho», dice Joseph.

El 30 de diciembre, cuando Goebbels, en el Berghof, pasa las fiestas de Año Nuevo con Hitler, Magda tiene un aborto. Al cabo de unos días le diagnostican una septicemia. Ya no puede comer sola. Goebbels vuelve por fin a Berlín en el tren de la noche. Magda lo ha reclamado a su lado. «Ese miedo me ha hecho comprender en realidad hasta qué punto amo a esta mujer y cuánto la necesito». Magda no se recuperará hasta el 30 de enero. Ese día Goebbels telefonea a su habitación para darle la noticia: ¡Hitler ha sido nombrado canciller! Cuando se entera de la noticia, ella «salta hasta el techo».

El 2 de febrero, curada de repente, abandona el hospital. Sin embargo, la pareja sufre una pequeña decepción: Hitler no ha nombrado ministro a Goebbels. Su reputación de agitador lleno de odio lo ha perjudicado, y es demasiado poco presentable para figurar desde ahora en el gobierno. Pero están previstas nuevas elecciones para el 5 de marzo, y él cuidará de manipular lo que sea para que el partido triunfe. El 27 de febrero arde el Reichstag. La propaganda dirigida por Goebbels triunfa: la opinión está persuadida de que el incendio es obra de los comunistas. Al día siguiente son detenidos en masa. Magda, por su parte, se muestra de un humor frágil y cambiante durante toda la campaña, y está demasiado débil para participar en las operaciones confusas de sus acólitos.

La victoria en las elecciones de marzo, en las que el NSDAP obtiene el 44 por ciento de los votos, da a Hitler un margen mayor de maniobra. Ahora puede nombrar a Joseph miembro del gobierno y Magda puede desempeñar por fin el papel de primera dama del régimen. Con un físico típicamente «ario», es la encarnación de la perfecta alemana al lado del nuevo Führer. El 14 de mayo, día de la fiesta de las madres, pronuncia un gran discurso retransmitido por la radio, que es un verdadero manual antifeminista: «Los bienes más sagrados del pueblo alemán se descomponían [...]. El valor de la madre también se degradó, y las vacilaciones de una época frívola la apearon de la alta posición que ocupaba, la de pilar y guardiana de la familia. Se convirtió en una socia del hombre, y su objetivo era ahora igualarlo en los campos de la política, del trabajo y de la moral o incluso superarlo. Por eso, cuando se levantó en el pueblo un hombre portador de una nueva época, combatiente de una nueva moral y de un nuevo honor, ¿cómo asombrarse de que la mujer, y en especial la madre, se colocara instintivamente a su lado, y después de comprender la altura de sus objetivos intelectuales y morales se convirtiera en la partidaria entusiasta, en la combatiente fanática?».

Es nombrada presidenta de honor de la Oficina Alemana de la Moda. Tomándose muy en serio su tarea de hacer a las alemanas más elegantes, combate la moda estandarizada indigna de la raza superior. «Considero mi deber tener tan buen aspecto como pueda». Las mujeres alemanas deben ser tan bellas y elegantes como sea posible, haciendo palidecer a las parisinas. La ambición tiene trascendencia: «Transformar por mi ejemplo a la mujer alemana en un verdadero modelo de su raza».

Su papel en el régimen se limita, no obstante, a la fachada. Ahora debe dar descendencia a uno de los principales personajes del régimen. El 13 de abril de 1934 nace una segunda hija, Hilde, para gran decepción de Goebbels. Éste, en el que no es su primer incumplimiento de los deberes de la paternidad, se niega a enviar flores y a ir a felicitar a la madre al hospital. Sólo cuando Hitler le presenta sus respetos, el padre decepcionado va por primera vez a ver a su hija y a su esposa extenuada. Al año siguiente ésta dará por fin un hijo varón al docto Goebbels, Helmut. Luego tres niñas más. Una vez que ha procreado a seis hijos, todos con nombres que empiezan con la letra H, Magda puede de nuevo tocar su partitura de madre modélica. En 1937 los niños aparecen en una pequeña película familiar titulada *Víctimas del pasado*, en la cual reciben las caricias del tío Adolf.

Pese a sus numerosos embarazos Magda está empeñada en seguir siendo impecable. Maquillándose y cambiándose de vestido según las circunstancias, y varias veces al día si hace falta, todos sus vestidos son hechos a medida por grandes modistos de la época. Su peinado siempre es irreprochable y sus manos siempre con la manicura perfecta. Tiene tal autocontrol y tanto cuidado de su imagen que un día continuó sin pestañear la conversación con sus invitados mientras explotaba la cocina de gas.

Es el perfecto negativo de la imagen de la buena mujer alemana sumisa y discreta, que rechaza el tabaco y el alcohol y lleva unos vestidos rústicos. Cosa extraña, esa mujer que está en las antípodas de la imagen que él tiene de la mujer perfecta es la elegida por Hitler para figurar. La estima por encima de todo.

«Se veía... Hitler estaba totalmente relajado con ella. Era una de las pocas damas a las que pedía consejos; los escuchaba y quizá los seguía, incluso en muchos campos referidos a la manera de dirigir a los hombres», observa Herbert Döhring. El Führer jamás había encontrado a una mujer lo bastante digna para hablarle de lo que él es realmente, de la política. «Hitler la veneraba, ella lo adulaba aun más», he aquí resumida toda la fuerza de su relación. La bella Magda es tan digna a sus ojos que la presenta como «su primera dama».

Y la «primera dama» no oculta sus celos hacia la «buena amiga» de Adolf, Eva Braun. La tilda de «rubia idiota» y la convierte en tema de muchas bromas. Eva también se queja de la rubia glacial. Habiéndole mandado unas flores, «me ha hecho dar las gracias por su secretaria, encuentro que es poco educado por su parte». Otra vez se muestra resueltamente ofendida por la actitud de la esposa del doctor Goebbels. Ésta, que está embarazada, le pide que le ate los zapatos porque no se puede bajar. Ofendida por semejante petición, Eva llama al timbre, pide fríamente a la criada que venga a atar los zapatos a la Sra. Goebbels y se va dejando bien claro su enfado.

¿Qué piensa el doctor Goebbels de esa relación? ¿Conoce su naturaleza? Su asesor personal, Wilfried von Oven, no se deja engañar: «Lo que Hitler apreciaba de Magda era una cierta armonía intelectual. Y por eso la casaron con Goebbels a petición de Hitler: para tenerla cerca de él».

Hitler escucha los consejos políticos que le da Magda de la misma manera que él es el único al que Magda hace caso. Así, en las disputas del matrimonio Goebbels, Hitler interviene personalmente en calidad de árbitro a fin de apaciguar y reconciliar a los esposos.

Goebbels, en efecto, no repara en límites ahora que se supone que es un superhombre. Y sobre todo en el terreno íntimo. Su familia es una fachada, pero en su fuero interno no considera que esté destinada a satisfacer sus apetitos sexuales. Multiplica las conquistas y las aventuras de manera cada vez menos discreta. Un día en que está desayunando Magda ve aparecer a una joven en su apartamento. No hay duda, sale de la habitación de su esposo. No hay por su parte ni reacción brutal ni escándalo ante esa desconocida. Magda la invita cordialmente a su mesa y hasta la hace acompañar a la estación por uno de sus empleados. Luego recibe de sus informadores más detalles sobre las conquistas de su marido. Éste olvida toda precaución y una noche incluso se permite asistir a la ópera en el palco de su amante mientras Magda está en el palco familiar. Es la humillación pública.

Pero lo peor es la historia con Lisa Baarova. Goebbels se ha encaprichado seriamente de esa joven actriz checa. Magda salva la cara y trata de contemporizar. Ella, Joseph y la amante forman durante un tiempo un *ménage à trois*. Ella se justifica con su ex cuñada Ello: «Si lo abandono ahora, habré perdido a mi marido para siempre. Pero actuando así conservo a Joseph para más tarde. Cuando sea viejo, me pertenecerá del todo». Su «marido» representa sin duda su posición dentro del régimen. Ella se reserva la venganza para más adelante.

Uno de sus confidentes en lo tocante a los asuntos de cama extraconyugales es el secretario de Estado Karl Hanke. Cuando le comunica a Magda las informaciones policiales de las que dispone, la cosa pasa de la raya. Ella da un portazo y va a refugiarse a casa de su nuevo *chevalier servant*. Éste no se ha decidido a la delación por altruismo. Propone a Magda que sea su mujer. Ella se lo plantea seriamente.

Adolf no quiere ni oír hablar de que su primera dama se divorcie de su ministro de Propaganda. Sería un escándalo seguro, y la oportunidad para sus oponentes de ridiculizar toda su política de la familia. La pareja modelo del III Reich se ve, por tanto, forzada a reconciliarse. El acuerdo se sella mediante un contrato. Éstos son sus términos: Goebbels renuncia a todo contacto con la Baarova a cambio de que Magda vuelva al domicilio conyugal. Como represalia, Lisa Baarova no podrá pisar territorio alemán. Magda obtiene además un plazo de reflexión de dos años, al cabo de los cuales podrá decidir romper con quien tanto la ha humillado.

Hitler ha mostrado su duplicidad. Sabe muy bien que la guerra es inminente y que entonces ya no se hablará más de divorcio. A partir de ese día lo único que une a los esposos es una relación de interés. Goebbels anota en su diario el 17 de febrero de 1939: «Larga reunión con Magda. Me habla de sus bailes, de sus asuntos mundanos y Dios sabe de qué más. Pero todo eso no me interesa». Ella ya sólo tiene una obsesión: permanecer al lado de Hitler. Para eso debe aguantar como sea.

Quiere pasar a la etapa siguiente y entregarse más todavía. Desea participar en el esfuerzo de guerra, así que se plantea trabajar en la empresa de armamento Telefunken. La guerra cae en un mal momento para esa mujer extenuada por las pruebas que acaba de pasar. Muy debilitada, psíquica y físicamente, su cuerpo la traiciona. Sus estancias en las clínicas y en las casas de convalecencia se multiplican. Pasa allí semanas y a veces meses enteros. Los síntomas son múltiples e inexplicables. Unos dolores atroces en la mandíbula la atormentan sin que haya habido ningún traumatismo. Luego padece una parálisis parcial de la cara debida al capricho de su nervio facial. Sufre varias crisis cardiacas y pasa por unos estados depresivos que la hacen irreconocible. Al borde del abismo se refugia en el alcohol. Al final de la guerra ya no es más que la sombra de sí misma.

A pesar de sus trastornos Magda presiente muy pronto la derrota. En su mente todo está ligado: la victoria o la derrota, la supervivencia o la caída del régimen, su sacrificio o su triunfo.

El 1 de febrero de 1945 Goebbels prevé lo peor con serenidad y confía a su diario íntimo: «Anuncio al Führer que mi mujer está firmemente decidida a quedarse también ella en Berlín y que incluso se niega a confiar a nuestros hijos a otras personas. El Führer no considera que esa actitud sea la buena, pero la juzga admirable».

De una lucidez implacable, Magda se explica con ello: «Hemos exigido cosas inauditas al pueblo alemán y hemos tratado a otros pueblos con una dureza implacable. Los vencedores se vengarán sin piedad. No podemos sustraernos a ello cobardemente. Todos los demás tienen derecho a seguir viviendo, pero nosotros no».

Magda, durante toda su vida, ha jugado al todo o nada. Y finalmente el suelo se hunde bajo sus pies. Ella saca las consecuencias con su habitual rigidez. Está decidida a permanecer junto a Adolf hasta el final. Se reúne con su marido y su amo en el búnker poco tiempo después de que empiece la ofensiva rusa sobre Berlín.

El momento que busca desde siempre se produce la víspera de su sacrificio. Hitler le entrega su insignia de oro del partido, es para ella la apoteosis insuperable de una vida, la confirmación de que ha cumplido su deber con fervor y que ha merecido pasar a otra vida mejor. Porque su afición a las filosofías orientales facilita sus últimas horas, en las que se mezclan renuncia, sacrificio y esperanza de redención. Magda se dispone entonces a cometer lo impensable: el infanticidio.

Sus seis hijos, que han alegrado los últimos instantes del búnker, no deben conocer otra edad más que la del III Reich. Su apellido será para ellos una maldición y Magda no quiere que paguen los crímenes de los que ella y su marido son culpables. Su progenie la acompañará en la inmolación.

Hitler se ha dado la muerte el 30 de abril. Al día siguiente Magda reúne a sus hijos en la habitación que ocupan desde hace casi una semana. Todos vestidos de blanco, les hace administrar una inyección de somnífero. El veneno actúa al instante. Luego, esperando que Goebbels realice sus últimos actos como canciller del Reich, ella se sienta tranquilamente a una mesa y empieza un solitario. Extraña actividad para esperar la muerte. Magda se obstina en mantener el tipo aunque llore a mares.

Finalmente va al despacho de su marido. Joseph y Magda están de pie, cara a cara, en medio de la habitación. Ella deja que él le dispare una bala en pleno corazón antes de volver el arma contra sí mismo. Por un hombre ella ha llevado hasta sus últimas consecuencias el compromiso que había asumido quince años atrás. Acompañar a Hitler en lo bueno y en lo malo.

«También amo a mi esposo, pero mi amor por Hitler es más fuerte. Por él estaría dispuesta a dar la vida. He comprendido que Hitler, exceptuando a Geli, su sobrina, ya no podía amar a ninguna mujer, que su único amor, como dice él siempre, era Alemania. Entonces, entonces solamente, acepté casarme con el doctor Goebbels. En adelante podré estar cerca del Führer». Y así fue.

Notas y agradecimientos

Notas

INTRODUCCIÓN

1. Las cartas dirigidas a la cancillería privada de Hitler reproducidas aquí están publicadas en alemán por Henrik Eberle, *Briefe an Hitler, ein Volk schreibt seinem Führer : unbekannte Dokumente aus Moskauer Archiven zum resten Mal veröffentlicht*, Lübbe, 2007. Traducción de la autora. Traducción francesa: *Le Dossier Hitler. Le dossier secret commandé par Staline*, París, Presses de la Cité, 2006.

2. Allan Hall, «Hitler's correspondence revealed», *Dailymail*, 8 de octubre de 2007.

3. Las cartas anónimas están editadas en *Liebesbriefe an Adolf Hitler. Briefe in den Tod: Unveröffentlichte Dokumente aus der Reichskanzlei*, Helmut Ulshöfer, VAS-Verlag für Akademische Schriften, 1996. Traducción de la autora.

4. En Charlotte Beradt, *Rêver sous le IIIe Reich*, París, Payot, «Petite bibliothèque Payot», 2002, traducción de *Das dritte Reich des Traums*, 1966.

5. Las cartas enviadas al Duce están editadas en *Caro Duce, Lettere di donne italiane a Mussolini*, Roma, Rizzoli, 1989. Traducción de la autora.

I. BENITO MUSSOLINI, LA DUCE VITÀ

6. Quinto Navarra, *Memorie del cameriere di Mussolini*, Milán, Longanesi, 1946. Traducción francesa, *Valet de chambre chez Mussolini*, trad. por Jean-Marie Rozé, 1949.

7. Para las citas laudatorias de Mussolini véase Dino Biondi, *Viva il Duce! Comment se fait un dictateur*, París, Robert Laffont, 1969.

8. Enrico Rocca, *Diario degli anni bui*, Gaspari Editore, 2005.

9. Rino Alessi, periodista, en el *Giornale del Mattino* de Bolonia.

10. Guido Mazza, uno de los teóricos que elaboraron el concepto de la nueva virilidad en el fascismo, *Mussolini e la scrittura*, Roma, Librería del littorio, 1930.

11. *Le Vol de l'aigle, di Predappio a Roma*, Cecconi, 1933.

12. Autobiografía de 1911 citada por Pierre Milza, *Mussolini*, París, Fayard, 1999.

13. En *Ma vie rebelle*, escrita en 1938, cuando ya era una opositora al régimen de Mussolini. Utilizamos la traducción al francés de Pierre Milza cuya calidad la convierte en referencia.

14. En Yvon de Begnac, *Taccuini Mussoliniani*, traducción de Pierre Milza, *op. cit.*

15. Françoise Liffran, *Margherita Sarfatti*, París, Le Seuil, 2009.

16. En Margherita Sarfatti, *The Life of Benito Mussolini*, Frederik A. Stokes Company, Nueva York, 1925, traducción de la autora.

17. En el diario de Clara Petacci, *Mussolini Segreto*, Rizzoli, 2009.

18. *Ibid.*

19. Diario del chofer de Mussolini, Ercole Borrato, publicado en el diario *Il Piccolo* (Trieste), marzo de 2008.

20. Clara Petacci, *op. cit.*

21. Conversación sorprendida por la policía y referida por Pierre Milza, *op. cit.*

22. Margherita Sarfatti, *Mussolini como lo conocí*, Buenos Aires, Crítica, 1945, traducción *in* F. Liffran, *op. cit.*

23. Episodio narrado por Rachele Mussolini, *Mussolini sans masques*, palabras recogidas por Albert Zarca, París, Fayard, 1973.

24. Clara Petacci, *op. cit.*

25. La joven nos da un documento muy valioso sobre su relación con Mussolini en su diario, *op. cit.*

26. Marco Innocenti, *Edda contro Claretta. Una storia di odio e di amore*, Mursia, 2003. Marco Innocenti es uno de los mejores especialistas de la historia así como de la personalidad de Clara Petacci. Véase también sobre este tema *Telefoni bianchi, amori neri*, 1999.

27. La víspera de su muerte en Dongo Clara se confiesa con Pier-Luigi Delle Stelle, *Claretta. La donna che morì per Mussolini*, Rizzoli, 1982.

II. Lenin, el trío rojo

28. Correspondencia entre Lenin y su madre, citada por Gérard Walter, *Lénine*, París, Marabout, 1950.

29. Extractos de las *Memorias* de Nadia Krupskaia, traducidas al francés por Gérard Walter, *op. cit.*

30. Ricos campesinos rusos.

31. En las *Obras completas* de Nadia, citadas por Mikhaïl S. Skatkine y Georgy S. Tsovianov, «Nadejda Kroupskaïa», *Perspectives. Revue trimestrielle d'éducation comparée*, París, Unesco, Bureau international d'éducation, vol. XXIV, n° 1-2, 1994.

32. Relatado por Charles Rappoport, en *Une vie de révolutionnaire, 1883-1940*, París, Maison des sciences de l'homme, 1991.

33. *Souvenirs*, por el agente de policía Lepechinsky, citado por Gérard Walter, *op. cit.*

34. Para el periodo de Lenin en Suiza véase Maurice Pianzola, *Lénine en Suisse*, Éditions Librairie Rousseau, Ginebra, 1952.

35. Dorothea L. Meek, «A Soviet Women's Magazine», *Soviet Studies*, vol. IV, n° 1, julio de 1952.

36. Para el periodo parisino véase Jean Fréville, *Lénine à París*, París, Éditions sociales, 1968.

37. En Michael Pierson, *Lenin's Mistress. The Life of Inessa Armand*, Londres, Random House, 2002.

38. Según uno de sus allegados, Gleb Krzhizhanovsky.

39. Las cartas de Inessa están sacadas de la reciente publicación de unas sesenta cartas a su marido Alexandre y a su hermano Vladimir.

I. F. Armand, *Stat'i, rechi, pis'ma*, Moscú, 1975.

40. Ilia Ehrenburg (1891-1967), escritor y periodista ruso de origen judío. Fue uno de los primeros en denunciar las violencias inherentes al principio del comunismo y luego los crímenes de Stalin y la matanza de judíos durante la Segunda Guerra Mundial.

41. En Robert Service, *Lenin. A Biography*, Londres, Macmillan Edition, 2000.

42. Angelica Balabanoff, *Ma vie de rebelle*, París, Balland, 1981.

43. Carter Elwood, «Lenin and Armand. New Evidence on an Old Affair», *Canadian Slavenic Papers*, marzo de 2001.

44. Sobre la relación entre Lenin e Inessa véase Bertram D. Wolfe, «Lenin and Inessa Armand», *Slavic Revue*, vol. XXII, n°1, marzo de 1963.

45. Para los recuerdos de Nadia sobre Inessa Armand véase N. K. Kruspkaïa, *Pamiati Inessy Armand*, Moscú, 1926.

46. Las pocas cartas de Lenin a Inessa están publicadas en el quinto volumen de las *Leninskii Sbornik*, obras completas, en Moscú.

47. R. Elwood, *Inessa Armand, Revolutionary and Feminist*, Cambridge University Press, 1992, p. 130.

48. Georges Bardawil, *Inès Armand, la deuxième fois que j'entendis parler d'elle*, París, J.-C. Lattès, 1983.

49. Clara Zetkin, «Souvenirs sur Lénine, janvier 1924», *Cahiers du bolchevisme*, n° 28 (1 de octubre de 1925) y n° 29 (15 de octubre de 1925).

50. En Larissa Vasilieva, *Kremlin Wifes*, Nueva York, Arcade Publishing, 1992.

51. Michael Pearson, *The Sealed Train*, Nueva York, Fontana, 1975.

52. Los últimos escritos de d'Inessa Armand están publicados por Pavel Podliashuk, *Tovarischch Inessa*, Moscú, 1984.

53. P. S. Vinogradskaïa, *Sobytiia I pamiatnye vstrechi*, Moscú, 1968.

54. Angelica Balabanoff, *Impressions of Lenin*, Ann Arbor, University of Michigan Press, 1964.

55. Citado por Marcel Body, «Alexandra Kollontai», *Preuves*, vol. 2, n° 4, abril de 1952.

56. Moshé Lewin, «Les derniers mois de la vie de Lénine d'après le Journal de ses secrétaires», *Cahiers du monde russe et soviétique*, n° 2, 1967.

57. Las cartas de Stalin a sus allegados, como aquí Ordjonikidzé, están archivadas en el Centro Ruso de Conservación y Estudio de los Documentos de Historia Contemporánea, y citados por Simon S. Montefiore, *La Cour du tsar rouge*, París, Éditions des Syrtes, 2005 (edición de bolsillo, 2010, en 2 vol. por Tempus).

III. STALIN, AMOR, GLORIA Y DACHA

58. Alexandra «Sashiko» Svanidze-Monoselidze, 1955, archivos de Gori, Georgia, GDMS (Gosudarstvennyi Dom-Muzei Stalina, Gori, Georgia).

59. Rosamund Richardson, *The Long Shadow*, Londres, 1993. Grabación de un testimonio de Svetlana Aliluyeva, hija de Stalin, por la autora.

60. Simon Sebag Montefiore, *Young Stalin*, Londres, Phoenix, 2008, entrevista al primo de Kato, Ketevan Gelovani, Tbilissi, 2005.

61. Donald Rayfield, «Stalin The Poet», *PN Review*, 44, Manchester, 1984.

62. Anna Nikitin-Geladze, archivos en el GF IML (Georgian State Filial of Institute of Marxism-Leninism, Tbilissi, Georgia), 8. 2. 1. 9.

63. Lili Marcou, *Vie privée*, París, Calmann-Lévy, 1996.

64. Notas de Tatiana, en los Archivos estatales rusos de historia social y política, RGASPI, signatura 558. 4. 647. Las palabras de Stalin están archivadas con la signatura 558. 1. 4372.

65. Boris Bazhanov, *Avec Staline dans le Kremlin*, París, Éditions de France, 1930.

66. Véanse Memorias de Stefania Petrovskaia, RGASPI 558. 1. 635. 1-95 y GAVO (Gosudarstvenny Arkhiv Vologodskoi Oblasti, Vologda, Russia) 108. 2. 3992 y 108. 1. 2372, traducción por Simon S. Montefiore, *Young Stalin*, *op. cit.*

67. Alexandre Orlov, *Secret History of Stalin's Crimes*, Londres, Random House, 1953, reproducido también en Svetlana Allilouyeva, *Vingt Lettres à un ami*, París, Le Seuil, 1967.

68. RGASPI, carta de Nadia a Keke Djougachvili del 12 de marzo de 1932.

69. RGASPI 558. 11. 1550, carta de Nadia a Stalin del 24 de septiembre de 1930.

70. Larissa Vasilieva, *Kremlin Wives*, Londres, Arcade Publishing, 1994, carta de Nadia Aliluyeva a Anna Radchenko.

71. RGASPI 74. 1. 429, Diario de E. D. Vorochilova del 21 de junio de 1954. Véase también Svetlana Allilouyeva, *op. cit.*

72. Simon S. Montefiore, *La Cour du tsar rouge*, *op. cit.*

73. Larissa Vasilieva, *op. cit.*

74. Félix Tchouev, *Conversations avec Molotov, 140 entretiens avec le bras droit de Staline*, París, Albin Michel, 1995.

75. Maria Svanidze, Diario íntimo, de julio a octubre y 23 de diciembre de 1934. Para las anécdotas sobre Stalin y Genia véase Kira Aliluyeva, entrevista con Simon S. Montefiore, *La Cour du tsar rouge*, *op. cit.*

76. Rosamond Richardson, *op. cit.*

IV. ANTONIO SALAZAR, JUEGOS PROHIBIDOS PARA UN SEMINARISTA

77. Los extractos del diario íntimo de Felismina de Oliveira están publicados en Felicia Cabrita, *Os amores de Salazar*, Lisboa, A Esfera dos Libros, 2007. Los extractos de diarios íntimos ulteriores de las conquistas de Salazar también están sacados del libro de Felicia Cabrita.

78. Sobre los primeros pasos de Salazar en sociedad véase Antonio Rosa Casaco, *Salazar na Intimidade*, Lisboa, Marjay, 1954.

79. Archivos nacionales portugueses, Torre do Tombo, fondo Antonio Salazar, sección «Correspondència oficial relativa a Educaçao».

80. Maria da Conceiçao de Melo Rita, alias «Micas», *Os meus 35 anos com Salazar*, Lisboa, A Esfera dos Libros, 2007. La objetividad de los juicios de valor de la joven, que había sido recogida de niña por Salazar, es discutible.

81. Sobre este punto véase Yves Léonard, *Salazarisme et fascisme*, París, Chandeigne, 1996.

82. Diálogo referido por Franco Nogueira, *Salazar*, Oporto, Civilizaçao, 1986.

83. Los documentos manuscritos de los archivos legados por João de Brito e Cunha (1907-1982) están siendo estudiados por Rodrigo Ortigao de Oliveira y Lourenço Correia de Matos y serán editados muy pronto en portugués.

84. Documentos privados de Salazar que se pueden consultar en los Archivos Nacionales portugueses de Torre do Tombo, fondo Antonio Salazar, sección «Papeis pessoais». Véase el excelente inventario del fondo de Maria Madalena Garcia, *Arquivo Salazar : inventário e índices*, Lisboa, Editorial Estampa, Biblioteca Nacional, 1992.

85. En los Archivos de Torre do Tombo, 2 «Diarios» nos informan día a día de las actividades de Salazar, del 1 de enero de 1933 al 6 de septiembre de 1968.

86. Mercedes de Castro Feijo, «Lettres de Suède : quatorze lettres», *Revista Ocidente*, Lisboa, 1940.

87. Antonio Ferro, *Salazar, le Portugal et son chef*, París, Grasset, 1934.

88. Christine Garnier, *Vacances avec Salazar*, París, Grasset, 1952.

89. Marcello Mathias, *Correspondência com Salazar*, Lisboa, Difel, 1987.

V. Bokassa: crónicas de Bangui la golfa

90. Los vestidos y las joyas que llevaron los dos esposos el día de la coronación están descritos con detalle por Jean-Barthélemy Bokassa, *Saga Bokassa*, París, Jacques-Marie Laffont éditeur, 2009.

91. En Roger Delpey, *La Manipulation*, París, Jacques Grancher éditeur, 1981.

92. Entrevista de la autora con André Le Meignen, importador francés en África Central y colaborador de Bokassa. Amigo íntimo de Roger Delpey, fue un testigo privilegiado de la vida privada de Bokassa y Catherine en Francia, así como del periodo de exilio de Bokassa que vendrá después.

93. Stephen Smith y Géraldine Faes, *Bokassa Ier, un empereur français*, París, Calmann-Lévy, 2000.

94. Palabras recogidas por Emmanuel Blanchard.

95. Jérôme Levie, *Entretien avec le père Joseph Wirth*, Journal de l'aumônerie de l'ENS, número de Pentecostés de 2003 (www.eleres.ens.fr/aumonerie/numero_en-ligne/pentecote03/seneve009.html) citado por Adjo Saabie, *Epouses et concubines de chefs d'Etat africains*, París, L'Harmattan, 2008.

96. En Stephen Smith, *op. cit.*

97. Entrevista de la autora con Omer Malenguebou, primo de Bokassa y chófer oficial de Catherine en Francia.

98. En Stephen Smith, *op. cit.*

99. Valéry Giscard d'Estaing, *Le Pouvoir et la Vie*, París, Cie 12, tomo 1, 1988, tomo 3, 2006.

100. Entrevista de la autora con la Sra. Malenguebou, febrero de 2010.

101. Conversaciones con la autora.

102. Los miembros oficiales de la misión de contestación de los acontecimientos de Bangui, tras la investigación in situ, son recibidos por Jean-Bedel Bokassa. Durante esta conversación le revelan que no consideran probada su responsabilidad personal en las matanzas. Jean-Bedel Bokassa, para celebrarlo, convoca a los ministros y al cuerpo diplomático en el hotel Oubangui, donde da una gran fiesta, a la cual invita incluso a unos cuantos pigmeos. Tras regresar a París su informe abundará en sentido contrario, acusando directamente a Bokassa.

103. Jacques Foccart, *Foccart parle : entretiens avec Philippe Gaillard*, París, Fayard, 1997.

104. Conversación reproducida en *La Manipulation, op. cit.*

105. Christophe Deloire y Christophe Dubois, *Sexus Politicus*, París, Albin Michel, 2006.

106. En una última entrevista filmada, concedida a Lionel Chomarat y que circula por Internet, Bokassa formula abiertamente sus acusaciones: «Venía a mi casa continuamente, en privado, conocía a toda mi familia, comía conmigo. Y, sin embargo, raptará a mi mujer y se acostará con ella hasta dejarla encinta».

VI. Mao, el tigre de las mujeres

107. Yang Kaihui, sin título, 28 de enero de 1930. Jung Chang y Jon Halliday, *Mao, l'histoire inconnue*, París, Gallimard, 2007.

108. Yang Kaihui, *20 juin 1929 «Cong liu sui dao ershiba sui»* (De seis a veintiocho años) traducido por Jung Chang y Jon Halliday, *op. cit.*

109. En Stuart R. Schram, *Mao's Road to Power: Revolutionary Writings 1912-1949*, Londres, M. E. Sharpe, 2004. «La cuestión del amor. Viejos y jóvenes: Destruyamos la política de los matrimonios convenidos», 25 de noviembre de 1919.

110. Hu Chi-Hsi, «Mao Tsé-toung, la révolution et la question sexuelle», *Revue française de science politique*, 23e année, n°1, 1973.

111. Philip Short, *Mao Tsé-toung*, París, Fayard, 2005. Para más detalles biográficos sobre Yang Kaihui véase también «Lily Xiao Hong Lee», *Biographical Dictionary of Chinese Women. The Twentieth Century 1912-2000*, Armonk, NY, M. E. Sharpe Inc., 2003.

112. «*Nuquan gaoyu nanquan?*» (¿Los derechos de las mujeres por encima de los de los hombres?, Yang Kaihui, 1929, publicado en *Hunan dangshi tongxun* (correspondencia sobre la historia del partido en Hunan), periódico, Changsha, 1984, n°1.

113. Yang Kai-Hui, octubre de 1928, *«Ou gan»*, in *Hunan dangshi tongxun, op. cit.*, traducción Chang y Halliday, *op. cit.*

114. Mao Dze Dong, *Report from Xunwu*, traducido por Roger R. Thompson, Stanford University Press, Stanford, California, 1990.

115. Edgar Snow, «The Divorce of Mao Tse-tung», manuscrito, hacia 1956. Traducción Chang y Halliday, *op. cit.*

116. Helen Foster Snow, conocida también con el nombre de Nym Wales. Sus recuerdos están recogidos en *Inside Red China*, Doran, Doubleday, 1939.

117. Agnes Smedley, *Battle Hymn of China*, Londres, Gollancz, 1944.

118. Helen Foster Snow, *My China Years: A Memoir*, New York, Morrow, 1984. Traducido al francés por Philip Short, *op. cit.*

119. Entrevista de una amiga íntima, Zeng Zhi, el 24 de septiembre de 1994, traducida en Philip Short, *op. cit.*

120. Recuerdos que figuran en Edgar Snow, *Red Star Over China*, 1937, New York.

121. Roman Karmen, *God v Kitaye (Un año en China)*, Moscú, Sovietskii Pisatel, 1941.

122. Chiang, Ch'ing y Horace Hatamen, *Pékin, un procès peut en cacher un autre : les minutes du procès de Jiang Qing, la veuve de Mao*, traducido y presentado por Horace Hatamen, París, Christian Bourgois, 1982.

123. Testimonio de Wang Tingshu à Ross Terrill, Taipéi, 23 de febrero de 1982, en *The White-Boned Demon: A Biography of Madame Mao Zedong*, Nueva York, Morrow, 1984.

124. Roxane Witke, *Camarade Chiang Ch'ing*, París, Robert Laffont, 1978 [1977].

125. *Watashiwa no chugokunin*, Kosuke Wakuta, 176, traducción por Ross Terrill, *op. cit.*

126. Entrevista a Xie Fei, a la sazón esposa de Liu Shaoqi, 14 de septiembre de 1994, realizada por Chung y Halliday, *op. cit.*

127. Liu Ying, *Zai lishi de jiliu zhong* («En el maremoto de la historia»), Pekín, Zhonggong dangshi chubanshe, 1992.

128. Zhu Zhongli, *Nuhuang meng* («Soñando con ser emperatriz»), Pekín, Dongfang chubanshe, 1988.

129. *Survey of China Mainland Press*, n°418: 3.

130. *Joint Publications Research Services*, Red Guards samples, 1 de agosto de 1967, traducción Ross Terril, *op. cit.*

131. *La Natación*, escrito por Mao en 1956.

132. *La Vie privée de Mao racontée par son médecin*, París, Plon, 2006.

133. Wu Cheng'en, *La Pérégrination vers l'Ouest*, París, Gallimard, «Bibliothèque de La Pléiade», 1991.

134. Peng Dehuai, *Peng Dehuai nianpu* («Cronología de Peng Dehuai»), Pekín, Ediciones Wang Yan, Renmin chubanshe, 1998.

135. *Ye Zilong's Memoirs*, 2000, The Press of the Central Archive.

136. Zhuang Zedong era un jugador de ping-pong chino nacido en 1940. Triple campeón del mundo en la década de 1960, se convirtió luego en una personalidad política gracias a la intervención de Jiang Qing.

137. Detalles proporcionados por Li zhisui, el médico de Mao, *op. cit.*

138. «Shidai piping», *Taipéi*, vol. 24 n°7: 10.

139. «Issues and Studies», *Taipei*, noviembre de 1977.

140. *Manchester Guardian*, 7 de noviembre de 1976.

141. Referido al día siguiente por el *Zhengming*, periódico de Hongkong.

VII. Elena Ceaucescu: lujo, calma y Securitate

142. Según la doctrina oficial. Según Radu Portocala (*L'Exécution des Ceaucescu*, París, Larousse, 2009), el proceso tuvo lugar en secreto tres días antes, el 22 de

diciembre. Radu Portocala era el periodista que traducía y comentaba en directo en las pantallas de televisión francesas las imágenes del proceso y la ejecución de Ceaucescu, transmitidas desde Rumanía.

143. Reproducimos el acta del proceso.

144. Véase Catherine Durandin, *La Mort des Ceaucescu*, París, Albin Michel, 1990.

145. Thomas Kunze, *Nicolae Ceaucescu, O biografie*, Bucarest, Ediciones Vremea, 2002. Para los germanófonos, disponible en alemán, en Christoph Links Verlag, Berlín, 2000.

146. J.-M. Le Breton, *La Fin de Ceaucescu*, París, L'Harmattan, 1996.

147. Fise bio-politice din fosta Archiva a CC al P. C. R. *In* «Dosarele Istoriei» 09/1998, S. 36.

148. Catherine Durandin, *Ceaucescu, vérités et mensonges d'un roi communiste*, París, Albin Michel, 1990.

149. Ion Mihai Pacepa, *Red Horizons*, Washington, Regnery Publishing, 1987. El testimonio de Ion Pacepa es casi la única fuente de la que disponemos en lo referente a las conversaciones privadas de los esposos Ceaucescu. Su relato, sin embargo, hay que tomarlo con cautela, cosa que muchos no han hecho: Pacepa, un ex colaborador de Ceaucescu, escribe sus Memorias cuando hace nueve años que se ha pasado al Oeste. Nosotros sólo hemos tenido en cuenta los hechos o conversaciones que son históricamente plausibles.

150. La anécdota la cuenta Radu Portocala en una entrevista con la autora en febrero de 2010.

151. Nicolae Ceaucescu, *Discursul lui Nicolae Ceaucescu la sedinta plenara a Comitetului Central al Partidului Comunist Romän*, 1973.

152. Gail Kligman, *The Politics of Duplicity: Controlling Reproduction in Ceaucescu's Romania*, University of California Press, 1998.

153. Despina Tomescu, *La Roumanie de Ceaucescu*, París, Guy Epaud Editions, 1988.

154. Sobre las penas a las que se exponían véase el artículo de Baban Adriana, *Women's Sexuality and Reproductive Behavior in Post-Ceaucescu Romania: A Psychological Approach*, Princeton University Press, 2000.

155. Por Corneliu Vadim Tudor el 6 de enero de 1984.

156. T. Kunze, *op. cit.*

157. Palabras referidas por Ion Pacepa, reproducidas por los biógrafos como Thomas Kunze, *op. cit.* La única prueba que tenemos de los hechos es el cese efectivo de Stefan Andrei en la fecha indicada por Pacepa.

158. El episodio es relatado por Thomas Kunze, *op. cit.*

159. Cristina Liana Olteanu, *Cultul Elenei Ceaus͵escu în anii '80*, «El culto de Elena en los años 1980», a punto de publicarse en Rumanía, disponible en rumano en Internet en la página: http://www.scritube.com/istorie/Cultul-Elenei-Ceaucescu-in-ani22113121813.php. Excelente estudio, el primero dedicado a Elena Ceaucescu. Gracias a Radu Portocala por la paciencia y el entusiasmo que ha puesto en traducirnos este ensayo.

VIII. UN FÜHRER LLAMADO DESEO

160. Nerin Gun, *L'Amour maudit d'Eva Braun*, París, Robert Laffont, 1968.

161. August Kubizek, *The Young Hitler I knew*, Londres, Greenhill Books, 2006, traducción de la autora.

162. *Mein Kampf*, 1924.

163. Entrevista con Emil Maurice en Nerin Gun, *op. cit.*

164. Ernst Hanfstaengl, *Hitler les années obscures*, París, éditions Trévise, 1967. Ex jefe del servicio de prensa del Partido Nazi, se pasó a los americanos en cuanto se declaró la guerra.

165. Mitin del 27 de febrero de 1932 en el Sportspalast de Berlín. En Leni Riefenstahl, *Mémoires*, París, Grasset, 1997.

166. En François Delpla, *Les Tentatrices du diable*, París, L'Archipel, 2005.

167. Wagner Friedelind y Cooper Page, *Héritage de feu, souvenirs de Bayreuth*, París, Plon, 1947.

168. Martin Bormann, *Hitler's Table Talk, 1941-1944*, Londres, Enigma Book, 2000.

169. Sobre los escritos y los hechos de Winifried en esa época véase Brigitte Hamann, *La Vienne d'Hitler*, París, éditions des Syrtes, 2001.

170. Palabras muy delicadas referidas por Guido Knopp, *Les Femmes d'Hitler*, París, Payot, 2004.

171. En François Delpla, *op. cit.*

172. Entrevista publicada en el periódico *Stern* en 1959, citada por Nerin Gun, *op. cit.* El testimonio de Maria fue desdeñado durante mucho tiempo por los historiadores, pero las pruebas aportadas por la interesada resultan hoy convincentes.

173. Ronald Hayman, *Hitler et Geli*, París, Plon, 1998.

174. Recuerdos de Henriette Hofmann, hija del fotógrafo Heinrich Hofmann, que acompaña a menudo al pequeño grupo en sus excursiones, *Der Preis der Herrlichkeit*, Berlín, 1995.

175. *Ibid.*

176. Joseph Goebbels, *Journal, 1923-1933*, París, Tallandier, 2006. Anotación del 19 de octubre de 1928.

177. Albert Speer, *Au coeur du Troisième Reich*, París, Fayard, 1971.

178. Sobre la trayectoria trágica de Geli véase Anna-Maria Sigmund, *Les Femmes du IIIe Reich*, París, J.-C. Lattès, 2004.

179. Palabras recogidas por Otto Wagener, *Hitler aus nächster Nähe. Aufzeichnungen eines Vertrauten, 1929-1932*, Henry Ashby Turner Jr, Fráncfort del Meno, Ullstein, 1978.

180. Nerin Gun, *op. cit.*

181. *Journal*, 29 de abril de 1935.

182. *Journal*, 10 de mayo de 1935.

183. *Journal*, 11 de marzo de 1935.

184. Herbert Döhring, *Hitler's Private*, entrevista sacada de la película documental, citada por Nering Gun, *op. cit.*

185. Citado por Angela Lambert, *The Lost Life of Eva Braun*, Arrow Books, 2008.

186. Carta de Magda a su hijo Harald el 28 de abril de 1945, citada por Anja Klabunde, *Magda Goebbels*, París, Tallandier, 2006.

187. Diario íntimo de Günther Quandt, inédito, consultado por Anja Klabunde, *op. cit.*

188. Testimonio de la madre de Magda, comienzos del año 1930, Auguste Behrend, «Ma fille, Magda Goebbels», *Schwäbische Illustriete*, 26 de abril de 1952.

189. Citado por Guido Knopp, *op. cit.*

190. Entrevista concedida al *Schwäbische Illustrierte* el 1 de marzo de 1952 por August Behrend, Meine Tochter.

191. Palabras referidas por su hermanastra, Ariane Ritschel, citadas por A. Klabunde, *op. cit.*

192. Sobre las conversaciones privadas entre Hitler y Wagener entre 1929 y 1933 véanse las Memorias de este último: *Hitler, Memoirs of a Confident*, New Haven, Yale University Press, 1985.

193. Bella Fromm, *Blood and Banquets. A Berlín Social Diary*, Londres-Nueva York, 1942.

Agradecimientos

Gracias a Antony Dabila por su colaboración en la elaboración de esta obra. Su presencia, sus investigaciones y sus consejos han sido una ayuda incomparable sin la cual este libro no habría podido ver la luz.
Gracias también a Juliette Jacquemin y a Angela Fernandes por su colaboración, a Thierry Lentz, a Pierre Péan, a Radu Portocala y a Stéphane Courtois por sus consejos siempre pertinentes.

Posfacio
Paco y Carmina, Franco y doña Carmen
por Eduardo Soto-Trillo

«Me pareció que estaba soñando...
o leyendo una bonita novela... la mía».

CARMEN POLO DE FRANCO

SOFÍA

Septiembre de 1917, romería de Tarna, no lejos de Oviedo, Paco el «comandantín» pasea entre campesinos y señoritos de provincia un día caluroso de ambiente tranquilo. Su cabeza, sin embargo, incansable, sigue dándole vueltas. La huelga revolucionaria de hace apenas unas semanas ha fracasado, todo vuelve a su sitio como si nada hubiera pasado. Él mismo ha participado en su represión al mando de una columna de soldados frente a partidas de mineros provistos de armas, dinamita. Razones tenían, las terribles condiciones de trabajo, salarios de hambre, un desamparo absoluto ante el abuso del patrón. De todo ello se aprovecharon socialistas y anarquistas para envenenar sus mentes y empujarlos a destruir la Nación. Pero el peligro permanece, no se puede confiar en soldados que hacen su servicio militar obligatorio para restablecer el orden público, pueden terminar uniéndose a los revolucionarios...[1]

De súbito su mente regresa a la realidad. En sentido opuesto un grupo de «niñas bien» avanzan cogidas del brazo. Cuchichean entre sí mientras miran de soslayo a su alrededor buscando a su príncipe azul. Paco se fija en la de en medio. Por unos segundos no da crédito, no puede ser. Alta, espigada, porte altivo, melena oscura, unos grandes ojos negros y serenos que reflejan la tarde sonriendo. ¿Sofía aquí? un milagro, su corazón se acelera con brusquedad. Mas no, al acercarse comprueba que no es ella. Las miradas de ambos se rozan con curiosidad al cruzarse. Días más tarde se la presentan formalmente, su nombre es Carmen.

Sofía es puro recuerdo. Paco no era nadie entonces, sólo Franquito, un joven de 21 años, bajito, moreno, extremadamente delgado, que se deja crecer un tímido bigote. Acaba de ser promovido a teniente, el único ascenso por antigüedad de su vida. Melilla, la ciudad fortaleza, bastión español en el norte africano desde hace cuatro siglos, es la punta de lanza desde la que someter al territorio marroquí adjudicado a España por los acuerdos con Francia de 1912. Después de la pérdida de Cuba y Filipinas la monarquía de Alfonso XIII ha encontrado una costosa forma para recuperarse de la humillación. Sofía Subirán de Martín-Pinillos es sobrina del comandante general Luis de Aizpuru y sobrina-nieta del héroe liberal duque de San Miguel, la aristocracia militar surgida de la guerra de independencia contra los franceses. La damita tiene 16 años[2]. Un cronista de sociedad de *El Telegrama del Rif* proclama «los bellos ojos de Sofía Subirán, rostro de indecible encanto, adquieren un prestigio inmenso allá en la penumbra de aquel palco», el palco es el de su tío en el teatro principal. Paquito enseguida se queda prendado de su belleza y de lo que representa.

Franco y Sofía se conocen en un «asalto», bailes donde acuden las muchachas que aún no se han puesto de largo, que se celebran en el Casino Militar y en el Casino Español. La vida social de la casta militar y de los altos funcionarios coloniales resulta frenética, recepciones en capitanía, baños matinales en la playa, tardes en el hipódromo, pista de patinaje, conciertos, zarzuela. Sofía, sus primas y amiguitas interpretan «cuadros plásticos» en verbenas benéficas, disfrazadas para la ocasión recomponen escenas sacadas de revistas al permanecer estáticas durante algunos minutos. «Franco me veía y no paraba de aplaudirme»[3].

El asalto de Paquito a Sofía presenta serias dificultades. Mientras la señorita se divierte el teniente Franco permanece atrincherado la mayor parte del tiempo en algún lugar remoto del intrincado y peligroso Rif. Desde allí, rodeado de hostilidad, le escribe el 6 de enero de 1913: «Mi distinguida amiga, de regreso en esta posición le envío estas postales haciéndole presente mi sentimiento por no haber encontrado ocasión de decirle adiós». Sin embargo, el mayor obstáculo no es ése, la España de Alfonso XIII representa en su versión más decadente una rígida sociedad estamental dividida entre los «señores», que presumen de no haber trabajado durante generaciones, y el sufrido pueblo, que sí trabaja con las manos, y es en su mayoría analfabeto. Y Paquito pertenece a la incipiente e insegura clase media de la época. Muchas de sus cartas y postales de amor a Sofía comienzan con «en el día de mañana», «en el día de hoy»...

Francisco Franco Bahamonde ha nacido en Ferrol, Galicia, su padre y abuelos son militares del cuerpo administrativo de la Marina —los que llevan las cuentas—, a quienes los marinos del cuerpo general —los que navegan, la casta superior— miran por encima del hombro. Un entronque con la rancia nobleza gallega le viene lejanamente por su abuela materna, descendiente de los legendarios Andrade. Por lo demás, un hogar oscuro y escasos medios, con un padre ateo, vividor e infiel, a la par que exigente, colérico y violento para con los suyos. Tres hermanos, Nicolás, Ramón y Pilar, alegres y espontáneos, una hermana tempranamente muerta, María Paz, y su madre, sufridora en silencio, de estricta religiosidad, una mujer entregada a la que Paquito adora. Franco es un niño taciturno, sensible, frágil, que con los ojos desprecia al padre sin rechistar[4]. Su hermana Pilar recordará la honda desolación que le embargaba a su hermano cuando lo golpeaban de manera injusta.[5] En sus ratos libres dibuja, pasea por los muelles, sueña con ser marino, contempla cómo la flamante flota parte hacia Cuba para ser honrosamente destrozada por los modernos buques de guerra norteamericanos. Así comienza la forja su carácter, el desprecio por toda vanalidad, el autocontrol, la perseverancia como camino hacia la gloria, su introspección.

Cuando llega la ansiada hora su ingreso en la Academia Naval, su primer sueño se desvanece. Los mismos políticos culpables del desastre naval del 98 la cierran temporalmente para reducir gastos. Franco no puede esperar, su futuro también puede estar en la sufrida infantería. Con apenas 14 años se presenta a la Academia de Toledo acompañado por su padre, quien después ya no regresará a Galicia y abandonará a su familia para amancebarse en Madrid con Agustina, una antigua criada. Un manto de vergüenza e humillación cae de súbito sobre la madre y los hijos en el mezquino Ferrol. Paquito lo odiará siempre.

337

A la coqueta Sofía, aunque distante, en el fondo le encantan todas esas cartas y postales llenas de amor cortés y galantes sobreentendidos. «Era fino, muy fino. Atento, todo un caballero», pero poco dotado para el baile, algo grave en sociedad, «era muy patosillo, el pobrecillo. Prefería que habláramos todo el rato. Pero a mí me aburría un poco». En sus escasos días de permiso en Melilla, como una sombra, se pega a Sofía en sus paseos por el parque Hernández, en cualquier sarao. Es su primer amor, sus sentimientos están desbordados. Franco desea con pasión a esa niña caprichosa y ese mundo de grandes damas y prestigiosos generales que la rodea. Su estrategia es asediar, insistir e insistir, cientos de cartas y postales, «me trataba como si yo fuese una cosa sobrenatural», llenas de imágenes de adolescentes virginales, celestiales, así es como la ve a ella, su mujer ideal, así es como se ve a sí mismo, como seres puros. Y su damisela juega, tarda en contestar o no contesta, no se compromete y él se inflama, «el que espera desespera Sofía y yo espero». El principal obstáculo es el padre, el coronel Subirán, que rompe cartas y postales, no le gusta ese tenientillo sin fortuna. Paquito no ceja, manda a sus soldados con recados, utiliza a los criados de la casa de Sofía, charlan tras las rejas de las ventanas mientras el hermano pequeño vigila por si aparece, «el hombre que más hizo correr a Franco en esta vida fue mi padre». Pasan los meses, Franco es destinado a «regulares», las tropas indígenas, su futuro profesional se despeja, pero ella sigue sin entregarse, él sufre, «si me dijese le permito que me quiera un poco, ¿sería esto posible?... su buen amigo que la quiere. Franco». La cuerda se tensa cada vez más, la soledad del guerrero es insoportable, la dibuja a plumilla, «recordándola muchísimo sabe le quiere, Franco».

En Sofía se mezclan la oposición de su padre y su propia indecisión de adolescente inmadura. Sus silencios y sus desplantes se hacen insoportables, pero él no renuncia hasta que por pena ella por carta le pide que por favor desista. Es el final, Paquito acepta la derrota, «adiós, Sofía, que sea cierto lo que usted me dice y cuente siempre con el cariño de Franco». No obstante, él aprende la lección, el cruel clasismo de la época no deja otra opción, ha de convertirse en un héroe para que ese mundo se rinda a sus pies. A partir de ese momento Francisco Franco se entrega por completo a su carrera, las rígidas ordenanzas militares se convierten en su único código de conducta. Deja Melilla y parte para Ceuta, después a Tetuán. Al mando de sus fieles moros combate en primera línea en la ofensiva que se acaba de desencadenar. Allí comienza su leyenda, incansable, frío, audaz, en pocos meses obtiene la medalla al mérito militar, en 1915, asciende a capitán por méritos de guerra. Al año siguiente, en el asalto a las colinas de Biutz, tras un cruento combate, Franco alcanza la cima al frente de sus hombres, es el único oficial en pie, ha alcanzado la gloria, pero en ese instante los rifeños concentran sus disparos en él y cae gravemente herido en el vientre. Lo creen moribundo, sin embargo, sobrevive y consigue ser evacuado, tiene «baraka», suerte, la providencia. En el hospital, en pleno delirio de fiebre, ve a una bella mujer acercarse vestida de enfermera de la cruz roja, grita «¡Sofía, Sofía!», después se desvanece[6]. En 1917, por méritos de guerra, lo hacen comandante, el más joven del ejército español, el «comandantín», y es trasladado al regimiento del Príncipe en Oviedo.

CARMINA

Carmen Polo y Menéndez-Valdés, de 17 años, no sólo se parece a su primer amor físicamente, también posee ese aire aristocrático y distante de joven patricia que tanto le subyuga. Pero, Carmen, Carmina, no está atrapada por la vida de sociedad ni los nuevos bailes, es una chica tímida, muy religiosa, que por haber perdido a su madre protege de forma instintiva a sus hermanos, Isabel, Felipe y Zita. Su padre, Felipe Polo, es un «señor» de Oviedo, vive de las rentas de sus numerosas propiedades agrícolas en Palencia. Su hermana, la tía Isabel, emparentada por su marido con la nobleza local, dirige la educación de sus sobrinos ayudada por ama de llaves francesa, madame Claverie. Los Polo, como en el caso de Sofía, quieren para Carmina un matrimonio dentro de su clase social. Sin embargo, Franco ya no es el mismo, sus hazañas militares empiezan a salir en los periódicos, es un hombre más entero, más calculador, pasea muy estirado sobre su caballo por la calle Uría. Ella enseguida queda fascinada con su aire de héroe y el aplomo con que empieza a cortejarla.

Aún conmocionados por la reciente huelga revolucionaria, sin reflexionar sobre sus causas, el sistema se reafirma en sus rígidos principios y la familia presenta batalla, rompe cartas y postales. Carmina vuelve interna a un convento de clausura de monjas salesas, en cuya iglesia Paco empieza a aparecer todas las mañanas para la primera misa del día, el único momento que puede verla en la distancia tras una verja comulgando e intentar hablar con ella. La mirada de Franco es cálida, impetuosa, inevitable y su amada va cediendo, Carmina cree en él, responde, le espera. Se sucede a partir de ese momento un largo noviazgo de seis años. Primero en secreto, en el que Paco persiste en su empeño, aunque durante unas vacaciones en Ferrol se produzca un ligero flirteo con una belleza del lugar, María de los Ángeles Barcón, hija de un industrial, sin mayor consecuencia. Poco a poco, sorprendentemente, es la obstinación de la propia Carmina, mujer de ideas fijas, la que hace que al final la relación sea consentida por los Polo. Paco ha ganado.

A Franco en la guarnición de Oviedo le sobra el tiempo, corteja a Carmina, alterna con la vetusta oligarquía local, lee, sobre todo historia y biografías, pero no le compensa, él es un hombre de acción, su único deseo es regresar a África, proseguir su fulgurante ascenso en la carrera militar por la vía rápida de los méritos de guerra. Durante unos rutinarios ejercicios de tiro en Madrid conoce al compañero de armas que va a cambiar su vida, José Millán-Astray, otro aguerrido africanista, un espíritu exaltado y pendenciero que ve en el Franco contenido y audaz el complemento perfecto para su gran objetivo, la creación de la Legión. En 1920, por intervención personal de Alfonso XIII, se crea la primera bandera al mando de Paco, bajo las órdenes de Millán. Antes de su partida al frente consigue formalizar su noviazgo con la seria ovetense y cubre su retaguardia. Hasta el día de su boda, tres años más tarde, apenas se verán en escasos permisos, la relación epistolar será fundamental, Carmina seguirá las glorias de su amado por los periódicos, sufrirá con cada descalabro, llorará en silencio mientras su padre no deja de criticarla, «casar a mi hija con un comandante de infantería era comparable a hacerlo con un torero»[7].

A los alistados en la Legión no se les pide documentación ni datos de su pasado, no importa que sean criminales o marginados, lunáticos o autistas. Millán y Franco transforman a los que carecen de futuro en aquella sociedad en la más poderosa arma de guerra del ejército español, «se han levantado de entre los muertos, porque no olviden que ustedes ya estaban muertos, que sus vidas estaban terminadas. Han venido aquí a vivir una nueva vida por la cual tienen que pagar con la muerte. Han venido aquí a morir». La clave, una estricta disciplina, castigos físicos, la pena de ejecución, una lealtad ciega a sus mandos y al Rey. Los oficiales encabezan cada ataque al enemigo, si dudan o flaquean sus propios hombres serán los primeros en abatirlos. Francisco Franco se vuelve duro, inescrutable, implacable. Cuando se produce el desastre de Annual, en el que las tribus rifeñas dirigidas por Abd el-Krim diezman las fuerzas españolas que pretendían tomar Alhucemas y dan lugar a una desbandada generalizada la intervención de la Legión es la que salva Melilla. Franco relatará su experiencia legionaria en *Diario de una bandera*, publicada en 1922, ya es un personaje público en toda España. Cuando en el marzo siguiente se reincorpora a su regimiento en Oviedo Carmina corre a preparar su boda, es la mujer más feliz[8].

La muerte, sin embargo, interviene por primera vez para alterar el destino de ambos de forma providencial. Millán-Astray, herido de gravedad en combate, se convierte en un glorioso mutilado y deja el mando de la Legión, el sustituto, Valenzuela, a los pocos meses, cae acribillado por los rifeños. A iniciativa de Alfonso XIII Franco es ascendido a teniente coronel por méritos de guerra y nombrado jefe de la Legión además de gentilhombre de cámara de su majestad. Paco ha de viajar a Ceuta urgentemente para tomar el mando, la ansiada boda se pospondrá hasta dos veces. Por fin el 16 de octubre de 1923 Carmina entra de su brazo en la iglesia de San Juan para casarse apadrinados por el Rey. El titular de un periódico de Madrid proclama «la boda de un caudillo heroico»[9], todo Oviedo está en las calles. «Me pareció que estaba soñando... o leyendo una bonita novela... la mía», dirá ella más tarde[10]. El padre del novio no asiste, nadie se sorprende. La luna de miel es muy breve, son recibidos en palacio, la reina Victoria Eugenia apenas consigue arrancarle algunas palabras a su timidez. Después el héroe vuelve a África para continuar con la sanguinaria guerra y Carmina regresa a Oviedo henchida de orgullo frente a todos. Más tarde ella se trasladará a Ceuta y montarán su primera casa en la que Paco descansa del frente. Comienzan así su vida conyugal, su intimidad sexual, que por la nula experiencia previa de los recién casados, se presume un mutuo y lento descubrimiento. A Carmina Marruecos y sus gentes le desagradarán profundamente, también ese ambiente militar africano de mujeres en permanente ansiedad por sus maridos en el frente. Además, por ser la mujer del jefe, es ella la que debe reconfortar a las viudas de los legionarios y lo pasa fatal, no sabe qué decir, qué hacer, sólo rezar, que vuelvan todos vivos.

Mientras tanto el clima social de España se deteriora con rapidez, las condiciones laborales en el campo y las ciudades son pésimas, el socialismo y el anarquismo se expanden, las noticias de la revolución soviética en Rusia conmocionan a todos, la criminalidad crece. Los partidos políticos tradicionales, fieles a la monarquía, se muestran incapaces. El desastre de Annual ha sido la gota que ha colmado el vaso, Miguel Primo de Rivera, capitán general de Cataluña, da un golpe de estado y Alfonso XIII le entrega el gobierno, se suspenden las libertades constitucionales. Su primera intención es abandonar Marruecos, «un soldado más allá del Estrecho es perjudicial para España». Allí en visita oficial rodeado de caballeros legionarios que se la juegan a diario, un envalentonado Franco le sorprende, «queremos que el honor de España se sobreponga a toda conveniencia de gobierno», está harto de la debilidad de la clase política, «la eterna parodia de un protectorado». Primo le contesta, «el día que lo ordenemos en firme no dejaremos más derecho que el de la obediencia». A pesar del incidente Franco le habla de su fórmula magistral, un desembarco masivo en Alhucemas[11].

Los rifeños siguen avanzando, la Legión cubre la retirada con valentía. Por méritos de guerra, Franco vuelve a ascender, ya es coronel. Meses más tarde Abd el-Krim, envanecido, comete un error fatal, atacar el protectorado francés. De inmediato, coordinados con Francia, se prepara y se ejecuta el deseado desembarco, Paco es el primero en saltar a la playa de Alhucemas con sus legionarios, la derrota rifeña es total. El 3 de febrero de 1926 Francisco Franco se convierte por méritos de guerra en el general más joven de Europa, tiene 33 años. Para mayor dicha del matrimonio Carmina está embarazada. En septiembre, en Oviedo, rodeada de su familia, Carmina da a luz a Carmencita, *Nenuca*.

Con el ascenso Paco es destinado a Madrid. La paz colonial se une a una época de calma social y prosperidad, la dictadura de Primo de Rivera inicialmente funciona. Los Franco en la capital asientan de forma definitiva una relación de pareja hecha a trompicones, son un matrimonio burgués de la época. Carmina, educada para ser una «señora», cuida de su hija y organiza el servicio, principalmente soldados reposteros, va a misa a diario, no le gusta cocinar. Lo que le encanta es salir a la calle, hacer compras, empieza a apreciar los buenos modistos, las últimas modas, ha de estar impecable para acompañar a Paco a todas las recepciones palaciegas a las que son invitados con frecuencia. Por las tardes a menudo van al cine, a Paco le apasiona. Apenas conocen a nadie en Madrid, su vida gira en torno a él. El hombre del momento, sin embargo, es otro Franco, Ramón, ahora héroe de la aviación y comparado con Colón por haber cruzado el Atlántico en un vuelo sin escalas, un espíritu libre, imprevisible, cada día más escorado hacia el anarquismo, tan mujeriego como el padre. Casado en Francia con una mujer «inferior», sin el permiso del Rey preceptivo para todos los militares, a Carmina le parece un zafio, Paco y Ramón se ignoran. El hermano mayor, Nicolás, ingeniero naval, otro vividor, sin embargo, también ha hecho una buena boda, una Pasqual del Pobil, de Valencia. Con ellos sí se ven[12].

Franco aprovecha para estudiar las más modernas técnicas militares, viaja a Francia y Alemania. Se interesa cada vez más por la política, el porqué de lo que lo rodea, acude a tertulias en las que siempre permanece callado, escuchando, analizando. Entre los jefes militares muchos desprecian a los africanistas como él, rechazan los ascensos de guerra, conspiran contra Primo de Rivera y la monarquía, pertenecen a la masonería, la sociedad secreta que promueve las libertades individuales y es radicalmente anticlerical. Para el héroe africano ellos son traidores a la patria, ve detrás la mano silenciosa de la Internacional comunista. Como reacción él, hombre de pocas misas hasta el momento, se impregna de la profunda religiosidad de Carmina. En 1928 es nombrado director de la nueva Academia militar de Zaragoza y basa la educación de los cadetes en una férrea disciplina y una lealtad total al Rey, su discurso de inauguración lo titula *El que sufre vence*. Una de sus obsesiones será la eliminación de las enfermedades venéreas entre los alumnos mediante «la vigilancia y la profilaxis».

La Estampa, la revista del corazón del momento, les hace un reportaje. Un matrimonio feliz, perfecto, enamorado, en un entorno de muebles pesados, clásicos, todo parece preparado, otro «cuadro plástico». Paco confiesa, «mi constante afición ha sido la pintura», y ella añade, relajada, «ha pintado innumerables monigotes para nuestra chiquilla». El periodista destaca que la «bella compañera del general luce su imagen estilizada, de una suma delicadeza, difuminada tras sutil vestidura de gasas negras, acariciadas por el mantoncito de Manila negro y sedeño». Ambos relatan mano a mano, un poco relamidos, su historia de amor en Oviedo, su larga espera. Pero el periodista quiere intimidades, carnaza, ¿qué defectos encuentra en su marido?, «que le gusta demasiado África y estudiar unos libros que

343

no comprendo». ¿Sabe su autor predilecto?, Carmina, sin dudarlo, «Valle-Inclán, vea todas sus obras en la biblioteca», Franco se ve a sí mismo como otro Bradomín, un hidalgo incomprendido, un Andrade camino de la gloria. Luego vuelve a Paco, ¿su mayor ambición?, «que España vuelva a ser todo lo grande que fue antaño», su propósito ya está claro. ¿Su más ferviente deseo?, «créame, pasar en todo momento desapercibido», sorprende. Para la foto final aparece Zita, la hermana inseparable de Carmina, vestida de blanco.

En Zaragoza conocen a Ramón Serrano Suñer, un joven abogado del estado, brillante, inteligente, gran conocedor del fascismo de Mussolini. Paco enseguida congenia con él, charlan mucho de política, aprende. Carmina queda fascinada por su atractivo físico y personal, lo quiere para Zita. Cuando su hermana pase con ellos otra temporada Carmina favorecerá los encuentros y Serrano la enamorará. Habrá boda. Franco y José Antonio, hijo de Primo de Rivera y futuro fundador de la Falange, íntimo amigo de Serrano, hacen de testigos[13].

El destino de la monarquía de Alfonso XIII va unido al de la dictadura del general Primo de Rivera y sus enemigos aumentan. Intelectuales críticos como Miguel de Unamuno son desterrados, la crisis económica internacional de 1929 dispara los precios, los partidos de izquierda, junto con nacionalistas vascos y catalanes, forman un frente común republicano al que día a día se adhieren más y más personalidades de todos los ámbitos. La decrépita sociedad aristocrática se cae a pedazos. Ramón Franco también se hace republicano, masón, promueve un levantamiento militar que fracasa y es encarcelado, un gran bochorno para Paco y Carmina. Pero la dictadura cae y Primo de Rivera se exilia. El Rey intenta en vano retornar al viejo constitucionalismo decimonónico, pero en las elecciones municipales de abril del 31 los republicanos vencen en todas las ciudades menos en el campo, donde el caciquismo lo impide. El general Sanjurjo, jefe de la Guardia Civil, abandona a Alfonso XIII a su suerte. El 14 de abril se proclama la Segunda República, las clases populares se lanzan a la calle para celebrarlo. El general Franco aún tardará una semana en arriar la bandera rojo y gualda para poner la tricolor, es su último homenaje al Rey, su protector. Carmina está atemorizada, su mundo se desmorona. A las pocas semanas partidas de anarquistas queman iglesias y conventos en distintas ciudades. En Madrid dicen que Ramón es quien les ha distribuido la gasolina destinada a la aviación.

Manuel Azaña, nuevo ministro de la guerra, exige de todos los militares una promesa de fidelidad a la República para continuar. Franco promete sin rechistar, «un soldado sirve a España y no a un régimen particular». Pero Azaña no acaba, cancela los ascensos por méritos de guerra, ordena el cierre de la Academia militar. En su último discurso ante los cadetes Franco refunfuña, «la disciplina reviste su verdadero valor cuando la razón aconseja lo contrario». No hay nuevo destino para el amigo de Alfonso XIII, Paco y Carmina, con su hija, se instalan en la finca familiar de los Polo que ella ha heredado cerca de Oviedo, ocho largos meses. La fulgurante carrera de Paco parece haber llegado a su fin. Ella reza compulsivamente, intenta animarlo. Azaña escribe en su diario, «Franco es el único al que hay que temer», ordena vigilarlo[14]. El gobierno social-azañista crea muchas expectativas, inicia la reforma agraria, nuevas leyes laborales, se extiende la educación pública y laica.

Su vida militar no puede acabar así, sólo tiene 38 años. Tras mucho cavilar decide presentarse en persona ante el nuevo amo en Madrid. Cara a cara, conteniendo su rabia, proclama su lealtad permanente con la patria y con la nueva legalidad, la República también necesita de buenos generales. Azaña duda, pero lo quiere probar, lo nombra gobernador de La Coruña, Paco está salvado, Carmina vuelve a sonreír. En agosto de 1932 cuando Sanjurjo intenta un golpe de Estado contra la República Franco le da la espalda y fracasa. Como premio Azaña lo hace comandante militar de Baleares.

En las siguientes elecciones ganan las derechas y paralizan sin contemplaciones las reformas anteriores. Franco sigue subiendo, es nombrado asesor personal del nuevo ministro, por primera vez experimenta el mando casi absoluto sobre toda España. Las izquierdas, resentidas, promueven, en octubre de 1934, un levantamiento revolucionario por todo el país. En Asturias los mineros, como en 1917, toman pueblos y ciudades, pero Franco sabe muy bien cómo restablecer el orden. Desde Marruecos hace llegar sus fieles legionarios y regulares junto a la Guardia Civil. La represión es terrible, sin cuartel, más de mil muertos entre los civiles, los cabecillas son condenados en juicios militares. En el imaginario de la izquierda, Franco pasa de héroe a represor consumado, para la burguesía es el nuevo garante de su tranquilidad, «el salvador de la República», y él mismo empieza a verse como alguien llamado por la providencia para salvaguardar los valores eternos de España contra sus enemigos, la masonería y el comunismo, sus ambiciones se ensanchan.

Los años republicanos de los Franco son los últimos de un matrimonio convencional. Compran un gran piso en la Castellana. Carmina, ajena a toda modernidad educativa, toma una niñera francesa para que haga de su niña otra «señorita». En sus ratos libres, voluntariosa, descubre una de sus grandes pasiones, las antigüedades, con frecuencia acude al Rastro madrileño, pregunta, regatea. El dinero heredado de su padre le permite sus primeros lujos, se convierte ya en una señora elegantemente vestida, siempre agradable aunque comedida, un poco distante. Mientras, él trabaja hasta en casa, infatigable, releyendo hasta el último documento. Su adorada madre muere en vísperas de una peregrinación a Roma. En verano acuden a Puentedeume, cerca de Ferrol, para estar con Pilar, la hermana de Paco, y su prole de diez hijos. A Franco le gusta visitar las ruinas del castillo de los condes de Andrade, recordar ese lejano vínculo familiar con aquel glorioso pasado[15].

Cuando llega 1936 las posiciones moderadas casi han desaparecido, el radicalismo se adueña de España, las elecciones de febrero se ven como las últimas tanto para Largo Caballero, líder socialista, como para Calvo Sotelo, el líder de la derecha. El comunismo ruso se convierte en el referente de gran parte de la izquierda, mientras que en la derecha aparece la Falange de José Antonio con un discurso fascista y totalitario. Con el fin de retomar las reformas iniciadas con anterioridad y liberar a los encarcelados de 1934 se crea el Frente Popular, que gana en las urnas. Inmediatamente grupos anarquistas y libertarios, enfervorizados, ocupan fincas y fábricas, hay quema de iglesias, en las calles se producen enfrentamientos, el odio de clase se propaga como la pólvora. Azaña, para tener a Franco lejos, lo manda como comandante militar a Canarias y lo somete a una vigilancia continua. Cuando Carmina y Paco llegan en barco a Las Palmas el Frente Popular local ha organizado una manifestación que abuchea al «carnicero de Asturias». Frente al estoicismo de su marido, que lo vive todo por dentro, Carmina se muestra nerviosa, son los días previos a una revolución, ella misma pide a unos oficiales que den a Paco protección permanente. Franco empieza a calcular el coste-riesgo de un golpe, las ordenanzas militares son tajantes, el que se subleva es fusilado. Por el momento no lo ve claro, da largas al general Mola, director de la iniciada conspiración. Sin embargo, el 13 de julio, en venganza por la muerte del izquierdista teniente Castillo a manos de falangistas, guardias republicanos detienen en su casa a Calvo Sotelo, jefe de la oposición, y le pegan un tiro. Franco queda conmocionado, entiende que el gobierno ha perdido toda autoridad, él debe romper su lealtad con la legalidad para salvar a la patria[16].

El 18 de julio, antes de tomar el avión para ponerse al frente de las tropas sublevadas en Marruecos, Paco esconde a su mujer y a su hija en un buque de la Armada hasta que llegue en unos días un barco de pasaje alemán que debe ponerlas a salvo en Francia. No saben cuándo se volverán a ver, ella, esperanzada, cree que el golpe durará unos días, hasta que el gobierno llegue a un acuerdo con los sublevados; él se calla, se inicia una guerra a muerte, no habrá piedad para el vencido. Por muy poco Carmina no quedará atrapada en Canarias, pues ante la sublevación de sus oficiales, las tripulaciones los asesinan y toman el mando[17]. Los sublevados, por su parte, fusilan sin piedad a los que mantienen su lealtad con el gobierno. Al llegar a Tetuán Franco da ejemplo, no mueve un dedo por su primo Ricardo jefe de la base aérea y compañero de juegos de su infancia. En Madrid, tras unos días de desconcierto, el gobierno da armas a los partidos de izquierda, anarquistas y sindicatos para la defensa de la República. Son los «rojos», es el momento de su revolución, se colectiviza la tierra, se matan curas y reaccionarios. En la zona «nacional» los falangistas salen a la caza de cualquier «izquierdoso». Tapias y cunetas, la España negra.

Carmina no se reúne con su marido hasta finales de septiembre en Salamanca. Para entonces, con Sanjurjo muerto en accidente aéreo, Franco es generalísimo y jefe del Estado por decisión de los otros generales sublevados, todos los poderes emanan de su persona. Ya es dictador, Dios así lo ha querido, defensor de los valores sagrados de la patria hasta el fin de sus días.

Mientras él dirige la guerra su hermano Nicolás lo ayuda con los temas políticos. El exaltado Millán-Astray, su jefe de prensa y propaganda, crea la imagen del caudillo mezclando la de los jefes fascistas con la del Cid campeador. La Alemania nazi y la Italia de Mussolini le envían hombres, material, aviones. Para la Iglesia católica, la guerra es una cruzada, Franco entra en la catedral bajo palio, honor de reyes. La guardia mora flanquea cada puerta. Los días de intimidad del matrimonio han terminado para siempre.

Doña Carmen, Carmina, ahora primera dama «nacional», preside la celebración del 12 de octubre en la Universidad. Un orador ataca a vascos y catalanes, representan la antiespaña, y el rector, Unamuno, soliviantado se levanta, «la nuestra es sólo una guerra incivil...vencer no es convencer... Yo, que soy vasco, llevo toda la vida enseñándoles la lengua española, que no saben. Ése sí es un imperio, el de la lengua española, y no...». Millán-Astray, presente, interrumpe, «¡El fascismo y el ejército arrancarán a la gente para restaurar en la tierra el sagrado reino nacional!». Una voz grita, "¡Viva la muerte!". Unamuno, airado, vuelve a intervenir, «acabo de oír el grito necrófilo e insensato de "¡Viva la muerte!". Esto me suena lo mismo que "¡Muera la vida!", y le reprocha a Millán que quiera ver a España convertida en su propia imagen, en la de un mutilado. El otro, enardecido, proclama: «¡¡Abajo la inteligencia!!», y el viejo escritor continúa «vencerán pero no convencerán». Muchos combatientes, sentados en el auditorio, gritan contra el rector. Doña Carmen, atónita, se da cuenta que la vida de Unamuno corre peligro, se agarra a su brazo y con él sale dignamente hasta la calle, lo monta en su coche oficial y lo acompaña hasta su casa[18]. Por su sentido estricto de la educación, ella despreciará siempre a estos militares fanfarrones e histriónicos que, desde la época africana, les rodean. Franco, tan calculador, los aguantará mientras le sean necesarios.

Cuando Serrano Suñer, huido de Madrid, lugar donde han matado a sus hermanos, aparece en Salamanca con su hermana Zita y sus niños, Carmina los mete enseguida a vivir con ellos en el palacio obispal. No aguanta a Nicolás, un informal, ni a su mujer, la otra señora de Franco. José Antonio ha sido fusilado en Alicante, comienza el culto del «ausente», Paco necesita de la inteligencia de su cuñado para controlar los excesos revolucionarios de la Falange y crear su propio partido, el único, el «Movimiento Nacional». Sin muchos miramientos manda a su hermano como embajador a Lisboa y se deshace del impresentable de Millán-Astray, Serrano se convierte en el primer valido del Caudillo. Meses después Mola, el gran conspirador, muere también en accidente aéreo, otro infortunio providencial, se queda sin rivales. La larga guerra incivil prosigue, las fuerzas de Franco avanzan, Málaga, Bilbao, Santander, Oviedo, cruzan el Ebro, Cataluña.

Muchas tardes en Salamanca y después en Burgos, si Paco no está en el frente, comen todos juntos y en el café un ayudante le trae la lista de penas de muerte dictadas por los tribunales militares, son jefes y oficiales fieles al gobierno, políticos frentepopulistas, masones. Franco, en silencio, la repasa con un lápiz, como jefe del Estado, tiene derecho a indultar. Le llegan continuas peticiones de clemencia, él no se lo piensa mucho, las ordenanzas se cumplen hasta sus últimas consecuencias. Doña Carmen se convierte en la última esperanza para muchos familiares, curas y monjas que actúan como intermediarios. Ella hace su propia selección, reflexiona y en los pocos ratos que tienen a solas se los comenta a Paco. Nunca promete nada, el que manda es él y una mujer no entiende nada[19]. La única mancha de esta implacable justicia es Ramón, el hermano masón libertario. Para él no sólo hay perdón, se le concede mando, pero morirá en combate, la justicia divina. A manos de Franco llega, rescatada de la maleta de un militar republicano, la reliquia de la mano incorrupta de Santa Teresa, les acompañará siempre. La modernidad republicana desaparece, la rígida moral de la iglesia más mojigata se instala en la España «nacional», Carmina, complacida, no tendrá que saludar más a la «querida» de nadie.

El 1 de abril del 39 Franco, por fin, recurriendo a aquella expresión de sus cartas de amor a Sofía, escribe, «en el día de hoy, cautivo y desarmado el ejército rojo..., la guerra ha terminado». Carmina ve a Paco llorar por primera vez. Y como si todos esos años de lucha incansable se le vinieran encima desde sus años de niño en Ferrol hasta ahora cae enfermo y tiene que guardar cama varios días.

Doña Carmen

Con la victoria la adulación ciega a Franco, el salvador de la Patria, se propaga como una nueva enfermedad en una España devastada por la guerra. Y con ella los regalos, el del gobernador civil de La Coruña, el más voluminoso. Por medio de una suscripción voluntaria y descuentos en la nómina de los funcionarios se compra a los herederos de la escritora Emilia Pardo-Bazán sus Torres de Meirás, el «Pazo» de Meirás. Doña Carmen recuperará con pasión su afición por las antigüedades para decorar tantas salas y habitaciones. Por indicación del Caudillo, los jardines se adornan con viejos blasones en piedra procedentes de antiguos palacios y casonas gallegas. El Pazo, junto con el Palacio de Ayete en San Sebastián, serán sus residencias estivales.

Su residencia oficial es El Pardo, pabellón de caza renacentista convertido en palacio por los Borbones y durante la guerra cuartel de las brigadas internacionales que queman sus muebles para calentarse en invierno. Se restablece el antiguo protocolo real, las audiencias civiles van en «chaqué», doña Carmen es ahora «la Señora», que es recibida al son de la Marcha Real. Contra esta «monarquización» de los Franco el único que se atreverá a rebelarse es Segura, cardenal de Sevilla, se niega a dar a la «Señora» los privilegios de las reinas. Discretamente debajo de esa envoltura tan formalista, los Franco crean un hogar pequeño burgués en el que cenar en familia y cuando aparezca ver la televisión. El régimen interno del Pardo es cuartelero, son soldados los que sirven la mesa, los que cocinan. Ella está libre de preocupaciones domésticas para cuidar de su hija y atender sus actividades oficiales. La «Señora» nunca se pondrá la camisa azul ni dará discursos, ella, al principio con timidez, acompaña siempre a su marido, impecable, elegantemente vestida por los mejores modistos, Balenciaga, Pedro Rodríguez, Pertegaz, siempre sonriente pero distante, en su sitio[20]. Es y lo asume una mujer «florero» y poco más. Pilar Primo de Rivera, la hermana del «ausente» y suma sacerdotisa de su memoria, dirige la obra social del «Movimiento» para la mujer y la infancia. De forma honorífica acepta presidir el Patronato para la protección de la mujer, destinado a ayudar a las mujeres «caídas» por su «mala vida», reeducándolas en la estricta moral católica, y a velar por la decencia en lugares públicos como cines, playas o salas de baile. Como ella misma se quiere una mujer abnegada y pura.

Para Franco la paz no trae la tranquilidad. A los pocos meses estalla la Segunda Guerra Mundial y sus aliados alemanes e italianos le pasan la cuenta, España debe participar, atacar la colonia británica de Gibraltar, la llave del mediterráneo. Serrano Suñer, amigo de Mussolini, le presiona y el propio Caudillo imagina un nuevo imperio español a costa de la derrotada Francia. Lo que le echa para atrás es la ruina en que se encuentra España, hay hambre, racionamiento, autarquía, la reconstrucción será larga, hasta 1953 no se alcanzará el nivel de vida de 1936. Como buen gallego ante la duda pondrá buena cara y dará largas hasta el final. Cuando vaya a encontrarse con Hitler en Hendaya, Franco temerá que lo secuestren, como Napoleón a Carlos IV. En el Pardo doña Carmen pasará todos esos días rezando, con el santísimo expuesto, en vilo[21].

Providencialmente una vez más el generalísimo descubre a Carrero Blanco, un marino de ideas claras, antimasón y anticomunista, fiel como un perro, monárquico pero bajo los principios del «Movimiento Nacional». Carrero a largo plazo ve probable la victoria aliada, detesta al arrogante Serrano, el «cuñadísimo». Nicolás padre muere, él rechaza con frialdad la presencia de Agustina en el funeral, no asiste al entierro. Y aprovechando un enfrentamiento entre falangistas y carlistas, ve llegado el momento del relevo del valido. Sin embargo, un suceso acelera el cese, el 29 de agosto de 1942 nace Carmen Díaz de Rivera, fruto de la infidelidad de Serrano con una aristócrata madrileña, un escándalo que enfurece a doña Carmen que pone el grito en el cielo. A los dos días Franco recibe a su cuñado en el Pardo para agradecerle los servicios prestados. Días más tarde Zita, la verdadera ofendida, acude al Pardo y se enfrenta a su hermana Carmen. Las dos familias ya apenas se verán en contadas celebraciones familiares, Serrano odiará a su cuñada hasta el final de sus días. Se estrena la película *Raza*, basada en una novela escrita por un tal Jaime de Andrade, Francisco Franco, un valeroso marino muere en la guerra de Cuba abandonado por los políticos españoles dominados por la masonería...

Durante la posguerra prosigue el escarmiento, extirpar la gangrena, juicios sumarísimos, pero promulga indultos generales, redenciones de pena, prisioneros construyen en la sierra de Madrid su delirio arquitectónico, el Valle de los Caídos, para que nadie olvide el sufrimiento de la guerra. Los ministros falangistas, para alejar definitivamente el peligro de la revolución, crean sindicatos verticales de empresarios y trabajadores, el seguro obligatorio de enfermedad, la vivienda protegida.

El signo de la guerra mundial varía y Franco está entre la espada y la pared. Mientras la División Azul lucha contra Rusia al lado del ejército alemán, España depende del trigo y el petróleo americanos. En el Pardo se celebra con gran ostentación la presentación en sociedad de Nenuca, el único embajador invitado es el norteamericano, que va con su hija. Pero los aliados no se fían de Franco, sigue aprovisionando en secreto a Hitler. Sin embargo, los alemanes retroceden en todos los frentes, su derrota está cerca. Don Juan, heredero de Alfonso XIII, desde el exilio pide públicamente a Franco una monarquía democrática y constitucional, algunos generales lo apoyan. Y llega el final. Cercado en su búnker, Hitler se suicida, la foto de Mussolini muerto y colgado en una plaza pública junto a su amante Clara es censurada en los periódicos españoles. Los soviéticos exigen a Estados Unidos y Gran Bretaña que la España de Franco sea proscrita del nuevo orden internacional. Los embajadores se van y la ONU decide un embargo internacional. Partidas de guerrilleros comunistas cruzan los Pirineos. La dictadura de Franco se tambalea, la Falange saca la gente a la calle para aclamarlo. A pesar de todo el fiel Carrero tranquiliza al Caudillo, masones anglosajones y comunistas soviéticos no pueden durar mucho tiempo juntos, hay que aguantar, los americanos nos necesitan y nos llamarán.

La salvación se llama Juan Domingo Perón, el presidente argentino. Barcos cargados de trigo cruzan el Atlántico sur para paliar tanta hambre. Eva, su mujer y eficaz colaboradora política visita España, las gentes salen jubilosas a recibirla allá por donde pasa. Es alojada en el Pardo, rodeada de tapices de Goya. Antigua camarera, actriz de segunda fila, luchadora por los derechos sociales junto a su marido, es todo lo opuesto a doña Carmen, que no soporta a esa mujer ordinaria, arribista, que no para de hablar, de comentar, que siempre llega tarde a los sitios, «no importa, somos presidentas». La madrecita de los desarrapados argentinos insiste en visitar los barrios obreros, Franco se opone, Evita va siempre muy enjoyada, con grandes sombreros, pieles, lo menos apropiado para pasearse entre la miseria, un poco de respeto.

El Caudillo no se considera un dictador, no es un general Primo de Rivera venal, caprichoso, egoísta. Él se ha entregado a la Patria en cuerpo y alma, sin ambiciones materiales, austero, vigilante, fiel, su vida es un sacrificio. Sin embargo, como decía Pemán, su dictadura, igual que las otras, como una misteriosa partenogénesis, se desdobla y engendra múltiples dictadores. Surgen alcaldes, gobernadores, presidentes de casinos, priores de cofradías, que ejercen dictaduras menudas, son gotas de dictador[22].

En 1947 Franco promulga la ley de sucesión. Oficialmente España abandona el totalitarismo, vuelve a ser reino, él designará a su sucesor entre los príncipes de la dinastía legítima. Para contentar a ingleses y americanos se aprueba clamorosamente en referéndum. Don Juan, resignado, acepta que su hijo mayor, Don Juan Carlos, estudie en España bajo la tutela de Franco, pero por detrás exige a los grandes títulos nobiliarios que ninguneen a Doña Carmen. El Caudillo, indiferente, desparrama nuevos títulos nobiliarios sobre los generales de la guerra. En el Pardo hace ondear, orgulloso, el escudo de los Andrade, que orla documentos, medallones. Aduladores y arribistas les rodean, Paco y Carmina se protegen en un círculo muy cerrado de amigos de confianza. Él, de sus años de Ferrol; ella, de su querido convento de Salesas de Oviedo[23]. Los otros Franco se resienten, los ven fríos, engreídos. Nenuca se casa «bien», con Cristóbal Martínez-Bordiú, marqués de Villaverde, médico, un niñato prepotente y frívolo, pero a Franco le da igual, pronto el Pardo se llena con las voces de sus siete nietos. El único viaje oficial que hacen al extranjero es a Portugal para visitar al amigo Salazar.

Ese poder omnímodo, en un país de iconoclastas y envidiosos como España, enseguida generará insidias, difamaciones, sambenitos. Con el Caudillo casi un monje, cobardes, no se atreven. Primero, van contra el valido, Carrero, otro monje, y lo ponen de cornudo, que entregado a Franco en cuerpo y alma, su mujer, aburrida, se la pega. El marino y su esposa resistirán reconfortados por el Opus Dei. De ahí la mano negra, a menudo azuzada desde el entorno de Don Juan[24], pasa a centrarse en la Señora, doña Carmen. Aunque esposa fidelísima, además de su afición por las antigüedades le encantan las joyas. Acompañada por una nueva amiga de las circunstancias, la arrolladora Pura Huetor, mujer del jefe de la Casa Civil de Franco, aprovechan vacíos en la agenda para, ávidas, ir a mirar, regatear precios, hacer cambalaches, trueques, comprar. Muchos de los numerosos regalos que reciben los Franco acaban siendo objeto de estas transacciones[25]. Los serviles propietarios de los establecimientos procuran agradar, hacen rebajas, algún obsequio, su nombre se revaloriza con la visita, les conviene. Sin embargo, muchos de los que hacen la reverencia luego apuñalan por la espalda, se propaga el falso rumor de facturas sin pagar, regalos forzados, tiendas que bajan el cierre cuando la urraca se aproxima para evitar el saqueo[26]. Así se crea el mito de «la collares», una desalmada engalanada de perlas que se vale de la alta posición de su marido para pingües negocios. Ella vivirá ajena a esta campaña, siempre en su sitio, como una señora. Discretamente hace pequeñas caridades entre gente allegada con especial predilección por las monjas de clausura.

La quimera económica del Régimen, la autarquía o autoabastecimiento, resulta ya insoportable, inflación, penuria, comercio ilegal, lucrativas licencias de importación que se reparten los próximos al poder. En Barcelona el aumento exorbitado del precio del tranvía provoca un boicot generalizado, la primera huelga. Por suerte ha estallado la guerra fría entre occidentales y comunistas, y los americanos llaman a la puerta del Pardo, ambas partes quieren empezar desde cero. Franco, agradecido, asciende a Carrero a Ministro de la presidencia. En 1953 se firman los acuerdos a cambio de valiosas bases militares en territorio español, se reciben créditos, alimentos que permiten acabar con la maldita cartilla de racionamiento. Y además el aval imprescindible para que España regrese del ostracismo y entre en la ONU. Pero esto no es suficiente, el país no despega, hay que liberalizar la economía, atraer inversiones extranjeras, crecer para acabar con la pobreza secular de España. La solución se la vuelve a dar su fiel Carrero, nada de gobiernos de equilibrio entre la Falange, el ejército y la Iglesia, hay que traer a expertos que vertebren, reformen y desarrollen, gente seria. Llegan así a partir de 1957 los «tecnócratas» del Opus Dei que proporcionarán a Franco la gran satisfacción de su reinado, la expansión de la clase media, la garantía contra toda revolución. Su gran disgusto, la independencia de Marruecos, la pérdida de esa tierra por la que se había derramado tanta sangre, su fiel guardia mora desaparece de palacio.

La vida social de los Franco gira en torno a la caza. Paco es un gran aficionado, de alguna forma, necesita ese acecho, esa imprevisibilidad, y ese trofeo para desahogar su espíritu guerrero. Todas las semanas hay monterías, ojeos, perdices, cochinos, liebres, que congregan al Caudillo y a la Señora con su corte de ministros, generales, subsecretarios, junto a aristócratas, financieros y empresarios, la nueva oligarquía. Allí se charla y se rumorea, se critica y se hacen negocios. La caza con la pesca fluvial y la marina a bordo del *Azor* compensan una rígida agenda de audiencias. A veces, por las tardes, también se escapa a la finca que se ha comprado en Valdefuentes, donde el dictador hace de granjero. Todos los viernes, consejo, un día interminable. En las comidas en el Pardo siempre acompañan los ayudantes, algún ministro, a menudo viene Nenuca, se habla de todo hasta de política. Franco, como siempre, prefiere escuchar, no juzgar, se entretiene. Doña Carmen en el otro extremo de la mesa comenta lo que le han contado, casi siempre, claro, lo que quieren que ella oiga, y opina cada vez más, siempre en defensa de la obra de su marido. Por las tardes a última hora, en la pequeña capilla donde murió Alfonso XII, ella reza el rosario. Suelen cenar solos. En las salas anejas a su despacho se amontonan libros, periódicos, necesita leerlo todo, que nada se le escape. Entre ese papeleo encontrarán las memorias de Azaña. Él se queda despierto hasta la madrugada, enfrascado. Cerca de sus camas, en el dormitorio, la mano incorrupta de Santa Teresa los protege.

La década de los setenta trae la ansiada prosperidad económica, el «desarrollismo», una tasa de crecimiento a la japonesa. Colaboran con sus ingresos los esforzados emigrantes en media Europa y el boom del turismo. La dictadura se relaja tanto que en 1966 la nueva ley de prensa elimina la censura previa. La preocupación deja de ser el presente para ser el futuro, qué después de Franco. El Caudillo, aunque incansable por desgracia para los que le rodean, exteriormente envejece con rapidez. Doña Carmen, preocupada, procura alejarle de problemas, un imposible, todos vienen con sus cuentos y él siempre escucha, analiza, recuerda y al final, pero muy al final, decide, ésa es la clave de su poder[27]. A pesar de los vaivenes con Don Juan el Caudillo va modelando a su hijo, el príncipe Juan Carlos, a su conveniencia, sin prisa. Y como siempre se guarda otro as en la manga por si éste le falla, Don Alfonso, hijo de un hermano de Don Juan. Hasta que, presionado por todos, lo nombra oficialmente heredero y le hace jurar los sagrados principios del «Movimiento» en 1969. Entre Franco y el futuro Rey hay una relación casi paternal, pero de un padre estricto y exigente que vigila cada paso y palabra de su heredero. Doña Carmen, por el contrario, es cordial pero sin confianzas con el Príncipe y su joven mujer Sofía, no termina de fiarse[28]. En Meirás una de las torres, llamada la del Príncipe, los acoge en verano.

La España de la posguerra es ya un recuerdo por dentro y por fuera. Los nuevos curas, impregnados del mensaje de bondad y solidaridad del papa Juan XXIII, rechazan el servilismo hacia Franco y defienden la libertad sindical, los derechos individuales. En el País Vasco y Cataluña muchos sacerdotes difunden el nacionalismo. En las universidades los hijos de las clases medias se nutren del espíritu del 68, ganas de libertad, se producen encierros, manifestaciones. El clandestino sindicato comunista Comisiones Obreras socava el sindicalismo vertical. El terrorismo aparece con sus primeros muertos. Las chicas llevan minifalda. Franco, sin embargo, cabecea en los consejos, presenta ya los primeros síntomas del párkinson, pero «todo está atado y bien atado», Carrero dirige ahora en abierto el juego del poder.

Y de manera inesperada una boda que conmociona los salones, Carmencita, la nieta mayor, se casa con Don Alfonso. Franco y doña Carmen mezclarán su sangre con la de Alfonso XIII, su dicha es absoluta. El Caudillo concede a la pareja el tratamiento de alteza real, la Señora hace públicamente a su nieta la reverencia protocolaria debida a los príncipes. El entorno del Príncipe Don Juan Carlos enmudece, los rumores hablan de una conspiración entre doña Carmen y el marqués de Villaverde, el otro gran odiado, para que Franco cambie de sucesor. Todo es otra vez una burda patraña. Sería no conocer al dictador[29].

Sin embargo, una bomba de ETA, con la probable connivencia de la CIA, hace saltar por los aires a Carrero, el garante de la continuidad del franquismo después de Franco. El Caudillo, deshecho, 80 años, llora desconsoladamente ante su viuda, «me han cortado el último lazo que me unía al mundo», es un anciano. De repente, todos sus fantasmas regresan, masones y comunistas vuelven a acecharnos. No hay que bajar la guardia, como nuevo presidente de gobierno elige a Carlos Arias Navarro, experto en el aparato represivo del Estado. Seremos implacables, no habrá piedad. Pero vuelven las maledicencias, doña Carmen habría conspirado para colocar a alguien de su confianza, un absurdo, la Señora no es Lady Macbeth, nunca lo ha sido, Franco es la creación de sí mismo, un dictador en estado puro. Ella ahora más que nunca es una mujer insegura, temerosa del futuro, observa cómo su marido va perdiendo facultades, ya no es de hierro, ya no puede más y ella sin querer le pone cada vez más nervioso.

El generalísimo Franco es ingresado en un hospital con tromboflebitis en una pierna en julio de 1974. El Príncipe asume de manera temporal los poderes de jefe del Estado. Pero un dictador sin trabajo es una contradicción, Franco en lugar de recuperarse se deprime, doña Carmen se desespera. El marqués de Villaverde toma la decisión, prescindir del médico asturiano de toda la vida, un falangista leal pero inútil. La Señora se lo comunica personalmente, «médicos hay muchos, Vicente, y yernos sólo uno»[30], y llaman al doctor Pozuelo, un vitalista, que lo pone a hacer gimnasia sueca a ritmo del himno de la Legión. El Caudillo milagrosamente va recuperando las ganas de vivir y por tanto de mandar. Cuando acaba el verano el anciano dictador reasume sus funciones como jefe del Estado, vuelve a cazar, a tener audiencias.

En septiembre de 1975 le llegan a su mesa las sentencias de muerte dictadas contra varios etarras y terroristas del FRAP condenados por matar a miembros de las fuerzas de seguridad del Estado. Una gran campaña internacional le pide el indulto, pero no puede. El recuerdo del asesinato de Carrero permanece imborrable, no hay piedad posible, cinco de los once son fusilados. El 1 de octubre, una gran manifestación llena de nuevo la Plaza de Oriente de Madrid, lugar de tantas adhesiones inquebrantables, es su última aparición pública. La tensión no cesa, Hassan II, rey de su añorado

Marruecos, apoyado por los norteamericanos, lanza ladinamente en ese momento su marcha verde para hacerse con el territorio del Sáhara español en contra de la voluntad de sus habitantes[31]. Su corazón no da más de sí, tampoco los rezos de doña Carmen, pero el héroe africano debe volver a la guerra contra los moros, su sacrificio final. En el apresurado consejo de ministros que debate el tema, su ritmo cardiaco llega al máximo, su pecho estalla, el Caudillo es sacado de la sala rápidamente. Franco inicia entonces un largo martirio, una larga penitencia de tratamientos, operaciones y al final hospital. El miedo de Villaverde al vacío que se abre en la familia con la muerte de su suegro le empuja a mantenerlo con vida a cualquier precio. Un gabinete de hasta cuarenta médicos lo rodea, a la pobre doña Carmen no le dejan pasar la noche junto a su cama.

Paco está solo, como siempre ha estado, solo con su conciencia, donde nadie nunca ha entrado, ni siquiera la pobre Carmina, su esposa abnegada. Su última mirada, su última palabra no es para ella sino para el médico. El niño taciturno de Ferrol, gran conocedor de la naturaleza humana, también prefiere la amabilidad de los extraños, «qué duro es morir»[32]. Su hija Nenuca es la que pide que desconecten la máquina. Muere el 20 de noviembre.

El mismo día a doña Carmen, sedada, Arias Navarro y el Rey Don Juan Carlos le dicen que Franco será enterrado en el Valle de los Caídos con los muertos de la guerra, su guerra[33]. Ella se extraña, Paco nunca mencionó nada, asiente pero le duele, no reposarán juntos, su soledad se agranda. Le ofrecen el Pardo, pero la Señora, ahora sólo Señora de Meirás, no puede. Después de las más tristes Navidades hace la mudanza a un piso del centro de Madrid. Desde ese instante como si hubiese entrado en uno de sus queridos conventos de clausura desaparece de la escena pública. Su viudez será su familia, sus cuatro amigas de toda la vida, rezar y esperar tras los visillos el momento de reencontrarse con él.

Pero algunos no querrán olvidarla, ni olvidarlos, ni olvidar la dictadura. Tras las primeras elecciones democráticas, en 1978, elementos incontrolados queman el Pazo de Meirás y pocos meses después un comando terrorista los intenta quemar a todos ellos, a Doña Carmen y a los suyos en el atentado contra el hotel Corona de Aragón en Zaragoza. Su angustiosa espera terminará en 1988. Está enterrada, por el momento sola, en el cementerio del Pardo.

Notas

PACO Y CARMINA, FRANCO Y DOÑA CARMEN

1. *La señora del Pardo, España a sus pies*, Ramón Garriga, Textos, 1979.

2. *Melilla en el corazón*, Alicia García Reyes, M.ª Victoria Santos de Martín-Pinillos, Huérfanos de la Guardia Civil, 2010

3. *Le ordeno a usted que me quiera*, Emilio Ruiz Barrachina, Lumen, 2006.

4. *Nosotros los Franco*, Pilar Franco, Planeta, 1980.

5. *Las cartas de amor de Franco*, Vicente Gracia, Enrique Salgado, Actuales, 1978.

6. Ramón Garriga, Textos, *op. cit.*

7. *Francisco Franco y su tiempo*, Luis Suárez Fernández, ed. Fundación Nacional Francisco Franco, 1984.

8. *Mundo Gráfico*, 31 de octubre de 1923.

9. *La Estampa*, 29 de mayo de 1928.

10. *Franco, caudillo de España*, Paul Preston, Mondadori, 2002.

11. *Mi vida con Ramón Franco: contada a José Antonio Silva*, Carmen Díaz Guisasola, Espejo de España, 1981.

12. *Serrano Suñer, conciencia y poder*, Ignacio Merino, Algaba, 2004.

13. *Obras completas de Azaña. Diarios, 1931*, Santos Juliá, Centro de Estudios Políticos y Constitucionales, 2007.

14. *Historia de una disidencia*, Pilar Jaraiz Franco, Planeta, 1981.

15. *Mis conversaciones privadas con Franco*, Francisco Franco Salgado-Araujo, Planeta, 1976.

16. *Franco y el Dragon Rapide*, Antonio González-Betes Fierro, Rialp, 1987.

17. *Los caminos del desengaño. Memorias políticas (II), 1936-1938*, Eugenio Vegas Latapie, Tebas, 1987.

18. Ignacio Merino, *op. cit.*

19. M.ª Dolores Bermúdez de Castro, duquesa de Montealegre, amiga de Carmen Franco, testimonio personal al autor, julio de 2011.

20. *Franco, mi padre. Memorias de Carmen Franco, la hija del caudillo*, Jesús Palacios, Stanley G. Payne, la Esfera de los Libros, 2008.

21. *Mis encuentros con Franco*, José María Pemán, Dopesa, 1976.

22. José María Escriña de Salas, hijo de Elisa de Salas, amiga de Carmen Polo, testimonio personal al autor, julio 2011.

23. *La travesía de Don Juan*, Pedro Carvajal Urquijo, Temas de Hoy, 2011.

24. Francisco Franco Salgado-Araujo, *op. cit.*

25. Ramón Garriga, *op. cit.*

26. Paul Preston, *op. cit.*

27. *Carmen Polo, la Señora de Meirás*, documental, Televisió de Catalunya, 2006.

28. *Franco. La Historia*, Ricardo de la Cierva, ed. Fénix, Madrilejos, 2000

29. *Cuarenta años junto a Franco*, Dr. Vicente Gil, Planeta, 1981.

30. *Viaje al abandono*, Eduardo Soto-Trillo, Aguilar, 2011.

31. *Los último 476 días de Franco*, Vicente Pozuelo Escudero, Planeta, 1980.

32. Francisco Franco Martínez-Bordiu, testimonio personal al autor, julio 2011.

Este ejemplar se terminó de imprimir en Junio de 2012
En Impresiones en Offset Max, S.A. de C.V.
Catarroja 443 Int. 9 Col. Ma. Esther Zuno de Echeverría
Iztapalapa, C.P. 09860, México, D.F.